本書出版得到國家古籍整理出版專項經費資助

郝懿行集

㊄

[清]郝懿行 著

安作璋 主編

齊魯書社

竹書紀年校證

李念孔　點校

目録

《〈竹書紀年〉校證》序

《紀年》，《晉書·束晳傳》十三篇，《隋·經籍志》十二卷，題云《汲冢書》，并《竹書同異》一卷，卷即篇也。《汲冢書》即《紀年》之舊本，其《竹書同異》一卷，似是校書者之附著也。隋之十二與晉之十三蓋不殊，以《同異》一卷别在外故也。《唐·藝文志》十四卷，題云《汲冢書》，無《同異》一卷，蓋後之編書者雜入《紀年》中矣。《宋·藝文志》三卷，題云荀勖、和嶠編，其卷數幾減三倍于前，蓋由後人以意合之爾。今本又止上下二卷，不知復誰所合也。而晉、隋、唐篇卷之舊，遂泯然無復踪迹可尋。懿行病此久矣。然三卷、二卷既合乎其所必不可合，今之此本，仍分乎其所不得不分，非好異也，以存古也。自黄帝至帝舜一卷，古遠文略也；帝禹至帝相一卷，治亂之次也；帝少康至帝廑一卷，備興衰也；帝孔甲至帝癸一卷，皆季世也；殷商成湯至雍己一卷，明繼聖之難也；太戊至陽甲一卷，存商也；盤庚至庚丁一卷，存殷也；武乙至帝辛一卷，殷終也；周武王至康王一卷，致太平也；昭王至孝王一卷，始衰也；夷王至幽王一卷，西周之終也；平王至貞定王一卷，春秋之終也；考王至烈王一卷，六國之勢成也；顯王至隱王一卷，東周之終也。凡十四卷，欲以少存晉以來篇第之舊，而與晉之十三篇則不合者，彼不數黄帝至帝舜一篇也。杜預《左傳後序》言，《紀年》起自夏、殷、周，《束晳傳》亦言記夏以來至周，則與今本絶異。而《史記集解》：荀勖曰：「和嶠云『《紀年》起自黄帝，終于魏之今王』。」即又與今本同。然四子并晉初人，于是《竹書》方出，列在秘書，四子既親讀，何得同時所見便爾乖張？而勖獨被詔撰次，或預、晳未覩全篇，勖、嶠既同撰次，自宜以起自黄帝者爲定也。郭璞亦晉人也，其注《山海經》、《爾雅》、《穆天子傳》，每見援摭。而《黄帝》之篇曰：「昌意降居若水，産帝乾荒。」《顓頊》之篇曰：「帝産伯鯀，是維若陽。」《海内大荒經》注引之。葛洪亦晉人也，引汲郡冢中《竹書》，言「黄帝既仙去，其臣有左徹者，削木爲黄帝之像，率諸侯朝奉之。」見《太平御覽》。是洪、璞所見本，亦即起自黄帝，勖、嶠所編者也。故曰，預、晳所見未是全篇，信矣。然今本雖同起自黄帝，而燼簡斷札，殘缺實多，以唐宋人援引此書者校之，因脱隨補，即缺繕完，亦以存古也。而《新唐書·劉貺傳》引「齊人殲于遂」、「鄭棄其師」，劉知幾《史通》引「執我行人」、「鄭棄其師」、「隕石于宋五」，諸如此句，并直録《春秋》經文，而「執我行人」句，似有缺脱。又，《開元占經》亦多引《紀年》，其言或怪異，又所引皆不見于今本及它書，此類疑皆好事者爲之也。至汲冢得書之年，杜預、束晳俱當時親見，杜云「太康元年」，《束晳傳》則作「二年」，不同者，杜欲述平吳之事，故遠繫元年，《傳》據得書之實，故指言二年也。而《史記·周本紀》《正義》曰：《汲冢書》，「晉咸和五年，汲郡汲縣發魏襄王冢，得古書册七十五卷」。夫以太康爲咸和，自晉歷唐，數百年間已成巨錯，况古書茫昧，閱數千年，科斗失真，魯魚踵謬，文字是非，又孰從而正之！嘉慶十三年四月，棲霞郝懿行撰。

《竹書紀年》通考

杜預《春秋後序》：「太康元年三月，吴寇始平，余自江陵還襄陽，解甲休兵，乃申舒舊意，修成《春秋釋例》及《經傳集解》始訖。會汲郡汲縣有發其界内舊冢者，大得古書，皆簡編科斗文字，發冢者不以爲意，往往散亂。科斗書久廢，推尋不能盡通，始者藏在秘府，余晚得見之。所記大凡七十五卷，多雜碎怪妄，不可訓知，《周易》及《紀年》最爲分了。《周易》上下篇，與今正同，别有陰陽説，而無《彖》、《象》、《文言》、《繫辭》，疑于時仲尼造之于魯，尚未播之于遠國也。其《紀年篇》，起自夏、殷、周，皆三代王事，無諸國别，惟特記晉國起自殤叔，次文侯、昭侯，以至曲沃莊伯，莊伯之十一年十一月，魯隱公之元年正月也。皆用夏正建寅之月爲歲首，編年相次。晉國滅，獨記魏事，下至魏哀王之二十年，蓋魏國之史記也。推校哀王二十年，太歲在壬戌，是周赧王之十六年，秦昭王之八年，韓襄王之十三年，趙武靈王之二十七年，楚懷王之三十年，燕昭王之十三年，齊湣王之二十五年也。上去孔子卒百八十一歲，下去今太康三年五百八十一歲。哀王于《史記》，襄王之子、惠王之孫也。惠王三十六年卒，而襄王立，立十六年卒，而哀王立。古書《紀年篇》：惠王三十六年改元，從一年始，至十六年而稱惠成王卒，即惠王也。疑《史記》誤分惠成之世以爲後王年也。哀王二十三年乃卒，故特不稱謚，謂之今王，其著書文意，大似《春秋經》，推此足見古者國史策書之常也。文稱『魯隱公及邾莊公盟于姑蔑』，即《春秋》所書邾儀父『未王命，故不書爵，曰儀父，貴之也』。又稱『晉獻公會虞師伐虢，滅夏陽』，即《春秋》所書『虞師晉師滅下陽』，先書虞，賄故也。又稱『周襄王會諸侯于河陽』，即《春秋》所書『天王狩于河陽』，以臣召君，不可以訓也。諸若此輩甚多，略舉數條，以明國史皆承告據實而書時事，仲尼修《春秋》，以義而制異文也。又稱『衛懿公及赤翟戰于洞澤』，疑『洞』當爲『泂』，即《左傳》所謂『熒澤』也。『齊國佐來獻玉磬，紀公之甗』，即《左傳》所謂『賓媚人也』。諸所記多與《左傳》符同，異于《公羊》、《穀梁》，知此一書，近世穿鑿，非《春秋》本意審矣。雖不皆與《史記》、《尚書》同，然參而求之，可以端正學者。又别有一卷，純集疏《左氏傳》卜筮事，上下次第及其文義，皆與《左傳》同，名曰《師春》，師春似是鈔集者人名也。《紀年》又稱殷仲壬『即位居亳，命卿士伊尹』，仲壬崩，『伊尹放太甲于桐，乃自立』也。伊尹即位，放太甲七年，太甲『潛出自桐，殺伊尹，乃立其子伊陟，伊奮，命復其父之田宅而中分之。』《左氏傳》『伊尹放太甲而相之，卒無怨色』。然則太甲雖見放還，殺伊尹而猶以其子爲相也。此說大與《尚書》叙說太甲事乖異，不知老叟之伏生或致昏忘，將此書亦當時雜記，未足以取審也。爲其粗有益于《左氏》，故略記之，附《集解》之末焉。」

《晉書·束晳列傳》：「初太康二年，汲郡人不準盜發魏襄王墓，或言安釐王冢，得竹書數十車。其《紀年》十三篇，記夏以來至周幽王爲犬戎所滅，以事接之，三家分，仍述魏事，至安釐王之二十年。蓋魏國之史書，大略與《春秋》皆多相應，其中經傳大異。則云：夏年多殷；益干啓位，啓殺之；太甲殺伊尹；文丁殺季歷；自周受命，至穆王百年，非穆王壽百歲也；厲王既亡，有共伯和者，攝行天子事，非二相共和也。其《易經》二篇，與《周易》上下經同。《易繇》、《陰陽卦》二篇，與《周易》略同，《繇辭》則異。《卦下易經》一篇，似《說卦》而異。《公孫段》二篇，公孫段與邵陟論《易》。《國語》三篇，言楚晉事。《名》三篇，似《禮記》，又似《爾雅》、《論語》。《師春》一篇，書《左傳》諸卜筮，師春似是造書者姓名也。《瑣語》十一篇，諸國卜夢妖怪相書也。《梁丘藏》一篇，先叙魏之世數，次言丘藏金玉事。《繳書》二篇，論弋射法。《生封》一篇，帝王封事。《大曆》二篇，鄒子談天類也。《穆天子傳》五篇，言周穆王游行四海，見帝臺、西王母。《圖詩》一篇，畫贊之屬也。又，雜書十九篇：《周食田法》、《周書》、《論楚事》、《周穆王美人盛姬死事》。大凡七十五篇，七篇簡書折壞，不識名題。冢中又得銅劍一枚，長二尺五寸。漆書皆科斗字。初發冢者燒策照取寶物，及官收之，多燼簡斷札，文既殘缺，不復詮次。武帝以其書付秘書校綴次第，尋考指歸，而以今文寫之。晳在著作，得觀竹書，隨疑分釋，皆有義證。」

《晉書·荀勖傳》：「得汲郡冢中古文竹書，詔勖撰次之，以爲中經，列在秘書」。

《隋書·經籍志》：《紀年》十二卷。《汲冢書》并《竹書同異》一卷。

《唐書·藝文志》：《紀年》十四卷。《汲冢書》。

《宋史·藝文志》：《竹書》三卷。荀勖、和嶠編。

今《校正竹書紀年》上下二卷，其卷不知誰所分《紀年》之書，古本亡，今本蓋經後人補綴而成也。其書抵忤甚多。如《黄帝》之篇，而稱「昌意產帝乾荒」；據乾荒，黄帝孫，黄帝尚存，即乾荒不應稱帝。證以《顓頊》之篇，書「産伯鯀」，《帝堯》之篇，書「放子朱」，二文互勘，失其義也。《尚書》載，堯命舜首咨四岳，此云「帝使四岳錫虞舜命」，是爲與《書》不合。五帝學曰「成均」，此云「入學用萬」，本《夏小正》之文，是爲與《記》不合。夏后帝相既已稱帝，即書「居于斟灌」，不應復去帝號也。羿、浞繼篡，仍用夏年，即書「世子少康生」，不應更復稱「夏」也。殷商一代，通不稱帝，即書「帝乙」、「帝辛」，不應更襲帝號也。而帝舜囚堯、帝啓殺益、太甲殺尹，諸與經、傳俱不合。周公未薨，而書「魯大禘于周公廟」，且《禮》云「不王不禘」。魯即自禘矣，而平王之四十二年，又書「魯惠公使宰讓請郊廟之禮」，而王猶「使史角如魯諭」，孰謂成王賢君而令魯得禘于周公廟也？東遷已還，事雜言哤，尤多踳駁。周王皆書名，襄王已後更不書名；諸侯皆書「卒」，平王以前又雜書「薨」。惠王元年，書「王如成周」，王謂周王也，顯王以下，凡書「王」者，又爲魏王矣。而梁惠成王元年方稱韓共侯，旋稱韓懿侯，周隱王元年之鄭宣王，即顯王三十八年之鄭威侯，俱一人而有兩稱，甚無謂也。杜預《春秋後序》云：「《紀年》皆用夏正建寅之月爲歲首」。今案：成王三年，書「夏四月，初嘗麥」，平王四十一年，書「春大雨雪」，此爲用夏正無疑。而平王五十一年，書「春二月乙巳，日有食之」，景王十三年，書「春有星出婺女」，此二事俱見《春秋》經、傳，魯隱公三年春二月及昭公十年春正月若用夏正，則周之春，當爲夏之冬，周之二月，當爲夏之十二月，而五十一年當爲五十年，十三年當爲十二年矣。蓋《紀年》古本俱用夏正，今本平王已後，改用周正，所以其書前後多舛誤也。杜預言《紀年》「起自夏、殷、周」，和嶠言「起自黃帝」，不應同時所見乖異若此，疑其書古有二本也。《隋書·經籍志》有《竹書同異》一卷，其《紀年》止云十二卷，《唐書·藝文志》復云十四卷，較多于前者，疑《同異》一卷或經後人羼入各卷中，今已不能具詳。而其中顯然爲後人補綴者，如「夏世子少康生」，注云「丙寅年」；「少康自有仍奔虞」，注云「乙酉年」；「伯靡伐浞，汝艾殺澆」，注云「甲辰年」；「伯杼滅戈，少康歸夏」，注云「乙巳年」：此四條與本書體例不合，疑據《左傳》事實而補成之者。《穆王》之篇云「王北征行，流沙千里，積羽千里」；又云「征犬戎，取其五城以東」；又云「西征于青鳥所解」；又云「西征還，履天下億有九萬里」：此四條俱附于「十七年，秋八月遷戎于太原」之下，疑據《山海經》、《穆天子傳》注所引而誤附之者。又，烈王二年，書「秦胡蘇帥師伐韓，韓將韓襄敗胡蘇于酸水」，顯王三十一年，又書「秦胡蘇帥師伐鄭，韓襄敗秦胡蘇于酸水」，注云「不知何年，附此」；三十五年，書「楚吾得帥師及秦伐鄭，圍綸氏」，注云「不知何年，附此」；又，十六年，書「秦伐韓闕與，惠成王使趙往破之」，注云「不知是何年」；又，隱王七年，書「翟章救鄭，次于南屈」，注云「此年未的」：此四條并是校書人附著之者。又云「成、康之際，天下安寧，刑措四十餘年不用」，李善《〈文選〉注》及《太平御覽》皆引作《紀年》，而《史記·周本紀》亦有此語；又云「韓昭侯之世，兵寇屢交」，《史記·韓非列傳》《索隱》亦引作《紀年》，而今書不載：此二條亦皆校書人所附著者。至于夏之末篇，書「自禹至桀」；商之末篇，書「湯滅夏，以至于受」；周幽王之末篇，書「武王滅殷，以至幽王」，并記王者世數，以及歷年多少之數：此三條裴駰《史記集解》，亦俱引作《紀年》。又，夏帝泄十六年，書「殷侯微以河伯之師伐有易，殺其君緜臣」，注中「殷侯子亥」四十三字，郭璞《大荒東經》注復引作《竹書》。已上四條，蓋皆此書中舊注語也，而今《紀年》本并題沈約附注。然《約傳》既不言注是書，又約梁朝人，而晉葛洪著《抱朴子》，引汲郡中《竹書》，言「黄帝既仙去，其臣有左徹者，削木爲黄帝之像，帥諸侯朝奉之」，見《太平御覽》所載，今其文故在注語中，葛在沈前，證知今注非約所爲。蓋此舊本有注，故葛洪、郭璞、裴駰互皆引之，而世徒見今注多與《宋書·符瑞志》相亂，便疑是約所爲，乃不知今注此類，蓋皆後人羼入之，亦或《符瑞志》即據《紀年》注爲之，要其非約所爲亦明矣。今雖仍存其注，而各附辨證于下，以深明其不然。又，《紀年》正文，經後人羼入者亦復不少。《新唐書·劉貺傳》云：「貺嘗以《竹書紀年》叙諸侯列會皆舉謚，後人追修，非當時正史。如『齊人殲于遂』，『鄭棄其師』，皆孔子新意，知按《春秋》經、傳而爲也」。劉知幾《史通·惑經篇》云：「觀《汲冢》所記，多與魯史符同，『執我行人』，『鄭棄其師』，『隕石于宋五』，諸如此句，多是古史。」今按二書所引《紀年》，恐非也。杜預雖稱其著書文意大似《春秋經》，然無直用《經》文者。今略舉三事證明之。一則襄王二十年，書「周襄王會諸侯于河陽」，《春秋經》書「天王狩于河陽」；一則匡王六年，書「晉靈公爲趙穿所殺」，《春秋經》書「晉趙盾弒其君夷皋」；一則簡王十三年，書「晉厲公卒」，《春秋經》書「晉弒其君州蒲」：此其書法不同之尤者。若如前書所引，并直録《經》文，不更一字，與本書之體亦不合，疑皆經後人所羼也。今本既不載，因不復補入之。又，《開元占經》亦多引《紀年》，其引晉定公二十五年云「西山女子化爲丈夫，與之妻，能生子」；「其年，鄭一女生四十人，二十死」。又引周烈王六年云「晝晦」，又引顯王十四年云「邯鄲四曀，室多壞，民多死」；又引今王四年云「碧陽君之諸御産二龍」。此四條今書亦不載，因不復補入之。其餘凡是唐以前書所引，皆據補，并資考訂焉。事具于左。棲霞郝懿行。

第一卷

五帝紀

黄帝軒轅氏

母曰附寶。懿行案：《太平御覽》一百三十五卷引《河圖》曰：「黄帝母曰地祇之子，名附寶。」見大電繞北斗樞星，光照郊野，感而孕，二十五月而生帝于壽丘。弱而能言，龍顔，懿行案：《初學記》九卷引《春秋·元命苞》曰：「黄帝龍顔。」有聖德，劾百神朝而使之。應龍攻蚩尤，戰虎、豹、熊、羆四獸之力。以女魃止淫雨。懿行案：應龍攻蚩尤、女魃止淫雨，并見《大荒北經》。戰虎豹熊羆事，見《史記》。天下既定，聖德光被，群瑞畢臻。有屈軼之草生于庭，佞人入朝，則草指之，是以佞人不能進。

元年，帝即位，居有熊。

初制冕服。

二十年，景雲見，以雲紀官。

有景雲之瑞，赤方氣與青方氣相連。赤方中有兩星，青方中有一星，凡三星，皆黄色，以天清明時見于攝提，名曰景星。帝黄服齋于中宫，坐于玄扈洛水之上，有鳳皇集，不食生蟲，不履生草，或止帝之東園，或巢于阿閣，或鳴于庭，其雄自歌，其雌自舞。麒麟在囿，神鳥來儀。有大螻如羊，大螾如虹。帝以土氣勝，遂以土德王。

五十年秋七月庚申，鳳鳥至，帝祭于洛水。

庚申，天霧三日三夜，晝昏。帝問天老、力牧、容成曰：「于公何如？」天老曰：「臣聞之，國安，其主好文，則鳳皇居之；國亂，其主好武，則鳳皇去之。今鳳皇翔于東郊而樂之，其鳴音中夷則，與天相副。以是觀之，天有嚴教以賜帝，帝勿犯也。」召史卜之，龜燋。史曰：「臣不能占也，其問之聖人。」帝曰：「已問天老、力牧、容成矣。」史北面再拜曰：「龜不違聖智，故燋。」霧既降，游于洛水之上，見大魚，殺五牲以醮之，天乃甚雨，七日七夜，魚流于海，得《圖》、《書》焉。懿行案：《水經·洛水東過洛陽縣南注》説此事，而云「魚流始得《圖》、《書》，今《河圖·視萌篇》是也。」《龍圖》出河，《龜書》出洛，赤文篆字，懿行案：「篆」，《水經·洛水注》作「緑」。以授軒轅，接萬神于明庭，今塞門谷口是也。懿行案：《史記·封禪書》作「寒門谷口」，《集解》：徐廣曰：「一作『塞』。」

五十九年，貫胸氏來賓。

長股氏來賓。

七十七年，昌意降居若水，産帝乾荒。懿行案：帝乾荒蓋即帝高陽也。高陽、乾荒，疑聲轉之字，或有二號，皆未可知。郭璞注《海内經》引此文，而云「乾荒即韓流也，生帝顓頊」。郭説非矣。乾荒、韓流字形相近，是爲一人無疑。但《海内經》謂「韓流生顓頊」，此書謂「昌意生顓頊」，正與《大戴禮·帝繫篇》合，《史記》諸書，皆本此説，《海内經》之言，不足據也。

一百年地裂。

帝陟。

帝王之崩皆曰陟，《書》稱「新陟王」，謂新崩也。帝以土德王，應地裂而陟。葬，群臣有左徹者，感思帝德，取衣冠几杖而廟饗之，諸侯大夫，歲時朝焉。懿行案：《太平御覽》七十九卷引《抱朴子》云：「汲郡冢中《竹書》言『黄帝既仙去，其臣有左徹者，削木爲黄帝之像，帥諸侯朝奉之』。」据葛洪所引二十四字，當在正文，蓋本舊注之文，其非沈約注明矣。又，「帝王之崩皆曰陟」一句，韓愈《黄陵廟碑》亦引作《竹書紀年》，蓋皆舊注之文也，今亦據以訂正。

帝摯少皞氏懿行案：吴琯本及諸本無此五字，《史記》亦不叙列，今宜刊正。

約按：帝摯少昊氏，母曰女節，見星如虹，下流華渚，既而夢接意感，生少昊。登帝位，有鳳皇之瑞。或曰名清，不居帝位，帥鳥師居西方，以鳥紀官。懿行案：《逸周書·嘗麥解》云：「乃命少皞清、司馬鳥師以正五帝之官，故名曰質。」案：「質」即「摯」也，聲相近。《張衡集》引此書，以爲「清」即「青陽」矣。案：青陽即玄囂，不居帝位，見《大戴禮·帝繫篇》及《史記·五帝紀》。高誘注《淮南》，《史記索隱》引宋衷、皇甫謐，并以青陽即少皞，是皆本《周書》爲説也。又，《史記》五帝不叙少皞，宋衷云：「以非五運之次，故不數之也。」又，《路史》引《紀年》云：「黄帝死七年，其臣左徹乃立顓頊。」据羅泌所引，當亦舊注之文，今雖缺脱，然可見黄帝之後，繼以顓頊，并無少皞氏一代也。

帝顓頊高陽氏

母曰女樞，見瑶光之星，貫月如虹，感己于幽房之宫，生顓頊于若水。懿行案：已上本《河圖》文，見《初學記》九卷所引。首戴干戈，有聖德。生十年而佐少昊氏，二十而登帝位。懿行案：此注同《帝王世紀》。又，《鬻子書》云：「顓頊生十五而佐少皞」，此言十年，所傳之異也。

元年，帝即位，居濮。

十三年，初作曆象。懿行案：《讀漢書律曆志》云：「黄帝造曆元，起辛卯，而顓頊用乙卯。」

二十一年，作承雲之樂。

三十年，帝產伯鯀，是維若陽，居天穆之陽。懿行案：郭璞《大荒西經》注引此文，「產伯鯀」下，有

「是維若陽」四字，今本無之，據補。

七十八年，帝陟。

術器作亂，辛侯滅之。懿行案：《海内經》云：「祝融生共工，共工生術器，術器頭方顛，是復土穰，以處江水。」

帝嚳高辛氏

生而駢齒，有聖德。初封辛侯，代高陽氏王天下，使鼓人拊鞞鼓，擊鐘磬，鳳皇鼓翼而舞。

元年，帝即位居亳。懿行案：《水經·穀水注》引皇甫謐曰：「帝嚳作都于亳，偃師是也。」

十六年，帝使重帥師滅有鄶。懿行案：《逸周書·史記解》云：「昔有鄶君嗇儉，減爵損禄，群臣卑讓，上下不臨，後鄶小弱，禁罰不行，重氏伐之，鄶君以亡。」即此事也。鄶，吳本作「鄫」，誤。

四十五年，帝錫唐侯命。

六十三年，帝陟。

帝子摯立，九年而廢。

帝堯陶唐氏

母曰慶都，生于斗維之野，常有黄雲覆其上。及長，觀于三河，常有龍隨之。一旦，龍負《圖》而至，其文要曰：「亦受天祐」。眉八彩，懿行案：《藝文類聚》十一卷引《春秋·元命苞》云：「堯眉八彩，是謂通明，曆象日月，璿璣玉衡。」鬚髮長七尺二寸，懿行案：「鬚」，《宋書·符瑞志》作「鬢」。面鋭上豐下，足履翼宿。既而陰風四合，赤龍感之。孕十四月而生堯于丹陵。懿行案：《史記·五帝本紀》《索隱》曰：「帝嚳之子，姓伊祁氏。」皇甫謐云：「堯初生時，其母在三阿之南，寄于伊長儒之家，故從母所居爲姓也。」及長，身長十尺，有聖德，封于唐。夢攀天而上。高辛氏衰，天下歸之。

元年丙子，帝即位居冀。懿行案：《隋書·律曆志》引《竹書紀年》「堯元年景子」，「景」即「丙」，避唐諱也。《路史·後紀》注仍引作「丙」。

命羲和曆象。

五年，初巡狩四岳。

七年，有麟。

十二年，初治兵。懿行案：堯治兵，經、傳有二事可證，今具録焉。其一，《吕氏春秋·召類篇》云：「堯戰于丹水之浦，以服南蠻。」高誘注云：「丹水在南陽也。」其一，《逸周書·史記解》云：「文武不行者亡。昔者西夏性仁非兵，城郭不修，武士無位，惠而好賞，屈而無以賞，唐氏伐之，城郭不守，武士不用，西夏以亡。」孔晁注云：「唐氏，堯帝也。」詳此二書，蓋皆治兵以後所有事，而《竹書》未記，無以言焉。姑存俟考。

十六年，渠搜氏來賓。

十九年，命共工治河。

二十九年春，僬僥氏來朝，貢没羽。

四十二年，景星見于翼。懿行案：《論衡·是應篇》引《尚書中候》曰：「堯時景星見于軫」，是「翼」當爲「軫」也。洪頤煊《本》云，「一作景星出翼軫」。

五十年，帝游于首山，乘素車玄駒。

五十三年，帝祭于洛。

五十八年，帝使后稷放帝子朱于丹水。懿行案：《史記·五帝本紀·高祖本紀》《正義》并引「朱」上有「丹」字。郭璞《海内南經》注引「帝」下無「子」字，俱與今本異。

六十一年，命崇伯鯀治河。

六十九年，黜崇伯鯀。

七十年春正月，帝使四岳錫虞舜命。

帝在位七十年，景星出翼，鳳皇在庭，朱草生，嘉禾秀，甘露潤，醴泉出，日月如合璧，五星如聯珠。廚中自生肉，其薄如箑，摇動則風生，食物寒而不臭，名曰「箑脯」。又有草夾階而生，月朔始生一莢，月半而生十五莢，十六日以後，日落一莢，及晦而盡，月小則一莢焦而不落，名曰「蓂莢」，一曰「曆莢」。洪水既平，歸功于舜，將以天下禪之，乃潔齋修壇場于河、洛，擇良日，率舜等升首山，遵河渚。有五老游焉，蓋五星之精也。相謂曰：「《河圖》將來告帝以期，知我者重瞳黄姚」。五老因飛爲流星，上入昴。懿行案：李善《文選》注：王融《三月三日曲水詩序》引《論語讖》曰：「仲尼云：『吾聞堯率舜等游首山，觀河渚，一老曰：《河圖》將來告帝期』。」《藝文類聚》一卷引《論語讖》「觀河渚」下，有「五老飛爲流星，上入昴」九字。唯《水經·河水東過平縣北注》説之極詳。其説云：「昔帝堯修壇河、洛，擇良議沈率舜等，升于首山，而遵河渚，有五老游焉。相謂『《河圖》將來告帝，以期知我者，重瞳也。』五老乃翻爲流星，而升于昴。」二月辛丑昧明，禮備，至于日昃，榮光出河，休氣四塞，白雲起，回風摇，乃有龍馬銜甲，赤文緑色，緣壇而上，吐《甲圖》而去。甲似龜，背廣九尺，懿行案：《藝文類聚》九十九卷引《尚書中候》「緣壇而上」作「臨壇上」，「廣九尺」作「廣袤九尺」。其圖以白玉爲檢，赤土爲泥，□以黄金，約以青繩。懿行案：《宋書·符瑞志》「土爲玉泥」下，漏一字。檢文曰：「闓色授帝舜」。言虞、夏當授天命。帝乃寫其言，藏于東序。懿行案：《太平御覽》九百二十九卷引《河圖》曰：「舜以太尉即位，與三公臨觀，黄龍五采，負《圖》出，置舜前，以黄玉爲押，白玉檢，黄金繩，黄芝爲泥，章曰『黄帝符璽』。」《春秋·運斗樞》同。後二年二月仲辛，率群臣沈璧于洛。禮畢，退俟，至于下昃，赤光起，玄龜負《書》而出，背甲赤文成字，止壇。懿行案：《類聚》九十九卷，引《尚書中候》曰：「堯沈璧于洛，玄龜負《書》出，背甲赤文成字，止壇。」并與此文同。其《書》言當禪舜。遂讓舜。

七十一年，帝命二女嬪于舜。

七十三年春正月，舜受終于文祖。

七十四年，虞舜初巡狩四岳。

七十五年，司空禹治河。懿行案：《太平御覽》二百八卷引傅子曰：「荀仲預稱：『禹十二爲司空』。」

七十六年，司空伐曹魏之戎，克之。懿行案：《吕氏春秋·召類篇》云：「禹攻曹魏、屈驁、有扈，以行其教。」

八十六年，司空入覲，贄用玄圭。

八十七年，初建十有二州。

八十九年，作游宫于陶。

九十年，帝游居于陶。

九十七年，司空巡十有二州。

一百年，帝陟于陶。懿行案：《史記集解》引皇甫謐曰：「堯以甲申歲生，甲辰即帝位，甲午徵舜，甲寅舜代行天子事，辛巳崩，年百十八，在位九十八年。」今案：謐之此説與《竹書》不合。

帝子丹朱避舜于房陵，舜讓，不克，朱遂封于房，爲虞賓。三年，舜即天子之位。懿行案：《史記·五帝本紀》《正義》引《竹書》云：「昔堯德衰，爲舜所囚也」。又引《竹書》云：「舜囚堯，復偃塞丹朱，使不與父相見也。」今案：帝舜囚堯，復偃丹朱，并《括地志》引《竹書》之言，《正義》取之。又據偃朱故城爲證，而云「偃朱城即舜讓避丹朱處」，復與偃塞之文頗不相應。又所引《竹書》，今《紀年》亦無之。古書荒昧，難可具詳，殘簡斷篇，聊存記録而已。

帝舜有虞氏

母曰握登，見大虹意感，而生舜于姚墟。目重瞳子，故名重華。龍顔大口，懿行案：《藝文類聚》十一卷，引《孝經·援神契》云：「舜龍顔、重瞳、大口，手握褒」。黑色，身長六尺一寸。舜父母憎舜，使其塗廩，自下焚之，舜服鳥工衣服飛去。又使浚井，自上填之以石，舜服龍工衣自傍而出。懿行案：鳥工上廩、龍工入井事，見《列女傳》、《史記索隱》所引，今本無。耕于歷，夢眉長與髮等，遂登庸。懿行案：「夢眉與髮等」，見《尚書正義》引《大傳》。

元年己未，帝即位，居冀。

作大韶之樂。

即帝位，蓂莢生于階，鳳皇巢于庭，擊石拊石，以歌九韶，百獸率舞，景星出于房，地出乘黄之馬。

三年，命皋陶作刑。懿行案：《北堂書鈔》十七卷引「皋」作「咎」，今本非，宜據以訂正。

九年，西王母來朝。

西王母之來朝，獻白環、玉玦。懿行案：《大戴禮·少閒篇》云：「西王母來獻其白琯也」。

十四年，卿雲見，命禹代虞事。

在位十有四年，奏鐘石笙管未罷，而天大雷雨，疾風發屋拔木，桴鼓播地，鐘磬亂行，舞人頓伏，樂正狂走。舜乃磬堵持衡而笑曰：懿行案：「磬堵」，《宋書·符瑞志》作「擁璿」。「明哉！天下非一人之天下也，亦乃見于鐘石笙筦乎。」乃薦禹于天，使行天子事也。于是和氣普應，慶雲興焉。若煙非煙，若雲非雲，郁郁紛紛，蕭索輪囷，百工相和而歌《慶雲》。帝乃倡之曰：「慶雲爛兮，禮縵縵兮。懿行案：「禮」，宜作「糺」，「糾」，俗字也。《宋書·符瑞志》亦作「禮」，誤。日月光華，旦復旦兮。」群臣咸進，頓首曰：「明明上天，爛然星陳，日月光華，弘于一人。」帝乃再歌曰：「日月有常，星辰有行。四時從經，萬姓允誠。于予論樂，配天之靈。遷于聖賢，莫不咸聽。鼚乎鼓之，軒乎舞之。精華以竭，褰裳去之。」于是八風循通，懿行案：「循」，《符瑞志》作「修」，古字通用。慶雲叢聚，蟠龍奮迅于其藏，蛟魚踊躍于其淵，龜鼈咸出其穴，遷虞而事夏。懿行案：自「百工相和而歌《慶雲》至此，并見《尚書大傳》。」舜乃設壇于河，依堯故事。至于下昃，榮光休至，懿行案：《藝文類聚》九十八卷引《尚書中候》

云：「舜沈璧于河，榮光休至。」黄龍負《圖》，長三十二尺，廣九尺，出于壇畔，赤文緑錯，其文言當禪禹。

十五年，帝命夏后有事于太室。

十七年春二月，入學初用萬。懿行案：《夏小正》「二月丁亥，萬用入學」，《傳》云：「萬也者，干戚舞也；入學也者，大學也。」

二十五年，息慎氏來朝，貢弓矢。懿行案：息慎即肅慎。

二十九年，帝命子義鈞封于商。

三十年，葬后育于渭。

三十二年，帝命夏后總師，遂陟方岳。

三十三年春正月，夏后受命于神宗，遂復九州。

三十五年，帝命夏后征有苗，有苗氏來朝。懿行案：《通鑑外紀》一卷注，引隋巢子《汲冢紀年》云：「三苗將亡，天雨血，夏有冰，地坼及泉，青龍生于廟，日夜出，晝，日不出。」已上二十五字，今本并無之，附識于此。

四十二年，玄都來朝，貢寶玉。懿行案：《逸周書·史記解》云：「昔者玄都，賢鬼道，廢人事天，謀臣不用，龜策是從，神巫用國，哲士在外，玄都以亡。」即此玄都氏也。

四十七年，冬隕霜，不殺草木。

四十九年，帝居于鳴條。

五十年，帝陟。

義鈞封于商，是謂商均。后育，娥皇也。鳴條有蒼梧之山，帝崩，遂葬焉。今海州。懿

行案：海州，今江蘇直隸州，所屬有朐縣，朐山在城南四里。又有郁洲山，一名蒼梧山，在朐山東北海中，沈氏所指蒼梧，即謂此山。而零陵九疑，厥有舜冢，《吕氏春秋·安葬篇》乃云「舜葬于紀市」云。

第二卷

夏紀一

帝禹夏后氏

母曰修己，出行，見流星貫昴，夢接意感，既而吞神珠。修己背剖，而生禹于石紐。虎鼻大口，懿行案：《宋書·符瑞志》無「大」字。兩耳參鏤，首戴鉤鈐，胸有玉斗，懿行案：《初學記》九卷引《洛書》曰：「有人出石夷掘地代，戴成鈐，懷玉斗。」鄭玄注曰：「懷璇璣玉衡之道。」姚氏以禹胸有黑子如北斗。足文履己，故名文命。長有聖德。長九尺九寸，夢自洗于河，取水飲之。又有白狐九尾之瑞。當堯之時，舜舉之。禹觀于河，有長人白面魚身，出曰：「吾河精也。」呼禹曰：「文命治水。」懿行案：「水」，《宋書·符瑞志》作「淫」。言訖，授禹《河圖》，言治水之事，乃退入于淵。禹治水既畢，天錫玄珪，以告成功。夏道將興，草木暢茂，青龍止于郊，祝融之神降于崇山。乃受舜禪，即天子之位。洛出《龜書》，是爲《洪範》。懿行案：

《宋書·符瑞志》云：《龜書》有「六十五字」，此謂《洛書》者也。「是爲洪範」，此注文從省。三年喪畢，都于陽城。

元年，壬子，帝即位居冀。懿行案：《漢書·地理志》注：臣瓚曰：「《世本》『禹都陽城』，《汲郡古文》亦云『居之』。」今作「居冀」，恐誤，宜據改。

頒夏時于邦國。懿行案：夏時即《小正》也。《禮運》云：「吾得夏時焉。」鄭注云：「得夏四時之書也。其書存者有《小正》。」

二年，咎陶薨。懿行案：吳氏本此條「皋」作「咎」，可證前文作「皋」之非。

五年，巡狩，會諸侯于塗山。

南巡狩，濟江，中流有二黃龍負舟，舟人皆懼。禹笑曰：「吾受命于天，屈力以養人。生，性也；死，命也。奚憂懼哉！」龍于是曳尾而逝。

八年春，會諸侯于會稽，殺防風氏。

夏六月，雨金于夏邑。

秋八月，帝陟于會稽。

禹立四十五年。禹薦益于天，七年，禹崩。三年喪畢，天下歸咎。懿行案：「禹立四十五年」六字，舊本俱作正文，今從洪氏本改。

帝啓

元年癸亥，帝即位于夏邑。大饗諸侯于鈞臺。諸侯從。懿行案：《初學記》引《歸藏》云：「夏后啓筮享神于大陵，而上鈞臺。」

帝歸于冀都，大饗諸侯于璿臺。懿行案：《歸藏》云：「夏后啓筮享神于晉之虛，爲作璿臺。」

二年，費侯伯益出就國。懿行案：《水經·洛水注》云：偃師九山「有《百蟲將軍顯靈碑》云：『將軍姓伊氏，諱益，字隤敳，帝高陽之第二子伯益者也』。」案：《史記·秦本紀》云：「顓頊之裔孫大業，生大費，佐舜調馴鳥獸，是爲柏翳。」《索隱》曰：「柏翳與伯益是一人。」《正義》引《列女傳》云：「陶子生五歲而佐禹。」曹大家注云：「陶子者，臯陶之子伯益也。」是則大費即伯益將大業，亦即臯陶矣。《碑》云「益字隤敳，帝高陽之第二子」，與《史記》不合。又，證以《左傳》所説，隤敳、庭堅并高陽之子，杜預注云：「臯陶字庭堅」，然則父子同在八愷之中，不應并時而舉也。蓋《碑》及《左傳》所謂高陽之子，亦謂是其苗裔耳，非即親所生子也。

王帥師伐有扈，大戰于甘。有扈在始平鄠縣。懿行案：《逸周書·史記解》云：「有夏之方興也，扈氏弱而不恭，身死國亡。」然則大戰于甘，遂滅有扈矣。此不言者，古史文略耳。又案：《尚書·甘誓》及《逸周書》，説有扈之罪，言之鑿鑿，而《淮南·齊俗訓》云：「昔有扈氏爲義而亡，知義而不知宜也。」此言謬矣。

六年，伯益薨。祠之。懿行案：《晉書·束皙傳》引《竹書紀年》云：「益干啓位，啓殺之。」今本無此語，附識于此。

八年，帝使孟涂如巴涖訟。懿行案：《海内南經》云：「夏后啓之臣曰孟涂，是司神于巴，巴人請訟于孟涂之所，其衣有血者乃執之，是請生。」郭璞注云：「言好生也。」

十年，帝巡狩，舞九韶于大穆之野。懿行案：郭璞《大荒西經》注引此文，「九韶」作「九招」。

十一年，放王季子武觀于西河。武觀即五觀也。觀國，在今頓丘衛縣。懿行案：《左傳》云：「夏有觀扈」。觀即五觀，扈即有扈。《水經·河水注》云：「衛國縣故城南古斟觀，應劭曰：『夏有觀扈，即此城也』。」《郡國志》曰：「衛故觀國，姚姓」。然則觀爲舜後，姚姓，非夏同姓之國，與《竹書》、《左傳》、《國語》異也。又案：《水經·巨洋水注》云：「衛國有觀士，《國語》曰：『啓有五觀，謂之奸子』，五觀蓋其名也，所處之邑，其名曰觀。」此説是矣。而《淇水注》又云：「頓丘縣故城，《古文尚書》以爲觀地，蓋太康弟五君之號曰五觀者也。」與《國語》之説不合。《竹書》蓋以武觀即五觀，武、五同聲也。五觀，啓之奸子，《竹書》及《國語》説是。

十五年，武觀以西河叛，彭伯壽帥師征西河，武觀來臨。懿行案：《北堂書鈔》十三卷引作「啓征西河」，與今本異。《逸周書·嘗麥篇》云：「其在夏之五子，忘伯禹之命，假國無正，用胥興作亂，遂凶厥國。皇天哀禹，賜以彭壽，思正夏略。」所説即此事。而「五子」之説，與《竹書》不合。

十六年，陟。懿行案：洪頤煊云：「《真誥》十五引《竹書》『啓即位三十九年亡，年七十八』，《路史後紀》

十四注引作『啓二十九年，年九十八』，與今本異。

帝太康

元年癸未，帝即位，居斟鄩。懿行案：《史記·夏本紀》《正義》引臣瓚云：「斟鄩在河南，蓋後遷北海也」。又引《汲冢古文》云：「太康居斟鄩，羿亦居之，桀又居之」。《漢書·地理志》注，臣瓚引《汲郡古文》同。鄩并作尋，斟作斗。

畋于洛表。羿入居斟鄩。

四年陟。

帝仲康

元年己丑，帝即位，居斟鄩。

五年秋九月庚戌朔，日有食之。

命胤侯帥師征羲和。

六年，錫昆吾命作伯。懿行案：《大戴禮·帝繫篇》云：「陸終氏娶于鬼方氏，産六子，其一曰樊，是爲昆吾。昆吾者，衛氏也」。案：昆吾氏，己姓。此篇帝廑四年書云：「昆吾氏遷于許」，沈氏于彼文則有注，而于此文闕然無紀。俗本或并將此正文脱去之，非也。

七年陟。

世子相出居商丘，依邳侯。一作依同姓諸侯斟灌、斟鄩。

帝相懿行案：「帝」，《後漢書·東夷傳》注引作「后」，下并同。

元年戊戌，帝即位，居商。懿行案：《太平御覽》八十二卷引作「帝即位，處商丘。」

征淮夷。懿行案：《路史·後紀》引此文而釋之云：「淮夷，畎夷」。

二年，征風夷及黄夷。懿行案：《太平御覽》八十二卷引「風」下有「夷」字，據補。《後漢書·東夷傳》注引此無「風夷及」三字。

七年，于夷來賓。懿行案：《後漢書·東夷傳》注引與今本同。

八年，寒浞殺羿，使其子澆居過。

九年，相居于斟灌。懿行案：《水經·巨洋水注》引薛瓚《漢書集注》云：「按《汲郡古文》『相居斟灌』，東郡灌是也。」今本衍「于」字。杜預《春秋集解》云「樂安壽光縣東南有灌亭。」

十五年，商侯相土作乘馬。遂遷于商丘。懿行案：《水經·渭水東過鄭縣北注》引「《世本》曰『契居蕃。』闞駰曰：『蕃在鄭西』，即今欒城是，俗名之赤城。」案：《史記·三代世表》「契生昭明，昭明生相土」，然則相土，契之孫也。

二十年，寒浞滅戈。

二十六年，寒浞使其子澆帥師滅斟灌。

二十七年，澆伐斟鄩，大戰于濰，覆其舟，滅之。懿行案：《日知録》云：「《論語》『奡盪舟』，即此。」《楚詞·天問》云：「覆舟斟尋，何道取之？」

二十八年，寒浞使其子澆弑帝，后緡歸于有仍。伯靡出奔鬲。

斟灌之墟，是爲帝丘。后緡方娠，逃出自竇，歸于有仍。伯靡奔有鬲氏。

夏世子少康生。丙寅年。

少康自有仍奔虞。乙酉年。

伯靡自鬲帥斟鄩、斟灌之師以伐浞。世子少康使汝艾伐過殺澆。甲辰年。

伯子杼帥師滅戈。

伯靡殺寒浞。少康自綸歸于夏邑。乙巳年。懿行案：自丙寅年至此，附注甲子，不記年數，與本書異，不知誰爲之也。今仍其舊。

明年，后緡生少康，既長，爲仍牧正，惎澆，能戒之。澆使椒求之，將至仍，少康逃奔有虞，爲之庖正，以除其害。虞思于是妻之以二姚，而邑諸綸。有田一成，有衆一旅，能布其德，而兆其謀，以收夏衆，撫其官職。夏之遺臣伯靡，自有鬲氏收二斟之燼以伐浞。浞恃澆皆康娱，日忘其惡而不爲備，少康使汝艾諜澆。初，浞娶純狐氏，有子早死，其婦曰女岐，寡居。澆强圉，往至其户，陽有所求。女岐爲之縫裳，共舍而宿。汝艾夜使人襲斷其首，乃女岐也。澆既多力，又善害①，艾乃田獵，放犬逐獸，因嗾澆顛隕，乃斬澆以歸于少康。于是夏衆滅浞，奉少康歸于夏邑。諸侯始聞之，立爲天子，祀夏配天，不失舊物。懿行案：此書載少康始末，與《左傳》合，故《注》亦據《傳》爲説。「初，浞娶純狐氏」以下事，見《楚辭·天問》，與《左氏》乖異。《文心雕龍·辨騷篇》駁之，而《困學紀聞》六卷引洪慶善曰：「《離騷》用羿、浞事正與《左氏》合，孟堅所云謂劉安説耳。」

① 害，王國維《今本竹書紀年疏證》作「走」，是。

第三卷　夏紀二

帝少康

元年丙午，帝即位，諸侯來朝，賓虞公。

二年，方夷來賓。懿行案：《後漢書·東夷傳》注引與今本同，唯「帝少康」作「后少康」也。

三年，復田稷。

后稷之後，不窋失官，至是而復。懿行案：事見《周語》。《史記·三代世表》以不窋爲后稷之子，非也。又案：郭璞注《爾雅·釋親》引《汲冢竹書》曰：「不窋之曩孫。」是此句當在正文，今本缺，附識于此。

十一年，使商侯冥治河。懿行案：《史記·三代世表》云：「相土生昌若，昌若生曹圉，曹圉生冥。」

十八年，遷于原。

二十一年，陟。

帝杼

杼或作帝宁，一曰柏杼。懿行案：注文九字，吳本誤置在「十七年，陟」之下，今移于此。

元年己巳，帝即位，居原。懿行案：《太平御覽》八十二卷引同。

五年，自原遷于老丘。懿行案：《太平御覽》八十二卷引作「遷于老王」，「王」字誤。

八年，征于東海及三壽，得一狐九尾。懿行案：《海外東經》云：「青丘國，其狐四足九尾。」郭璞注引「征」上有「伯杼子」三字。

十三年，商侯冥死于河。懿行案：《祭法》云：「冥勤其官而水死。」鄭注云：「冥，契六世之孫也，其官玄冥，水官也。」

十七年，陟。

杼能帥禹者也，故夏后氏報焉。

帝芬

芬，或曰芬發。懿行案：《後漢書·東夷傳》引作「后芬發」。又案：注文五字，吳本誤置在「四十四年，陟」之下，今移于此。

元年戊子，帝即位。

三年，九夷來御。懿行案：《後漢書·東夷傳》注引「三年」作「二年」。《太平御覽》七百八十卷引「來御」下，有「曰畎夷、于夷、方夷、黄夷、白夷、赤夷、玄夷、風夷、陽夷」一十九字，與《東夷傳》同，疑本注文誤入正文也。今并脱去之。

十六年，洛伯用與河伯馮夷鬥。懿行案：河、洛二水鬥也。周靈王時，穀、洛鬥亦此之類。《初學記》二十卷引《歸藏》曰：「昔者河伯筮曰與洛戰而枚占，昆吾占之不吉也。」郭璞注《海内北經》，「冰夷」引「《竹書》作馮夷字」，即此。

三十三年，封昆吾氏子于有蘇。

三十六年，作圜土。懿行案：《周禮》圜土乃仿于夏。

四十四年，陟。

帝芒懿行案：《初學記》十三卷引「帝芒」作「后荒」。

芒，或曰帝荒。懿行案：注文五字，吳本誤置在「五十八年，陟」之下，今移于此。《初學記》十三卷引「帝荒」作「后荒」。

元年壬申，帝即位，以玄珪賓于河。懿行案：《北堂書鈔》八十九卷引此文。

十三年，東狩于海，獲大魚。懿行案：《北堂書鈔》八十九卷引與今本同。《初學記》十三卷引此無「東」字。今本「東」或作「冬」。

三十三年，商侯遷于殷。

五十八年，陟。

帝泄

元年辛未，帝即位。

十二年，殷侯子亥賓于有易，有易殺而放之。

十六年，殷侯微以河伯之師伐有易，殺其君緜臣。

殷侯子亥，賓于有易而淫焉。有易之君緜臣殺而放之。故殷上甲微假師于河伯，以伐有易，滅之，遂殺其君緜臣。中葉衰而上甲微復興，故殷人報焉。懿行案：河伯，國名，《穆天子傳》「河宗氏」是也。有易、河伯事，見《山海經》郭璞《大荒東經》注，引此文自「殺其君緜臣」以上，俱作《竹書》。郭璞在沈約前，不得引沈注，以是知此條非沈文審矣。引「殷侯子亥」作「殷王子亥」，「殷上甲微」作「殷王甲微」。又云：「河伯、僕牛，皆人姓名，見《汲郡竹書》」。今本又無「僕牛」也。

二十一年，命畎夷、白夷、玄夷、風夷、□□、黄夷。懿行案：《路史·後紀》注，引「黄夷」上，有「陽夷」二字，下有「緜是服從」四字。《後漢書·東夷傳》注引此，有「赤夷」，無「黄夷」；其次，「白夷」下作「赤夷、玄夷、風夷、陽夷」，與今本異。「帝泄」作「后泄」也。

二十五年，陟。懿行案：《路史後紀》注，引作「二十一年，陟」。

帝不降

元年己亥，帝即位。

六年，伐九苑。懿行案：《太平御覽》八十二卷及《路史後紀》注引并同。

三十五年，殷滅皮氏。懿行案：《逸周書·史記解》云：「信不行，義不立，則哲士凌君政，禁而生亂，皮氏以亡」。即此。

五十九年，懿行案：《太平御覽》八十二卷引此，作「六十九年」。遜位于弟扃。

帝扃

元年戊戌，帝即位。

十年，帝不降陟。

三代之世内禪，惟不降實有聖德。

十八年，陟。

帝廑

一名胤甲。懿行案：《太平御覽》八十二卷引此無「甲」字，又作《紀年》本文。

元年己未，帝即位，居西河。

四年，作西音。懿行案：《吕氏春秋·音初覽》：「作西音者，乃殷整甲，即河亶甲也」。因「甲」字相涉，誤竄在此，今宜據以訂正。

昆吾氏遷于許。己姓，名樊，封于衛。夏衰爲伯，遷于舊許。

八年，天有祆孽，十日并出，其年陟。懿行案：郭璞注《海外東經》引此文，并連引「胤甲即位，居西河」。此自引書者約舉其文，以明義旨，非本連爲一條也。《太平御覽》八十三卷引「十日并出」下，有「又言本有十日，迭次而遣，運照無窮」十四字，似并引注文也。今本則無。

第四卷

夏紀三

帝孔甲

元年乙巳，帝即位，居西河。

廢豕韋氏，使劉累豢龍。

三年，王畋于萯山。

五年，作東音。

王好事鬼神，肆行淫亂，諸侯化之，夏政始衰。田于東陽萯山，懿行案：「田于東陽萯山」至「是爲東音」以上，具見《呂氏春秋·音初篇》。天大風晦盲，孔甲迷惑，入于民室。主人方乳，或曰：「后來是良日也，之子必大吉」；或又曰：「不勝也，之子必有殃」。孔甲聞之曰：「以爲余一人子，夫誰能殃之?」乃以其子以歸。既長，爲斧所戕，乃作《破斧之歌》，是爲東音。

七年，劉累遷于魯陽。

劉累所畜龍一雌死，潛醢以食夏后，夏后饗之，既而使求之，懼而遷于魯陽，其後爲范氏。懿行案：劉累事詳《左傳》。

九年，陟。

殷侯復歸于商丘。

帝昊

「昊」，一作「皋」。

元年庚辰，帝即位。

使室韋氏復國。夏衰，昆吾、豕韋相繼爲伯。

三年，陟。

帝發懿行案：《後漢書·東夷傳》注引「帝」作「后」。

一名后敬，或曰發惠。懿行案：「后」字疑衍。《路史·後紀》注引作「一曰惠」，無「發」字。

元年乙酉，帝即位。

《太平御覽》八十三卷引與今本同。

諸夷賓于王門，再保墉會于上池，諸夷入舞。懿行案：「再保墉」未詳其義。《後漢書·東夷傳》注引無「再保墉會于上池」七字。《北堂書鈔》八十二卷引與今本同。

七年，陟。

泰山震。

帝癸一名桀。

元年壬辰，帝即位，居斟鄩。

三年，築傾宮。懿行案：劉淵林《吴都賦》注引《汲郡地中古文册書》「桀作傾宮，飾瑶臺」。李善《東京賦》注及《七發》注引亦同。《淮南子》亦云桀爲琁宫瑶臺也。今本無『飾瑶臺』，有「毁容臺」，未審是一事不？又案：《晏子春秋·内篇·諫下》云：「桀爲璿室玉門，紂爲頃宫靈臺。」「頃」與「傾」同。「容臺」作「靈臺」，而以爲紂所爲，「瓊室」作「璿室」，而以爲桀所爲，與《竹書》不同。

毁容臺。懿行案：容臺蓋禮樂之臺，不用，故毁之。《太平御覽》八十二卷引《尸子》曰：「容臺振而掩覆。」即斯事也。

畎夷入于岐以叛。

六年，岐踵戎來賓。懿行案：跂踵國在拘纓東，見《海外北經》，郭璞注云：「其人行，脚跟不著地也。」《吕氏春秋·當染篇》云：「夏桀染于羊辛、岐踵戎。」注云：「桀之邪臣也。」

十年，五星錯行，夜中，星隕如雨。

地震。

伊、洛竭。

十一年，會諸侯于仍，有緡氏逃歸，遂滅有緡。

十三年，遷于河南。

初作輦。

十四年，扁帥師伐岷山。一作山民。懿行案：《楚辭·天問》云：「桀伐蒙山，何所得焉？」蒙山即岷山，聲之轉也。

癸命扁伐山民，山民女于桀二人，曰琬，曰琰。后愛二人，女無子焉，懿行案：《太平御覽》一百三十五卷引此文，作「后桀伐蒙山，山民進女于桀二人」云云。《藝文類聚》八十三卷引作「桀伐岷山，岷山莊王女于桀二女，曰琬，曰琰，桀受二女，無子」云云，并與今本異。《史記·司馬相如傳》《集解》：郭璞引《汲郡竹書》曰：「桀伐岷山，得女二人，曰琬，曰琰，桀愛二女，斲其名于苕華之玉，苕是琬、華是琰也。」其注《西山經》，又引《汲冢書》所謂「苕華之玉」。據郭二引証，知此文非沈注明矣。宜據以訂正。又案：《類聚》引作「桀受二女」，《御覽》八十二卷引作「桀愛二人」，今本「愛」上有「后」字，脱「桀」字。斲其名于苕華之玉。苕是琬，華是琰，而棄其元妃于洛，曰妹喜，于傾宮飾瑶臺居之。懿行案：《御覽》一百三十五卷引作「曰妹喜氏，以與伊尹交，遂以亡夏」。與今本大異。

十五年，商侯履遷于亳。成湯元年。

十七年，商使伊尹來朝。懿行案：《水經·伊水注》云：「昔有莘氏女采桑于伊川，得嬰兒于空桑中，言其母孕于伊水之濱，夢神告之曰：『臼水出而東走』，母明視而見臼水出焉，告其鄰居而走，顧望其邑，咸爲水矣。其母化爲空桑，子在其中矣。莘女取而獻之，命養于庖，長而有賢德，殷以爲尹，曰伊尹也。」《晏子春秋·内篇》説伊尹之狀云：「黑而短，蓬而髯，豐上兑下，僂身而下聲。」

二十年，伊尹歸于商及汝鳩、汝方，會于北門。

二十一年，商師征有洛，克之，遂征荆，荆降。懿行案：《逸周書·史記解》云：「昔者有洛氏，宫室無常，池囿廣大，工功日進，以後更前，民不得休。農失其時，饑饉無食，成湯伐之，有洛以亡」。

二十二年，商侯履來朝，命囚履于夏臺。

二十三年，釋商侯履。

諸侯遂賓于商。

二十六年，商滅温。懿行案：《周語》云：「己姓，昆吾、蘇、顧、温、董」。

二十八年，昆吾氏伐商。商會諸侯于景亳，遂征韋。懿行案：《括地志》云：「宋州北五十里大蒙城爲景亳，湯所盟，因景山爲名。」

商師取韋，遂征顧。

太史令終古出奔商。懿行案：《吕氏春秋·先識覽》云：「夏太史令終古出其圖法，執而泣之。夏桀迷惑，暴亂愈甚，太史令終古乃出奔如商。」

二十九年，商師取顧。

三日并出。

費伯昌出奔商。懿行案：《史記·秦本紀》云：「大費生若木，實費氏。其玄孫曰費昌，當夏桀之時，去夏歸商，爲湯御，以敗桀于鳴條。」然則昌爲費侯伯益玄孫之子，以世數推之，恐未必然也。

冬十月，鑿山穿陵，以通于河。懿行案：《太平御覽》八十二卷引太公《六韜》曰：「桀時有瞿山之地。十月，鑿山陵，通之于河。民有諫者，曰『冬鑿地穿山，是發天之陰，泄山之氣，天子後必敗。』桀以妖言殺之。」

三十年，瞿山崩。

殺其大夫關龍逢。懿行案：李善注任昉《百辟勸進今上箋》引《論語陰嬉讖》曰：「庚子之日，金版剋書，出地庭中，曰『臣族虐，王禽』。」宋均曰：「謂殺關龍之後，庚子日庭中地有此版異也。龍同姓稱族，王虐殺我，必見禽也。」案：宋均注稱關龍，任昉箋稱龍逢，并通。

商師征昆吾。懿行案：《説苑·敬慎篇》云：「昆吾自臧而滿意，窮高而不衰，故當時而虧敗，迄今而逾惡。」

冬，聆隧災。懿行案：《周語》云：「夏之亡也，回禄信于聆隧」。韋昭注云：「回禄，火神。聆隧，地名。聆音禽」。

三十一年，社拆裂。懿行案：《太平御覽》八百八十卷，《路史·後紀》十四卷，引《紀年》夏桀末年社拆裂，其年爲湯所放。今據補。

商自陑征夏邑。克昆吾。大雷雨，戰于鳴條。夏師敗績，桀出奔三朡。懿行案：朡當爲䍐。《水經·濟水注》云：「定陶縣故三䍐國也」。宜據以訂正。商師征三朡。戰于郕，獲桀于焦門，放之于南巢。懿行案：《淮南·修務訓》云：「湯乃整兵鳴條，困夏南巢，譙以其過，放之歷山。」高誘注云：「南巢，今廬江居巢是。歷山蓋歷陽之山。」案：居巢，今廬州府巢縣及無爲州地。《水經·沔水東北出居巢縣南注》云：「古巢國也。湯伐桀，桀奔南巢，即巢澤也」。

自禹至桀十七世，有王與無王，懿行案：李善《文選》注曹冏《六代論》，引「十七世」作「十七王」。《史記·夏本紀》《集解》引「有王與無王」二語，與今本同。徐廣曰：「從禹至桀，十七君，十四世」。用歲四百七十一年。起壬子，終壬戌。懿行案：《晉書·束晳傳》引《紀年篇》云「夏年多殷」，今本仍「殷年多夏」，然則非晳所見本也。

第五卷

商紀一

殷商成湯名履。

湯有七名而九征。懿行案：《太平御覽》八十三卷引此句。放桀于南巢而還，諸侯八譯而來者千八百國，奇肱氏以車至，乃同尊天乙履爲天子，三讓，遂即天子之位。初，高辛氏之世妃曰簡狄，以春分玄鳥至之日，從帝祀郊禖，與其妹浴于玄丘之水。有玄鳥銜卵而墜之，五色甚好，二人競取，覆以二筐。懿行案：二筐，《吕氏春秋·音初篇》作「玉筐」。簡狄先得而吞之，遂孕。胸剖而生契。長爲堯司徒，成功于民，受封于商。後十三世，生主癸。主癸之妃曰扶都，見白氣貫月，意感，懿行案：《藝文類聚》十卷引《河圖》曰：「湯母扶都」云云，與此同。以乙日生湯，號天乙。豐下鋭上，晳而有髯，句身而揚聲，懿行案：「句」，當爲「倨」，聲之訛也。

《晏子春秋·内篇》云：「湯質皙而長顔以髯，兑上豐下，倨身而揚聲。」可據以訂正。長九尺，臂有四肘，懿行案：《御覽》八十二卷引《春秋·元命苞》曰：「湯臂二肘，是爲神剛。」是爲成湯。湯在亳，能修其德。伊摯將應湯命，夢乘船過日月之傍，湯乃東至于洛，觀帝堯之壇，沈璧退立，黄魚雙踴，黑鳥隨之，止于壇，化爲黑玉。又有黑龜，并赤文成字，言夏桀無道，湯當代之。檮杌之神，見于邳山。有神牽白狼銜鉤而入商朝。懿行案：《御覽》又引《尚書·璇璣鈐》曰：「湯受金符白狼銜鉤入殷朝。」金德將盛，銀自山溢。湯將奉命放桀，夢及天而舐之，遂有天下。

商人後改天下之號曰殷。

十八年癸亥，王即位，居亳。懿行案：《史記·殷本紀》《正義》曰：「湯即位，都南亳，後遷西亳也。」《括地志》云：「河南偃師爲西亳，帝嚳及湯所都。」

始屋夏社。懿行案：《書序》云：「湯既勝夏，欲遷其社，不可，作夏社。」《史記·殷本紀》同。《郊特牲》云：「喪國之社，屋之薄社，北牖，使陰明也。」鄭氏注云：「薄社，殷之社也。」《春秋》書「亳社災」，《左傳》哀七年云：「曹人或夢衆君子立于社宮。」鄭衆注云：「社宮中有室屋者。」然則就如夢所疑，凡社皆有屋，抑或社宮即亳社與？

十九年，大旱。

氐、羌來貢。懿行案：「貢」，洪氏作「賓」。

二十年，大旱。

夏桀卒于亭山。禁弦歌舞。懿行案：亭山疑即宫亭山也。廬山有宫亭廟，計其道里，去南巢不遠。「禁弦歌舞」，爲憂旱也，宜别爲條。

二十一年，大旱。鑄金幣。懿行案：《管子·山權數篇》云：「湯七年旱，禹五年水，民之無糧賣子者。湯以莊山之金鑄幣，而贖民之無糧賣子者。禹以歷山之金鑄幣，而贖民之無糧賣子者。」

二十二年，大旱。

二十三年，大旱。

二十四年，大旱。王禱于桑林，雨。懿行案：見《荀子·大略篇》。

二十五年，作大濩樂。

初巡狩，定獻令。懿行案：《逸周書·王會解》：「湯問伊尹曰：『諸侯來獻，或無馬牛之所生，而獻遠方之物，事實相反，不利。今吾欲因其地勢所有獻之，必易得而不貴，其爲四方獻令。』伊尹受命，于是爲四方令曰：『臣請正東符婁、仇州、伊慮、漚深、九夷、十蠻、越漚、鬋髮、文身，請令以魚皮之鞞、口鰂之醬、鮫瞂利劍爲獻。正南甌鄧、桂國、損子、産里、百濮、九菌，請令以珠璣、瑇瑁、象齒、文犀、翠羽、菌鷄、短狗爲獻。正西昆侖、狗國、鬼親、枳己、闟耳、貫胸、雕題、離丘、漆齒，請令以丹青、白旄、紕罽、江歷、龍角、神龜爲獻。正北空同、大夏、莎車、姑他、旦略、豹胡、代翟、匈奴、樓煩、月氏、孅犂、其龍、東胡，請令以橐駝、白玉、野馬、騊駼、駃騠、良工爲獻。』湯曰善。」

二十七年，遷九鼎于商邑。

二十九年，陟。

外丙名勝。懿行案：《太平御覽》八十四卷引。

元年乙亥，即位，居亳，命卿士伊尹。懿行案：「即位」上疑脱「王」字。

二年，陟。

仲壬名庸。

元年丁丑，王即位，居亳，命卿士伊尹。懿行案：杜預《春秋後序》引同。

四年，陟。

太甲名至。

元年辛巳，王即位，居亳，命卿士伊尹。

伊尹放太甲于桐，乃自立。約按：伊尹自立，蓋誤以攝政爲真耳。懿行案：杜預《春秋後序》引同。

七年，王潛出自桐，殺伊尹，天大霧三日，乃立其子伊陟、伊奮，命復其父之田宅而中分之。

約按：此文與前後不類，蓋後世所益。懿行案：陸機《豪士賦序》「伊生抱明允以嬰戮」。士衡晉初人，即本此書爲說。李善注《文選·豪士賦》引此文「潛」作「既」，餘與今本同。陸《賦》既見徵引于前，李注復事攟摭于後，然則此文蓋非後世所益也。再證以杜預《春秋後序》引《紀年》此文，復與今本無異。元凱在太康中，《竹書》方出時便得見之，而已具有此語，是不得爲後人所益審矣。

十年，大饗于太廟。

初祀方明。懿行案：方明見《周禮》。

十二年，陟。懿行案：《史記·魯世家》《索隱》引《紀年》年數同。

沃丁名絢。懿行案：《太平御覽》八十四卷引「絢」作「絇」。

元年癸巳，王即位，居亳，命卿士咎單。

八年，祠保衡。懿行案：《水經·泗水東過沛縣東注》云：「崔駰曰：『殷帝沃丁之時，伊尹卒，葬于薄。』《皇覽》曰：『伊尹家在濟陰己氏平利鄉。』皇甫謐曰：『伊尹年百餘歲而卒。大霧三日，沃丁葬以天子之禮，親自臨喪，以報大德焉。』」據諸家之說，伊尹卒在沃丁之世，與經傳符，而與《竹書》則不合，姑兩存焉。

十九年，陟。

小庚約按：《史記》作「太庚」。名辨。懿行案：《太平御覽》八十四卷引，又引注云：「即太庚也。」

元年壬子，王即位，居亳。

五年，陟。

小甲名高。懿行案：《太平御覽》八十四卷引。

元年丁巳，王即位，居亳。

十七年，陟。

雍己名伷。懿行案：《太平御覽》八十四卷引「伷」作「伷」。

元年甲戌，王即位，居亳。

十二年，陟。

第六卷

商紀二

太戊名密。

元年丙戌，王即位，居亳，命卿士伊陟、臣扈。

七年，有桑穀生于朝。懿行案：詳見《韓詩外傳》。

十一年，命巫咸禱于山川。

二十六年，西戎來賓，王使王孟聘西戎。懿行案：郭璞注《海外西經·丈夫國》云：「殷帝太戊使王孟採藥，從西王母至此，絶糧不能進，食木實，衣木皮，終身無妻而生二子，從形中出，是爲丈夫民。」即此事也。然則西戎即西王母矣。

三十一年，命費侯中衍爲車正。懿行案：《史記·秦本紀》云：「大費生大廉，實鳥俗氏。大廉玄孫曰孟戲中衍，鳥身人言。帝太戊聞而卜之使御，吉，遂致使御而妻之。自太戊以下，中衍之後，遂世有功，以佐殷國。故嬴姓多顯，遂爲諸侯。」

三十五年，作寅車。懿行案：《六月》詩《毛傳》云：「夏后氏曰鉤車。先正也。殷曰寅車，先疾也。周曰元戎，先良也」。《鄭箋》云：「寅，進也，二者及元戎，皆可以先前啓突敵陣之前行，其制之同異未聞。」孔穎達《正義》曰：「《司馬法》文也。」

四十六年，大有年。

五十八年，城蒲姑。

六十一年，東九夷來賓。

七十五年，陟。

太戊遇祥桑，側身修行。三年之後，遠方慕明德，重譯而至者七十六國。商道復興，廟爲中宗。《竹書》作「太宗」。懿行案：「廟爲中宗」已上三十五字，蓋本舊注之文，「《竹書》作太宗」五字，是校書人所記。《晉書·束皙傳》云：「皙在著作，得觀《竹書》，隨疑分釋，皆有義證」。然則此類皆皙等所爲也。今《竹書》亦無太宗之號，蓋脱去之。

仲丁名莊。

元年辛丑，王即位，自亳遷于囂，于河上。懿行案：《水經·濟水注》云：「濟水又東逕敖山北，《詩》所謂『薄狩于敖』者也。其山上有城，即殷帝仲丁之所遷也。皇甫謐《帝王世紀》曰：『仲丁自亳徙囂，于河上者也』。或曰敖矣。秦置倉于其中，故亦曰敖倉城也。」《太平御覽》八十四卷引此文以下「囂」字并作「嚻」，誤，又無「于河上」三字。

六年，征藍夷。懿行案：《後漢書·東夷傳》注引「征」下有「于」字。

九年，涉。

外壬名發。

元年庚戌，王即位，居囂。

邳人、姺人叛。

十年，陟。

河亶甲名整。懿行案：《太平御覽》八十四卷引。

元年庚申，王即位，自囂遷于相。懿行案：《太平御覽》八十四卷引與今本同。《吕氏春秋·音初篇》云：「殷整甲徙宅西河，猶思故處，實始作爲西音」，即此事也。相即西河，整甲即河亶甲矣。今《紀年》本「以作西音」四字，誤置在夏「帝廑四年」之下，宜移于此。

三年，彭伯克邳。

四年，征藍夷。懿行案：《太平御覽》八十四卷引。

五年，侁人入于班方。彭伯、韋伯伐班方，侁人來賓。

九年，陟。

祖乙名滕。懿行案：《太平御覽》八十一卷引「滕」作「勝」，與外丙同名。

元年己巳，王即位，自相遷于耿。懿行案：《水經·汾水西過皮氏縣南注》云：「汾水又西逕耿鄉城北，故殷都也。帝祖乙自相遷此，爲河所毁，故《書序》曰：『祖乙圮于耿。』杜預曰：『平陽皮氏縣東南耿鄉是也』。」

命彭伯、韋伯。

二年，圮于耿。自耿遷于庇。

三年，命卿士巫賢。

八年，城庇。

十五年，命邠侯高圉。

十九年，陟。

祖乙之世，商道復興，廟爲中宗。《史記》與《無逸》皆無之。懿行案：《太平御覽》八十四卷引《紀年》「是爲中宗」，證知此類皆《紀年》本文，或舊注之文。其「《史記》與《無逸》」以下八字，乃是後人所注爾。

祖辛名旦。

元年戊子，王即位，居庇。

十四年，陟。

開甲《史記》作「沃甲」。名踰。懿行案：《太平御覽》八十四卷引。

元年壬寅，王即位，居庇。

五年，陟。

祖丁名新。

元年丁未，王即位，居庇。

九年，陟。

南庚名庚。懿行案：《太平御覽》八十四卷引。

元年丙辰，王即位，居庇。

三年，自庇遷于奄。懿行案：「自庇」二字今本脱，据《太平御覽》八十四卷引補。

六年，陟。

陽甲名和，一名和甲。懿行案：郭璞注《大荒北經》引作「和甲」可證。

元年壬戌，王即位，居奄。懿行案：《太平御覽》八十四卷引作「居亳」，與今本異。

三年，西征丹山戎。懿行案：郭璞《大荒北經》注引作「和甲西征，得一丹山」，與今本異。説又具「祖甲十二年」下。

四年，陟。

第七卷

商紀三

盤庚名旬。懿行案：《太平御覽》八十四卷引同。《史記·殷本紀》《正義》引云「盤庚，字也」。

元年丙寅，王即位，居奄。

七年，應侯來朝。懿行案：《水經·滍水注》引《汲郡古文》，「殷時已有應國」。《漢書·地理志》「潁川父城」，臣瓚注引亦同。

十四年，自奄遷于北蒙，曰殷。懿行案：殷即亳，殷湯所都。《書叙》云：「湯始居亳，從先王居也。」《水經·穀水注》于「偃師西山」下云：「陽渠水又東經亳殷南，昔盤庚所遷，改商曰殷，自此始也。」又《洹水注》引此文，與今本同。又，《汾水注》云：「盤庚以耿在河北，迫近山川，乃自耿遷亳，即《書叙》云『盤庚五遷，將治亳』是也。」然則盤庚蓋自耿遷亳，又自亳遷于北蒙，北蒙即北亳，其地蓋不殊也。湯初居南亳，在穀熟，後遷西亳，在偃師，至盤庚，又徙北亳，在蒙，此謂三亳也。《太平御覽》八十四卷引作「自亳遷于北蒙」，分明不誤，而《尚書·盤庚》《正義》引《汲冢古文》云：「盤庚自奄遷于殷，殷在鄴南三十里。」《史記·項羽本紀》《集解》亦引《汲冢古文》云：「盤庚自奄遷于北蒙，曰殷虛，南去鄴三十里」。二書所引與今本略同，與《御覽》所引則異。今本又脱「虛南去鄴三十里」七字也。

十五年，營殷邑。

十九年，命邠侯亞圉。

二十八年，陟。

小辛名頌。懿行案：《太平御覽》八十四卷引。

元年甲午，王即位，居殷。

三年，陟。

小乙名斂。懿行案：《太平御覽》八十四卷引。

元年丁酉，王即位，居殷。

六年，命世子武丁居于河，學于甘盤。

十年，陟。

武丁名昭。

元年丁未，王即位，居殷。懿行案：盤庚所遷是舊殷虚，武丁居殷，其地則朝歌也。《水經·淇水注》云：「朝歌，《晉書·地道記》曰：『本沬邑也』。《詩》云：『爰采唐矣，沬之鄉矣。』殷王武丁始遷居之，爲殷都也。紂都即此矣。」

命卿士甘盤。

三年，夢求傅説，得之。懿行案：高誘《淮南子·覽冥訓》注云：「殷王武丁，夢得賢人，使工寫其象，旁求之，得傅説于傅巖，遂以爲相。爲高宗成八十一符，致中興也。死託精于辰尾之星。」

六年，命卿士傅説。視學養老。懿行案：「視學養老」應别爲條。

十二年，報祀上甲微。懿行案：此即《夏紀》所謂「殷微以河伯之師伐有易」者。

二十五年，王子孝己卒于野。懿行案：此乃孝己自卒耳。後人謂高宗殺孝己。

二十九年，肜祭太廟，有雉來。

三十二年，伐鬼方。次于荆。

三十四年，王師克鬼方。懿行案：本或無「王師」二字。氐、羌來賓。

四十三年，王師滅大彭。

五十年，征豕韋，克之。

五十九年，陟。

王，殷之大仁也。力行王道，不敢荒寧，嘉靖殷邦，至于大小，無時或怨。是時輿地，東不過江、黄，西不過氐、羌，南不過荆蠻，北不過朔方，而頌聲作。禮廢而復起，廟號高宗。

祖庚名曜。懿行案：《太平御覽》八十四卷引。

元年丙午，王即位，居殷。懿行案：「即位」上，舊本脱「王」字，今據前後文補。作《高宗之訓》。

十一年，陟。

祖甲《國語》作「帝甲」。懿行案：《太平御覽》八十四卷引作「帝祖甲載」。名載。

元年丁巳，王即位，居殷。

十二年，征西戎。

冬，王返自西戎。祖甲西征，得一丹山。懿行案：此八字本「陽甲三年，西征丹山戎」注文，誤竄在此也。郭璞《大荒北經》注引作「和甲西征，得一丹山」，可證今本之誤。

十三年，西戎來賓。

命邠侯組紺。

二十四年，重作湯刑。

二十七年，命王子囂、王子良。懿行案：《西京雜記》：「霍光曰：『昔殷王祖甲，一産二子，曰囂、曰良。以卯日生囂，以巳日生良，是二子孿生，因亦同命之。』」

三十三年，陟。

王舊在野，及即位，知小人之依，能保惠庶民，不侮鰥寡。迨其末也，繁刑以攜遠，殷道復衰。《國語》曰：「玄王勤商，十有四世，帝甲亂之，七世而隕。」懿行案：此當以《尚書·無逸》爲據，《國語》誤。

馮辛《史記》作「廩辛」。懿行案：《史記·殷本紀》《索隱》曰：「《漢書·古今人表》及《帝王世紀》皆作馮辛。」一名先。懿行案：《太平御覽》八十四卷引作「廩辛先」。

元年庚寅，王即位，居殷。

四年，陟。

庚丁名囂。

元年甲午，王即位，居殷。

八年，陟。

第八卷

商紀四

武乙名瞿。

元年壬寅，王即位，居殷。

邠遷于岐周。

三年，自殷遷于河北。

命周公亶父，賜以岐邑。

十五年，自河北遷于沬。

二十一年，周公亶父薨。

二十四年，周師伐程，戰于畢，克之。懿行案：《逸周書·史記解》云：「昔有畢程氏，損禄增爵，群臣貌匱，比而戾民，畢程氏以亡。」疑即此。

三十年，周師伐義渠，乃獲其君以歸。懿行案：《逸周書·史記解》云：「嬖子兩重者亡。昔者義渠氏有兩子，異母皆重，君疾，大臣分黨而争，義渠以亡。」

三十四年，周公季歷來朝，王賜地三十里，玉十瑴，馬十匹。懿行案：《太平御覽》八十四卷引作「馬八匹」。蓋馬四匹爲一乘，八匹則二乘，此作「十」字，疑誤。

三十五年，周公季歷伐西落鬼戎，俘二十翟王。懿行案：「俘二十翟王」五字，今本脱，據《後漢書·西羌傳》注引補。

王畋于河渭，大雷震死。

文丁《史記》作「太丁」，非。懿行案：《後漢書·西羌傳》注及《太平御覽》八十四卷并引作「太丁」。又据《帝王世紀》「文丁亦曰太丁」。名托。

元年丁丑，王即位，居殷。自沬歸殷邑。懿行案：蓋自朝歌復歸盤庚舊殷。

二年，周公季歷伐燕京之戎，敗績。懿行案：《後漢書·西羌傳》引作「周人伐燕京之戎，周師大敗」。

三年，洹水一日三絶。懿行案：《太平御覽》八十四卷引。

四年，周公季歷伐余無之戎，克之，命爲牧師。懿行案：《後漢書·西羌傳》注引「周公季歷」作「周人」，「命」上有「周王季」三字，「爲」下有「殷」字。李善《文選·典引》注又引《紀年》曰：「武乙即與今本異。

位，周王季命爲殷牧師」，并與今本異。「武乙」當爲「文丁」，字之訛也。又案：王季有如此武功，《詩》無一言及之，可疑。蓋杜預所云「古書雜記，未足以取審」者也。

五年，周作程邑。

七年，周公季歷伐始呼之戎，克之。懿行案：「周公季歷」《後漢書·西羌傳》注引作「周人」，下同。

十一年，周公季歷伐翳徒之戎，獲其三大夫，來獻捷。懿行案：《後漢書·西羌傳》注引「獲」作「捷」，無「來獻捷」三字。王殺季歷。

王嘉季歷之功，錫之圭瓚、秬鬯，九命爲伯。既而執諸塞庫。季歷困而死，因謂文丁殺季歷。執王季于塞庫，羈文王于玉門，鬱尼之情，辭以作歌，其傳久矣。懿行案：此與帝舜囚堯、太甲殺尹，俱古書之異説。《風俗通義》又稱秦穆公殺賢臣百里奚，亦不見于它書，無以言焉。又案：《太平御覽》三百八十三卷引《六韜》曰：「文王祖父壽百二十而没，王季百年而没，文王壽九十七而没」，是其考終命之證也。

十二年，周文王元年。有鳳集于岐山。

十三年，陟。

帝乙名羨

元年庚寅，王即位，居殷。

二年。懿行案：《太平御覽》八十四卷引云：「二年，周人伐商。」今本無此文。又，商久已改殷，文王亦無伐殷之事，然則商又字形之訛也。姑存以俟考。

三年，王命南仲西拒昆夷，城朔方。懿行案：「拒」，本或作「拘」。

夏六月，周地震。懿行案：見《吕氏春秋·制樂覽》。《韓詩外傳》亦有其文。

九年，陟。

帝辛名受。即紂也，曰受辛。懿行案：《太平御覽》八十四卷引。

元年己亥，王即位，居殷。命九侯、周侯、邘侯。周侯爲西伯昌。懿行案：命爲三公也。邘在河内野王，周武王以封其子。見《説文》。邘侯，《史記·殷本紀》作鄂侯。《集解》：徐廣曰：「鄂，一作『邘』，音于，野王縣有邘城。九侯，亦作『鬼侯』，鄴縣有九侯城。」《索隱》曰：「九，鄒誕生音仇也。」

三年，有雀生鸇。

四年，大蒐于黎。

作炮烙之刑。懿行案：烙，疑「格」字之或體。《史記·殷本紀》《索隱》據鄒誕生「烙，一音閣」。又云：「爲銅烙，炊炭其下，使罪人步其上。」可知烙即格也。《集解》引《列女傳》曰：「膏銅柱，下加之炭，令有罪者行焉，輒墮炭中，妲己笑，名曰炮格之刑。」案：以銅柱爲格，將物庋閣之，鄒音是也。音「洛」者非。

五年，夏，築南單之臺。

雨土于亳。

六年，西伯初禴于畢。

九年，王師伐有蘇，獲妲己以歸。懿行案：己，《玉篇》作「改」，音「紀」，云「妲改，紂妃」。

作瓊室，立玉門。懿行案：《太平御覽》一百七十三卷引《六韜》曰：「殷君喜治宫室七十三所，大宫百里，宫中九市」。劉淵林注《吴都賦》，引《汲郡地中古文册書》：「紂作瑶室，立玉門。」李善注《東京賦》，引《汲冢古文》，瑶仍作「瓊」。

十年，夏六月，王畋于西郊。

十七年，西伯伐翟。

冬，王游于淇。

二十一年春正月，諸侯朝周。

伯夷、叔齊自孤竹歸于周。

二十二年冬，大蒐于渭。

二十三年，囚西伯于羑里。

二十九年，釋西伯。諸侯逆西伯歸于程。

三十年春三月，西伯率諸侯入貢。

三十一年，西伯治兵于畢，得吕尚以爲師。

三十二年，五星聚于房。

有赤烏集于周社。懿行案：烏，本或作「烏」。

密人侵阮，西伯率師伐密。

三十三年，密人降于周師，遂遷于程。懿行案：《吕氏春秋·用民篇》云：「密須之民，自縛其主，而與文王」。高誘注云：「《詩》云：『密人不共，敢距大邦』，此之謂也。」

王錫命西伯，得專征伐。約按：文王受命九年。大統未集，蓋得專征伐，受命自此年始。懿行案：《史記·周本紀》云：「詩人道西伯，蓋受命之年稱王，而斷虞、芮之訟。」

三十四年，周師取耆及邘，遂伐崇，崇人降。懿行案：《尚書大傳》云：「西伯既伐耆。」《大戴禮·少閒篇》曰：「乃退伐崇、許、魏，以客事天子。」今案：許、魏事不經見，邘見前。

冬十二月，昆夷侵周。

三十五年，周大饑。懿行案：《逸周書·大匡篇》云：「周王宅程三年，遭天之大荒。」即此。西伯自程遷于豐。

三十六年春正月，諸侯朝于周，遂伐昆夷。

西伯使世子發營鎬。

三十七年，周作辟雍。

三十九年，大夫辛甲出奔周。懿行案：《史記·周本紀》《集解》引劉向《别録》曰：「辛甲事紂，七十五諫而不聽，去之周，文王以爲公卿，封之長子」。《水經·濁漳水出上黨長子縣西發鳩山注》云：「周史辛甲所封邑也。」

四十年，周作靈臺。懿行案：《太平御覽》五百三十四卷引《六韜》曰：「文王即出羑里，召公旦築爲靈臺」。

王使膠鬲求玉于周。

四十一年春三月，西伯昌薨。周文王葬畢，畢西于豐三十里。

四十二年。周武王元年。

西伯發受丹書于吕尚。懿行案：事見《大戴禮·武王踐祚篇》。

有女子化爲丈夫。

四十三年春，大閱。

嶢山崩。

四十四年，西伯發伐黎。

四十七年，内史向摯出奔周。懿行案：摯，《淮南·氾論訓》作「藝」，内史作「太史令」。

四十八年，夷羊見。懿行案：《淮南·本經訓》云：「夷羊在牧」。高誘注云：「夷羊，土精。」韋昭《周語》注云：「夷羊，神獸。」

二日并出。

五十一年冬十一月戊子，周師渡盟津而還。

王囚箕子，殺王子比干，微子出奔。懿行案：李善注任昉《百辟勸進今上箋》，引《論語比考讖》曰：「殷惑妲己，玉馬奔」。宋均曰：「女妲己，有美色也，玉馬喻賢臣奔去也」。

五十二年庚寅，周始伐殷。

秋，周師次于鮮原。

冬十有二月，周師有事于上帝。庸、蜀、羌、髳、微、盧、彭、濮從周師伐殷。伐殷至邢丘，更名邢丘曰懷。懿行案：更名邢丘曰懷寧、曰修武，見《韓詩外傳》。懷，今懷慶，古殷國也。邢丘，今河内縣，修武即今修武縣也。

湯滅夏，以至于受，二十九王，用歲四百九十六年。起癸亥，終戊寅。懿行案：李善《文選》注曹冏《六代論》引此文，「二十」作「三十」。《史記·殷本紀》《集解》仍作「二十」。今案：《大戴禮·保傅篇》云：「殷爲天子三十餘世」，盧辯注云：「凡三十一世是也」。又，《殷本紀》《正義》引《竹書紀年》云：「自盤庚徙殷，至紂之滅，七百七十三年，更不徙都。紂時稍大其邑，南距朝歌，北據邯鄲及沙丘，皆爲離宫别館。」今案：《正義》所引，與本書年數不合，或有錯誤。計盤庚徙殷之歲，至紂之滅，二百五十一年也。今本亦無其文。譙周曰：「殷凡三十一世，六百餘年」。然則盤庚至紂，何得言歷年七百也？今本作「四百九十六年」，「四」字亦訛。

第九卷

周紀一

周武王名發。

初，高辛氏之世妃曰姜嫄，助祭郊禖，見大人迹履之，當時歆如有人道感己，遂有身而生男。以爲不祥，棄之阨巷，羊牛避而不踐；又送之山林之中，會伐林者又取而置寒冰上，大鳥以一翼藉覆之。姜嫄以爲異，乃收養焉，名之曰棄。枝頤有異相。長爲堯稷官，有功于民。后稷之孫曰公劉，有德，諸侯皆以天子之禮待之。初，黄帝之世，讖言曰：「西伯爲王，期在甲子，昌制命，發行誅，旦行道」。及公劉之後，十三世而生季歷。季歷之十年，飛龍盈于殷之牧野，此蓋聖人在下位將起之符也。季歷之妃曰太任，夢長人感己，溲于豕牢而生昌，是爲周文王。龍顔虎肩，身長十尺，胸有四乳。太王曰：「吾世當有興者，其在昌乎」！季歷之兄曰太伯，知天命在昌，適越，終身不返，弟仲雍從之，故季歷爲嗣以及昌。昌爲西伯，作邑于豐。文王之妃曰太姒，夢商庭生棘，太子發植梓樹于闕間，化爲松柏棫柞。以告文王，文王幣率群臣，懿行案：率，《宋書·符瑞志》作「告」。與發并拜告夢①。懿行案：自「大姒夢商庭生棘」，至「拜告夢」，并《逸周書·程寤篇》文也。今本亡缺。據《藝文類聚》七十九、八十九卷，及《太平御覽》五百三十三卷引文，并與此同。季秋之甲子，赤爵銜書及豐，置于昌户，懿行案：自「季秋甲子」至此，《史記·周本紀》《正義》引《尚書·帝命驗》文也。置，《宋書·符瑞志》作「止」。昌拜稽手受。其文要曰：「姬昌蒼帝子，亡殷者紂王。」將畋，史編卜之曰：「將大獲，非熊非羆，天遣太師懿行案：史編，《符瑞志》作「史徧」，遣太，作「遺汝」。以佐昌。臣太祖史疇爲禹卜畋，得皋陶，其兆如此」。至于磻溪之水，懿行案：《符瑞志》「至」上有「王」字。吕尚釣于涯，王下趨拜曰：「望公七年，乃今見光景于斯」。尚立變名答曰：「望釣得玉璜，懿行案：《御覽》八百七卷引《尚書中候》文，自「磻溪」至此，略同。其文要曰：『姬受命，昌來提，撰爾洛鈐報在齊』。」尚出游，見赤人自洛出，授尚書曰：「命曰吕，佐昌者子。」懿行案：召，《符瑞志》作「吕」。文王夢日月著其身，又鸑鷟鳴于岐山。孟春六旬，五緯

① 告夢：《逸周書·程寤解》及王國維《古本竹書記年輯校》均作「吉夢」，是。

聚房。後有鳳凰銜書，游文王之都。書又曰：「殷帝無道，虐亂天下，星命已移，不得復久。靈祇遠離，百神吹去，五星聚房，昭理四海」。文王既没，太子發代立，是爲武王。武王駢齒望羊。將伐紂，至于孟津，八百諸侯不期而會。咸曰：「紂可伐矣」。武王不從。及紂殺比干，囚箕子，微子去之，乃伐紂。度孟津，中流，白魚躍入王舟。王俯取魚，長三尺，目下有赤文成字，言紂可伐。王寫以世字，魚文消。燔魚以告天。有火自天止于王屋，流爲赤烏，烏銜穀焉。穀者，紀后稷之德，火者，燔魚以告天，天火流下，應以告也。懿行案：告，《符瑞志》作「吉」。遂東伐紂，勝于牧野，兵不血刃，而天下歸之。乃封呂尚于齊。周德既隆，草木茂盛，蒿堪爲宫室，因名蒿室。懿行案：室，《符瑞志》作「宫」。《大戴禮·盛德篇》云：「周時德澤洽和，蒿茂大以爲宫柱，名蒿宫也」。既有天下，遂都于鎬。

十二年辛卯，王率西夷諸侯伐殷，敗之于坶野。懿行案：《水經·清水注》引此文同。王親禽受于南單之臺，遂分天之明。懿行案：《水經·淇水注》引「禽受」作「禽帝受辛」，而釋之云：「南單之臺，蓋鹿臺之異名也。」立受子禄父，是爲武庚。

夏四月，王歸于豐，饗于太廟。命監殷。遂狩于管。

作《大武樂》。

十三年，巢伯來賓。

薦殷于太廟。遂大封諸侯。懿行案：薦殷，殷薦也。《易》曰：「先王以作樂崇德，殷薦之上帝，以配祖考」。蓋謂此也。武王封建諸侯，兄弟之國者十五人，姬姓之國者四十人。見于《左傳》。而《荀子·儒效篇》又云：「兼制天下，立七十一國，姬姓獨居五十三人焉。」

秋，大有年。懿行案：《左傳》云：「昔周饑，克殷而年豐」。此書「大有年」者二，其一殷太戊四十六年也。

十四年，王有疾，周文公禱于壇墠，作《金縢》。

十五年，肅慎氏來賓。懿行案：《周語》云：「肅慎氏貢楛矢，其長尺有咫。」

初狩方岳，誥于沬邑。

冬，遷九鼎于洛。懿行案：《逸周書·克殷解》云：「乃命南宫伯達、史佚遷九鼎三巫。」

十六年，箕子來朝。

秋，王師滅蒲姑。

十七年，命王世子誦于東宫。

冬十有二月，王陟，年九十四。

成王名誦。

元年丁酉春正月，王即位，命冢宰周文公總百官。

庚午，周公誥諸侯于皇門。懿行案：《逸周書·皇門解》云：「維正月庚午，周公格左閎門，會群侯①」。孔晁注云：「格，至也。路寢左門曰皇門。閎音皇也」。

夏六月，葬武王于畢。

秋，王加元服。懿行案：《家語·冠頌》云：「武王崩，成王年十有三而嗣立，周公居冢宰，攝政以治天下。明年夏六月，既葬，冠成王而朝于祖，以見諸侯，示有君也。周公使祝雍作頌曰：『祝王達而勿多也』。祝雍辭曰：『使王近于民，遠于年，嗇于時，惠于財，親賢而任能。』其頌曰：『令月吉日，王始加元服，去王幼志，心是衮職。欽若昊天，六合是式，率爾祖考，永永無極。』」今案：「遠于年」，蓋言壽命長也。《説苑·修文篇》「年」作「佞」，于義爲長。

武庚以殷叛。

周文公出居于東。

二年，奄人、徐人及淮夷入邶以叛。

秋，大雷電以風。王逆周文公于郊。遂伐殷。

三年，王師滅殷，殺武庚禄父。遷殷民于衛。遂伐奄。滅蒲姑。姑與四國作亂，故周公伐之。

---

① 會群侯：《逸周書》爲「會群門」。王國維《古本行書紀年輯要》引作「會群臣」。

四年春正月，初朝于廟。

夏四月，初嘗麥。懿行案：《逸周書·嘗麥解》云：「維四年孟夏，王初祈禱于宗廟，乃嘗麥于太祖。」云云。

王師伐淮夷，遂入奄。懿行案：《書序》云：「成王東伐淮夷，遂踐奄。」鄭玄注曰：「奄國在淮夷之北。」

五年春正月，王在奄，遷其君于蒲姑。懿行案：《書叙》云：「成王既踐奄，將遷其君于蒲姑。」馬融注曰：「蒲姑，齊地」。

夏五月，王至自奄。

遷殷民于洛邑。遂營成周。懿行案：《逸周書·作雒解》云：「俘殷獻民，遷于九畢。周公敬念于後曰：『予畏同室克追，俾中天下。』及將致政，乃作大邑成周于土中。城方千七百二十丈，郛方七百里，南繫于洛水，北因于郟山，以爲天下之大湊。」

六年，大蒐于岐陽。

七年，周公復政于王。

春二月，王如豐。

三月，召康公如洛度邑。

甲子，周文公誥多士于成周，遂城東都。

王如東都，諸侯來朝。

冬，王歸自東都。

立高圉廟。

八年春正月，王初莅阼親政。

命魯侯禽父、齊侯伋遷庶殷于魯。

作象舞。懿行案：《呂氏春秋·古樂覽》云：「商人服象爲虐于東夷，周公遂以師逐之，至于江南，乃爲《三象》以嘉其德。」

冬十月，王師滅唐，遷其民于杜。

九年春正月，有事于太廟，初用勺。懿行案：勺即《周頌·酌》篇也。

肅慎氏來朝，王使榮伯錫肅慎氏命。

十年，王命唐叔虞爲侯。懿行案：事見《左傳》及《呂氏春秋·重言覽》。

越裳氏來朝。懿行案：事見《尚書大傳》及《韓詩外傳》。

周文公出居于豐。

十一年春正月，王如豐。

唐叔獻嘉禾，王命唐叔歸禾于周文公。懿行案：《書叙》云：「唐叔得禾，異畝同穎，獻諸天子。王命唐叔歸周公于東，作《歸禾》。」詳見《尚書大傳》。

王命周平公治東都。約按：周平公即君陳，周公之子，伯禽之弟。

十二年，王師、燕師城韓。王錫韓侯命。

十三年，王師會齊侯、魯侯伐戎。

夏六月，魯大禘于周公廟。懿行案：時周公尚存，廟于何有？周公亦必無自禘先公之理。《日知録》云：「蓋周廟也。『公』字衍。」

十四年，秦師圍曲城，克之。懿行案：《史記·秦本紀》云：「非子爲孝王主馬于汧渭之間，馬大蕃息，孝王分土爲附庸，邑之秦，號曰秦嬴。」然則成王之時，秦尚未封國，何有秦師圍曲城也？此必字誤。洪氏本載孫本作「齊師」，今宜據以訂正。

冬，洛邑告成。

十八年春正月，王如洛邑定鼎。

鳳凰見，遂有事于河。

武王没，成王少，周公攝政七年。制禮作樂，神鳥鳳凰見，蓂莢生，乃與成王觀于河、洛，沈璧。禮畢，王退俟。至于日昃，懿行案：昃，《宋書·符瑞志》作「昧」。榮光并出幕河，青雲浮至，青龍臨壇，銜玄甲之圖，坐之而去。禮于洛，亦如之。玄龜青龍懿行案：此與《符瑞志》作「龍」，并當爲「純」字之訛，見《尚書中候》。蒼光止于壇，背甲刻書，赤文成字，懿行案：《藝文類聚》九十九卷引《尚書中候》曰：「周公沈璧，玄龜青純蒼光刻背甲，止于壇。」周公援筆以世文寫之。書成文銷，龜隨甲而去。懿行案：隨，《符瑞志》作「墮」。此注誤。其言自周公訖于秦漢盛衰之符。麒麟游苑，鳳皇翔庭，成王援琴而歌曰：「鳳皇翺兮于紫庭，懿行案：翺，《符瑞志》作「翔」。余何德兮以感靈，賴先生兮恩澤臻，于胥樂兮民以寧。」

十九年，王巡狩侯、甸、方岳，召康公從。歸于宗周，遂正百官。黜豐侯。

二十一年，除治象。懿行案：治象即象魏也。除之爲便民也。昭王元年，復設象魏，非矣。

二十二年，葬周文公于畢。

周文公薨于豐。

二十四年，于越來賓。

二十五年，王大會諸侯于東都，四夷來賓。

冬十月，歸自東都，大事于太廟。懿行案：大，本或作「有」。

三十年，離戎來賓。約按：離戎，驪山之戎也，爲林氏所伐，告于成王。懿行案：《逸周書·史記解》云：「昔有林氏召離戎之君而朝之，至而不禮，留而弗親，離戎逃而去之，林氏誅之，天下叛林氏。」是沈注所本也。

三十三年，王游于卷阿，召康公從。歸于宗周。

命王世子釗如房逆女，房伯祈歸于宗周。

三十四年，雨金于咸陽。約按：咸陽天雨金，三年，國有大喪。懿行案：《述異記》云「今咸陽有雨金」，原本此。又案：《禹紀》八年，「雨金夏邑」，是年帝陟。此又「雨金」，三年而王陟。然則「雨金」不祥之徵也。《述異記》乃引古詩曰：「安得天雨金，使金賤如土」。斯語爲不達矣。

三十七年夏四月乙丑，王陟。

康王名釗

元年甲戌春正月，王即位，命冢宰召康公總百官。諸侯朝于豐宮。懿行案：《史記·周本紀》《正義》引《括地志》云「鄠縣東三十五里有酆宮」。

三年，定樂歌。吉禘于先王。申戒農官，告于廟。懿行案：「告于廟」，洪氏本作「于太廟」。

六年，齊太公薨。懿行案：《困學紀聞》八卷引作「齊太公望卒」。

九年，唐遷于晉，作宮而美，王使人讓之。懿行案：《北堂書鈔》十八卷引作「晉侯築宮而美，康王使讓之」。

十二年夏六月壬申，王如豐，錫畢公命。

秋，毛懿公薨。

十六年，錫齊侯伋命。

王南巡狩，至九江廬山。

十九年，魯侯禽父薨。

二十一年，魯築茅闕門。

二十四年，召康公薨。懿行案：召公奭歷文、武、成、康四世，享年最久。《風俗通》云：「壽百九十餘乃卒。故古鐘鼎銘云『壽如召公』是也。」

二十六年秋九月己未，王陟。

成、康之際，天下安寧，刑措四十餘年不用。懿行案：李善注《文選·漢武帝〈賢良詔〉》，引《紀年》此文。《太平御覽》八十五卷引亦同，唯「年」上無「餘」字。二書所引，知古本有此，今据補。又，《史記·周本紀》亦説此三句，司馬遷不見《竹書》，當別有據也。

第十卷

周紀二

昭王名瑕

元年庚子春正月，王即位，復設象魏。

六年，王錫郇伯命。

冬十二月，桃李華。

十四年夏四月，恒星不見。

秋七月，魯人弑其君宰。懿行案：《史記·魯世家》云：「幽公宰立十四年，幽公弟潰殺幽公而自立，是爲魏公。」《集解》引徐廣曰：「《世本》作『微公』。」然則魯人者潰也。

十六年，伐楚，涉漢，遇大兕。懿行案：《初學記》七卷引「楚」下有「荆」字，蓋衍。

十九年春，有星孛于紫微。懿行案：《太平御覽》八百七十四卷引《紀年》曰：「周昭王末年，夜清，五色光貫紫微。其年，王南巡不返。」與今本絶異，未詳。

祭公、辛伯從王伐楚。天大曀，雉兔皆震，喪六師于漢。王陟。懿行案：《吕氏春秋·音初覽》云：「周昭王將親征荆，辛餘靡長且多力，爲王右。還反涉漢，梁敗，王及蔡公抎于漢中。辛餘靡振王北濟，又反振蔡公，周公乃侯之于西翟，實爲長公。」今案：蔡公即祭公，聲相近。此言「梁敗」，舊説漢濱人以膠膠船而壞，見《左傳》。《正義》所引，與《吕覽》又異。《太平御覽》九百七卷引「曀」上無「大」字。《初學記》七卷引「雉兔皆震」二句，與今本同。

穆王名滿

元年己未春正月，王即位，作昭宫。命辛伯餘靡。

冬十月，築祗宫于南鄭。懿行案：郭璞注《穆天子傳》四卷云：「南鄭，今京兆鄭縣也。」引此文。

自武王至穆王，享國百年。穆王以下，都于西鄭。懿行案：《晉書·束皙傳》引《紀年》云：「自周受命，至穆王百年，」而釋之云「非穆王壽百歲也」。洪頤煊曰：「《漢書·地理志》臣瓚注云：『周自穆王以下，都于西鄭』。瓚同校《汲冢古文》，正据此條爲説，後人以此爲沈約注，誤也。」

六年春，徐子誕來朝，錫命爲伯。

八年春，北唐來賓，獻一驪馬，是生騄耳。懿行案：《逸周書·王會解》云：「北唐戎以閭」，孔晁注云：「北唐，戎在西北者也」。郭璞注《穆天子傳》一卷引《竹書》，「來賓」作「來見」，「驪」作「騮」，「騄」

作「緑」。《史記·秦本紀》《索隱》① 亦引作「北唐之君來見，以一驪馬，是生騄耳」。

九年，築春宫。

王所居有鄭宫、春宫。懿行案：《初學記》二十四卷引「王所居」八字作《紀年》，蓋本正文，或舊注之文，亦非沈注也。

十一年，王命卿士祭公謀父。懿行案：郭璞注《穆天子傳》云：「祭父，祭公謀父，作《祈招》之詩者。」鄒、祭同。

十二年，毛公班、共公利、逢公固帥師從王伐犬戎。懿行案：《穆天子傳》四卷云：「命毛班、逢固先至于周，以待天子之命。」一卷云：「天子使井利受之。」郭璞注云：「井利，穆王之嬖臣。毛班，毛伯，衛之先也。逢固，周大夫。」洪氏本據《傳》，改「共」爲「井」也。

冬十月，王北巡狩，遂征犬戎，取其五王以東。懿行案：征犬戎事見《周語》。《穆天子傳》一卷云：「天子北征于犬戎。」郭璞注引《紀年》曰：「取其五王以東。」今本誤入十七年注中，据郭所引，移植于此。

王北征，行流沙千里。積羽千里。懿行案：郭璞注《大荒北經》，李善注《江賦》，并引《竹書》曰：「穆王北征，行流沙千里。積羽千里。」其注《穆天子傳》三卷，亦引「積羽千里」，今本誤入十七年注中，移附于此。

① 据《史記·秦本紀》，此處《索隱》乃《集解》之誤。

十三年春，祭公帥師從王西征，次至陽紆，至于青鳥所解。三危山。懿行案：郭璞《西次三經三危之山》注引《竹書》曰：「穆王十三年，西征至于青鳥所解。」《藝文類聚》九十一卷引《紀年》曰：「穆王十三年，西征至于青鳥之所憇」。今本誤入十七年注中，又脱「至」字也。據《類聚》所引，移置于此。

秋七月，西戎來賓。

徐戎侵洛。

冬十月，造父御王入于宗周。懿行案：《穆天子傳》四卷云：「造父爲御，南征翔行，逕絶翟道，升于太行，南濟于河，馳驅千里，遂入于宗周。」

西征還，履天下億有九萬里。懿行案：《穆天子傳》四卷云：「庚辰，天子大朝于宗周之廟，乃里西土之數。」郭璞注云：「里謂計其道里也。」引《紀年》曰：「穆王西征還，里天下億有九萬里。」今本「里」作「履」，又誤入十七年注中，以此上文及《穆天子傳》推之，應在是年，移置于此。

十四年，王帥楚子伐徐戎，克之。

夏四月，王畋于軍丘。懿行案：《穆天子傳》五卷云：「天子次于軍丘，以畋于藪」。

五月，作范宫。懿行案：《穆天子傳》五卷云：「天子作居范宫，以觀桑者」。郭璞注云：「范，離宫之名也；桑，採桑也」。

秋九月，翟人侵畢。懿行案：《穆天子傳》五卷曰：「畢人告戎曰『陖翟來侵』，天子使孟念如畢討戎。」

悆音豫，陖，翟隗姓國也，音峻。

冬，蒐于萍澤。懿行案：萍，《穆天子傳》作「苹」。

作虎牢。懿行案：《穆天子傳》五卷云：「有虎在乎葭中，天子將至，七萃之士高奔戎請生捕虎，必全之。乃生捕虎而獻之，天子命之爲柙，而畜之東虞，是爲虎牢。」郭璞注云：「因以名其地也，今滎陽成臯縣是。」

十五年，春正月，留昆氏來賓。懿行案：《穆天子傳》五卷云：「留昆歸玉百枚。」郭璞注云：「留昆國見《紀年》。」

作重璧臺。懿行案：《穆天子傳》六卷云：「天子乃爲之臺，是曰重璧之臺。」郭璞注云：「爲盛姬築臺也。言臺狀如壘璧。」

冬，王觀于鹽澤。一作「王幸安邑，觀鹽池」，非是。懿行案：《穆天子傳》六卷云：「戊子至于鹽」，郭璞注云：「鹽，鹽池，今在河東解縣」。

十六年，霍侯舊薨。懿行案：《穆天子傳》五卷云：「霍侯舊告薨。」郭璞注云：「霍國今在平陽永安縣西南，有城。」

王命造父封于趙。

十七年，王西征，至昆侖丘，懿行案：今本「征」下脱「至」字，據《藝文類聚》七卷、《太平御覽》三十八卷引補。見西王母，西王母止之曰：「有鳥𪁺人」。懿行案：《穆天子傳》三卷郭璞注云：「《紀年》

曰：『穆王見西王母，西王母止之曰：「有鳥𪈼人」。』」郭所引當在此，今本脱去之。《類聚》七卷引云：「見西王母，王母止之」可證，今據補。其年，西王母來朝，賓于昭宫。懿行案：《穆天子傳》三卷注及《西山經》注，并引「朝」作「見」。《西山經》注作「五十七年」，「五」字衍。

秋八月，遷戎于太原。

十八年春正月，王居祇宫，諸侯來朝。

二十一年，祭文公薨。

二十四年，王命左史戎夫作《記》。懿行案：見《逸周書·史記解》。

三十五年，荆人入徐，毛伯遷帥師敗荆人于泲。

三十七年，懿行案：《太平御覽》七十三卷引作「七年」，三百五卷又引作「四十七年」，《廣韵》「黿」字下引作「十七年」，并誤也。唯《藝文類聚》九卷、《初學記》七卷及《文選·江賦》注引作「三十七年」者是。伐楚，大起九師，懿行案：《類聚》云：「伐楚，大起九師」，今本脱，據補。東至于江，架黿鼉以爲梁。懿行案：《藝文類聚》九卷、《初學記》七卷并引「架」作「比」，李善注《江賦》、《恨賦》并引作「叱」，《北堂書鈔》十六卷仍引作「架」。遂伐越，至于紆。

荆人來貢。

三十九年，王會諸侯于塗山。

四十五年，魯侯濆薨。
五十一年，作《吕刑》，命甫侯于豐。
五十五年，王陟于祇宫。
共王名緊。懿行案：《史記·周本紀》作「緊扈」，《索隱》引《世本》作「伊扈」。
元年甲寅春正月，王即位。
四年，王師滅密。懿行案：事見《周語》。
九年春正月丁亥，王使内史良錫毛伯遷命。
十二年，王陟。
懿王名堅
元年丙寅春正月，王即位。天再旦于鄭。懿行案：《太平御覽》二卷引「鄭」作「正」。
七年，西戎侵鎬。
十三年，翟人侵岐。
十五年，王自宗周遷于槐里。懿行案：《漢書·地理志》云：「右扶風槐里，周曰犬丘，懿王都之。秦更名廢丘，高祖三年，更名槐里。」今考《班史》所言，乃非實録，槐里之名，蓋起于周，舊矣，非始于漢也。

十七年，魯厲公擢薨。

二十一年，虢公帥師北伐大戎，敗逋。

二十五年，王陟。

懿王之世，興居無節，號令不時，挈壺氏不能供其職，懿行案：本《〈東方未明〉詩序》。諸侯于是攜德。

孝王名辟方

元年辛卯春正月，王即位。命申侯伐西戎。

五年，西戎來獻馬。

七年冬，大雨雹，江、漢冰，牛馬死。是年厲王生。懿行案：「牛馬死，是年厲王生」八字，當在正文，今本誤作注文。「雹」誤作「電」，并據洪本改。

八年，初牧于汧、渭。

九年，王陟。

第十一卷

周紀 三

夷王名燮

元年庚子春正月，王即位。

二年，蜀人、吕人來獻瓊玉，賓于河，用介珪。懿行案：《北堂書鈔》三十一卷、《太平御覽》八十五卷并引與今本同。

三年，王致諸侯，烹齊哀公于鼎。懿行案：《史記·周本紀》《正義》引「烹」作「剪」，「齊哀公」下有「昴」字。《太平御覽》八十五卷引與今本同。

六年，王獵于社林，獲犀牛一以歸。懿行案：《太平御覽》八百九十卷引「社」作「桂」，「獲犀牛一」作「得一犀牛」，無「以歸」二字。

七年，虢公帥師伐太原之戎，至于俞泉，獲馬千匹。懿行案：《後漢書·西羌傳》「帥師」作「帥六師」，餘同。注云「見《竹書紀年》」。

冬，雨雹，大如礪。懿行案：《初學記》卷二引同。

楚子熊渠伐庸，至于鄂。懿行案：《史記·楚世家》「伐庸」下有「楊粤」二字，或此書脱去之也。《正義》據《括地志》云：「房州竹山縣，本漢上庸縣，古之庸國。」《集解》引《九州記》曰：「鄂，今武昌。」

八年，王有疾，諸侯祈于山川。

王陟。

厲王名胡，居彘。有汾水焉，故又名汾王。

元年戊申春正月，王即位。作夷宫。命卿士榮夷公落。

三年，淮夷侵洛，王命虢公長父伐之，不克。

楚人來獻龜貝。

齊獻公山薨。

六年，楚子延卒。懿行案：《史記·楚世家》：「延弑兄摯紅代立，皆熊渠子也。」

八年，初監謗。芮伯良夫戒百官于朝。懿行案：「戒」見《逸周書》。

十一年，西戎入于犬丘。

十二年，王亡奔彘。國人圍王宫，執召穆公之子殺之。懿行案：事見《史記·周本紀》。

十三年，王在彘，共伯和攝行天子事。號曰共和。懿行案：《吕氏春秋·開春論》云：「共伯和修其行，好賢仁，而海内皆以來爲稽矣。」高誘注云：「稽，遲也」。《莊子·讓王篇》《釋文》引作「共伯和即于王位」。《史記·周本紀》《索隱》引作「共伯干王位」，而釋之曰：「言共伯攝王政，故云『干王位』也。」然證以《晉書·束晳傳》引《紀年》「幽王既亡，有共伯和者，攝行天子事」，非二相共和也。是束晳所校，亦與今本同，惟以「厲王」爲「幽王」，則誤耳。案《周本紀》説共和云：「召公、周公二相行政，號曰共和」。《正義》引韋昭云：「公卿相與和而修政事，號曰共和」。與《竹書》異。

十四年，玁狁侵宗周西鄙。

召穆公帥師追荆蠻，至于洛。

十六年，蔡武侯薨。

楚子勇卒。懿行案：《史記·楚世家》「勇，熊延子。」

十九年，曹夷伯薨。

二十二年，大旱。

二十三年，大旱。

陳幽公薨。

宋僖公薨。

二十四年，大旱。

杞武公薨。

二十五年，大旱。

楚子嚴卒。懿行案：《史記·楚世家》「嚴，熊勇弟。」

二十六年，大旱。王陟于彘。周定公、召穆公立太子靖爲王。共伯和歸其國，遂大雨。

大旱既久，廬舍俱焚。會汾王崩，卜于太陽，兆曰「厲王爲祟」。周公、召公乃立太子靖，共和遂歸國。和有至德，尊之不喜，廢之不怒，逍遥得志于共山之首。懿行案：《莊子·讓王篇》云：「共伯得乎共首」。司馬彪注與此注略同。《吕氏春秋·慎人篇》云：「共伯得志乎共首，」即此所云歸其國，而逍遥得志乎共山之首也。高誘注云：「棄其國，隱于共首山而得其志。」又云：「不知出何書。」蓋誘時《竹書》尚未出，故云「不知出何書」也。

宣王名靖。懿行案：靖，《周本紀》作「静」。

元年甲戌春正月，王即位，周定公、召穆公輔政。

復田賦。

作戎車。

燕惠侯薨。

二年，錫太師皇父，司馬休父命。

魯慎公薨。

曹公子蘇弒其君幽伯彊。

三年，王命大夫仲伐西戎。懿行案：《後漢書·西羌傳》云：「宣王立四年，使秦仲伐戎，爲戎所殺。」注云「見《竹書紀年》。」今書「仲」上脱「秦」字，又伐西戎在三年，殺秦仲在六年，恐誤，宜據以訂正。

齊武公壽薨。

四年，王命蹶父如韓，韓侯來朝。

五年夏六月，尹吉甫帥師伐玁狁，至于太原。

秋八月，方叔帥師伐荆蠻。

六年，召穆公帥師伐淮夷。

王帥師伐徐戎，皇父、休父從王伐徐戎，次于淮。

王歸自伐徐。錫召穆公命。

西戎殺秦仲。懿行案：《後漢書·西羌傳》注云：「見《竹書紀年》。」

楚子霜卒。

七年，王錫申伯命。

王命樊侯仲山甫城齊。

八年，初考室。

魯武公來朝，錫魯世子戲命。懿行案：王廢長立少，樊仲山甫諫不聽。見《周語》。

九年，王會諸侯于東都，遂守于甫。懿行案：守同狩，《詩》所謂「東有甫草，駕言行狩」也。

十二年，魯武公薨。

齊人弑其君厲公無忌，立公子赤。

十五年，衛釐侯薨。

王錫虢文公命。

十六年，晉遷于絳。

十八年，蔡夷侯薨。

二十一年，魯公子伯御弑其君懿公戲。懿行案：事見《周語》。伯御，懿公兄括之子也。《史記·魯世家》本《周語》。又見《列女傳》。

二十二年，王錫王子多父命居洛。懿行案：即幽王二年居鄭父之丘者也。

二十四年，齊文公赤薨。

二十五年，大旱，王禱于郊廟，遂雨。

二十七年，宋惠公覸薨。

二十八年，楚子徇卒。懿行案：《鄭語》云：「荆子熊嚴生子四人：伯霜、仲雪、叔熊、季紃。叔熊逃難于濮，而蠻季紃是立。」今案：紃繼霜而立，紃即「徇」也，其聲同。《史記·楚世家》叔熊作「叔堪」，季紃作「季徇」。

二十九年，初不藉千畝。

三十年，有兔舞于鎬京。懿行案：《初學紀》二十九卷引作「有兔舞鎬」，《太平御覽》九百七卷引亦同。

三十二年，王師伐魯，殺伯御。命孝公稱于夷宮。懿行案：孝公事見《周語》樊穆仲所説。又，《列女傳·節義篇·魯孝義保頌》曰：「伯御作亂，由魯宫起。孝公乳保，臧氏之母，逃匿孝公，易以其子。保母若斯，亦誠足恃」。其事詳具于《傳》。

陳僖公孝薨。

有馬化爲人

三十三年，齊成公薨。

王師伐太原之戎，不克。懿行案：《後漢書·西羌傳》云：「使秦仲伐戎，後二十七年，王遣兵伐太原戎，不克。」則此條當在三十年，今在是年，誤。

三十七年，有馬化爲狐。懿行案：《廣韵》「化」字下引此文，無「有」字。《搜神記》云：「周宣王三十三年，幽王生，有馬化爲狐」。今在是年，誤。

燕僖侯卒。

楚子鄂卒。

三十八年，王師及晉穆侯伐條戎、奔戎，王師敗逋。懿行案：《後漢書·西羌傳》云：「王遣兵伐太原戎，不克。後五年，王伐條戎、奔戎，王師敗績。」蓋節引此文也。注云：「并見《竹書紀年》。」

三十九年，王師伐姜戎，戰于千畝，王師敗逋。

四十年，料民于太原。

戎人滅姜邑。

晉人敗北戎于汾隰。懿行案：《後漢書·西羌傳》云：「王伐條戎、奔戎，後二年，晉人敗北戎于汾隰，戎人滅姜侯之邑。」今作先滅姜邑，後敗北戎，誤。宜據以訂正。

四十一年，王師敗于申。懿行案：《後漢書·西羌傳》云：「戎人滅姜侯之邑。明年，王征申戎，破之。」今作「王師敗于申」，大異，恐誤也。已上章懷注云：「并見《竹書紀年》。」

四十三年，王殺大夫杜柏。其子隰叔出奔晉。懿行案：《周語》云：「周之衰也，杜柏射王于鄗」。韋昭注引《周春秋》曰：「宣王殺杜伯而無辜。」《墨子·明鬼篇》亦同兹説，而不言其事之所坐。或云：杜伯與其友左儒事宣王，儒無罪見害，杜伯死之。審如是，《竹書》不言左儒，未可信也。《汲冢瑣語》云：「宣王之妾女鳩欲通杜柏，杜柏不可，女鳩反訴之王，王囚杜柏于焦，杜伯之友左儒九諫而不聽，并殺之。後三年而杜伯射王。」此與前説又異，而近得其實。

晉穆侯費生薨，弟殤叔自立，世子仇出奔。

四十四年。晉殤叔元年丁巳。懿行案：杜預《春秋後序》云：「《紀年篇》起自夏、殷、周，皆三代王事，無諸國別，惟特記晉國起自殤叔。」然則古本自此年已後，于各年下必并記晉國之年，今本唯改元之年一書而已。或古史文略，亦或今本缺脱，不可知也。今并仍之。

四十六年，王陟。

幽王名涅。懿行案：涅，諸書多作「宫涅」。高誘《吕氏春秋·當染篇》注云：「幽王名宫皇」，劉恕《外紀》、蘇轍《古史》作「宫涅」，《史記·集解》徐廣曰：「一作生」。今案：生、涅形近，疑作「涅」者是也。

元年庚申春正月，王即位。

晉世子仇歸于晉，殺殤叔，晉人立仇，是爲文侯。

王錫太師尹氏、皇父命。

二年，辛酉，晉文侯元年。涇、渭、洛竭。

岐山崩。

初增賦。

晉文侯同王子多父伐鄶，克之。乃居鄭父之丘，名之曰鄭，是爲桓公。懿行案：《水經·洧水注》引作「晉文侯二年，周惠王子多父伐鄶，克之，乃居鄭父之丘，名之曰鄭，是曰桓公。」以校今本，周訛作「同」，鄶訛作「鄫」，又脱「名之曰鄭」四字，并據以訂正。然《水經注》所引，亦當衍「惠」字，今本又誤在晉文侯元年也。

三年，王嬖褒姒。

冬，大震電。

四年，秦人伐西戎。

夏六月，隕霜。

陳夷公薨。

五年，王世子宜臼出奔申。懿行案：《左傳》昭二十六年《正義》引作「平王奔西申」。西申，國名，見《逸周書·王會解》。

皇父作都于向。

六年，王命伯士帥師伐六濟之戎，王師敗逋。懿行案：《後漢書·西羌傳》云：「王征申戎，破之。後十年，幽王命伯士伐六濟之戎，軍敗，伯士死焉。」注云：「并見《竹書紀年》」。今本脱「伯士死焉」四字。

西戎滅蓋。懿行案：《列女傳·節義篇》有蓋將之妻，蓋，國名也。《傳》云：「戎伐蓋，殺其君，令于蓋群臣曰：『敢有自殺者，妻子盡誅』云云」，即斯事也。

冬十月辛卯朔，日有食之。

七年，虢人滅焦。懿行案：《漢書·地理志》云：「陜，故虢國。有焦城，故焦國。北虢在大陽，東虢在滎陽，西虢在雍州。」

八年，王錫司徒鄭伯多父命。

王立褒姒之子曰伯服爲太子。懿行案：《左傳》昭二十六年《正義》引伯服作「伯盤」，蓋般與盤古通，服與般形近，是以傳寫展轉致訛。今本俱改般作服，是以《太平御覽》一百四十一卷亦引作「服」矣。

九年，申侯聘西戎及鄫。懿行案：鄫字訛，亦當爲「鄶」，下同。

十年春，王及諸侯盟于太室。

秋九月，桃杏實。

王室伐申。

十一年春正月，日暈。

申人、鄫人及犬戎入宗周，弑王及鄭桓公。犬戎殺王子伯服，執褒姒以歸。申侯、魯侯、許男、鄭子立宜臼于申，虢公翰立王子余臣于携。是爲携王，二王并立。懿行案：《左傳》昭二十六年

《正義》引《汲冢書紀年》云：「平王奔西申，而立伯盤以爲太子，與幽王俱死于戲。先是申侯、魯侯及許文公立平王于申。」然則據古本，立宜臼當在幽王未死之前矣。又據束皙云：「《左傳》『携王奸命』，舊説携王爲伯服。伯服古文作伯盤，非携王。積年諸侯始廢之，而立平王」①。然則古本立携王又當在立宜臼之前矣。以伯服爲携王，杜預、束皙俱據古文爲説。今本及孔穎達所見蓋不殊，并以携王爲王子余臣。蓋《紀年》之書多被後人竄改，故古今本乖異如此。

武王滅殷，歲在庚寅。二十四年，歲在甲寅，定鼎洛邑，至幽王，二百五十七年，懿行案：《史記·周本紀》《集解》引「二百五十七年」上有「凡」字。共二百八十一年。自武王元年己卯至幽王庚午，二百九十二年。

---

① 據《十三經注疏·左傳·昭公二十六年》所引束皙云云，其最末一句爲：「伯服立爲王，積年諸侯始廢之，而立平王。」按：束皙此段所云，語意甚明，今郝氏漏引「伯服立爲王」五字，而又謂「以伯服爲携王，杜預、束皙俱據古文爲説」，似與束皙之原意不合。

第十二卷

周紀四

平王名宜臼。

自東遷以後，始紀晉事，王即位皆不書。懿行案：自東遷已後，凡周王名皆小字附注，今并仍之。

元年辛未，王東徙洛邑。錫文侯命。晉侯會衛侯、鄭伯、秦伯，以師從王入于成周。

二年，秦作西畤。懿行案：《秦本紀》云：「襄公于是始國祠上帝西畤。」

賜秦晉以邠、岐之田。

魯孝公薨。

三年，齊人滅祝。懿行案：《樂記》云：「封帝堯之後于祝。」鄭注云：「祝，或爲鑄。」《呂氏春秋·慎大覽》云：「封黄帝之後于鑄」。高誘注云：「鑄，國名。」《左氏傳》云：「臧宣叔娶于鑄。」杜預注云：「鑄國，濟北蛇丘縣所治。」

王錫司徒鄭伯命。

四年，燕傾侯卒。

鄭人滅虢。

五年，秦襄公帥師伐戎，卒于師。

宋戴公薨。

六年，燕哀侯卒。

鄭遷于溱、洧。

七年，楚子儀卒。

八年，鄭殺其大夫關其思。懿行案：《韓非子·説難篇》云：「昔者鄭武公欲伐胡，乃以其子妻之，因問群臣曰：『吾欲用兵，誰可伐者？』關其思曰：『胡可伐。』乃戮關其思曰：『胡，兄弟之國也，子言伐之，何也？』胡君聞之，以鄭爲親己而不設備，鄭人襲胡，取之」①

十年，秦遷于汧、渭。懿行案：《史記·秦本紀》在文公四年。

---

① 此段引文，舉《韓非子·説難》之原文出入較大，但不失原意，不作校正。其餘類似情況仿此。

十三年，魏武公薨。

十四年，晉人滅韓。

十八年，秦文公大敗戎師于岐，來歸岐東之田。懿行案：《史記·秦本紀》在文公十六年。

二十一年，晉文侯殺王子余臣于携。

二十三年，宋武公卒。

二十四年，秦作陳寶祠。懿行案：《秦本紀》在文公十九年。

二十五年，晉文侯薨。

秦初用族刑。懿行案：《秦本紀》文公「二十年，法初有三族之罪」。

二十六年，丙申，晉昭侯元年。晉封其弟成師于曲沃。

三十二年，晉潘父弑其君昭侯，納成師不克。立昭侯之子孝侯。晉人殺潘父。

三十三年，癸卯，晉孝侯元年。楚人侵申。

三十六年，衛莊公卒。

王人戍申。

四十年，齊莊公卒。

晉曲沃桓叔成師卒，子鱓立，是爲莊伯。自是晉侯在翼，稱翼侯。

四十一年，辛亥，莊伯元年。春，大雨雪。

四十二年，狄人伐翼，至于晉郊。

宋襄公薨。懿行案：洪本「襄」作「宣」。

魯惠公使宰讓請郊廟之禮，王使史角如魯諭止之。懿行案：《吕氏春秋·當染篇》云：「魯惠公使宰讓請郊廟之禮于天子，桓王使史角往，惠公止之。其後在于魯，墨子學焉。」據此，是史角如魯諭王命，而魯止而留之，不遵王命，故是後遂用郊廟之禮也。《竹書》所紀甚明，傳記多言成王以周公故，賜魯郊廟之禮，誤矣。

四十七年，晉曲沃莊伯入翼，弑孝侯，晉人逐之，立孝侯于郤，是爲鄂侯。

四十八年，戊午，晉鄂侯郤元年。無雲而雷。

魯惠公卒。

四十九年，己未，魯隱公元年，《春秋》始此。懿行案：杜預《春秋後序》引《紀年》云：「莊伯之十一年十一月，魯隱公之元年正月也。」魯隱公及邾莊公盟于姑蔑。懿行案：杜預《春秋後序》引同。

五十一年，春二月乙巳，日有食之。

三月庚戌，王陟。

桓王名林。

元年壬戌十月，莊伯以曲沃叛，伐翼，公子萬救翼，荀叔軫追之，至于家谷。翼侯焚曲沃之禾而還。懿行案：《水經·澮水注》引俱與今本同，而云在莊伯十二年也。翼侯伐曲沃，大捷，武公請成于翼，至相而還。相，一作桐。懿行案：《水經·涑水注》引「至相而還」，作「至桐乃返」，與今本異。桐即桐鄉也，故城在今平陽府曲沃縣西南。

二年，王使虢公伐晉之曲沃。晉鄂侯卒，曲沃莊伯復攻晉，立鄂侯子光，是爲哀侯。公子萬救翼，荀叔軫追之，至于家谷。懿行案：「公子萬」已下十四字重出，當刪。

三年甲子。晉哀侯光元年。懿行案：杜預《春秋後序》引《紀年篇》，曲沃莊伯下，不數哀侯、小子侯。今《紀年》本乃有哀侯、小子侯，非古本舊文也。《水經注》引以晉武公年數爲記，可證。

四年，曲沃莊伯卒，子稱立，是爲武公，尚一軍。懿行案：《水經·河水注》引作「晉武公元年，尚一軍」。與今本異。

五年，曲沃武公元年。懿行案：《水經·河水注》引作「晉武公元年，芮人乘京」。芮人乘京。

荀人、董伯皆叛曲沃。懿行案：《水經·河水東過河北縣南注》引「皆叛」下，無「曲沃」二字。

十一年，晉小子侯元年。懿行案：《水經·河水注》引作「晉武公七年」。曲沃獲晉哀侯。晉人立哀侯子爲小子侯。

芮伯萬之母芮姜逐萬，萬出奔魏。懿行案：《春秋》桓三年《左傳》云：「芮姜惡芮伯之多寵人也，故逐之。」《水經·河水東過河北縣南注》引作「晉武公七年，芮伯萬之母芮姜逐萬，萬出奔魏」。今本文有脱誤，據改補。

十二年，懿行案：《水經·河水注》引作「晉武公八年」。王師、秦師圍魏，取芮伯萬而東之。懿行案：《水經·河水東過河北縣南注》引「秦師」作「虢師」，與今本異。

十三年，懿行案：《水經·河水注》引作「晉武公九年」。冬，曲沃伯誘晉小子侯殺之。

晉曲沃滅荀，以其地賜大夫原氏黯，是爲荀叔。懿行案：李善注《文選·北征賦》引《汲郡古文》：「晉武公滅郇，以賜大夫原黠，是爲郇叔」。《漢書·地理志》注臣瓚引《汲郡古文》「郇」作「荀」，「黠」作「黯」，又與今本同。

戎人逆芮伯萬于郊。懿行案：《水經·河水東過河北縣南注》引「晉武公九年，戎人逆芮伯萬于郊。」

十四年，王命虢仲伐曲沃，立晉哀侯弟緡于翼，爲晉侯。

十五年。晉侯緡元年。

十六年春，滅翼。懿行案：此必曲沃滅翼也。「滅」上當有脱文。

十七年，楚及巴伐鄧。懿行案：諸本缺此條。《路史·國名紀五》引作「桓王十七年」，今據補。洪氏本據孫本亦有。

十九年，鄭莊公卒。

二十三年三月乙未，王陟。

莊王名佗。

元年乙酉，曲沃尚一軍，異于晉。

四年，齊襄公滅紀郱、鄑、郚。懿行案：諸本缺此條，據《史記·秦始皇本紀》《正義》引《竹書》補。

又，據《春秋經》，事在莊王四年也。但《經》言「遷」，此直言「滅」，要其終爾。

六年五月，葬桓王。

十五年，王陟。

釐王名胡齊。懿行案：釐音僖。

元年庚子春，齊桓公會諸侯于北杏，以平宋亂。

三年，曲沃武公滅晉侯緡，以寶獻王，王命武公以一軍爲晉侯。

四年，晉武公二十八年。晉猶不與齊桓公之盟。《左傳》注：晉侯緡是年滅。

五年，晉武公卒，子詭諸立爲獻公。懿行案：吴本缺是年，此及下條并從它本補。

王陟。

惠王名閬。懿行案：《史記·周本紀》同。《索隱》引《世本》名毋京。

元年，乙巳。晉獻公元年。晉獻公朝。

王如成周。

周陽白兎舞于市。懿行案：《水經·涑水西過周陽邑南注》引作「周有白兎舞于市」，疑「有」當爲「陽」字之訛也。又案：《水經注》引此文在「晉獻公二十五年正月，翟人伐晉」之下，疑今本脱誤在此矣。

二年，王子頹亂。王居于鄭，鄭人入王府，多取玉。玉化爲蜮，射人。

九年，晉城絳。

十六年，晉獻公作二軍，滅耿，以賜大夫趙夙；滅魏，以賜大夫畢萬。晉滅于大夫趙、韓、魏，萌于此。

十七年，衛懿公及赤狄戰于洞澤。洞當作「泂」。懿行案：《左傳》云「戰于熒澤」，泂、熒聲近也。杜預《春秋後序》引亦與今本同。

十九年，晉獻公會虞師伐虢，滅下陽，懿行案：杜預《春秋後序》引同。虢公醜奔衛。獻公命瑕父、吕甥邑于虢都。懿行案：吴本「衛」下脱「獻」字，「虢」訛作「國」，據《水經·河水東過大陽縣南注》引改補。

二十五年春正月，狄人伐晉。懿行案：《水經·涑水注》引「周有白兎舞于市」在此下。

王陟。

襄王名鄭。　懿行案：諸本并脱「名鄭」二字，據《史記·周本紀》補。

元年庚午，晋獻公卒，立奚齊，里克殺之，及卓子，立夷吾。

二年，辛未，晋惠公元年。晋殺里克。

三年，雨金于晋。

七年，秦伯涉河伐晋。

十五年，晋惠公卒，子懷公圉立。

秦穆公帥師送公子重耳，圍令狐、桑泉、臼衰，皆降爲秦師。懿行案：《水經·涑水注》引「爲」作「于」，今本誤。狐毛與先軫禦秦，至于廬柳，乃謂秦穆公使公子縶來與師言，懿行案：《水經注》引「與師言」下有「退舍」二字，今本脱。次于郇，盟于軍。公子重耳涉自河曲。懿行案：《水經·河水注》引「秦穆公帥師，公子重耳涉自河曲」，蓋約引此文也。

十六年，乙酉，晋文公元年。晋殺子圉。

十七年，晋城荀。懿行案：李善注《北征賦》引《汲郡古文》云：「文公滅郇」。與今本異。《漢書·地理志》注臣瓚引《汲郡古文》，仍作「文公城荀」。

二十年，周襄王會諸侯于河陽。懿行案：杜預《春秋後序》引同。

二十二年，齊師逐鄭太子齒奔城張、南鄭。懿行案：《水經·涑水注》引「城張」作「張城」，而釋之云：「即張陽城，《漢書》之所謂東張矣。」

二十四年，晉文公卒。

二十五年。甲午，晉襄公驩元年。

三十年，洛絶于泂。懿行案：泂即陽渠水也。見《水經·洛水東過偃師縣南注》引。

三十一年，晉襄公卒。

三十二年。辛丑，晉靈公夷皋元年。

三十三年，王陟。

頃王名壬臣。懿行案：此書自襄王已下，周王名俱缺脱，今并據《史記·周本紀》補。

元年，癸卯。

六年，彗星入北斗。

王陟。

匡王名班。懿行案：「名班」二字，據《史記·周本紀》補。

元年，己酉。

六年，王陟。

晉靈公爲趙穿所殺，趙盾使穿迎公子黑臀于周，立之。懿行案：迎，諸本作「逆」。

定王名瑜。懿行案：匡王弟。「名瑜」二字據《史記·周本紀》補。

元年，乙卯，晉成公元年。

六年，晉成公與狄伐秦，獲秦諜，殺之絳市，六日而蘇。懿行案：而，别本作「復」。

七年，晉成公卒于扈。

八年。壬戌。晉景公元年。

十八年，齊國佐來獻玉磬、紀公之甗。懿行案：杜預《春秋後序》引同。

二十一年，王陟。

簡王名夷。懿行案：「名夷」二字據《史記·周本紀》補。

元年，丙子。

五年，晉景公卒。

六年。辛巳。晉厲公元年。

十三年，晉厲公卒。懿行案：《春秋·成十八年》書「晉弒其君州蒲」。《左傳》叙其事，以爲「欒書、荀偃使程滑弒公」，而《經》不言。此又書「晉厲公卒」，復不言「弒」，推此而知，國史皆承告直書。此事赴告異辭，是以與《春秋》不合。餘多仿此。

楚共王會宋平公于湖陽。懿行案：《水經·比水注》云：「湖陽，《地理志》曰『故廖國也』。」引此文。案：廖國，今南陽府唐縣地。

十四年，己丑。晉悼公元年。

王陟。

靈王名泄心。懿行案：「名泄心」三字，據《史記·周本紀》補。

元年，庚寅。

十四年，晉悼公卒。

十五年。甲辰。晉平公元年。

三十七年，王陟。

景王名貴。懿行案：「名貴」二字據《史記·周本紀》補。

元年，丁巳。

十三年春，有星出婺女。

十月，晉平公卒。

十四年，庚午，晉昭公元年。河水赤于龍門三里。懿行案：《水經·河水注》引同。

十九年，晉昭公卒。

冬十二月，桃杏花。

二十年。晉頃公元年。懿行案：是年脱去「王陟」二字，宜據《史記·周本紀》補。

二十五年，晉頃公平王室亂，立敬王。

敬王名丐。懿行案：「名丐」二字據《史記·周本紀》補。

元年，壬午。

八年，晉頃公卒。

九年。庚寅。晉定公元年。

十四年，漢不見于天。

二十六年，晉青虹見。懿行案：《太平御覽》一百五卷引作「晉定公十八年，青虹見」，與今本合。

二十八年，洛絶于周。懿行案：《水經·洛水東北過河南縣南注》引作「晉定公二十年，洛絶于周」，與今本合。

三十六年，淇絶于舊衛。懿行案：《水經·淇水注》引作「晉定公十八年」，蓋訛。一本「十」上有「二」字，是。

三十九年，晋城頓丘。懿行案：《水經·淇水注》引「城頓丘」在晋定公三十一年，與今本合。

四十三年，宋殺其大夫皇瑗于丹水之上。丹水壅不流。懿行案：《水經注》云：「獲水首受甾獲渠，亦兼丹水之稱也。」引此文而云：「蓋汳水之變名也。」又引此文曰：「宋大水，丹水壅不流。」今本無「宋大水」三字，疑脱去之。

四十四年，王陟。

元王名仁。懿行案：「名仁」二字據《史記·周本紀》補。《索隱》引《世本》云：「元王名赤」。

元年丙寅，晋定公卒。

二年。晋出公元年。

四年，于越滅吴。

六年，晋澮絶于梁。懿行案：《水經》云：「澮水出河東絳縣，東澮交東高山」。丹水三日絶不流。懿行案：《水經·沁水注》引此文云：「晋出公五年」也。

七年，齊人、鄭人伐衛。荀瑶城宅陽。懿行案：《水經·濟水注》引云：「晋出公六年，齊鄭伐衛，荀瑶城宅陽」。今本脱「荀瑶」以下五字，據補。又案：《水經注》所引諸文，證知古本于各年之下，并記晋出公之年，今本一概削去之，非也。姑仍舊本，特詳證于下焉。宅陽一名北宅。懿行案：北宅亦作「北陽」。《史記·穰侯傳》《正義》引《竹書》，疑此脱文，并據補。

王陟。

貞定王名介。懿行案：「名介」二字，據《史記·周本紀》補。但《史記》只作「定王」，無「貞」字。

元年癸酉，于越徙都琅琊。懿行案：《越絶書》云：「句踐徙琅琊，起觀臺，臺周七里，以望東海。」郭璞注《海内東經》云：「琅琊者，越王句踐入霸中國之所都。」

四年十一月，于越子句踐卒，是爲菼執。次鹿郢立。懿行案：《史記·越世家》《索隱》引作「晉出公十年」，餘與今本同，唯越作「粤」。樂資云：「越語謂鹿郢爲鼫與也」。

六年，晉河絶于扈。懿行案：《水經·河水東過滎陽縣北注》引作「晉出公十二年，河絶于扈」。

七年，晉荀瑶城南梁。一本出公二十年。懿行案：南梁，《水經·汾水注》引作「高梁」，又作「晉出公十三年」，荀瑶作「智伯瑶」，并與今本異。又案：《水經注》引作「出公十三年」者是。此注一本作「出公二十年」者非。然據此注文，可知古本「七年」下，有「晉出公十三年」六字，審矣。

十年，于越子鹿郢卒，不壽立。懿行案：《史記·越世家》《索隱》引。

十一年，晉□□出奔齊。懿行案：一本「晉」下作「出公」二字，與《史記·晉世家》「出公奔齊，道死」之説合，而與《索隱》引《紀年》「出公奔楚」則不合，疑未能明也。

十二年，河水赤三日。

晉荀瑶伐中山，取窮魚之丘。懿行案：《水經·巨馬河注》引此而云「窮、射字相類，疑即射魚城也」。

「晉」字本脱，據《初學記》八卷、《太平御覽》六十四卷引補。

十三年，晉韓龐取秦武城。懿行案：《水經·洛水東北過盧氏縣南注》引作「晉出公十九年，晉韓龐取盧氏城」。今本「秦武」二字，古本作「盧氏」，當據以訂正。

十六年，晉出公二十二年。魏桓子、韓康子、趙襄子敗知伯于晉陽，三分其地。懿行案：《史記·六國表》事在是年，而《晉世家》在哀公四年，誤。《索隱》云：「如《紀年》之説，此乃出公二十二年事。」今從《索隱》引，據《六國表》補。又，《燕世家》《索隱》引《紀年》，智伯滅在成公二年，《世家》則在孝公十二年。《索隱》引《紀年》，成侯名載，皆今本所無，并附于此。

十七年，晉出公薨，乃立昭公之孫，是爲敬公。懿行案：《史記·晉世家》《索隱》引《紀年》云：「出公二十三年奔楚，乃立昭公之孫，是爲敬公。」與今本異。

十八年。己丑，晉敬公元年。

二十年，于越子不壽見殺，是爲盲姑。次朱句立。懿行案：《史記·越世家》《索隱》引《紀年》，「不壽」下有「立十年」三字，其餘則同。

二十二年，楚滅蔡。

二十四年，楚滅杞。

二十八年，晉敬公十一年。王陟。

田莊子卒。懿行案：《史記·田完世家》《索隱》引《紀年》「齊宣公十五年，田莊子卒。」今本脱此文。案：《六國表》，齊宣公就匝元年，當貞定王之十四年，至是十五年也。今據《索隱》引補。

第十三卷

周紀五

考王名嵬。懿行案：「名嵬」二字據《史記·周本紀》補。

元年，晉敬公十二年。魏文侯立。懿行案：《史記·晉世家》《索隱》引《紀年》，魏文侯初立，在敬公十八年，今在十二年，誤。

田悼子立。懿行案：《史記·田完世家》《索隱》引《紀年》云：「田莊子卒，明年，田悼子立，悼子卒，乃次立田和。」是莊子後有悼子，蓋立年無幾，所以作《世本》及記史者不得録也。所引《紀年》，今本脱，又脱田和一代也。據《索隱》補。

十年，楚滅莒。

十一年，晉敬公卒。

十二年，晉幽公柳元年。魯悼公卒。

十四年，魯季孫會晉幽公于楚丘，取葭密，遂成之。懿行案：《水經·濟水注》引作「元公三年，魯季孫會晉幽公于楚丘，取葭密，遂城之。」今本脱「取葭密」六字，據補。元公，一本作「幽公」者是，別本作「文公」，非也。葭密、楚丘并在今曹州府曹縣界。

十五年，王陟。

威烈王名午。懿行案：「名午」二字據《史記·周本紀》補。

元年，丙辰。

三年，晉大旱，地生鹽。懿行案：《北堂書鈔》一百四十六卷引作「晉幽公」七年，又，「地」下有「長」字。

四年，衛悼公卒于越。懿行案：《史記·衛世家》「悼公五年卒」。《索隱》引《紀年》云：「四年卒于越。」案：《六國表》悼公名亹，以威烈王元年立，至是四年。今據《索隱》引補。

五年，晉丹水出，反潔。懿行案：《水經·沁水注》引作「丹水出，相反擊」，與今本異，疑擊、潔因聲近而訛也。又引作「幽公九年」，則同。

六年，晉大夫秦嬴賊幽公于高寢之上，魏文侯立幽公子止。懿行案：《史記·晉世家》云：「幽公淫婦人，夜竊出邑中，盜殺幽公。魏文侯以兵誅晉亂，立幽公子止，是爲烈公。」《索隱》引「大夫」作「夫人」，蓋夫人秦女，以國爲氏也。《索隱》所見，必是晉宋古本，宜據以訂正。

七年，壬戌，晉烈公元年。趙獻子城泫氏。韓武子都平陽。懿行案：《水經·汾水·沁水注》引同。

八年，趙城平邑。懿行案：《初學記》八卷引《竹書》曰：「晉烈公四年，趙城平邑，今在昌樂縣東北」。疑并注文引之。昌樂當爲「樂昌」，四年當爲「二年」，《水經·河水東北過黎陽縣南注》引作「晉烈公二年，趙城平邑」。

九年，楚人伐我南鄙，至于上洛。懿行案：《水經·丹水注》引「晉烈公三年」，餘與今本同，而釋之曰：「郡在洛上，故以爲名。」

十年，燕文公卒，次簡公立。懿行案：《史記·燕世家》《索隱》引《紀年》「文公二十四年卒，簡公立十三年，而三晉命邑爲諸侯」。今本脱，據《索隱》引補。

十一年，田公子居思伐邯鄲，圍平邑。懿行案：《水經·河水東北過黎陽縣南注》引作「晉烈公五年」。圍，吴本作「圖」，今據《水經注》引改。

于越滅滕。懿行案：《史記·越世家》《索隱》引越作「粤」，云：「于越子朱句三十四年滅滕，三十五年滅郯，三十七年，朱句卒。」

秦靈公卒。懿行案：《史記·秦始皇本紀》《索隱》引《紀年》靈公「立十年」，《表》同，《紀》「十二年」。今據補。

十二年，于越子朱句伐郯，懿行案：《水經·沂水注》引勾作「句」，今本作「勾」，俗字也，據改。滅，本作「伐」，据《沂水注》及《史記·越世家》《索隱》引改。以郯子鴟歸。懿行案：《越世家》《索隱》引無此五字。

十四年，于越子朱句卒，子翳立。懿行案：《越世家》《索隱》引無「子翳立」三字。《吕氏春秋·貴生篇》云：「越人三世殺其君，王子搜患之。」高誘注引《淮南子》云：「王子搜，越王翳」也。今案：自翳已前，唯不壽見殺，合翳與莽安見殺，方得三世，疑翳非王子搜也。又，《審己篇》云：「越王授有子四人，越王之弟曰豫，欲盡殺之而爲之後」。高誘注云：「越王授，句踐五世之孫」。案：句踐五世孫，則王翳也，復疑與王子搜爲一人。又，《淮南·原道訓》云：「越王逃山穴，越人熏而出之，遂不得已」。按此説與《吕覽·貴生篇》俱本《莊子·讓王篇》文，是翳即王子搜審矣。但與《竹書》事實不合，故詳述之而附著于篇云。

十六年，齊田盼懿行案：《水經·河水東過黎陽縣南注》引盼作「肦」，餘與今本同。及邯鄲韓舉戰于平邑，邯鄲之師敗逋，遂獲韓舉，取平邑、新城。懿行案：「取」字本脱，據《河水注》補。又引作「晉烈公九年」，九或作「十」，誤。

齊師伐趙東鄙，圍中牟。懿行案：《史記·趙世家》《集解》、《水經·渠水注》并引《汲郡古文》，今不知在何年，聊補附于此。

十七年，魏文侯伐秦至鄭，還築汾陰、郃陽。懿行案：《水經·河水南過汾陰縣西注》云：「周威烈王之十七年，魏文侯伐秦，還築汾陰、郃陽」，無「至鄭」二字，似引此文，而不出《紀年》，蓋脱去之也。

田悼子卒，田布殺其大夫公孫孫，公孫會以廪丘叛于趙。懿行案：《水經·瓠子河注》引作「晉烈公十一年」，餘與今本同。會，本作「孫」，誤，據改。田布圍廪丘，翟角、趙孔屑、韓師救廪丘，懿行案：韓師，今本作「韓氏」，據《水經注》改。及田布戰于龍澤，田師敗逋。

十二月，齊宣公薨。懿行案：《史記·田完世家》《索隱》引《紀年》「宣公五十一年，公孫會以廪丘叛于趙，十二月，宣公薨。于周正爲明年二月」。今本脱，據補。

十八年，王命韓景子、趙烈子及翟員伐齊，入長城。懿行案：《水經·東汶水注》引云：「晉烈公十二年，王命韓景子、趙烈子、翟員伐齊，入長城。」今本翟員作「我師」，城作「垣」，并非，據改。又，《史記·韓世家》《索隱》引《紀年》「景子，名虔」。

二十年，秦簡公卒，次敬公立。懿行案：《史記·秦本紀》《索隱》引《紀年》云：「簡公九年卒，次敬公立，十二年卒，乃立惠公。」又，《始皇本紀》《索隱》王劭按：《紀年》云：「簡公後，次敬公，敬公立十三年，乃至惠公。」《史記·年表》：簡公九年，當威烈王二十年。今本無，據補。

二十三年，王命晉卿魏氏、趙氏、韓氏爲諸侯。懿行案：《史記·燕世家》《索隱》引《紀年》「簡公立十三年，而三晉命邑爲諸侯」。

二十四年，王陟。

安王名驕。懿行案：「名驕」二字據《史記·周本紀》補。

元年，庚辰。

二年，田侯午生。懿行案：《史記·田完世家》《索隱》引《紀年》「齊康公五年，田侯午生」。今本脱去，據補。案《六國表》，齊康公貸元年，當威烈王之二十二年，至是五年也。

八年，秦敬公卒，乃立惠公。今本脱，據《史記·秦本紀》《索隱》引補。

九年，晉烈公卒，子桓公立。《韓非子》作「桓侯」。懿行案：《史記·晉世家》《索隱》曰：「《世本》『孝公傾』，《紀年》以孝公爲桓公。」

十年，己丑。晉桓公傾元年。

十五年，魏文侯卒。在位五十年。懿行案：《史記·魏世家》「文侯立三十八年卒」。《索隱》引《紀年》云「五十年卒」。

大風晝昏。

晉太子喜出奔。懿行案：《史記·六國表》，「安王三年，王子定晉奔」，疑即此之異文。「晉」當在「奔」下，此誤爾。然此事不見《周本紀》及《晉世家》，可姑闕之。

十六年。乙未。魏武侯擊元年。懿行案：《史記·魏世家》《索隱》引《紀年》云「魏武侯元年，當趙烈侯之十四年」。

封公子緩。懿行案：《魏世家》《索隱》引同。又，此後十二年，當周烈王之元年，入邯鄲以作難，即是人也。《魏世家》云「武侯卒，子罃與公仲緩争爲太子」，亦即此人，而以爲在「惠成王元年」，則謬矣。

宋悼公卒。懿行案：《史記·宋世家》「悼公八年卒」，《索隱》引《紀年》爲「十八年」。今以《六國表》威烈王二十三年爲宋悼公元年推之，至是正得十八年，今據補。

十九年，田侯剡立。懿行案：《史記·田完世家》《索隱》引《紀年》「齊康公二十二年，田侯剡立」。今據補。

二十一年，韓滅鄭，哀侯入于鄭。懿行案：《史記·韓世家》《索隱》引《紀年》「魏武侯二十一年，韓滅鄭，哀侯入于鄭。二十二年，晉桓公邑哀侯于鄭」。今本繫「韓滅鄭」于是年，而繫「邑哀侯」于烈王二年，并誤，宜據以訂正。

二十三年，于越遷于吴。懿行案：《史記·越世家》《索隱》引《紀年》云：「翳三十三年遷于吴」。

二十六年，王陟。

魏城洛陽及安邑、王垣。懿行案：《史記·魏世家》「武侯二年，城安邑、王垣」，《索隱》引《紀年》與今本同。《水經·河水東過平陰縣北注》引《史記》「王」作「至」，當據以訂正。而《索隱》「徐廣云：『垣縣有王屋山，故曰王垣』。」證知《紀年》不誤也。《水經注》或别有見，然《史記》以爲「魏武侯二年」，則誤。

魏救中山，塞集胥口。懿行案：《史記·蘇秦列傳》《集解》：徐廣引《紀年》曰：「魏救山，塞集胥口」。《索隱》云：「《紀年》作『胥』，蓋亦津名。」鮑彪《國策》注引作「魏救中山」，是《集解》所引，本脱「中」

字，今據補。又，此條今本所無，不知在何年，姑附于此。

七月，于越太子諸咎弒其君翳。十月，越人殺諸咎越滑，吳人立孚錯枝爲君。懿行案：《史記·越世家》《索隱》引「越」并作「粵」，「殺諸咎」上無「人」字，餘同今本。

烈王名喜。

元年丙午，魏公子緩如邯鄲以作難。邯鄲，趙地名。懿行案：《史記·魏世家》《索隱》引此文在惠成王七年，今本在魏武侯十二年，誤。

懿行案：「名喜」二字據《史記·周本紀》補。

于越大夫寺區定越亂，立初無余，是爲莽安。懿行案：《史記·越世家》《索隱》引「余」下有「之」字，無「是爲莽安」四字。

二年，秦胡蘇帥師伐韓，韓將韓襄敗胡蘇于酸水。懿行案：《水經·濟水注》引作「帥師伐鄭」，非也。韓是時猶未改號爲鄭也。又，顯王三十一年云：「秦蘇胡帥師伐鄭，韓襄敗秦蘇胡于酸水。」似同一事而重出，惟胡蘇作「蘇胡」爲異，當以《水經注》所引爲正。《注》云：「酸水故瀆，首受河于酸棗縣，東逕延津南，謂之酸水。」引此文云云是也。

魏觴諸侯于范臺。懿行案：《魏策》云：「梁主魏嬰觴諸侯于范臺」。嬰與「罃」同，梁惠成王名也。與此書不合。

晉桓公邑哀侯于鄭。懿行案：此魏武侯十三年也。《史記·韓世家》《索隱》引作二十二年，可證今本之誤，宜據以訂正。今本魏武侯止十六年，古簡荒殘，惟隨文著録而已。

韓山堅賊其君哀侯而立韓若山。懿行案：《史記·韓世家》「山堅」作「嚴」。《索隱》引《紀年》云：「晉桓公邑哀侯于鄭，韓山堅賊其君哀侯而立韓若山。」以校今本，脱五字，今據補。《索隱》又引此文而釋之云：「若山即懿侯也。」

齊田午弑其君及孺子喜而爲公。懿行案：《史記·田完世家》《索隱》引《紀年》「齊康公二十二年，田侯剡立，後十年，齊田午弑其君及孺子喜而爲公」。今本無，據補。午者，田和子桓公也。

五年，魏武侯卒。懿行案：《史記·魏世家》《索隱》引《紀年》云：「武侯二十六年卒」。今本與《世家》同，實止十六年也，又脱去其文，姑補附于此。

燕簡公卒，次孝公立。懿行案：《史記·燕世家》《索隱》引《紀年》「簡公四十五年卒」，又引「簡公後，次孝公」，今據補。

宋桓侯璧兵立。懿行案：《史記·宋世家》「休公二十三年卒，子辟公辟兵立」。《索隱》引《紀年》作「桓侯璧兵」，今據補。

六年，辛亥。梁惠成王元年。韓共侯、趙成侯遷晉桓公于屯留，已後更無晉事。懿行案：《水經·濁漳水注》引此文，即引《史記》「趙肅侯奪晉君端氏而徙居之」云云。今案：《晉世家》《索隱》引《紀年》云：「桓公二十年，趙成侯、韓共侯遷桓公于屯留，已後更無晉事」。今本「已後更無晉事」六字誤脱入注中，據改。又，共侯，據下當爲懿侯。又，晉桓公立已二十三年矣。文并訛舛，不可詳也。

趙成侯偃、韓懿侯若伐我葵。郟城。懿行案：葵，《水經·沁水注》作「郟」，引京相璠曰：「河内山陽西北六十里有郟城」，引此文云云，「即此城也」。又案：《史記·魏世家》《索隱》引此文，趙成侯偃作「趙侯種」，韓懿后下無「若」字，伐我葵作「伐我取蔡」。與今本異，而次在「魏武侯元年封公子緩」之下。《沁水注》引作「梁惠成王元年」，與今本同。恐《索隱》誤引也。

鄴師敗邯鄲師于平陽。懿行案：《水經·濁漳水注》引云：「梁惠成王元年，鄴師敗邯鄲師于平陽。」今據補。鄴，疑當作「我」。

七年，王陟。懿行案：七年，《史記·周本紀》作「十年」。

我師伐趙，圍濁陽。懿行案：《史記·魏世家》《索隱》引蜀陽作「濁陽」。

齊田壽帥師伐我，圍觀。懿行案：《水經·河水注》引云「梁惠成王二年」。又，應劭曰：「夏有觀扈，即此城也。」《郡國志》曰：「衛故觀國，姚姓。」又，《水經注》引帥作「率」。觀降。

魏大夫王錯出奔韓。懿行案：《史記·魏世家》云：「魏罃得王錯，挾上黨，固半國也。」《集解》徐廣引此文同。

宋剔成肝廢其君璧而自立。懿行案：《史記·宋世家》《索隱》：王劭引此文，今據補。依《六國表》，當在是年。璧即「璧兵」，疑脱「兵」字。璧當作「辟」，故《索隱》又引《莊子》「前驅呼辟，蒙人止之」。可證。

第十四卷

周紀 六

顯王名扁。 懿行案：烈王弟。「名扁」二字據《史記·周本紀》補。

元年癸丑，鄭城邢丘。自此韓改稱曰鄭。 懿行案：《水經·濟水注》引「梁惠成王三年，鄭城邢丘」。

秦子向命爲藍君。 懿行案：《水經·渭水注》引同，而云「藍即藍田縣也」。

二年，河水赤于龍門三日。 懿行案：《水經》云「河水南出龍門口」，《注》引此文，作「梁惠成王四年」。又，《京房易·妖占》曰：「河水赤，下民恨。」

三年，公子景賈帥師伐鄭，韓明戰于韓，我師敗逋。 懿行案：《水經·濟水注》引作「戰于陽」。今本誤，宜據改。又有「梁惠成王五年」六字也。

四年，夏四月，甲寅，徙都于大梁。 懿行案：《史記·商鞅傳》《正義》曰：「從蒲州安邑徙汴州浚儀也。」《漢書·高帝紀》臣瓚注引《汲郡古文》：「惠王之六年，自安邑遷于大梁」。《史記·魏世家》「徙治大梁」

在惠王三十一年，《集解》引《紀年》作惠成王九年，并誤。都，今本作「邦」，據《集解》引改。

王發逢忌之藪以賜民。懿行案：《漢書·地理志》：「（河南郡）開封，逢池在東北，或曰宋之逢澤也」。臣瓚引「《汲郡古文》『梁惠王發逢忌之藪以賜民』，今浚儀有逢陂忌澤是也」。

于越寺區弟思弑其君莽安，次無顓立。懿行案：《史記·越世家》《索隱》引在「立初無余之」之十二年，今才十一年，誤。

五年，雨碧于郢。懿行案：《太平御覽》八百四十二卷《廣韻（二十二）·昔》注引作「梁惠成王七年，雨碧于郢」。地忽長十丈有餘，高尺半。懿行案：《太平御覽》八百八十卷引同。

齊桓公弑其君母。懿行案：《史記·田完世家》《索隱》：王劭引《紀年》云：「齊桓公十一年，弑其君母。」今據補。

六年，我師伐邯鄲，取列人。懿行案：列人，今廣平府肥鄉縣地也。《水經·濁漳水注》引作「梁惠成王八年」。證知古本于各年下並紀梁惠成王之年，今本一概削去之，非也。我師伐邯鄲，取肥。懿行案：肥，肥鄉縣也。《水經·濁漳水注》引同，但無「我師」二字。

雨黍于齊。懿行案：《太平御覽》八百四十二卷引云：「惠成王八年，雨黍。」

雨骨于赤髀。懿行案：各本無此條，據洪本從《路史》引補。

七年，我與邯鄲榆次、陽邑。懿行案：《水經·洞過水注》引「與」上無「我」字，有「梁惠成王九年」

六字。榆次、陽邑今俱屬太原府。

王會鄭釐侯于巫沙。懿行案：《水經·濟水注》引「梁惠成王九年，王會鄭釐侯于巫沙。」晉取泫氏。懿行案：《太平御覽》一百六十三卷引「魏惠王九年，晉取泫氏」，今據補。

八年，入河水于圃田，又爲大溝而引圃水。懿行案：《水經·渠水注》引作「梁惠成王十年」，圃作「甫」。

瑕陽人自秦導岷山，青衣水來歸。懿行案：《水經》「青衣水出青衣縣西蒙山，東與沫水合」，《注》引此文，「導」作「道」。

九年，秦師伐鄭，次于懷，城殷。懿行案：「次于懷」及「城殷」本連文，寫書者誤分之，今據《水經·沁水注》連引，改爲一條。注又引郭緣生《述征記》曰：「河之北岸，河内懷縣有殷城」。可知殷有城舊矣。《太平寰宇記》四十八卷引作「至于懷殷」，無「城」字，非。

東周惠公杰薨。懿行案：《史記·六國表》《集解》徐廣引，今本無之，據補。

十年，楚師出河水以水長垣之外。懿行案：《水經·河水東北過黎陽縣南注》引作「梁惠成王十二年」。「出」，一本作「决」，餘與今本同。

龍賈帥師築長城于西邊。懿行案：《水經·濟水東過封丘縣北注》引帥作「率」，餘同。又説長城引《竹書》云：「是梁惠成王十五年築也」，與今本異。詳見下。

鄭取屯留、尚子。懿行案：《水經·濁漳水注》引云：「鄭取屯留、尚子、涅。」尚子即長子之異名也。今本脱「涅」字。《太平寰宇記》四十五卷引「尚」即作「長」。

十一年，鄭釐侯使許息來致地：平丘、户牖、首垣諸邑及鄭馳地。我取枳道，與鄭鹿。懿行案：《水經·河水東北過黎陽縣南注》引作「梁惠成王十三年」，「馳地」作「馳道」。

王及鄭釐侯盟于巫沙，以釋宅陽之圍，歸釐于鄭。懿行案：《水經·濟水過滎澤北注》引。今本「宅」作「它」，誤，據改。《史記·魏世家》云：「惠王五年，與韓會宅陽城。」即此事也。而年數乖異，未可據信。

齊威王立。懿行案：《史記·田完世家》《索隱》引《紀年》「梁惠王十三年，當齊桓公十八年，後威王始見」。《魏世家》《索隱》引「齊桓公之十八年而威王立」。今據補。

十二年，魯恭侯、宋桓侯、衛成侯、鄭釐侯來朝。懿行案：《史記·魏世家》《索隱》引同，而云「鄭釐侯者，即韓昭侯也」。又，《魏策》云：「梁主魏嬰觴諸侯于范臺」，在魏武侯十三年也。此魯、宋、衛、鄭四國來朝，則在惠成王十四年也。《魏策》以「觴諸侯于范臺」亦爲惠王時事，則非矣。説已見前。

于越子無顓卒，是爲菼蠋卯。次無疆立。懿行案：《史記·越世家》《索隱》引《紀年》「無顓八年薨，是爲菼蠋卯」。無「次無疆立」四字。

十三年，邯鄲成侯會燕成侯于安邑。懿行案：《史記·六國表》「梁惠成王十五年」，《集解》：徐廣引《紀年》曰：「魯共侯來朝。邯鄲成侯會燕成侯平安邑」。是「來朝」與「會」同爲一年事，今本則異，「平」作

「于」。

遣將龍賈築陽池以備秦。懿行案：《太平寰宇記》九卷引《竹書紀年》曰：「梁惠王十五年，遣將龍賈築陽池以備秦」。今本脱，據補。又，《水經·濟水注》亦未引此，而以「梁惠成王十二年，龍賈築長城于西邊」與此似爲一事，恐非，將所見本古今不同也。

十四年，秦公孫壯率師伐鄭，懿行案：《水經·渠水注》引作「梁惠成王十六年」，「伐鄭」之上有「率師」二字，今據補。圍焦城，不克。

秦公孫壯率師城上枳、安陵、山民。懿行案：《水經·渠水注》引同。

邯鄲伐衛，取漆富丘，城之。懿行案：《水經·濟水注》引之，而云「濮渠之側有漆城，或亦謂之宛濮亭也」。今本「丘」作「兵」，誤，据改。

齊師及燕戰于泃水，齊師遁。懿行案：《水經·鮑丘水注》引與今本同。又云：「泃水出右北平無終縣西山白楊谷，入鮑丘水」。

十五年，齊田期伐我東鄙，戰于桂陽，我師敗逋。懿行案：《水經·濟水注》引作「梁惠成王十七年」，而云「桂陽亦曰桂陵」。又引《史記》「齊威王使田忌擊魏，敗之桂陵」。今檢《史記·孫子列傳》《索隱》引田期正作「田忌」，是田期即田忌矣。期、忌聲同。又，《田完世家》云：「田忌擊魏，敗之馬陵」。今此書「戰桂陵」者，則是田忌，「戰馬陵」者又是田盼，不得爲一人也。蓋由《史記》誤證耳。當據古文正之。又，

《田完世家》《索隱》曰「田臣思」，《戰國策》作「田期思」，《紀年》謂之「徐州子期」，蓋即田忌也。今案：徐州子期，今本無之，威烈王十一年，有田居思伐邯鄲，居、期聲亦同，而距今六十餘年，豈即所謂「田期思」也？

東周與鄭高都、利。懿行案：《水經·伊水注》引作「梁惠成王十七年，東周與鄭高都、利」。今本脱「利」字，據補。

鄭釐侯來朝中陽。懿行案：《水經·渠水注》引作「梁惠成王十七年，鄭釐侯來朝中陽」。

宋景敾、衛公孫倉會齊師，圍我襄陵。懿行案：《水經·淮水東過鍾離縣北注》引「梁惠成王十七年」，景敾作「景敾」，會師作「會齊」，今本脱誤，據以訂正。又云：「宋襄公之所葬，故號襄陵矣。」案：襄陵在今河南歸德府睢州東。

十六年，王以韓師敗諸侯于襄陵。懿行案：《水經·淮水東過鍾離縣北注》引作「梁惠成王十八年，惠成王以韓師敗諸侯于襄陵」。今本「諸侯」上脱「敗」字，「師」下衍「縣」字，并據以訂正。然「王」上仍缺「惠成」二字，及「梁惠成」以下七字也。

齊侯使楚景舍來求成。懿行案：《水經·淮水東過鍾離縣北注》引「敗諸侯師于襄陵」下，即連引此文，與今本同。

邯鄲之師敗我于桂陵。懿行案：《史記·魏世家》《索隱》引作「十八年，趙又敗魏桂陵」。

秦伐韓閼與，惠成王使趙往破之。懿行案：此條本在注中，下云「不知是何年」，蓋校書者附于此。今從徐本改作正文。「往」，吳本作「王」，亦從徐本改。

十七年，燕人伐趙，圍濁鹿。趙武靈王及代人救濁鹿，敗燕師于勺梁。懿行案：《水經·滱水東過博陵縣南注》引「燕」下有「人」字，「靈」上有「武」字，「勺」下有「梁」字，今本并脱，據補。又，代，本作「伐」，誤。

晉取玄武、濩澤。即雷澤。舜漁處。懿行案：《漢書·地理志》河東郡濩澤即此也。《水經·沁水注》：「墨子曰：『舜漁濩澤』，應劭曰：『澤在縣西北』，蓋以澤氏縣也。」引此文同。

十八年，齊築房以爲長城。懿行案：《水經·東汶水注》云：「泰山即東小泰山也。山上有長城，西接岱山，東連琅邪巨海，千有餘里。」引此文「房」作「防」。《史記·蘇秦傳》《正義》引此文，亦云：「梁惠成王二十年，齊閔王築防以爲長城」。今案：「閔」疑「威」字之訛也。

十九年，王如衛，命公子南爲侯。懿行案：《水經·汝水注》云：「按《汲冢古文》謂：『衛將軍文子爲子南彌牟，其後有子南勁。』《紀年》：『勁朝于魏，後惠成王如衛，命子南爲侯。』」是則子南蓋其字，名勁也。今本脱，又脱「勁朝于魏」四字，宜據補。又案：《水經注》三十八字，本《史記》「周子南君」注臣瓚語也。

二十年。

韓玘弑其君悼公。懿行案：《史記·韓世家》：「昭侯十年，韓姬弑其君悼公」。《索隱》曰：「《紀年》『姬』亦作『玘』。」又，《六國年表》事在是年，今據補。

二十一年，魏殷臣、趙公孫裒伐燕，還取夏屋，城曲逆。懿行案：《水經·滱水東過博陵縣南注》引與今本同。「裒」，吳本作「衰」，據改。

二十二年壬寅，孫何侵楚，入三户郛。懿行案：《水經·漾水、丹水注》并引作「士寅、孫何侵楚，入三户郛①」。今本「士」作「壬」，「入」、「郛」二字，據《水經注》引改。楚伐徐州。懿行案：《史記·越世家》《索隱》曰：「按《紀年》，粤子無顓薨，後十年，楚伐徐州。」

二十三年，魏章帥師及鄭師伐楚，取上蔡。懿行案：《水經·汝水注》引同。「帥」作「率」。孫何取灅陽。懿行案：《水經·潁水注》引同。

秦孝公會諸侯于逢澤。懿行案：《水經·渠水注》引同，又云：「百尺陂即古之逢澤也」。案：《史記·六國表》：秦孝公二十年，當周顯王二十七年，梁惠王二十九年，「諸侯畢賀，會諸侯于澤」。徐廣曰：「《紀年》作逢澤」。今本在顯王二十三年，惠成王二十五年，與《表》異。

---

① 按《水經·漾水注》無《紀年》引文。《丹水注》亦只引作「壬寅」。

絳中地坼，西絶于汾。懿行案：《水經·汾水注》云：「汾水又逕絳縣故城北」，引此文，有「梁惠成王二十五年」八字，餘同今本。

二十四年，魏敗韓馬陵。懿行案：《史記·魏世家》《索隱》引作「梁惠成王十八年，魏敗韓馬陵①」，誤也。「十八」當爲「二十六」。

二十五年。

二十六年，穰疵帥師及鄭孔夜戰于梁赫，鄭師敗逋。懿行案：《水經·渠水注》引作「梁惠成王二十八年」，「穰疵」作「穰疪」，一本作「穰苴」，「帥師」作「率師」。又，《吕氏春秋·無義篇》云：「公孫鞅以其私屬與母歸魏，襄疪不受，」即與此穰疵爲一人也。

與齊田肸戰于馬陵。懿行案：《史記·魏世家》《索隱》引《紀年》「二十八年」，「肸」作「盼」，餘同今本。《田完世家》《索隱》引《紀年》：「威王十四年，田盼伐梁，戰馬陵」。《孟嘗君列傳》：「田忌與孫臏、田嬰俱伐魏，敗之馬陵」。《索隱》云：「《紀年》當梁惠王二十八年。」《孫子列傳》《索隱》又引《紀年》云：「二十七年十二月，齊田盼敗梁于馬陵」。《索隱》三引《紀年》，并與今本異，唯《魏世家》年數同。

① 此處《索隱》原文爲：「《紀年》『二十八年，與齊田盼戰于馬陵；上二年，魏敗韓馬陵』。」上二年即梁惠成王二十六年，《索隱》未誤

二十七年五月，齊田肹及宋人伐我東鄙，圍平陽。懿行案：《水經·泗水南過平陽縣西注》云：「縣即山陽郡之南平陽縣也」。引此文「肹」作「肸」，無「五月」二字。《史記·魏世家》《索隱》引「肹」作「朌」，無「及宋人圍平陽」六字。

九月，秦衛鞅伐我西鄙。懿行案：《史記·商君列傳》《索隱》引《紀年》曰：「梁惠王二十九年，秦衛鞅伐梁西鄙。」《魏世家》《索隱》亦引《紀年》云：「二十九年九月，秦衛鞅伐我西鄙。」

十月，邯鄲伐我北鄙。懿行案：《史記·魏世家》《索隱》引同。

王攻衛鞅，我師敗逋。懿行案：《魏世家》《索隱》引「逋」作「績」。

鄭昭侯武薨，次威侯立。懿行案：據《史記·韓世家》《索隱》引《紀年》補。又據「威侯七年，與邯鄲圍襄陵」也。又，《韓非傳》《索隱》引《紀年》云：「韓昭侯之世，兵寇屢交」。今本亦無此文，并録附于此。

二十八年，城濟陽。懿行案：《水經·濟水東過濟陽縣北注》引作「梁惠成王三十年，城濟陽」。

秦封衛鞅于鄔，改名曰尚。懿行案：《史記·商君列傳》云：「衛鞅既破魏還，秦封之于、商十五邑，號爲商君」。《正義》曰：「于、商在鄧州内鄉縣東七里，古于邑也。商洛縣在商州東八十九里，本商邑，周之商國。」今案：于、商即商、于也。《張儀傳》曰：「臣請獻商、于之地六百里」。《索隱》引劉氏云：「商州有古商城，其西二百里有古于城。」據《索隱》説，是商、于即于、商，「封之于、商，因號商君」，不言「于」者，省文也。「于」，通作「鄔」，「商」，通作「尚」，《漢書·地理志》太原郡有鄔縣，非此。《水經·濁漳水東北過下博縣之西注》云：「衡水又北逕鄎縣故城東」引此文，「尚」作「商」。

二十九年，邳遷于薛，改名徐州。懿行案：《水經·泗水注》引「梁惠成王三十一年，邳遷于薛，改名徐州。」《史記·魯世家》《索隱》引此文，亦有「改名曰徐州」五字，今本脱去之，據補。又，《孟嘗君傳》《正義》引同《水經注》，而「邳」上兩引俱有「下」字。

三月，爲大溝于北郛，以行圃田之水。懿行案：《水經·渠水注》引「梁惠成王三十一年三月，爲大溝于北郛，以行圃田之水」，與今本同。

三十年，秦與魏戰岸門。懿行案：《史記·秦本紀》在孝公二十四年，《六國表》則在二十三年，周顯王之三十年也。《索隱》引《紀年》，今據補。

三十一年，秦蘇胡帥師伐鄭，韓襄敗秦蘇胡于酸水。不知何年，附此。懿行案：已見烈王二年，此條疑重出。然《水經·濟水注》引作「伐鄭」，此書前文則作「伐韓」，又似兩事，其蘇胡、胡蘇，復似兩人，所未詳。

陰司馬敗燕公子翌于武垣。懿行案：此條從洪本據《元豐九域志》補，不知何年，今附于此。

三十二年。

三十三年，鄭威侯與邯鄲圍襄陵。懿行案：《史記·韓世家》《索隱》引《紀年》：「鄭昭侯武薨，次威侯立。威侯七年，與邯鄲圍襄陵。」

三十四年，魏惠成王三十六年，改元稱一年。懿行案：《史記·魏世家、田完世家》《索隱》引同。《孟嘗君傳》《索隱》引作「三十一年，改爲後元年」，誤也。

王與諸侯會于徐州。懿行案：《史記·田完世家》云：「宣王九年，與魏襄王會徐州，諸侯相王也。」又云：「十年，楚圍我徐州。」今案：《史記》大誤：既以魏惠成王之事屬之襄王，又以齊威王之年加諸宣王，而楚圍齊于徐州，又不在明年也。《六國表》又以與魏會徐州爲在明年，亦誤矣。當據此書證之。

于越子無疆伐楚。

三十五年，楚吾得帥師及秦伐鄭，圍綸氏。不知何年，附此。懿行案：綸氏，夏綸國地，在今河南登封縣西南，見《水經·伊水注》引此文。《後漢書·黄瓊傳》注引亦同。

三十六年，楚圍齊于徐州，遂伐于越，殺無疆。懿行案：《史記·越世家》《索隱》曰：「按：《紀年》『粤子無顓薨後十年，楚伐徐州』，無『楚敗越殺無疆』之語，是無疆爲無顓之後，《紀年》不得録也。」如《索隱》所言，是《紀年》古本并無「無疆伐楚，楚殺無疆」之文。又，前二十四年，「無顓卒，次無疆立」，《索隱》引《紀年》，亦無「次無疆立」四字，益知今《紀年》本爲後人所掇拾無疑也。

三十七年。

三十八年，龍賈及秦師戰于雕陰，我師敗逋。懿行案：《史記·魏世家》云：「秦敗我龍賈軍四萬五千于雕陰」。《集解》徐廣曰：「雕陰在上郡」。

王會鄭威侯于巫沙。懿行案：《史記·韓世家》《索隱》引作「威侯七年，與邯鄲圍襄陵。五月，梁惠王會威侯于巫沙。十月，鄭宣王朝梁。」今案：圍襄陵在前五年，朝梁在隱王元年，俱不同時，疑《索隱》誤引。又，以十月推之，知此文「王會」之上，當脱「五月」二字也。

三十九年，秦取我汾陰、皮氏。懿行案：《史記·六國表》「周顯王四十年，魏襄王六年，與秦會雍，秦取汾陰、皮氏」。

四十年。

四十一年，秦歸我焦、曲沃。懿行案：《史記·六國表》「秦歸我焦、曲沃」，在周顯王四十年。

四十二年，九鼎淪泗，没于淵。

四十三年。

四十四年，作平阿。懿行案：《史記·孟嘗君傳》《索隱》曰：「《紀年》當梁惠王之後元十一年，作平阿。」今案《傳》云：「田嬰與韓昭侯、魏惠王會齊宣王于平阿。」是《索隱》引《紀年》，「作」當爲「會」字之訛①。今據補。

---

① 《史記·孟嘗君列傳》：「嬰與韓昭侯、魏惠王會齊宣王東阿南」。《索隱》「《紀年》當惠王之後元十一年。彼文作『平阿』。」此蓋指《史記》之「東阿」，《紀年》作「平阿」。《索隱》不誤。

四十五年，楚敗我襄陵。

衛孝襄侯立。懿行案：《史記·衛世家》：「平侯八年卒，子嗣君立」。《索隱》曰：「樂資據《紀年》，以嗣君即孝襄侯。」《六國表》衛嗣君立在是年，今據補。

四十六年，會齊威王于鄄。懿行案：《史記·孟嘗君傳》《索隱》曰：《紀年》「梁惠王後元十三年，會齊威王于甄。」《史記》作「齊宣王與梁惠王會甄」，誤，今據補。

四月，齊威王封田嬰于薛。十月，齊城薛。懿行案：此條亦據《孟嘗君傳》《索隱》引補。

四十七年，薛子嬰來朝。懿行案：此條亦據《孟嘗君傳》《索隱》引補。

四十八年，齊威王薨，嬰初封彭城。懿行案：此條亦據《孟嘗君傳》《索隱》引補。

王陟。

慎靚王名定。懿行案：「名定」二字據《史記·周本紀》補。

元年辛丑，秦取我曲沃、平周。懿行案：《史記·六國表》：「周顯王四十七年，魏襄王十三年，秦取曲沃、平周。女化爲丈夫。」《樗里子傳》：「秦惠王八年，使將而伐曲沃，盡出其人，取其城，地入秦。」《索隱》曰：「王劭按，與《紀年》不合。」今案：此條與《傳》不合，與《表》則合矣。但年數舛錯耳。

二年，魏惠成王薨。懿行案：杜預《春秋後序》云：「《紀年篇》：『惠王三十六年，改元從一年始，至十六年而稱惠成王卒』，即惠王也。」《史記·魏世家》《集解》按《古文》，「改元後十七年卒」。

三年，今王元年。

四年。

五年。

六年，鄭侯使韓辰歸晉陽及向。懿行案：《水經·濟水注》云：「陽亦樊也，一曰陽樊。闞駰《十三州志》曰：『軹縣南山西曲有故向城，即周向國也』。」引此文同。一本引「陽」下無「及」字。《史記·范睢傳》《正義》引「辰」上無「韓」字。

二月，城陽、向，更名陽爲河雍，向爲高平。懿行案：《水經·濟水注》引同。《史記·秦本紀》《集解》：徐廣引作「魏哀王二十四年，改宜陽曰河雍，改向曰高平」，與今本異。其云「魏哀王」者誤也。《趙世家》《集解》：徐廣引作「魏襄王四年，改河陽曰河雍，向曰高平」，可證前引之誤。而「陽」作「河陽」，仍與今本異。又，《范睢傳》《正義》引「平」下有「拔之」二字。

王陟。懿行案：《史記·周本紀》在是年，據補。

隱王《史記》作「赧王，名延」，蓋「赧」、「隱」聲相近。

元年丁未，十月，鄭宣王來朝。懿行案：《史記·韓世家》《索隱》引作「鄭宣王朝梁」，今本作「來朝」，于「朝」下仍有「梁」字者，衍。

燕子之殺公子平，不克。齊師殺子之，醢其身。懿行案：《史記·燕世家》《索隱》引作「子之殺公子平」，無「不克」二字。「殺子之」，《集解》引「殺」作「禽」。一本作「醢」，無「醢其身」三字。

趙召公子職于韓，立以爲燕王。懿行案：《史記·趙世家》武靈王十一年有此文。《集解》：徐廣曰：「《紀年》亦云爾」。《六國表》趙武靈王十二年，徐廣亦引《紀年》云：「趙立燕公子職。」今據補。

二年，齊地暴長，長七丈餘，高一尺。懿行案：今本「暴」作「景」，「丈」上脱「七」字，據《太平御覽》八百八十卷引改增。

齊宣王殺其王后。懿行案：《史記·田完世家》《索隱》曰：王劭按《紀年》云：「齊宣王八年，殺其王后。」今本無之，宜據補。又案：《世家》云：「威王三十三年，殺其大夫牟辛。」《集解》：徐廣曰：「大夫一作夫人。」《索隱》以「夫人」之字與「王后」相涉，疑爲一事，非矣。

魏以張儀爲相。

秦取我焦。懿行案：《路史·國名紀五》引《紀年》魏襄王六年，「秦聚我焦」。今據補。

三年，韓明帥師伐襄丘。懿行案：襄丘地在濮陽城西，見《水經·濟水注》，引同。又，《河水注》并引作「魏襄王七年」。

秦王來見于蒲阪關。懿行案：《水經·河水注》引同。

四月，越王使公師隅來獻舟三百、箭五百萬及犀角、象齒。懿行案：《水經·河水南過汾陰縣西注》引作「來獻乘舟始罔及舟三百、箭五百萬」。餘與今本同。

五月，張儀卒。懿行案：《史記·張儀傳》《索隱》引《紀年》云：「梁哀王九年五月卒。」《史記》哀王，即《紀年》襄王也。《韓世家》《集解》：徐廣亦云：「魏哀王十九年，《紀年》于此亦説『楚入雍氏，楚人敗』。其時張儀已死十年矣。」是張儀之卒，古本在魏襄王九年，今次于此，誤也。宜據以訂正。

楚景翠圍雍氏。韓宣王卒。秦助韓共敗楚屈丐。懿行案：《史記·韓世家》《集解》：徐廣引，今據補。

齊、宋圍煮棗。懿行案：《史記·韓世家》《集解》：徐廣引，今據補。又説此事云：「當秦惠王後元十三年，周赧王三年，楚懷王十七年，齊湣王十二年。」亦與今本同。

四年，翟章伐衛。懿行案：《史記·魏世家》《索隱》引作「八年，翟章伐衛。」

魏敗趙將韓舉。懿行案：《史記·韓世家》《索隱》引此文云「當韓威王八年。」然推尋前後，韓威王即鄭威侯，威、宣古通用，亦即鄭宣王也。是此條當在鄭宣王朝梁之明年，今次于此，非矣。《索隱》因不見威侯之卒，分威侯與宣王爲二人，誤。此書前後踳駁，今亦不可考也。

五年，洛入成周，山水大出。懿行案：《水經·洛水東北過河南縣南注》引作「魏襄王九年」，餘與今本同。

六年十月，大霖雨，疾風，河水溢酸棗郛。懿行案：《水經·濟水注》引「酸棗」上有「溢」字，下有「郛」字，今本并脱，據補。

楚庶章帥師來會我，次于襄丘。懿行案：《水經·濟水注》引作「魏襄王九年」，今本在十年也。然《水經注》本亦有作「十年」者。

七年，翟章救鄭，次于南屈。此年未的。懿行案：《漢書·地理志》：「河東郡北屈，《禹貢》壺口山在東南。」應劭注云：「有南故稱北。」臣瓚注引《汲郡古文》「翟章救鄭，至于南屈。」又，《水經·河水注》亦引，并闕其年。

八年，秦公孫爰帥師伐我，圍皮氏。懿行案：《水經·汾水注》引作「魏襄王十二年，伐我，圍皮氏」。今據補。「帥師」并作「率師」。翟章帥師救皮氏圍。疾西風。懿行案：《汾水注》引同。

九年，城皮氏。懿行案：《水經·河水南過皮氏縣西注》云：「皮氏故城，在龍門東南」，引此作「魏襄王十三年」。

褚里疾圍蒲，不克，而秦惠王薨。懿行案：《史記·樗里子傳》《索隱》引，今據補。

十年，秦内亂，殺其太后及公子雍、公子壯。懿行案：《史記·穰侯傳》《索隱》引，今據補。《秦本紀》云：「庶長壯與大臣、諸侯、公子爲逆，皆誅，及惠文后皆不得良死」。與《紀年》合。

十一年。

十二年，秦收我蒲坂、晉陽、封谷。懿行案：「收」疑「取」字之訛。《史記·魏世家》云：「哀王十六年，秦拔我蒲坂、陽晉、封陵。」《索隱》引《紀年》作「晉陽·封谷」。

十三年，邯鄲命吏大夫奴遷于九原，將軍、大夫、適子、伐史皆貂服。懿行案：《水經·河水注》引作「魏襄王十七年，邯鄲命吏大夫奴遷于九原，又命將軍、大夫、適子、戍吏皆貉服」。今案：「貉」蓋「貂」字之訛。今本「伐史」又「戍吏」之訛，當據以訂正。

十四年。

十五年，薛侯來會王于釜丘。懿行案：《水經·濟水注》引作「魏襄王十九年」，而云「釜丘即陶丘，《尚書》所謂『導菏水，自陶丘北』，謂此也。」

楚入雍氏，楚人敗。懿行案：《史記·韓世家》《集解》：徐廣引《紀年》云：「楚入雍氏，楚人敗」，而云「當周赧王十五年，韓襄王十二年，魏哀王十九年。」并與今本合。

十六年，王與齊王會于韓。

今王終二十年。懿行案：《史記·魏世家》《集解》：荀勖曰：「和嶠云：『《紀年》起自黄帝，終于魏之今王』。今王者，魏惠成王子。案《太史公書》，惠成王但言惠王，惠王子曰襄王，襄王子曰哀王。惠王三十六年卒，襄王立十六年卒，并惠、襄爲五十二年。今案古文，惠成王立三十六年，改元稱一年，改元後十七年卒。《太史公書》爲誤分惠、成之世，以爲二王之年數也。《世本》惠王生襄王，而無哀王，然則今王者魏襄王也。」

點校後記

本書所依据之版本，爲清光緒八年（公元一八八二年）東路廳署郝聯薇刊刻之《郝氏遺書》。自光緒二年至光緒十年，《郝氏遺書》曾數次刊刻，内容基本相同，而以光緒八年刊本較爲完備。

從本書的《序》及《通考》中可以看出，郝氏認爲分爲上、下兩卷的今本《竹書紀年》并非「僞書」，祇是古本「經後人補綴」，内容「抵忤甚多」，而分卷則「蓋由後人以意合之爾」。于是郝氏此書便以今本《紀年》爲基礎，重加疏證補充，并將上、下兩卷合而分爲十四卷，「以少存晉以來篇第之舊」。應予指出，郝氏此舉實是勞而無功，結果是非古非今，兩並失之。這是因爲，郝氏既全部保留了今本中那些並非來自《紀年》佚文，而是來自其他一些古籍的條文，甚至包括全部所謂「沈約注」在内，這就與古本《紀年》相去很遠，而其分卷，亦是「蓋以己意」爲之，無可靠之佐證，難以令人信服。所以，在今本之框架中，以求恢復古本《紀年》之原貌，證明是「此路不通」的。郝氏之後，朱右曾之《汲冢紀年存真》，以及王國維之《古本竹書紀年輯校》，可説對《紀年》原本之輯佚工作開創了一條新路，至方詩銘、王修齡之《古本竹書紀年疏證》，可説對古本《紀年》之輯佚、整理工作，已大致趨于完備。而王國維氏之《今本竹書紀年疏證》，指出今本《紀年》之爲後人重編作僞，已昭然大白于世。

雖如上述，但郝氏此書仍有其貢獻與價值。本書在考證史實、辨别真僞，特别在指出引證《竹書》佚文之出處方面，都花費了大量的功力，而其成就亦超過以前各家，從而爲後來者提供了一些方便，及不少可資借鑒與參考之處。而在個别條文之考證方面，且有其獨到之見。

在點校方面，對本書之大量引文，均根据原書作了核對。有些引文往往中間有所删節，或字面有些差異，或僅取其義，情況比較複雜，難以一一指出。處理的原則是：凡明顯之筆誤及避諱字，均徑直予以改正，不出校；凡不失引文原義者，則仍保留原引面目；凡有失原意或顯係錯誤者，則出校説明。對于本文，也對照洪頤煊氏之《校正竹書紀年》及王國維氏之《今本竹書紀年疏證》，作了查核與比較。由于取捨不同，有的條文，往往此書有而彼書無，或此書無而彼書有；因三家各有所據或各有所見，難作定論，故凡遇此種情況，均不作處理，亦不加説明。但對個别之異文或錯字，則用三取二之辨法，以多數爲准，并予以出校説明。另外，本書在每卷之首，均有「梁沈約附注，棲霞郝懿行學」一字樣，以其無關緊要，也無意義，故均予删去。

汲冢周書輯要

李念孔　點校

目録

《汲冢周書輯要》序

《周書》七十一篇，或以孔子删削之餘，或謂周之逸書，獨巽巖李氏疑爲戰國處士私相綴續，託周爲名，此言近得其實矣。然先儒有云，六經而下，求其文字近古，有裨于性命道德文武政教者，無逾于此書。今考其書，辭義踳駁者十二，脱爛難讀者十三，亥豕混淆者十五。然其奇辭奥義，亦往往震發于其中，玉魚金碗，欻出人間，亦其精光，自不可掩也。前世引用，則始于《左氏傳》，大、小戴《禮》，司馬《史記》。後世綴文之士，但能獵其艷詞，拾其香草殘膏，剩馥沾丐，不亦多乎？間爲采節，置諸案頭，用存時省。其已經散軼，偶見他書者，雖斷文隻句，必附列于後，用備遺忘焉。庚戌初秋蘭皋氏識。

汲冢周書輯要

命訓

正人莫如有極，道天莫如無極。道天有極則不威，不威則不昭；正人無極則不信，不信則不行。

天道三，人道三。天有命有禍有福，人有醜有紼絻按：紼絻與黻冕同有斧鉞。以人之醜當天之命，以紼絻當天之福，以斧鉞當天之禍，六方三述，其極一也。

極命則民墮，民墮則曠命，曠命以誡其上，則殆于亂。極福則民禄，民禄則于善，按：「于善」之「于」，疑當作「迂」。○《禮記》「于則于」，義與此同。于善則不行。極禍則民鬼，民鬼則淫祭，淫祭則罷家。極醜則民叛，民叛則傷人，傷人則不義。極賞則民賈其上，賈其上則民無讓，無讓則不順。極罰則民多詐，多詐則不忠，不忠則無報。凡此六者，政之始也。〔一〕

福莫大于行義，禍莫大于淫祭。

常訓

天有常性，人有常順，順在可變，性在不改。

民生而有習有常，以習爲常，以常爲慎，民若生于中，習常爲常。夫習民乃常，爲自血氣始。

民知其至，而至于子孫，民乃有古，古者因民以順民。孔注：皆有經遠之規，謂之有古，父教子，子教孫，故曰因。

監物在目，監聲在耳。〔二〕

文酌

十二來：一弓，二矢歸射，三輪，四輿歸御，五鮑，六魚歸蓄，七陶，八冶歸竈，九柯，十匠歸林，十一竹，十二葦歸時。

糴匡

成年，年穀足賓祭，祭以盛。六副有誤鍾絶服美義淫，〔三〕皂畜約制，餘子務藝，宫室城郭修爲備，供有佳菜，于是日滿。年儉，穀不足，賓祭以中盛。樂唯鍾鼓，不服美。三牧五庫補攝。凡美不修，餘子務穡，于是糾秩。年飢則勤而不賓，舉祭以薄。樂無鍾鼓，凡美禁，車不雕攻，兵備不制，民利不淫。征當商旅，以救窮乏。大荒，有□無祭，〔四〕刑罰不修，舍用振窮。君親巡方，卿參告糴，餘子倅運，民不藏糧，曰有匡，俾民畜唯牛羊，于民大疾惑，殺，一人無赦。男守疆，戎禁不出，五庫不膳，喪禮無度，祭以薄資。禮無樂，宫不幃，嫁娶不以時，賓旅設位有賜。

武稱

美男破老，美女破舌，淫圖破□，淫巧破時，淫樂破正，淫言破義，武之毁也。

春違其農，秋伐其穡，夏取其麥，冬寒其衣服，春秋欲舒，冬夏欲亟，武之時也。長勝短，輕勝重，直勝曲，衆勝寡，强勝弱，飽勝飢，肅勝怒，先勝後，疾勝遲，武之勝也。

允 文

民之望兵，若待父母。

大 武

武有六制，政、攻、侵、伐、搏、戰。善政不攻，善攻不侵，善侵不伐，善伐不搏，善搏不戰。

無兢惟害，有功無敗。孔注：雖强，常念害，則不敗也。

大明武

陣若雲布，侵若風行，輕車翼衛，在戎二方。我師之窮，靡人不剛。

大匡

維周王宅程三年，遭天之大荒，作《大匡》，以詔牧其方三州之侯，咸率。王乃召冢卿、三老、三吏，愚按：此句不可曉。據孔注，冢卿，公卿；三吏，三卿也。然文王方伯三卿之外，無緣復有冢卿。且三吏既三卿，若三老又何官也？竊疑《周禮》有鄉老、鄉大夫之職，諸侯三鄉，此三老，三鄉之老也，三吏，三鄉之吏也，即鄉大夫也。若又不然，則「三吏」二字并誤，當作三老、五吏矣。大夫百執事之人，朝于大庭。曰：不穀不德，政事不時，國家罷病，不能胥匡，二三子尚助不穀，官考厥職，鄉問其人，及某日以告于廟，有不用命，有常不赦。王既發命，入食不舉，百官質方，□不食饔。及期，日質明，王麻衣以朝。朝中無采衣，因謀其災，旁匡于衆，無敢有違。詰退驕頑，方收不服，慎惟怠墮，什伍相保。動勸游居，事節時茂，按：茂同懋。農夫任户，户盡夫出。農廪分鄉，鄉命受糧，程課物徵，躬競比藏。藏不粥糴，糴不加均，賦洒孔注：洒，散也。其幣，鄉正保貸。成年不償，信誠匡助，以輔殖財。財殖足食，克賦爲征，數口以食，食均有賦。外食不贍，開關通糧，糧窮不轉，孤寡不廢。于是告四方游旅，旁生忻通，津濟道宿，所至如歸。幣租輕，乃作母以行其子，易資貴賤，以均游旅，使無滯。無粥熟無室，市權内外以立均，無早暮閭次均行，無播蔬無食種，以數度多少省用。祈而不賓，祭服漱不制。車不雕飾，人不食肉，畜不食穀，國不鄉利，樂不墻合。按：樂，諸侯軒縣如墻，闕一面不墻合者，爲凶荒徹縣也。牆屋有補無作，資農不敗務。非公卿不賓，賓不過具，哭不留孔注：留，盡也。日，登降一等。庶人不獨葬，伍有植，按：「植」字疑有誤，或是相字。送往迎來亦如之。有不用命，有常不違。

程典

維三月既生魄，文王合六州之侯，奉勤于商。商王用宗讒，震怒無疆。諸侯不娱，逆諸文王，文王弗忍，乃作《程典》以命三忠曰：助余體民，無小不敬，如毛在躬，拔之痛，無不省。士大夫不雜于工商。士之子不知義，不可以長幼。工不族居，不足以給官，族不鄉别，不可以入惠。

生穡省用，不濫其度，津不行火，藪林不伐，牛羊不盡齒不屠。

程寤

文王在翟，夢按：「夢」上脱「太姒」二字。商庭生棘，小子發取周庭之梓樹，樹之于闕間，化松柏棫柞，驚以告文王。文王召發于明堂，拜吉夢，受商大命，秋朝士。按：此《程寤篇》文也。

舊本亡，此據《藝文類聚》補之。

小開

汝謀斯，何嚮非翼，維有共枳，枳亡重，大害小，不堪柯引。維德之用，用皆在國，謀大鮮無害。嗚呼！汝何敬非時，何擇非德？德枳維大人，大人枳維卿，卿枳維大夫，大夫枳維士，登登皇皇，□枳維國，國枳維都，都枳維邑，邑枳維家，家枳維欲無疆。愚按：《小爾雅》云：「枳，害也。」

文儆

非本非標，非微非輝，壤非壤不高，水非水不流。

文傳

文王受命之九年，時維暮春，在鄗詔。愚按：詳上下文，「在鄗」下闕一「詔」字。觀《文儆》篇首可見。太子發曰：吾語汝，所保所守，守之哉。厚德廣惠，忠信愛人，君子之行。不爲驕侈，不爲靡泰，不淫于美，栝孔注：因就不決曰栝。柱茅茨，爲愛費。〔五〕山林非時不升斤斧，以成草木之長。川澤非時不入網罟，以成魚鱉之長。不麛不卵，以成鳥獸之長。畋漁以時，童不夭胎，馬不馳騖，案：「童不夭胎」二句，一本作「童牛不服，童馬不馳」。土不失宜。土可犯，材可蓄，潤溼不穀，樹之竹葦莞蒲，礫石不作穀，樹之葛木，以爲絺綌，以爲材用。故凡土地之閑者，聖人裁之，并爲民利，是魚鱉歸其泉，鳥歸其林，孤寡辛苦，咸賴其生。山以遂其材，工匠以爲其器，百物以平其利，商賈以通其貨，工不失其務，農不失其時，是謂和德。土多民少，非其土也，土少人多，非其人也。是故土多發政，以漕四方，四方流之，土少安帑，而外其務方輸。《夏箴》曰：「中不容利，民乃外次。」《開望》《開望》古書名。曰：「土廣無守可襲伐，土狹無食可圖竭，二禍之來，不稱之災。天有四殃，水旱飢荒，其至無時，非務積聚，何以備之？」《夏箴》案：《夏箴》，《太平御覽》三十五卷引作《夏歸藏》，誤也。曰：「小人無兼年之食，遇天飢，妻子非其有也；大夫無兼年之食，遇天飢，案：「天飢」，《太平御覽》三十五卷并引作「大飢」。臣妾輿馬非其有也。戒之哉！」案：「戒之哉」《太平御覽》三十五卷句上有「國無兼年之食，遇大飢，百姓非其有也」十五字。弗思弗行，至無日矣。不明開塞禁舍者，其如天下何？人各修其學而尊其名，聖人制之，故諸橫生孔注：「橫生，萬物也」盡以養從，從生孔注：「從生，人也。」盡以養一丈夫。孔注：「一丈夫，天子也。」無殺夭胎，無伐不成材，無墮四時，如此者十年，有十年之積者王，有五年之積者霸，無二年之積者亡。〔六〕生十殺一者物十重，生一殺十者物頓空，十重者王，頓空者亡。兵强勝人，人强勝天，能制其有者，則能制人之有，不能制其有者，則人制之。令行禁止，王始也。出一曰神明，出二曰分光，出三曰無適異，出四曰無適與，無適與者亡。孔注：「君臣無適異，民無適與，不亡何待也。」

大開武以下武王書

若農之務田，務耕而不耨，維草其宅之，既秋而不穫，維禽其饗之，人而獲飢去，誰哀之！

小開武

在我文考，順明三極，躬是四察，循用五行，戒視七順，順道九紀。三極：一、維天九星，二、維地九州，三、維人四佐。四察：一、目察維極，二、耳察維聲，三、口察維言，四、心察維念。五行：一、黑位水，二、赤位火，三、蒼位木，四、白位金，五、黄位土。七順：一、順天得時，二、順地得助，三、順民得和，四、順利財足，五、順得助明，六、順仁無失，七、順道有功。九紀：一、辰以紀日，二、宿以紀月，三、日以紀德，四、月以紀刑，五、春以紀生，六、夏以紀長，七、秋以紀殺，八、冬以紀藏，九、歲以紀終。

寶典

何慎非言，言有三信，信以生寶，寶以貴物，物周爲器。美好寶物無常，維其所貴，信無不行。

寤儆

監戒善敗，護守勿失，無虎傅翼，將飛入宮，擇人而食，不驕不吝，時乃無敵。

武順

天道尚右，日月西移；地道尚左，水道東流；人道尚中，耳目役心。三者所謂順也。心有四佐，不和曰廢。地有五行，不通曰惡。天有四時，不時曰凶。天道曰祥，地道曰義，人道曰禮。知祥則壽，知義則立，知禮則行。禮義順祥曰吉。吉禮左還，順地以利本。武禮右還，順天以利兵。將居中軍，順人以利陣。人有中曰參，無中曰兩，兩争曰弱，三和曰强。男生而成三，女生而成五，以室成。室成以民生，民民以度。左右手各握五，左右足各履五，曰四枝，元首曰本。〔七〕五五二十五曰一卒，〔八〕一卒居前曰開，一卒居後曰敦，左右一卒曰間，四卒成衛曰伯，三伯一長曰佐，按：「佐」，疑當作「左」。三佐一長曰右，三右一長曰正，三正一長曰卿，三卿一長曰辟。辟必明，卿必仁，正必智，右必和，左必□，伯必勤，卒必力，辟不明無以慮官，卿不仁無以集衆，伯不勤無以行令，卒不力無以承訓。均卒力貌而無比，則不順，〔九〕均伯勤勞而無携，携則不和，均佐和敬而無留，留則無成。均右肅恭而無羞，羞則不興。辟必文聖如度，元忠尚讓，親均惠下，集固介德。危言不干德曰正，正及神人曰極，世世能極曰帝。

和　寤

后降惠于民，民罔不格，惟風。

綿綿不絶，蔓蔓若何，豪末不掇，將成斧柯。王乃厲翼于尹氏八士，惟固允讓。案：《蘇秦傳》引《周書》四句與此同。唯「掇」字彼作「伐」，「末」字彼作「氂」，「成」字彼作「用」。又有「前慮不定，後有大患，將奈之何」三句，爲此書所無，疑彼所引，即《周書》陰符之謀也。

克殷

周車三百五十乘，陳于牧野，帝辛從。武王使尚父與伯夫致師。王既以虎賁戎車馳商師，商師大敗。商辛奔内，登于廪臺之上，屏遮而自燔于火。武王乃手太白以麾諸侯，諸侯畢拜，遂揖之。商庶百姓咸俟于郊，群賓僉進曰：「上天降休，再拜稽首。」武王答拜。先入適王所，乃剋射之三發，而後下車，而擊之以輕吕，斬之以黄鉞，折懸諸太白。適二女之所，乃既縊，王又射之三發，乃右擊之以輕吕，斬之以玄鉞，懸諸小白，乃出場于厥軍。按：此説誤矣！《史記》猶引之。及期，百夫荷素質之旗于王前，叔振奏拜假，又陳常車，周公把大鉞，召公把小鉞，以夾王。泰顛、閎夭皆執輕吕以奏王。王入即位于社太卒之左，群臣畢從。毛伯鄭奉明水，衛叔傳禮，召公奭贊采，師尚父牽牲，尹逸策曰：「殷末孫受德，孔注：「紂字受德也。」迷先成湯之明，侮滅神祇不祀，昏暴商邑百姓，其彰顯聞于昊天上帝。」周公再拜稽首，乃出，〔一〇〕立王子武庚，命管叔相。乃命召公釋箕子之囚，命畢公、衛叔出百姓之囚，乃命南公忽忽即括振鹿臺之財、巨橋之粟，乃命南宫百達、史佚遷九鼎三巫，三巫，地名。乃命閎夭封比干之墓，乃命宗祀崇賓饗禱之于軍，乃班。

大匡

惟十有三祀，王在管，管叔自作殷之監。東隅之侯，咸受賜于王，王乃旅之以上東隅，用大匡順九則八宅六位。勇知害上，則不登于明堂，明堂所以明道，明道惟法，法人惟重老，重老惟寶。

大匡□攝，外用和大。中匡用均，勞故禮新。小匡用惠，施舍靜衆。

文武〔一〕

惟十有三祀，王在管，管、蔡開宗循。孔注：「二叔開其宗族循鎬京之政，言從化也。」

九勝：八、幼子移成，九、迪名書新。移成，謂易子而教也。蹈名之子，書而新用。

大聚

殷正總總若風草，有所積，有所虛，和此如何？孔注：總總，亂也，有積、有虛，言不平也。

乃令懸鄙商旅曰：「能來三室者，與之一室之禄。」闢開修道，五里有郊，十里有井，二十里有舍。遠旅來至關，人易資，舍有委。市有五均，早暮如一，送行逆來，振乏救窮。老弱疾病，孤子寡獨，惟政所先。民有欲畜發令。以國爲邑，以邑爲鄉，以鄉爲閭，禍災相恤，資喪比服。五户爲伍，以首爲長。十夫爲什，以年爲長。合閭立教，以威爲長。合旅按：「旅」，疑當作「族」。同親，以敬爲長。飲食相約，興彈相庸，耦耕□耘、男女有婚。墳墓相連，民乃有親。六畜有群，室屋既完，民乃歸之。鄉立巫醫，具百藥，以備疾災。畜五味，以備百草。立勤人以職孤，立正長以順幼，立職喪以恤死，立大葬以正同。

若其凶土陋民，賤食貴貨，是不知政。

外商資貴而來，貴物益賤，資賤物，出貴物，以通其器。

春發枯槁，夏發華榮，秋發實蔬，冬發薪烝，以匡窮困。

旦聞禹之禁：春三月，山林不登斧，以成草木之長。夏三月，川澤不入網罟，以成魚鱉之長，且以并農力，執成男女之功。

泉深而魚鱉歸之，草木茂而鳥獸歸之，稱賢使能，官有材而歸之，關市平，商賈歸之，分地薄斂，農民歸之。水性歸下，農民歸利，王若欲求天下民，先設其利，而民自生。〔一二〕譬之若冬日之陽，夏日之陰，不召而民自來，此之謂歸德。五德既明，民乃知常。武王再拜曰：「嗚呼允哉！天民側側，予知其極有宜。」乃召昆吾，冶而銘之，金版府藏而朔之。

世　俘

時甲子夕，商王紂取天智玉琰璲按：孔注：璲，環以自厚也。考字書，音未詳。身，厚以自焚。凡厥有庶，告焚玉四千。五日，武王乃俾于千人求之，四千庶則銷，〔一三〕天智玉五，在火中不銷。凡天智玉，武王則寶與同，凡武王俘商舊玉，億有百萬。

商　誓

王曰：「在昔后稷，惟上帝之言，克播百穀，登禹之績。凡在天下之庶民，罔不爲后稷之元，穀用烝享。」

度邑

惟天不饗殷，自發未生，于今六十年，夷羊在牧，蜚鴻滿野。嗚呼！旦，我圖夷兹殷，其惟依天，其有憲命，求兹無遠，天有求繹，相我不難。自洛汭延于伊汭，居陽按：「陽」，《史記》作「易」。無固，其有夏之居。我南望，過于三塗；我北望，過于有岳；不願瞻過于河宛，瞻于伊洛；無遠天室，其曰兹曰度邑。

成開以下成王書

五示：一、明位示士，二、明惠示衆，三、明主示寧，四、安宅示孥，五、利用示産。

九功：一、賓好在笥，二、淫巧破制，三、好危破事，四、任利敗功，五，神巫動衆，六、盡哀民匱，七、荒樂無别，八、無制破教，九、任謀生詐。

作雒

武王克殷，乃立王子禄父，俾守商祀。建管叔于東，建蔡叔、霍叔于殷，俾監殷臣。武王既歸，乃歲孔注：乃歲謂乃後之歲也。愚按《明堂解》，克紂六年而武王崩。十二月崩鎬，肂于岐周。周公立，相天子，三叔及殷東徐奄及熊盈以略。周公、召公内弭父兄，外撫諸侯。九年按：九年疑誤，葬已緩。夏六月，葬武王于畢。二年，按：二年，成王二年也。《明堂解》：「周公攝政六年，天下大治，七年致政成王。」此處九年、二年，并有脱誤。又作師旅，臨衛政殷，殷大震潰。降辟三叔，王子禄父北奔，管叔經而卒，乃因蔡叔于郭凌。凡所征熊盈族十有七國，俘維九邑，俘殷獻民，遷于九畢，俾康叔宇于殷，俾中旄父宇于東。周公敬念于後曰：「予畏周室不延，俾中天下。」及將致政，乃作大邑成周于土中。數句舊本有脱誤，此據《藝文類聚》，增易數字。城方千七百二十丈，郛方七十二里，南繫于洛水，北因于陜山，以爲天下之大湊。制郊甸方六百里，國西土爲方千里，分以百縣，縣有四郡，按：周無郡，據此是晚周先秦書無疑。○秦并天下，置三十六郡以統其縣。此云縣有四郡，是縣大而郡小也。雖有郡名，與秦制實異爾。○《春秋》哀二年，《左傳》注引此。郡有□鄙。大縣城方王城三之一，小縣立城方王城九之一，郡鄙不過百室，以便野事。農居鄙，得以庶士，士居國家，得以諸公大夫。凡工賈胥市，臣僕州里，俾無交爲。乃設丘兆于南郊，以祀上帝，配以后稷，日月星辰先王皆與食。諸按：「諸」下疑脱「侯」字。受命于周，乃建大社于周中。其壝，東青土，南赤土，西白土，北驪土，中央亹一作爇以黄土。將建諸侯，鑿取其方一面之土，苞一作爇以黄土，苴以白茅，以爲土封，故曰受則一作列土于周室。乃位五宫，大廟、宗宫、考宫、路寢、明堂，咸有四阿反坫，重亢重郎，常累復格藻棁，設移旅楹，舂常畫。内階玄階，隄唐山廧，應門庫臺玄閫。孔注：廟四下曰阿，反坫，外向也。重亢，累棟也，重郎，累屋也。常累，系也，復格，累之獳也。〔一四〕藻棁，畫梁柱也。承屋曰移，旅，列也，舂常，謂藻井之飾也，言皆畫列柱爲之也。以黑石爲階，唐，中庭道、堤謂爲高之也。廧謂畫山雲。門者皆有臺，于庫門見之，從可知也。又以黑石爲門階也。

皇門

按：篇首云：周公格左閎門，會群臣。〔一五〕孔注：路寢左門曰皇門，閎音皇也。

至于厥後嗣，弗見先王之明刑，維時反胥學于非夷，以家相厥室，弗恤王國王家，維德是用。以昏求臣，作威不祥，不屑惠聽無辜之亂辭，是羞于王。王阜良，乃惟不順之言，于是人斯乃非維直以應，維作誣以對，俾無依無助。譬若畋犬，驕用逐禽，其猶不克有獲，是人斯乃讒賊娼嫉，以不利于厥家國。譬若匹夫之有婚妻，曰予獨服在寢，以自露厥家。

媢夫先受殄罰，國亦不寧。嗚呼敬哉！監于兹，朕維其及。朕藎臣，夫明爾德，以助予一人憂。

譬若衆畋，常扶予險，乃而予于濟。

周　月

惟一月既南至，昏、昴、畢見，日短極，基踐長，微陽動于黄泉，陰慘于萬物。是月，斗柄建子，始昏北指，陽氣虧，草木萌蕩。日月俱起于牽牛之初，右回而行。月周天起一次而與日合宿，日行月一次周天，歷舍于十有二辰，終則復始，是謂日月權輿。凡四時成歲，有春、夏、秋、冬，各有孟、仲、季，以名十有二月，中氣以著時應。春三月，中氣雨水、春分、穀雨。夏三月，中氣小滿、夏至、大暑。秋三月，中氣處暑、秋分、霜降。冬三月，中氣小雪、冬至、大寒。閏無中氣，斗指兩辰之間。萬物春生夏長，秋收冬藏，天地之正，四時之極，不易之道。夏數得天，百王所同。其在商湯，用師于夏，順天革命，改正朔，變服殊號，一文一質，示不相沿。以建丑之月爲正。亦越我周，〔三六〕致伐于商，改正異械，以垂三統。至于敬授民時，巡守祭享，猶自夏焉。是謂周月，以紀于政。

時訓

立春之日，東風解凍。又五日，蟄蟲始振。又五日，魚上冰。風不解凍，號令不行，蟄虫不振，陰奸陽，魚不上冰，甲胄私藏。

雨水之日，獺祭魚。又五日，鴻雁來。又五日，草木萌動。獺不祭魚，國多盜賊，鴻雁不來，遠人不服。草木不萌動，果蔬不熟。

驚蟄之日，桃始華。桃不始華，是謂陽否。

春分之日，玄鳥至。玄鳥不至，婦人不嗣。

清明之日，桐始華。又五日，田鼠化爲鴑。又五日，虹始見。桐不華，歲有大寒。田鼠不化鴑，國多貪殘。虹不見，婦人苞亂。

穀雨之日，萍始生。萍不生，陰氣憤盈。按：憤盈一作增盈。

立夏之日，螻蟈鳴。螻蟈不鳴，水潦淫漫。

小滿之日，苦菜秀。苦菜不秀，賢人潛伏。

反舌有聲，佞人在側。

小暑之日，温風至。又五日，蟋蟋同蟋蟀居辟。又五日，鷹乃學習。温風不至，國無寬寬一作緩教。蟋蟀不居辟，急恒之暴，疑有誤字。鷹不學習，不備戎盜。

腐草不化爲螢，穀實鮮落。大雨不時行，國無恩澤。

立秋之日，凉風至。又五日，白露降。又五日，寒蟬鳴。凉風不至，無嚴政。白露不降，民多咳病。寒蟬不鳴，人皆力爭。

農不登穀，暖氣爲災。

白露之日，鴻雁來。鴻雁不來，遠人背畔。玄鳥不歸，室家離散。群鳥不養羞，下臣驕慢。

寒露之日，鴻雁來賓。鴻雁不來，小民不服。

菊無黄華，華不稼穡。（一七）「華不」之「華」，疑誤。

草木不黄落，是謂愆陽，蟄蟲不咸俯，民多流亡。

立冬之日，水始冰。又五日，地始凍。又五日，雉入大水爲蜃。水不冰，是伏陰負，地不始凍，咎徵之災。按：「咎徵之災」一作「災咎之徵」。雉不入大水，國多淫婦。

小雪之日，虹藏不見。又五日，天氣上騰，地氣下降。又五日，閉塞而成冬。虹不藏，婦不專一。天氣不上騰，地氣不下降，君臣相嫉。不閉塞而成冬，母后淫佚。

麋角不解，兵甲不藏，水泉不動，陰不承陽。

小寒之日，雁北向。又五日，鵲始巢。又五日，雉始雊。雁不北向，民不懷主。按：《夏小正》注，雁以北方爲居，生且長焉。故曰「雁不北向，民不懷主」也。鵲不始巢，國不寧。雉不始雊，國大水。

大寒之日，鷄始乳。鷄不始乳，淫女亂男。

謚法

按：《白虎通》云：謚有七十二品。舊本多闕略，其存者亦有異同，不具録，録其可知者。

維周公旦、太公望開嗣王業，攻于牧野之中，終葬，乃制謚叙法。謚者，行之迹也。號者，功之表也。車服，位之章也。是以大行受大名，細行受細名，行出于己，名生于人。孔注：名謂號、謚。

一人無名曰神。不名一善。

稱善賦簡曰聖，敬賓厚禮曰聖。所稱得人，所善得實，所賦得簡。

德象天地曰帝，靖民則法曰皇，仁義所在曰王，立志及衆曰公，執應八方曰侯。

壹德不解曰簡，平易不疵曰簡。

經緯天地曰文，道德博厚曰文，學勤好問曰文，慈惠愛民曰文，愍民惠禮曰文，錫民爵位曰文。

剛强直理曰武，威强敵德曰武，克定禍亂曰武，刑民克服曰武，大志多窮曰武。按：篇末云：施德爲文，除惡爲武。

敬事供上曰恭，尊賢貴義曰恭，既過能改曰恭，執事堅固曰恭，安民長弟曰恭，執禮御賓曰恭，芘按：芘同庇親之闕曰恭，尊賢讓善曰恭。

照臨四方曰明，譖訴不行曰明。

威儀悉備曰欽。

大慮静民曰定，安民大慮曰定，安民法古曰定，純行不爽曰定。按：篇末，爽，傷也。

諫争不威曰德，綏柔士民曰德。按：舊本無下句，此從他本增入。

辟地有德曰襄，甲胄有勞曰襄。

有伐而還曰釐，質淵受諫曰釐。知難而退，深故能受。

博聞多能曰獻，聰明睿哲曰獻。按：上「獻」字，一本作「憲」。

五宗安之曰孝，協時肇享按「享」一作「厚」。曰孝，秉德不回曰孝，大慮行節曰孝。

執心克莊曰齊。

温年好樂曰康，安樂撫民曰康。按：「温年」一作「温柔」，非。孔注：好豐年，勤民事。

安民立政曰成。

布德執義曰穆，中情見貌曰穆。

敏以敬慎曰頃。按「慎」一作「順」。

昭德有勞曰昭，聖文周達曰昭。

保民耆艾曰胡，彌年壽考曰胡。按：耆，强也，見篇末，胡，大也。彌，久也。六十曰耆，七十曰艾。

强毅果敢曰剛，追補前過曰剛。

柔德考按：篇末，考，成也。衆曰静，恭己鮮言曰静，寬樂令終曰静。性寬樂義，以善自終。

治而清省曰平，執事有制曰平，布綱治紀曰平。按：「清省」一作「無眚」。

由義而濟曰景，布義行剛曰景。

清白守節曰貞，大慮克就曰貞，不隱無屈曰貞。

强以剛果曰威，猛以强果曰威。

辟土服遠曰桓。

道德純一曰思，外内思索曰思，追悔前過曰思。

能思辯衆曰元，始建國都曰元，主義行德曰元。

兵甲亟作曰莊，睿圉克服曰莊，死于原野曰莊，武而不遂曰莊。按：圉，邊圉也，通邊圉，使能服圉。一作「通」，非。

克殺秉政曰夷，安心好静曰夷。

執義揚善曰懷，慈仁短折曰懷。短，未六十，折，未三十。

夙夜警戒曰敬，合善法典曰敬。

述義不克曰丁，述義不悌曰丁。不悌，不遜順也。

有功安民曰烈，秉德遵業曰烈。

剛克爲伐曰翼，思慮深遠曰翼。伐功也。

剛德克就曰肅，執心决斷曰肅。

愛民好治曰戴，典禮不愆曰戴。

亂而不損曰靈，極知鬼事曰靈，不勤成名曰靈，死見鬼能曰靈，好祭鬼神曰靈。不勤成名，本任性，不見賢思齊。

未家短折曰殤。

不顯尸國曰隱，按：篇末云：隱，哀也。隱拂不成曰隱。

年中早夭曰悼，肆行勞祀曰悼，恐懼從處曰悼。

不思忘愛曰刺，愎佷遂過曰刺。

外從内亂曰荒，好樂怠政曰荒。

在國逢艱曰愍，使民悲傷曰愍，在國遭憂曰愍。

早孤短折曰哀，恭仁短折曰哀。

早孤有位曰幽，壅遏不通曰幽，動祭亂常曰幽。

克威捷行曰魏，克威惠禮曰魏。

去禮遠衆曰煬，好内遠禮曰煬。按：舊本脱下句，此從别本增入。

魏按：「魏」字誤，疑即「甄」字之訛心動懼曰甄。甄，精也。〇按：甄有二音，本音堅，《吴志》「孫堅屯軍甄井」。晉以後始音真，張華《女箴》「既陶既甄，叶肇經天人」是也。

容儀恭美曰勝。

威德剛武曰圉。禦亂患。

聖善周聞曰宣。

行見中外曰慤。

昭功寧民曰商。按：此下雜以字義訓詁。

狀古述今曰譽。

心能制義曰度。

好和不争曰安。

外内貞復曰白。

不生其國曰聲。生于外家。

殺戮無辜曰厲。

凶年無穀曰糠。按：篇末云：糠，虚也。○不務稼穡。按：「糠」一作「荒」。

名實不爽曰質。

不悔前過曰戾。

温良好樂曰良。

怙威肆行曰醜。

勤施無私曰類。

好變動民曰躁。

慈和遍服曰順。

危身奉上曰忠。

疏遠繼位曰紹。按：《爾雅》「倓佝，其紹倓」，紹字義正如此。○非其次第，偶得之也。

彰義掩過曰堅。按：篇末，堅，長也。

肇敏行成曰直。始疾行成。言不深。

内外賓服曰正。

華言無實曰夸。

教誨不倦曰長。

嗇于賜與曰愛。

好廉自克曰節。

好更改舊曰易。

名與實爽曰繆。

貞心大度曰匡。

小心畏忌曰僖。按：此句失序，姑附于末。〇按：翼善傳聖曰堯，仁聖盛明曰舜。以堯舜爲諡，殊不可曉。

明堂 按：此篇載《戴記》篇首。

嘗麥

維四年孟夏，王初祈禱于宗廟，乃嘗麥于太祖。

是月，士師乃命太宗序于天時，祠大暑，乃命少宗祠風雨百享，士師用受其㦸，以爲之資邑。乃命百姓遂享于富，無思民疾，供百享，歸祭閭率，里君以爲之資野。宰乃命冢邑縣都祠于太祠，乃風雨也。宰用受其職㦸，以爲之資采。君乃命天御豐穡，享祠爲施，大夫以爲資箴。太師乃藏之于盟府，以爲歲典。按：此段語義多未詳。

本典

生之樂之，則母之禮也；政之教之，遂以成之，則父之禮也。父母之禮，以加于民。士有九等，按：九等未詳，疑即《周禮》三德六行也。皆得其宜曰材多。人有八政，皆得其則曰禮服。士樂其生，而務其宜。是故奏鼓以章樂，奏舞以觀禮，奏歌以觀和。禮樂既和，其上乃不危。

官人 按：《序》云：成王訪周公以民事，周公陳六徵以觀察之，作《官人》。

王曰：嗚呼大師！朕維民務官，論用有徵，觀誠考言，視聲觀色，觀隱揆德，可得聞乎？周公曰：亦有六徵。

富貴者，觀其有禮施；貧賤者，觀其有德守；嬖寵者，觀其不驕奢；隱約者，觀其不懾懼。其少者，觀其恭敬好學而能悌；其壯者，觀其廉潔務行而勝私；其老者，觀其意憲；慎强其所不足而不逾也。父子之間，觀其孝慈；兄弟之間，觀其和友；君臣之間，觀其忠惠；鄉黨之間，觀其信憚。設之以謀，以觀其智；示之以難，以觀其勇；煩之以事，以觀其治；臨《戴記》作淹之以利，以觀其不貪；濫之以樂，以觀其不荒。喜之以觀其輕，怒之以觀其重，醉之酒以觀其恭，縱之色以觀其常，遠之以觀其不貳，昵之以觀其不狎。復徵其言，以觀其情；曲省其行，以觀其備，此之謂觀誠。其氣寬以柔，其色儉而不諂，其禮先人，其言後人，見其所不足，曰益者也。好臨人以色，高人以氣，賢人以言，防其所不足，發其所能，曰損者也。發，《戴記》作伐。

順予之，弗爲喜；非奪之，弗爲怒；沈静而寡言，多稽而儉貌，曰質静者也。

氣初生物，物生有聲，聲有剛柔清濁。好惡咸發于聲：心氣華誕者，其聲流散；心氣順信者，其聲順節；心氣鄙戾者，其聲斯《戴記》盧注：嘶，當聲誤爲斯。醜；心氣寬柔者，其聲温和。信氣中易，義氣時舒，智氣簡備，勇氣壯直。聽其聲，處其氣，考其所爲，觀其所由。以其前，觀其後；以其隱，觀其顯；以其小，占其大。

民有五氣：喜、怒、欲、懼、憂。喜氣内蓄，雖欲隱之，陽喜必見。怒氣内蓄，雖欲隱之，陽怒必見。欲氣、懼氣、憂悲之氣皆隱之，陽氣必見。五氣誠于中，發形于外，民情不可隱也。喜色由然以生，怒氣拂然以侮，欲色嘔然以偷，懼色薄然以下，憂悲之色纍然以静。誠智必有難盡之色，誠仁必有可尊之色，誠勇必有難懾之色，誠潔必有難污之色，誠静必有可信之色。質色皓然固以安，僞色縵然亂以煩，雖欲故之，中色弗聽。舊本脱二「色」字，据《戴記》補之。

民生則有陰《戴記》作霒有陽，人多隱其情飾其僞，以攻其名。有隱于仁賢者，有隱于智理者，有隱于文藝者，有隱于廉勇者，有隱于交友者，如此不可不察也。

慮誠弗及，佯爲不言，内誠不足，色示有餘，自順而不讓，錯辭而弗遂，此隱于智理者也。

動人以言，竭而弗終，問則不對，佯爲不窮，如此者隱于文藝者也。

自事其親，而好以告人，飾其見物，不誠于内，發名以事親，自以名私其身，如此隱于忠孝者也。發，《戴記》作「伐」。

微忽之言，久而可復，幽閑之行，獨而弗克，其行亡如存，曰順信者也。舊本脱「言」、「行」二字。

直方而不毁，廉潔而不戾，强立而無私，曰有經者也。虚以待命，不召不至，不問不言，言不過行，行不過道，曰沈静者也。

心色辭氣，其入人甚俞，進退工故，其與人甚巧，其就人甚速，其叛人甚易，曰位志者也。

飲食以親，貨賄以交，接利以合，故得望盧注：妄，當聲誤爲望。譽征利，而依隱于物，曰貪鄙者也。此段舊本俱脱，補之。

故曰：事阻者不夷，畸鬼者不仁，面譽者不忠，飾貌者不情，隱節者不平，多私者不義，揚言者寡信。是篇脱誤過多，以大戴《禮》校之，始略可讀，因加是正，或非《周書》原文也。

王會

成周之會，墠上張赤帟陰羽，〔一八〕陰，鶴也。天子南面立，絻無繁露，冕之所垂，所尊敬則有焉。朝服八十物搢珽。唐叔、荀叔、周公在左，太公望在右，皆絻，亦無繁露，朝服七十物搢笏，旁天子而立于堂上。堂下之右，唐公、虞公南面立焉。堂下之左，殷公、夏公立焉。皆南面，絻有繁露，朝服五十物，皆搢笏，爲諸侯之有疾病者。阼階之南，祝淮氏、榮氏次之，皆西南，〔一九〕彌宗旁之，爲諸侯有有疾病者之醫藥所居。相者太史魚、大行人皆朝服，有繁露。堂下之東面，郭叔掌爲天子菉幣焉，絻有繁露。內臺西面者，正北方，應侯、曹叔、伯舅、中舅，比服次之，要服次之，荒服次之。西方東面正北方，伯父、中子次之。方千里之外爲比服，方千里之內爲要服，三千里之內爲荒服，是皆朝于內者。堂後東北爲赤帟焉，浴盆在其中。其西，天子車，立馬乘六青，〔三〇〕陰羽鳧旌。中臺之外，其右泰士，臺右彌士，受贄者八人，東面者四人。陳幣當外臺，天玄覻宗馬十二，玉玄繚碧基十二，參方玄繚璧豹虎皮十二，四方玄繚璧琰十二。外臺之四隅張赤帟，爲諸侯欲息者皆息焉，命之曰爻閭。侯稱爻也。

周公旦主東方。周公主東方，則太公主西方。

其守營墻者，衣青操弓執矛。

西面者，正北方，稷慎大麈；稷慎，肅慎也。正北，内臺北也。周頭煇羝按：音未詳。煇羝者羊也。白民乘黄，乘黄者似騏，背有兩角。東越海蛤，歐人蟬蛇，蟬蛇順食之美。且甌文蜃，共人元貝，海陽大蟹，自深、桂、會稽以鼉，皆西嚮。

正北方，義渠以兹白，兹白者若白馬，鋸牙食虎豹。樓煩以星施，星施者珥旄。區陽以鱉封者若彘，前後有首。規矩以麟者獸也。西申以鳳鳥，鳳鳥者，戴人抱義掖信，歸有德。邱羌鸞鳥；方揚以皇鳥；配于鳳者。方人以孔鳥；康民以桴苡者，其實如李，食之宜子。按：桴苡即芣苡。都郭生生按：生生即狌狌。若黄狗，人面能言。奇幹善芳，善芳者頭若雄鷄，佩之令人不昧，皆東嚮。

北方臺正東，高夷嗛羊，嗛羊者羊而四角。高夷，高句麗。孤竹距虚，驢騾屬。禺氏騊駼；犬戎文馬，而赤鬣縞身，目若黄金，名古黄之乘。數楚每牛，每牛者，牛之小者也。匈奴狡犬，狡犬者，巨身四尺果〔二二〕。皆北嚮。

禽人菅；草堅韌路人大竹；長沙鱉。其西，魚復鼓、鐘，鐘牛。貢鼓及鐘而似牛形者倉吾翡翠，翡翠者所以取羽。按：倉吾疑即蒼梧。其餘皆可知自古之政。南人至衆皆北嚮。

祭公以下穆王書

王若曰：「祖祭公，次予小子，虔虔在位，昊天疾威，予多時溥愆。我聞祖不豫有加，予維敬省不弔，天降疾病，予畏之威，公其告予懿德。」祭公拜手稽手曰：「天子！謀父疾維不瘳，朕身尚在兹，朕魂在于天，昭王之所，勖宅天命。」

汝無以戾口罪疾，喪時二王大功，汝無以嬖御固莊后，汝無以小謀敗大作，汝無以嬖御士疾大夫卿士，汝無以家相亂王室，而莫恤其外，尚皆以時中乂萬國。嗚呼三公，汝念哉！汝無泯泯芬芬，厚顔忍醜，時維大不弔哉。昔在先王，我亦維丕以我辟險于難，不失于正，我亦以克没我世。嗚呼三公，予維不起朕疾，汝其皇敬哉！兹皆保之。曰康子之攸，保勖教誨之，世祀無絶。不，我周有常刑。王拜手稽首黨言。

史記

維正月，王天成周，昧爽，昭三公左史戎夫，曰：「今夕朕寤，遂事驚予，乃取遂事之要戒，俾戎夫言之，朔望以聞。好貨財珍怪則邪人進，邪人進則賢良日蔽而遠，賞罰無位，隨財而行，夏后氏以亡。刑始于親，遠者寒心，殷商以亡。樂專于君者，權專于臣。權專于臣，則刑專于民。君娱于樂，臣爭于權，民盡于刑，有虞氏以亡。大臣有錮職譁誅者危。昔者質沙三卿，朝而無禮，君怒而久拘之，譁而弗加，譁卿按：「譁卿」疑作「三卿」。謀變，質沙以亡。嬖子兩重者亡。昔者義渠氏有兩子，異母，皆重，君疾，大臣分黨而爭，義渠以亡。功大不賞者危。昔平州之功大而不賞，諂臣日賞貴，功臣日怒而生變，平州之君以走出。斧小不勝柯者亡。昔有鄶君嗇儉，減爵損禄，群臣卑讓，上下不臨，後□小弱，禁罰不行，重氏伐之，鄶君以亡。久空重位者危。昔有共工自賢，自以無臣，久空大官，下官交亂，民無所附，唐氏伐之，共工以亡。昔有果氏，好以新易故，故者疾怨，新故不和，内爭朋黨，陰事外權，有果氏以亡。爵重禄輕比□不成者亡。昔有畢程氏，損禄增爵，群臣貌匱，比而戾民，畢程氏以亡。好變故易常者亡。昔陽氏之君，自伐而好變，事無故業，官無定位，民運于下，陽氏以亡。業形按：形同刑。而愎者危。昔穀平之君，愎類無親，破國弗克，業形用國，外内相援，穀平以亡。武不止者亡。昔阪泉氏用兵無已，誅戰不休，并兼無親，文無所立，智士寒心，徙居至于獨鹿，諸侯畔之，阪泉以亡。昔者玄都賢鬼道，廢人事天，謀臣不用，龜策是從，神巫用國，哲士在外，玄都以亡。文武不行者亡。昔者西夏性仁非兵，城郭不修，武王無位，惠而好賞，屈而無以賞，唐氏伐之，城郭不守，武士不用，西夏以亡。美女破國。昔者績陽强力四征，重丘遺之美女，績陽之君悦之，熒惑不治，大臣争權，遠近不相聽，國分爲二，宫室破國。昔者有洛氏宫室無常，池囿廣大，工功日進，以後更前，民不得休，農失其時，飢饉無食，成湯伐之，有洛以亡。」

職　方全録《周禮》原文。孔注：穆王使有司抄出之，欲時省焉。

芮良夫此篇厲王書

后除民害，不惟民害，害民乃非，后維其仇。后作類，后弗類，民不知后，惟其怨。民至億兆，后一而已，寡不敵衆，后其危哉！

爾乃瞶禍玩災，遂弗悛，予未知王之所定。

惟禍發于人之攸忽，于人之攸輕。

爾執政小子不圖善，偷生苟安，爵以賄成，賢智箝口，小人鼓舌，逃害要利，并得厥求，惟曰哀哉。我聞曰：以言取人，人飾其言，以行取人，人竭其行，飾言無庸，竭行有成。惟爾小子，飾言事王，實蕃有徒。王貌受之，終弗獲用，面相誣蒙，及爾顛覆。爾自謂有餘，予謂爾弗足。敬思以德，備乃禍難，難至而悔，悔將安及？無曰予爲，惟爾之禍。

太子晉 此篇靈王書

吾聞王子，古之君子，甚成不驕，自晉始如周，行不知勞。王子應之曰：「古之君子，其行至慎，天下施關，道路無限，百姓說之，相將而遠。遠人來驩，視道如尺。」師曠東躅其足曰：「善哉，善哉！」王子曰：「太師何舉足驟？」師曠曰：「天寒足躅，是以數也。」王子曰：「請入坐。」遂敷席注瑟。師曠歌無射，曰：「國誠寧矣，遠人來觀。修義經矣，好樂無荒。」乃注瑟于王子。王子歌嶠曰：「何自南極，至于北極，絶境越國，弗愁道遠？」師曠蹶然起曰：「瞑臣請歸。」王子賜之乘車四馬，曰：「太師亦善御之。」師曠對曰：「御，吾未之學也。」王子曰：「《詩》云『馬之剛矣，轡之柔矣』，馬亦不剛，轡亦不柔，志之塵塵，取予不疑，是以御之。」

且吾問汝之人年長短，告吾。師曠對曰：「汝聲清汗，汝色赤白，火色不壽。」王子曰：「吾後三年，上賓于帝所，汝慎無言，□將及汝。」師曠歸未及三年，告死者至。

王佩以下序既不列，時代無考。

王者所佩在德，德在利民，民在順上。謀成在周長，有功在力多，昌大在自克，不過在數懲，不困在豫慎，見禍在未形，除害在能斷，安民在知過，用兵在知時。施舍在平心，不幸在不聞其過。福在受諫，基在愛民，固在親賢。禍福在所密，利害在所近，存亡在所用。

周祝

故曰：文之美而以身剥，自謂智也者，故不足。角之美殺其牛，榮華之言後有茅。石有玉而傷其山，萬民之患在□言。故曰：肥豕必烹，甘泉必竭，直木必伐。故狐有牙而不敢以噬，獂有蚤而不敢以撅，勢居小者不能爲大。

故木之伐也，而木爲斧賊，難而起者自近者。二人同術，誰昭誰暝，二虎同穴，誰死誰生。故虎之猛也而陷于獲，人之智也而陷于詐。葉之美也解其柯，柯之美也離其枝，枝之美也拔其本。儼矢將至，不可以無盾。故澤有獸而焚其草木，大威將至，不可爲巧。焚其草木則無種，大威將至，不可以爲勇。

火之燀也固定上，爲天下者用牧。水之流也固走下，不善故有桴。故福之起也惡別之，禍之起也惡別之。

故日之中也仄，月之望也食，威之失也陰食陽，善爲國者使之有行。

故天爲蓋，地爲軫，善用道者終無盡。地爲軫，天爲蓋，善用道者終無害。天地之間有滄熱，善用道者終不竭。

故萬物之所生也性于從，萬物之所及也性于同。故惡姑幽，惡姑明，惡姑陰陽，惡姑短長，惡姑柔剛。故海之大也，而魚何爲可得？山之深也，虎豹貔貅何爲可服？人智之邃也，奚爲可測？跂動噦息，而奚爲可牧？玉石之堅也，奚可刻？陰陽之號也，孰使之？牝牡之合也，孰交之？君子不察，福不來。故忌而不得是生事，故欲按：故欲，「故」字疑衍。而不得是生詐。欲伐而不得，生斧柯，欲鳥而不得，生網羅，欲彼天下是生爲。維彼幽心是生包，維彼大心是生雄，維彼忌心是生勝。故天爲高，地爲下，察汝躬，奚爲喜怒？天爲古，地爲久，察彼萬物，名于始。

武紀

幣帛之間有巧言令色，事不成，車甲之間有巧言令色，事不捷。

國有三守：卑辭重幣以服之，弱國之守也；修備以待戰，敵國之守也；循山川之險而固之，僻國之守也。伐服不祥，伐戰危，伐險難，故善伐者不伐三守。伐國有六時、五動、四順。間其疏，薄其疑，推其危，扶其弱，乘其衰，暴其約，此謂六時。扶之而不讓，振之而不動，數之而不服，暴之而不革，威之而不恐，未可伐也，此謂五動。立之害，毀之利，克之易，并之能，以時伐之，此謂四順。立之不害，毀之不利，唯克之易，并之不能，可伐也。立之害，毀之未利，克之難，并之不能，可動也。

謀有不足者三：仁廢則文謀不足，勇廢則武謀不足，備廢則事謀不足。國有本、有幹、有權，有倫質，有樞體。土地，本也，人民，幹也，敵國佯交，〔二二〕權也；政教順成，倫質也；君臣合□，樞體也。土地未削，人民未散，國權未傾，倫質未移，雖有昏亂之君，國未亡也。

恃名不久，恃功不立，虛願不至，妄爲不祥。太上，敬而服，其次，欲而得，其次，奪而得，其次，爭而克，其下動而上資其力。凡建國，君民内事文而和，外事武而義，其形按：形同刑。慎而殺，其政直而公。本之以禮，動之以時，正之以度，師之以法，成之以仁，此之道也。

銓法

有三不遠，有三不近，有三不畜。敬謀、祗德、親同，三不遠也。聽讒自亂，聽諛自欺，近憝自惡，三不近也。有如忠言，竭親以爲信，有如同好，以謀易寇，有如同惡，合計掬慮，慮泄事敗，是謂好害，三不畜也。

逸書

昏墨賊殺。按：止此一句《夏書》，餘俱《周書》。

驫疑沮事。按：驫音莘。《玉篇》：衆馬行貌。《説文》：衆盛也。

凡禾麥居東方，黍居南方，稻居中央，粟居西方，菽居北方。

神農之時，天雨粟，神農耕而種之，作陶冶斤斧，破木爲耜鉏耨，以墾草莽，然後五穀興，以助果蓏之實。

黄帝始烹穀爲粥。按：一作「烝穀爲飯」。

藪澤已竭，即蓮掘藕。

智與衆同者非人師也，且成事必在大智。

正稽古立功立事，可以永年，丕天之大律。《漢書·郊祀志》引今文《尚書》鄭注云：「丕，大也；律，法也。」

大社唯松，東社唯柏，南社唯梓，西社唯栗，北社唯槐。《白虎通》引《召誥傳》，一本作《無逸篇》。○按《北史·劉芳傳》引此，以爲《尚書》逸篇。

掩雉不得，更順其風。《淮南·覽冥訓》引《周書》。○高誘注云：「掩雉雖不得，當更從其上風，言猶當以道德爲本。」

校記

〔一〕始：《備要》本作「殆」，似是。

〔二〕兩「監」字，《備要》本均作「奸」。

〔三〕六副：《備要》本作「大馴」。

〔四〕□：《備要》本全「禱」。

〔五〕爲愛費：《備要》本作「爲民愛費」，似是。

〔六〕二年：《備要》本作「一年」。

〔七〕本：《備要》本作「末」。

〔八〕一卒：《備要》本作「元卒」。

〔九〕則不順：《備要》本作「比則不順」，似是。

〔一〇〕周公：《備要》本作「武王」，似是。

〔一一〕文武：《備要》本作「文政」。

〔一二〕生：《備要》本作「至」，似是。

〔一三〕四千庶則銷：《備要》本作「四千庶玉則銷」。

〔一四〕累之孺也：孔晁注：「之孺」應爲「芝栭」。

〔一五〕會群臣：《備要》本作「會群門」。在孔晁注之後，盧文弨案曰：「群門，族姓也。」

〔一六〕亦越我周：《備要》本作「亦越我周王」。

〔一七〕華不稼穡：《備要》本作「土不稼穡」。

〔一八〕赤帟：「帟」誤作「弈」，今據《備要》本改。下同。

〔一九〕皆西南：《備要》本作「皆西面」。

〔二〇〕六青：「六」誤作「亦」，今據《備要》本校改。

〔二二〕四尺果：《備要》本作「四足果」。

〔二三〕佯交：《備要》本作「侔交」。

點校後記

本書内容，依據清光緒八年（公元一八八二年）東路廳署郝聯薇刊刻之《郝氏遺書》。自光緒二年至光緒十年期間，《郝氏遺書》曾數次刊刻，内容基本相同，而以光緒八年刊本較爲完備。

本書之特點，正如書名所標出的，意在「輯要」，故本書所輯，篇目既不完備，而每篇内容，亦均係片段，而非完篇。推測郝氏用意，可能不滿于通行本之《逸周書》，认爲通行本内容及某些文字錯訛較多，故擇要而重新輯録，因而本書與通行本出入較大。大體而論，本書基本包括了《逸周書》的精華部分，而從本書與通行本之不同處觀之，則可概見郝氏鉤稽之功力，及其某些獨創之見，從而爲後來者開拓了一些新的視野。以上這些，可説是本書的優點與貢獻。但本書衹是輯録，而未作進一步的考證與校勘，則是其不足之處。

正因爲本書與通行本之《逸周書》出入較大，而作者又未指明輯録之出處，這就爲點校工作帶來了一些困難。首先是有些輯文因來源不明，無從核對。其次是對異文如何處理，難以把握。第三是對内容删節之處要不要出校説明頗費周章。我們採用的辦法是，以《四部備要》本之《逸周書》（孔晁注，盧文弨校）與本書互相比較對照。凡《備要》本所無或兩書差異較大之文字，除徑直改正其中一些明顯之錯字及避諱字外，其餘一律保持原貌不動，藉以顯示郝氏之勞績。對于各篇文字之刪節情況，除在本處予以總的説明外，不再分别一一指出。凡《備要》本與本書相同之文字，對其中之個别異文或錯字，則斟酌情況，予以出校説明。

晉宋書故

張述錚 張 越 點校

承珙頓首蘭皋先生閣下：辱視大著《晉宋書故》，淹雅詳贍，誠足膾炙藝林。其最精者，如：「策命」一條，以《韓詩外傳》太宗、太史、太祝授天子策，證《康王之誥》，爲注《尚書》者所未及。「塗步神」一條，以《周禮·族師》鄭注「蜦蜡之酺」，證《校人》賈疏「玄冥之步」，「玄冥」乃「蜦蜡」二字之譌。又引《史記·封禪書》「諸布」，以見「酺」、「步」、「布」音義相近，皆神之爲人物害者。此則貫穿經史，尤爲卓然。其他亦多精核。

承珙竊有進者，書内如「宗稷」一條，謂六朝人多作「宗稷」，《沈攸之傳》獨作「宗社」。按《文選》王仲寶《褚淵碑文》：「鳴控絃於宗稷。」李善注：「宗，宗社也。」引蔡邕《獨斷》曰：「天子立宗社曰泰社。『稷』，宗社之稷。」據此則「宗社」舊有斯稱，「宗」爲尊義，後人似指宗廟社稷則誤耳。又「子卯」一條，謂鄭注言「甲子乙卯」，《宋書·禮志》云「忌日不樂，甲乙之謂也」，與鄭説同，「甲乙」、「子卯」，并單舉一邊，省文耳。案昭九年《左傳》「辰在子卯，謂之疾日」，專以「辰」言，似非單舉省文之意，恐不如《翼奉傳》所言爲得也。「門生」一條，顧寧人《日知録》已劇言之，然前後《漢書·儒林傳》諸所稱「門生」，多係執經傳授之徒，未可執一而論，蓋至六朝乃更爲冗賤耳。「都督」一條，據《宋志》謂起于黄初二年。按《南齊書·百官志》云：「魏晉世州牧隆重，刺史任重者爲使持節都督，輕者爲持節督。起漢順帝時，御史中丞馮赦討九江賊，督揚、徐二州軍事。而何徐《宋志》云『起魏武遣諸州將督軍』，王珪之《職儀》云『起光武』，并非也。」據此則「都督」緣始與沈《志》異，沈《志》又本何徐，究未審孰是也。「彭排」一條，謂晉宋以來史書多有。按《釋名·釋兵》云：「彭排，彭旁也。在旁排敵，禦攻也。」則漢時已有此名矣。又「毦矟」一條，引《宋志》「槊毦不得用孔雀白鷺，知槊上有毦，即《鄭風》所謂「二矛重英」，《魯頌》謂之「朱英」。是古飾以朱，後世或用孔鷺。鷺，雉也。《江夏王義恭傳》作「鷺」者，非。按《鄭風》「二矛重喬」箋云：「喬矛矜近，上及室題，所以縣毛羽。」孔疏：「謂如今之鵝毛矟。」《釋文》云：「喬，雉名。《韓詩》作『鷮』。」據鄭箋云：「以縣毛羽。」蓋從《韓詩》之義，謂以雉羽縣於矛上，亦即此槊毦也。又「塗步神」一條云：「《宋書·文九王傳》：『休若既死，上與驃騎大將軍桂陽王休範書曰：「外間有一師，姓徐名紹之，狀如狂病，自云爲塗步郎所使。」』塗步郎雖未知，馬步、蝝螟與人鬼所由，要其爲人物災害無疑。」承珙按，《周禮·司巫》：「祭祀則司巫共匰主，及道布。」鄭注云：「道布者，爲神所設巾。」據此，疑塗步即古之道布。《淮南子》「羿除天下之害，而死爲宗布」，則是人鬼之神也。又「凶門柏歷」一條云：「凶門柏歷」未審何狀，若如范堅云，古有縣重，形似凶門，則如今之引魂旛。然所需費固無多，何至晉成后喪，以大煩費停之？又據《孔琳之傳》「請罷凶門之式」，謂自大明以後禁斷。案，「凶門柏歷」雖未的知形狀，據《通典》云：「東晉安帝隆安四年，太后李氏崩，詔於西堂設菰蘆，神武門施凶門柏歷。」《宋書·禮志》：「文帝元嘉十七年，元皇后崩，兼司徒給事中劉温持節監喪，神虎門設凶門柏歷，至西上閤。」此似因陳設延袤，故爲煩費。如今之貴家大族治喪者，以席爲門庭户牖，陳設具備，亦有費至千餘金及數百金者也。又按，《隋書·禮志》云：「後齊定令親王、公主、太妃、儀同三司已上及令僕，皆聽立凶門柏歷。開皇初，太常卿牛宏奏：凶門豈設重之禮，請革茲俗弊。詔可。」蓋至是始禁斷也。又「祕器」一條，據《宋志》以「祕器」爲盛冰之器，東園温明即藏冰之地。按《漢書·霍光傳》：「光薨。賜東園温明，如乘輿制度。」服虔注：「東園處此器，形如方漆桶，開一面，漆畫之，以鏡置其中，以懸尸上，大斂并蓋之。」又按，顔師古注《佞幸傳》引《漢官儀》：〔一〕「東園祕器作棺梓，素木，長二丈，崇廣四尺。」據此，「祕器」似非夷槃，或者宋制即以祕器盛冰，則是漢宋同名而異用耳。至師古以東園爲署名，蓋作器之所。《東觀漢紀》云：「梁商薨，賜東園轜車，朱壽器，銀鏤黄金匣。」似晉之東園温明，猶仍漢署舊名，非凌室也。又《北堂書鈔》九十二引《晉公卿禮秩》云：「諸侯及從公薨者，賜東園祕器。」則是當時本有儀注，未可以《晉書》但言賜祕器，而《禮志》不載，遂謂有其事，而無其禮也。

以上數端，不足爲塵壤涓流之益，謹摭所知，就正大雅，當必有以教之。

校記

〔一〕漢官儀，《漢書》中華本作《漢舊儀》。

沈休文《宋書》七《志》頗爲詳贍。蓋江左制度多沿魏晉，尋波討源，不特足補陳承祚《國志》之闕，并足以訂唐修《晉書》之譌。惟是孟堅舊例，綴孫卿之詞以序《刑法》，采孟軻之語用裁《食貨》，而休文於此二者獨付闕如。夫宋氏元嘉之政，號爲小康，其後魏騎南侵，財力日耗，至于滎陽、蒼梧殘民以逞，法制之壞，抑又甚焉。休文不此之志，而鋪陳《符瑞》，累牘連篇，可謂傎矣。

農部蘭皋先生養痾餘暇，緝成二篇。雖取裁不出本書，而鈎稽聯貫，井井有條，綜其損益，尋省瞭然，誠足爲讀史者之助。又以沈《書》文采可觀，乃爲標舉風格，搴劂藻華，成《瑣語》若干卷。夫二《志》，則錢文子補《漢·兵志》之流；《瑣語》，又余仲信《南》、《北史》、《世説》之類也。

承珙不敏，猥與校讎之役，刻既成，因述其梗概如此。

嘉慶丙子六月望前二日涇胡承珙頓首拜序

癸酉之春，迄乙亥之秋，夫子養痾廢業，遂罷《爾雅》之役。維時藥罏常滿，席几凝塵，披卷停吟，含毫欲卧。余時時料檢，每以却書静攝爲箴，顧終不見從。迺因病間瀏覽《晉》《宋》等書，又苦善忘，爰付劄記。余雅不讀史，間亦命余鈔録，用省記功也。

歲月侵尋，屏當薈萃，删落繁蕪，斐然成帙。輒因暇日，稍復疏通旁證，訂厥舛譌。粤以亥冬，宿恙良已，意有欣然，覆檢前編，不欲委之塵簏。余因慫慂付諸鐫鋟，亦以志數年來因病廢書，猶復緣間訂史，庶不致虚費時日，亦有資乎考鏡。愛古嗜學家其必有所取焉。

福山王照圓識

晉宋書故

書中疑滯，必資故訓。《晉書》音義，既無可採，言詮所摭，復多簡略。别綴兹篇，聊代叢談，如其未然，以俟君子。

膏粱

「膏粱」二字，見《晉語》及孟子書，後人借爲富貴之美稱。《宋書·張暢傳》李孝伯曰：「君南土膏粱，何爲著屩？」暢曰：「膏粱之言，誠爲多愧。」《荀伯子傳》伯子常自矜蔭藉之美，謂王弘曰：「天下膏粱，唯使君與下官耳。宣明之徒，不足數也。」《王曇首傳》：「與從弟球俱詣高祖，時謝晦在坐，高祖曰：『此君并膏粱盛德，乃能屈志戎旅。』」

乃祖

《晉書·武帝紀》魏帝策文有曰：「惟王乃祖乃父。」及帝受禪，詔曰：「乃祖乃父，實左右我先王。」此皆與古義合。「乃」，汝也。古言「乃祖」、「乃父」，猶今言你耶你祖耶也。「你」「乃」，古今音轉耳。漢高帝言「乃翁」，即你父也；言「若翁」，亦汝父也。《禮記》「子孫曰哀夫曰乃」，「乃」非語詞，「乃」即你也。今鄉里鄙人夫婦相謂俱呼曰你，即《禮記》之「乃」也。後世不知此義，多有舛謬。《宋書·荀伯子傳》江夏公衛璵上表自陳而曰：「臣乃祖故太保瓘。」《鮮卑吐谷渾傳》亦曰：「我乃祖以來，樹德遼右。」自言其祖爲「乃祖」，所謂名不正則言不順矣。《劉穆之傳》高祖表曰：「獻其乃懷，布之朝聽。」本自獻懷，而云乃懷，亦爲失也。

宗稷

古今文字，章、奏、牋、啟每言宗社。因讀《宋書》，知六朝間多作「宗稷」。如《鄧琬傳》：「大懼宗稷，殲覆待日。」《袁顗傳》：「神鼎將淪，宗稷幾泯。」史臣論亦云：「宗稷之重，威臨四方。」唯《沈攸之傳》云：「宗社已成他人之有。」獨此一處更作宗社也。

伍伯

「伍伯」，如今官府前導，著紅黑帽人，謂之軍牢者也。「伯」，讀音陌。按，古無「陌」字，借「伯」爲之。《釋名》第十九《説碑》云：「無故建於道陌之頭。」直書作「陌」，非。其行在諸鹵簿前。故《晉書

·庾純傳》，世言純之先嘗有伍伯者，賈充宴朝士而純後至，充謂曰：「君行常居人前，今何以在後？」是其義也。《宋書·百官志下》：「諸官府至郡各置五百者，舊說古君行師從，卿行旅從。旅，五百人也。今縣令以上，古之諸侯，故立四五百，以象師從旅從，依古義也。韋曜曰：〔一〕『五百字本爲伍伯。伍，當也；伯，道也。使之導引當道伯中，以驅除也。』周制五百爲旅，帥皆大夫，不得卑之。如此說也。又《周禮·秋官》有『條狼氏掌執鞭以趨辟，王出入則八人夾道，公則六人，侯伯則四人，子男則二人』，近之矣，名之異爾。又《漢官》中有『伯使主爲諸官驅使，辟路於道伯中，故言伯使』，此其比也。」按，此出韋昭《辯釋名》，今亡其書。

校記

〔一〕韋曜，《三國志·吳志》韋曜本名昭，陳壽爲注，避司馬昭諱改。

顛沛

《詩·蕩篇》云：「顛沛之揭。」毛傳：「顛仆沛拔也。」《釋文》：「顛，都田反；沛，音貝。」是「沛」讀爲貝。「顛沛」依字書爲「蹎跟」，通借爲「顛跟」，又從俗作「顛狽」。「晉書·王羲之傳》：「吾昔有伯英章草十紙，過江顛狽，遂乃亡失。」《禿髮傉檀載記》：「使河西雲擾、呂氏顛狽。」又云：「吾以不才嗣統，不能負荷大業，顛狽如是。」《宋書·范泰傳》：「契闊戎陳，顛狽艱危。」并「顛沛」之異文也。

子卯

《禮記·檀弓下》云：「子卯不樂。」鄭注：「紂以甲子死，桀以乙卯亡。王者謂之疾日，不以舉樂爲吉事。」《漢書·翼奉傳》言：「子爲貪狼，卯爲陰賊，是以王者忌子卯。《禮經》避之，《春秋》諱焉。」二説皆通。《宋書·禮志一》云：「《禮》，忌日不樂。甲乙之謂也。」則與鄭説同。「甲乙」、「子卯」，并單舉一邊，省文耳。

門生

動戚勢家，私人冗從依附户籍，視同家奴，謂之「門生」。江左以來，此風尤盛。《宋書·謝靈運傳》：「奴僮既衆，義故門生數百。」《徐湛之傳》：「門生千餘人，皆三吴富人之子，姿質端妍，衣服鮮麗。每出入行遊，塗巷盈滿。泥雨日，悉以後車載之。」而《顧琛傳》：「尚書寺門有制，八坐以下門生隨入者各有差，不得雜以人士。」其爲冗賤可知。然此輩進身夤緣、招納苞苴之行，率皆不免。故《顏竣傳》云：「多假資禮，解爲門生。充朝滿野，殆將千計。」然則招權納賄，姦利之興，豈非職此之由乎。梁傳昭「不畜私門生」，良有鑒於此耳。

通　家

漢魏以師友爲「通家」，故《世説·言語篇》注引《續漢書》孔融謂李膺曰：「先君孔子與君先人李老君，同德比義，而相師友。則融與君累世通家也。」晉宋以姻親爲「通家」，故《宋書·臧燾傳》：「凝之年少時，與此地傳僧祐，俱以通家子始爲太祖所引見。」按，凝之燾孫，燾是武敬皇后之兄，僧佑祖弘仁，高祖外弟也，乃中表親，故曰「通家」矣。《王球傳》：「雖通家姻戚，未嘗往來。」《王微傳》：「何爲劫勒通家疾病人。」《顏延之傳》：「妹適東莞劉憲之，〔一〕穆之子也。穆之既與延之通家，又聞其美，將仕之，先欲相見，延之不往也。」又《竟陵王誕傳》：「饒即答：『官比不聽通家信，消息斷絶。』」

校記

〔一〕妹適東莞劉憲之，洪頤煊《諸史考異》云：「按《劉穆之傳》，穆之三子，長子慮之，中子式之，少子貞之，無名憲之者。」按憲、慮形近，「憲之」或「慮之」之訛。

白丁

今通呼無職員者名爲「白丁」，徵其實則不然。《宋書·垣護之傳》：「即分遣白丁」。《沈攸之傳》：「發三吳民丁，攸之亦被發。既至京都，詣領軍將劉遵考，求補白丁隊主，〔一〕遵考謂之曰：『君形陋，不堪隊主。』」《鄧琬傳》：「并發廬陵白丁攻襲。」又云：「解遣白丁」。此則「白丁」蓋如今之鄉勇，身雖丁壯，以其未隸武籍，故謂之「白丁」耳。又有「白衣客」者，《顔師伯傳》：「率軍主劉懷珍、白衣客朱士義等擊之」云云。「白衣客」之名與「白丁」又異，既非職員，又殊丁壯，故被以客名矣。

校記

〔一〕詣領軍將，《沈攸之傳》、《劉遵考傳》及《百官志下》作「詣領軍將軍」。

土豪

土豪之名，今人混施以土人强梁之稱，其實不然。蓋豪貴之族，爲鄉邦之望者，方足當之。《宋書·沈演之傳》：「勃演之弟輕薄逐利。〔一〕太宗泰始中爲太子右衛率。時欲北討，使勃還鄉里募人，多受貨賄。上怒，下詔曰：『自恃吴興土豪，比門義故，脅説士庶，告索無已。考計贓物二百餘萬。』」云云。《殷炎傳》：〔二〕「叔寶者杜坦之子，既土豪鄉望，内外諸軍事并專之。」又曰：「皇甫道烈土豪。」〔三〕然則古之土豪，鄉貴之隆號，今之土豪，里庶之醜稱。京師人或謂此輩爲土包。「包」「豪」，豈方俗語音之譌變耶？

校記

〔一〕演之弟，演之本傳作「演之次子」。

〔二〕殷琰傳，「殷琰」本書作「殷炎」，爲郝氏避清帝顒琰諱易字，今據原書回改。下出逕改，不復出校。

〔三〕皇甫道烈土豪，此句《宋書·殷琰傳》作「時琰所遣諸軍并受節度，而以皇甫道烈、土豪柳倫、臺之所遣」。按，皇甫道烈係官吏而非土豪，「土豪」當從下，指柳倫、臺之。

書　史

今之「書史」，古之令史也。《宋書·恩倖傳》「覓了了令史，得法興等五人，以法興爲記室令史」是也。而《孝義傳》「余齊民少有孝行，爲邑書史」。今按，「書史」之名，蓋謂小吏知書者，與「令史」異。今則以爲「令史」之通名矣。又，《北齊書·趙彦深傳》：「初爲尚書令司馬子如賤客，供寫書。子如善其無誤，將入省舍，用爲尚書令史，月餘補正令史。」按，「正令史」蓋如今之經承。

人事

今世饋送，無論品物雅俗，通詞謂之「人事」。此言亦有所本。《宋書·謝方明傳》：「守宰不明，與奪乖舛，人事不至，必被抑塞。」《恩倖傳》：「法興明寶，大通人事，多納貨賄。」溯而上之，《晉書·武帝紀》泰始四年，班五條詔書於郡國，五曰「去人事」。《何曾傳》：「郡守有宰牧少恩，好修人事者。」《裴秀傳》：「交關人事，詡之罪耳。」此在魏末晉初已有此名矣。《刑法志》：「開人事之路，廣私請之端。」此在江左元帝草創時也。

都督　都統

古之「都督」，今「總督」也。本以督軍，兼以督郡。漢建武初，征伐四方，權置督軍御史，事竟則罷。魏黄初二年，始置都督諸州軍事，或領刺史。見《宋書·百官志上》晉宋以還，多以都督領刺史，本於魏制。今之「總督」起於此也。「都統」者，晉以後所置也。《宋書·文九王傳》：「休仁南討爲都統，既有勳績。」《薛安都傳》：「由是爲僞雍、秦二州都統，州各有刺史，都總統其事。」然則此職亦如今之「總督」，其刺史當如今之巡撫矣。

彭排

「彭排」，今之「藤排」也。干楯之屬，經典無此名。晉宋以來史書有之。《宋書·王鎮惡傳》：「見軍人擔彭排戰具。」《朱齡石傳》：「設彭排於轅上。」《謝靈運傳》：「及經山陰，防衛彭赫，彭排馬槍，斷截衢巷。」《沈慶之傳》：「法系慶之從弟塹外樹悉伐之令倒，賊劭來攻，緣樹以進。彭排多鬨隙，選善射手，的發無不中，死者交橫。」

旄稍

旄仁志切以羽毛爲飾。《魏略》：「劉備性好結旄，有人以髦牛尾與備者，因手自結之。」《諸葛亮答孫權書》：〔一〕「所遺白旄薄少，重見辭謝，益以增慚。」《宋書·禮志五》：「孝建二年，有司奏槊旄不得孔雀白鷺。按「鷺」，雉也。《江夏王義恭傳》作「鷺」，非。是知槊上有旄。《鄭風》所謂「二矛重英」，《魯頌》謂之「朱英」。是古飾以朱，後世或用孔鷺。此蓋國容。至乎軍容，則旄惟用白。故《朱齡石傳》「車置七仗士。事畢，使豎一白氁」是也。又云：「超石初行，別齎大鍾并千餘張矟，色角切，與「槊」同。矛長丈八尺者。乃斷矟長三四尺，以鍾鍾之，一矟輒洞貫三四虜。虜衆不能當，一時奔潰。」《蕭思話傳》：「賊悉被犀革，戈矛所不能加諱，乃截矟長數尺，以大斧椎之，一矟輒貫十餘賊。賊不能當，因大敗。」然則矟本長兵，不利短戰。故二傳俱截長爲短，以便擊刺，蓋兼刀箭之用矣。又《文五王傳·竟陵王誕》：「左右侍直，眠中夢人告之曰：『官須髮爲鞘氁。』既覺，已失髻。」按「鞘氁」當爲「矟氁」，并字形之誤，失於校正。「矟氁」即《禮志》所謂槊氁也。

校記

〔一〕諸葛亮答孫權書，本傳著目及《御覽》三四一引《百三名家集》本作《諸葛亮與孫權書》。

彤管

「彤管」見《詩》，毛傳以爲古者后夫人必有女史「彤管」之法，似「彤管」專爲宫廷而設，實不然也。《晉書·夏侯湛傳》：「作《抵疑》云：『躡丹墀，染彤管。』」《劉琨傳》：「盧諶、崔悦等上表理琨曰：『臣等祖考以來，世受殊遇，入侍翠幄，出簪彤管。』」《宋書·百官志上》：「丞郎月賜赤管大筆一雙，隃麋墨一丸。」此漢制也。然則「彤管」所施不獨專於女史，今官府筆管或染以絳蒨，韜以紅紙，皆其遺像也。

白筆

《宋書·禮志五》云：「笏者有事則書之，故常簪筆，今之白筆，是其遺像，手板則古笏矣。」、「尚書令、僕射、尚書手板頭復有白筆，以紫皮裏之，名笏。」按，此則簪筆書笏，必須粉筆，因笏色白，故書笏亦須白筆也。

粉墨

《顏氏家訓·風操篇》云：「凡親屬名稱，皆須粉墨，不可濫也。」徐陵《宣示諸求官人書》云：〔一〕「既忝衡流，應須粉墨。」如顏氏所説，似謂文詞修飾，如徐所言，則似當時銓曹選授粉墨兼施，如今官府文牒用朱書標畫之。比二文同異，未知其審。徐書又云：「白銀難得，黄札易營。」

黄札者，《宋書·蔡廓傳》：「選按黄紙，録尚書與吏部尚書連名。」此則黄紙書牒，因名黄札。由是知粉墨之義應如顔氏所説，蓋選人狀貌、年名、行義皆須銓論。當時華飾成風，故摛藻修詞，便稱粉墨耳。

校記

〔一〕宣示諸求官人書，徐陵本集作《在吏部尚書答諸求官人書》，《漢魏六朝百三名家集》諸選本並同。本書用名當爲郝氏省改。

告　身

今之誥勅，古謂之「告身」。《北齊書·傅伏傳》周克并州，「遣人招伏，即給告身」是也。又謂之「除身」，《宋書·顔延之傳》「晉恭思皇后葬，應須百官，湛之取義熙元年除身，以延之兼持邑吏」是也。〔二〕

校記

〔一〕以延之兼持邑吏，《建康實録》作「以延之兼侍中，邑吏送札」。「兼侍中」宋書諸本並作「兼持」，故郝氏於「兼持」下直聯「邑吏」，致誤。按，晉宋時官制有「侍中」，無「持邑吏」。中華本據改，當是。

策命

古者職官除授必有「策命」，上至帝王受終，莫不皆然。《韓詩外傳》八載：「孔子爲魯司寇，命之曰：『宋公之子弗甫有孫魯孔丘，〔一〕命爾爲司寇。』孔子曰：『弗甫敦及厥辟將不堪。』公曰：『不妄。』」此即官之「策命」也。及乎受籙、膺圖、改年、即位尤重策文。《宋書·蔡興宗傳》：「大明末，前廢帝即位，興宗告太宰江夏王義恭，應須策文。義恭曰：『建立儲副，本爲今日，復安用此？』興宗曰：『累朝故事，莫不皆然。近永初之末，營陽王即位，亦有文策，今在尚書，可檢視也。』義恭不從。」此則天子登阼，古有策書明矣。或疑臨軒發詔，事出王言；若乃告終易代，斬然在疚，策書有命，誰之自出？斯不然也。《韓詩外傳》十引傳曰：「言爲王之不易也。大命之至，其太宗、太史、太祝斯素服執策，北面而弔乎。天子曰：『大命既至矣，如之何憂之長也！』授天子策一矣，曰：『敬享以祭，永主天命，畏之無疆，厥躬無敢寧。』授天子策二矣，曰：『敬之！夙夜伊祝，厥躬無怠。萬民望之。』授天子策三矣，曰：『天子南面授於帝位，以治爲憂，未以位爲樂也。』」斯則天子即位，太宗奉同，史祝奏策。《康王之誥》列在《周書》，歷代相傳，舊章可按。興宗之説，蓋不誣也。又，《傳》載：興宗時親奉璽綬，嗣主容色自若，了無哀貌。興宗出謂親故曰：「國家之禍，其在此乎！」余因讀史參以《詩》傳，謂其文蓋出古《禮經》之逸篇，謹録而存之。

校記

〔一〕宋公之子弗甫有，蘇州鏞潤齋據元本五柳居藏書「弗甫有」作「弗甫何」，《困學紀聞》六引并同。

灼然

《晉書·鄧攸傳》「舉灼然二品」毛本作「器」。注：一作品。不審「灼然」爲何語。讀《阮瞻傳》「舉止灼然」，《温嶠傳》「舉秀才灼然」，乃知「灼然」爲當時科目之名。《阮瞻傳》之「舉止」，「止」

字衍，或「正」字之誤，亦猶《鄧攸傳》之「品」誤作「器」，蓋皆字形詞語相涉，未覩厥義，故淺人妄改爾。

文筆

胡墨莊曰，六朝人以文爲「筆」，見於史傳者甚多，大抵與詩對稱，似不專指一類。如《南史·任昉傳》「任筆沈詩」，《梁書·劉潛傳》「三筆六詩」，《南史·庾肩吾傳》「詩既若此，筆又如之」之類，似凡文章皆謂之「筆」。然又有以「文」與「筆」别言之者，如《南史·顔延之傳》「竣得臣筆，測得臣文」，《南齊書·晉安王子懋傳》「文章詩筆，乃是佳事」，此則似「筆」爲文中之一類耳。考《文心雕龍》云「今之常言有文有筆，以爲無韵者筆也，有韵者文也」，又《金樓子》云「不便爲詩如閻纂，善爲章奏如伯松，〔二〕若此之流，泛謂之筆」是也。又《南史·任昉傳》「尤長載筆」，「王公表奏無不請焉」。據此二條，似專以章表爲「筆」，其實亦對文則别，散文則通耳。

校記

〔一〕不便爲詩如闒茸，「闒茸」《晉書》本傳作「闒纘」。

快手

隸卒之精健者名「快手」，亦曰「精手」也。《宋書·王鎮惡傳》：「東從舊將猶有六隊千餘人，西將及能細直吏快手，復有二千餘人。」《文九王傳》：「景素建平，王宏子左右勇士數十人，并荆楚快手。」《黄回傳》：「募江西楚人，得快射手八百。」《南史》作「快手」。亦有稱「精手」者，《宋書·殷琰傳》：「簡選千百精手。」沈約《自序》：「收集得二千精手。」《南齊書·高帝紀》：「王藴將數百精手帶甲赴粲。」《梁書·武帝紀》：「航南大路悉配精手利器，尚十餘萬人。」

蠱

「蠱」，害人之蟲也。養「蠱」之家，造作藥物，役使昆蟲，傳流氣類，殺人慘毒，甚於戈矛。初蓋起於交廣，既而風聲漸染，自南而北，江淮之間亦罹斯災。《宋書·顧覬之傳》：「時沛郡相縣唐賜，往比村朱起母彭家飲酒還，因得病，吐蠱蟲十餘枚，臨死語妻張，死後剖腹出病。後張手自破視，五藏悉糜碎。」據此，江北亦有「蠱」矣。但此風未盛耳，今則未聞。

塗步神

步神者，《夏官·校人》「冬祭馬步」。鄭注：「馬步神爲災害馬者。」賈疏：「馬神稱步，謂若玄冥之步、人鬼之步之類。步與酺，字異音義同。」賈蓋據《族師》「春秋祭酺」鄭注：「酺者爲人物災害之神也，故書酺或爲步。」又引《校人》「馬步」而申之曰：「則未知此世所云『蝝螟之酺』與『人鬼之步』與」？證以此注，則知《校人》疏「玄冥」乃「蝝螟」之誤。「蝝螟酺」者，當是昆蟲之孽。人鬼之步，如「彭生爲豕」、「伯有爲厲」之類是也。是人物爲祟，皆有步神。《史記·封禪書》「諸布」之屬，蓋兼包人物而言。「布」與「步」，亦字異音同耳。《宋書·文九王傳》：「休若既死，上與驃騎大將軍桂陽王休範書曰：『外間有一師，姓徐名紹之，狀如狂病，自云爲塗步郎所使。去三月中忽云：『神語道：巴陵王應作天子巴陵王即休若，汝使巴陵王密知之』云云。今按，「塗步郎」雖未知，「馬步」、「蝝螟」與「人鬼」所由，要其神爲人物災害無疑也。休若卒爲蠱害，益知《周禮》及康成注俱非虚語耳。于欽《齊乘·亭館》「上艾山東厚丘城側有酺神廟」，恐即《封禪書》「諸布」之遺也。

余因讀史參以經義，略存疏記，欲通隱滯，用祛未寤焉。

元由

《宋書·王景文傳》：「臣遣李武之問儼元由。」懿行按，「元」，始初也；「由」，萌蘖也。論事所起，或言「元起」，或言「元來」，或言「元故」，或言「元舊」，皆是也。今人爲書，「元」俱作「原」字，如官曰「原任」，詩曰「原韵」，文曰「原文」，以物質錢曰「原當」，以錢贖物曰「原價」。凡此之屬有數十條，習實爲常，不加更正。推厥所由，蓋起於前明初造，事涉元朝，文字簿書，率皆易「元」爲「原」，沿至今日，習非成是，不察所安。是説也，余聞之牟默人云。

乾没

「乾没」二字始見於《張湯傳》，説者多失其旨。《漢書》如淳注「得利爲乾，失利爲没」，《三國志》裴松之注「欲有所徼射，不計乾燥之與沈没而爲之」，此與徐廣注「隨勢沈浮」之説，皆不免望文生訓。唯服虔注「乾没，射成敗也」，此説近之。蓋「乾没」當時方言，以爲行險徼幸之義，不得以利爲言，如如淳説也。

《魏志·傅嘏傳》：「豈敢寄命洪流，以徼乾没。」《抱朴子》言：「忘髮膚之明戒，尋乾没於難冀。」《晉書·樂志下》：「《明君篇》云：『昧死射乾没，覺露則滅族。』」皆有冒險犯難之意。説者徒見《張湯傳》上云「始爲小吏，乾没」，其下遂云「與長安富賈田甲、魚翁叔之屬交私」，及《晉書·潘岳傳》言「爾當知足，而乾没不已乎」，便以爲貪夫徇利之言，曾不思《晉書》每言「乾没」，其義并同。如《馮紞傳》：「充女之爲太子妃也，紞有力焉。及妃之將廢，紞勸乾没救請，故得不廢。」《張駿傳》：「從事劉慶諫曰：『霸王不以喜怒興師，不以乾没取勝。』」《盧循傳》姊夫徐道覆「素有膽决，知劉裕已還，欲乾没一戰」，此皆不以徇利爲言。又如，《魏書·宋維傳》：「維見乂寵勢日隆，便至乾没。」《北史·王劭傳贊》：「爲河朔清流，而乾没榮利。」《梁書·止足傳》：「序其進也，〔二〕光寵夷易，故愚夫之所乾没。」凡此諸義，皆徼幸鑽營之意。《後漢書·董卓傳》注：「俗以事干人者，謂之『相干摩』。」然則「干摩」與「乾没」聲義俱近，又皆當時方言，更無可疑矣。

校記

〔一〕序其進也，「序」，今本多作「然」。

阿堵

「阿堵」音者，即今人言者箇。「阿」，發語詞；「堵」，从者，聲義得通借。《説文》云：「者，别事詞也。」故指其物而别之曰「者箇」，方俗之言有符詁訓，淺人不曉，書作「這箇」。不知「這」字音「彥」，《玉篇》：「這，宜箭切。迎也。」以「這」爲「者」，其謬甚矣。凡言「者箇」，隨其所指，理俱可通。故《晉書·王衍傳》：「口未嘗言錢。晨起見錢，謂婢曰：『舉阿堵物却。』」謂錢也；《世説·巧藝篇》：「顧長康曰：『傳神寫照，正在阿堵中。』」謂眼也；《文學篇》：「殷中軍見佛經云：『理亦應阿堵上。』」謂經也；《雅量篇》注：「謝安目衛士謂温曰：『明公何有壁間著阿堵輩。』」謂兵也。益知此語爲晉代方言，今人讀「堵」爲「覩」音，則失之矣。

寧馨

《晉書·王衍傳》：「何物老嫗，生寧馨兒。」《宋書·前廢帝紀》：「太后怒語侍者，將刀來剖我腹，那得生如此寧馨兒。」今按「寧馨」，晉宋方言即爲「如此」之意。沈休文著書不得其解，妄有增加，翻爲重復。《南史》「寧馨」上删去「如此」二字，則得之矣。後世詞人喜用「寧馨」，有平去二音。而方以智《通雅》以「寧馨」爲呼語詞，謂「今云『能亨』」，此蓋明季方音。證以今時語，或云「那杭」，或云「篛杭」，皆即「寧馨」二字之音轉字變耳。

又晉宋人或言「爾馨」、「如馨」，或單言「馨」，此并語詞及語餘聲也。《世説·文學篇》：「桓宣武語人曰：『顧看兩王掾，輒翣如生母狗馨。』」《忿狷篇》：「王胡之雪中詣王螭，持其臂，螭撥其手曰：『冷如鬼手馨，强來捉人臂。』」此皆單言「馨」亨杭二音者也。《方正篇》：「劉尹語桓大司馬曰：『使君如馨地，寧可鬪戰求勝。』」《容止篇》注引《語林》曰：「王仲祖每覽鏡自照曰：『王文開那生如馨兒。』」此皆以「如馨」代「寧馨」，「如」讀若「女」，即「寧」之轉音也。《文學篇》：「劉尹目殷中軍云：『田舍兒强學人作爾馨語。』」《品藻篇》：「王丞相云：『與何次道語，唯舉手指地曰：正自爾馨。』」此又「爾馨」代「寧馨」，「爾」讀若「你」，亦「寧」之轉音矣。

雞鳴歌

《晉書·武帝紀》：「泰始二年春正月庚寅，罷雞鳴歌。」按《周禮·雞人》：「夜呼旦，以嘂百官。」今京師夜漏二十餘刻後，邏卒一人先唱，衆人屬和，其聲抑揚宛轉，有音無字，須臾之間，遍傳遠近，以警群官，蓋即雞人呼旦之意。因檢《東坡集》卷六十七《説雞鳴歌》云：「今來黄州，聞黄人二三月皆群聚謳歌。其詞固不分，而其音亦不中律吕，但宛轉其聲，往反高下，如雞唱爾，與廟堂中所聞雞人傳漏，微有相似。」即引《漢官儀》：「宫中不蓄雞，汝南出長鳴雞，衛士候朱雀門外，專傳雞鳴。」應劭曰：「今雞鳴歌也。」又引《晉太康地道記》：「後漢固始、鲖陽、公安、細陽四縣衛士習此曲，於闕下歌之，今雞鳴歌是也。」然則宋之黄州不出汝南境界，東坡所聞即雞鳴遺聲。讀《太康記》，豈雞鳴歌經泰始罷後，汝南傳唱遺韵猶存。顔師古不知而妄破其説，故東坡爲之置辯。今京師聞此聲，通謂之哈號，蓋亦不知即雞鳴歌矣。余以其音源流來遠，合於《周官》呼旦之義，因述而志之，以存古云。

寒食散

「寒石散」一名五石散。《世説·言語篇》：「何平叔云：『服五石散，非唯治病，亦覺神明開朗。』」劉孝標注引秦丞相《寒食散論》曰：〔一〕「寒食散之方，雖出漢代，而用之者寡，靡有傳焉。魏尚書何晏首獲神效，由是大行於世，服者相尋也。」今按，五石之名雖未之前聞，要不越丹沙、雄黄、雲母、石英、鍾乳之屬。此等皆精剛内藴，符采外標，所以六朝貴遊動云：「散發藴寒生熱，」輒喪厥軀。假令何晏不誅，亦終夭殁。加之孝標徵引，更煽災炎。《晉書·裴秀傳》：「服寒食散，當飲熱酒而飲冷酒，泰始七年薨，時年四十八。」《王戎傳》：「戎僞藥發墮廁，得不及禍。」《皇甫謐傳》：「服寒食藥，違錯節度。〔二〕隆冬裸袒食冰，當暑煩悶加以欬逆，或曰温瘧，或類傷寒，浮氣流腫，四肢酸重。」《賀循傳》：「服寒食散，露髮袒身。」《鄧攸傳》：「夜失火燒車，遂對以弟婦散發温酒爲辭。」此皆藥之流毒彰於歷試，安在平叔一人服食獨收神效？又《宋書·王微傳》：「憶往年散發，極目流涕。」《吴喜傳》：「將之爲用，譬如餌藥，當人羸冷，資散石以全身；及熱勢發動，去堅積以止患。」然則治病之功，不加毫末；傷生之趣，動有百端。覆轍相尋，長生未有。古人有言：「服食求神仙，多爲藥所誤。」諒哉！嘗讀《晉書·哀帝紀》：

「帝雅好黄老，斷穀，餌長生藥。服食過多，遂中毒，不識萬機。」夫以帝者之尊，希慕長生之術，而竟服餌以殞生。吁，可覽矣！

校記

〔一〕秦丞相寒食散論，「秦丞相」，文廷式《純常子枝語》卷四云：「此乃秦丞祖之誤。承祖醫書，《隋志》著録甚多。」

〔二〕違錯節度，《晉書》於此句下有「辛苦荼毒，於今七年」八字。此當爲郝氏省文。

式占

古來占易有轉式之法。「式」，即栻也，占者所用之盤。《史記·日者傳》「旋式正棋」，索隱曰：「式，即栻也；旋，轉也。栻之形上圓象天，下方法地。用之則轉天綱加地之辰，故云旋栻。棋者，筮之狀。正棋，蓋謂卜以作卦也。」觀索隱所言，《世説·文學篇》「馬季長轉式追康成」即用此法。今術有《奇門六壬課》，月將加時，旋盤起數，豈即古之遺像歟？《漢書·藝文志》有《羨門式法》，《隋唐·經籍志》有《式經》一卷、《六壬式經雜占》九卷、《六壬式兆》六卷，此則式法與六壬同實異名。《晉書·藝術傳》：「郭黁少明式易。」《宋書·蔡興宗傳》：「爲郢州府參軍，彭城顔敬以式卜曰：『亥年當作公，官有大字者，不可受也。』」《夷蠻傳》：「百濟王餘毗表求《易林》、《式占》，太祖并與之。」是晉宋以後，其書猶存。故《顔氏家訓·雜藝篇》云：「吾嘗學《六壬式》，亦值世間好匠，聚得《龍首》、《金匱》、《玉軨變》、《玉歷》宋本注：一本作《玉燮》、《玉曆》十許種書，討求無驗，尋亦悔罷。」又云：「世傳術書，皆出流俗，言辭鄙淺，驗少妄多。」讀顔氏此論，今之《奇門六壬》書，蓋不足觀矣。

射雉

魏晉以還，從禽即麓，捨業嬉遊。「射雉」一事，孫休嘗所措意見《世説·箴規篇》，潘安仁遂以作賦，風靡所漸，乃至日有萬幾，而馳鶩擊場，晨出莫反，白龍魚服，蓋不足言矣。徐爰注潘賦而云：「晉邦過江，斯藝乃廢。歷代迄今，寡能厥事。」斯不然也。按《晉書·武帝紀》：「咸寧三年，帝將射雉，慮損麥苗而止。」《職官志》：「太康末，武帝常出射雉，〔二〕逼暗乃還。」又《周訪傳》：「訪於陳後射雉，以安衆心。」三事之外，闃其無聞。至於宋世君臣耽樂流蕩，娱樂忘歸，徐長玉身居恩倖，自當靡役不從，而云「歷代迄今，寡能厥事」，蓋欺飾之諛言。或以主多忌諱，掩過遂非，豈修辭立誠之通論哉！嘗讀《宋書》，備記其事，又實其欺焉。《文九王休仁傳》云：「吾春中多期射雉，每休仁清閒，多往雉場中。」又云：「休仁死時，日已三晡，吾射雉始從雉場出，休仁從騎在右，伏野中。」《休祐傳》云：「七年二月，車駕於巖山射雉，有一雉不肯入場，日暮將反，令休祐射之。語云：『不得雉，勿歸。』」《沈懷文傳》：「時遊幸無度，懷文與王景文每陳不宜亟出。後同從坐松樹下，風雨甚驟，江智淵卧草側。俄而被召，俱入雉場。」《阮佃夫傳》：「元徽五年春，帝欲往江乘射雉。然則宋之君臣終日操媒，原禽在目，舉可知也。」徐注乃云「寡能厥事」，又云「嘗覽茲賦，昧而莫曉」，豈由衷之言哉。《恩倖傳》載，泰始三年詔曰，徐爰任算設數，取合人主，故歷事七朝，白首全貴。有已也。

校記

〔一〕常出射雉，《宋書》諸本作「嘗出射雉」。按，覈《職官志》本事，謂武帝曾有此遊，而非每每「逼暗乃還」，故當爲「嘗」，而非「常」。

有馬

馬畜息耗，可以覘民力之興衰。《論語》：「有馬借乘，歎以今亡。」當時民物衰耗，亦可想見。《魯頌·駉牡》不獨國富，民亦殷也。《漢書·食貨志上》稱：「民人給家足，衆庶街巷有馬，仟伯之間成群。」良有以也。《宋書·孝武帝紀》：「孝建三年制，荆、徐、兖、豫、雍、青、冀七州統内，家有馬一匹者，蠲復一丁。」《周朗傳》朗上書言：「漢之中年能事胡者，以馬多也；胡之後服漢者，亦以馬少也。今宜募天下，使養馬一匹者，蠲一人役按，孝建之制本此，三匹者除一人爲吏，自此以進，階賞有差，邊亭徼驛，一無發動。」然則就朗所言，參以孝建之制，當時馬少，亦可見也。又《宗越傳》：「家貧無以市馬，常刀楯步出，單身挺戰，衆莫敢當。每一捷，郡將皆賞錢五千，因此得市馬。後被召，出州爲隊主。」又：大府以武念有健名，且家富有馬，召出爲將。是知民家有馬，可以覘富，宋世亟戰，故因馬授官爾。

脈術　針術

古人通醫，不皆診脈，故《宋書·范曄傳》言：「熙先善於治病，兼能診脈。」則知診脈在治病家，特法外意也。孔熙先博學多能，別更善此，故言兼能耳。《周朗傳》言：「針藥之術世寡，復修診脈之伎，人鮮能達。」可知此事，自古爲難矣。《文九王休仁傳》言：「殷氏，吳興太守冲女也。范陽祖翻有醫術，姿貌又美。殷氏有疾，翻入視脈，説之，遂通好。事泄，遣還家，賜死。」然則翻雖知醫，未必解脈，其入視脈，當即導淫之資。今世醫家不論分曉，上手便要視脈，風靡所漸，舉世皆然，殊可怪也。

又，醫家針術後世或不傳，《魯爽傳》言，程天祚爲虜所獲，天祚妙善針術，燾深加愛賞。史書此事，亦不多見。拓跋燾北人，氣質剛猛，宜於針灸，故尤愛賞之。今北方人猶有解者，往往有驗云。

凶門　柏歷

《宋書·孝武帝紀》：「大明二年，諸王及妃主庶姓位從公者，喪事聽設凶門，餘悉斷。」《禮志二》云，晉成帝咸康七年，杜后崩。有司奏：「『大行皇后陵所作凶門、柏歷門，號顯陽、端門。』詔曰：『門如何處，按，毛本「何」作「所」凶門、柏歷大爲煩費，停之。』」按蔡謨說，以二瓦器盛始死之祭，繫於木，裹以葦席，按，監本「始死」作「死者」；「裹」作「表」。置庭中，近南名爲重。今之凶門是其像也。〔一〕《禮》，既虞而作主。今未葬，未有主，故以重當之。《禮》稱爲主道，此其義也。范堅又曰：『凶門非古。古有懸重，形似凶門。後人出之門外以表喪，俗遂行之。』」今按，《禮志》所説凶門殊未明了，其柏歷門又缺其形，若如范堅之説，凶門則似今之引魂旛，以帛爲質，以木爲匡，樹於門外以表喪。臨葬揭於竿頭，以引行柩。庶賤之家以楮紙或桑皮紙爲之，聯綴上下，或立松樹一株，綴紙其上，以引魂爲名。臨葬亦以引柩，樹之墳旁，恐此即凶門之遺像。然審如此，則是二者所需費固無多，晉成后喪，以「大爲煩費停之」，然則凶門之制，必非但如《禮志》所説，而柏歷門復不知何狀也。據《孔琳之傳》，請「罷凶門之式，表以素扇」，亦云「凶門柏歷不出《禮》典，起自末代」、「兼以游費，實爲民患」云云，又言「自天子達於庶人」。則自大明禁斷以前，其制蓋通於上下矣。

校記

〔一〕是其像，《通典·禮典》作「是其遺像」，當是。

蜜章

《宋書·禮志二》，魏文帝受禪，刻金璽，追加尊號。不敢開埏，乃爲石室，藏璽於壽陵埏首。晉武帝泰始四年，文明王皇后崩，將合葬，開崇陽陵，使太尉司馬望奉祭，進皇帝蜜璽，綬於便房神坐。《晉書·山濤傳》「策贈司徒蜜印、新沓伯蜜印」，《陶侃傳》「追贈大司馬，假蜜章」，此皆其人功德隆崇，特酬殊典，晉諸臣中更無此比。蓋蜜璽放於金璽，而蜜章又放於蜜璽也。謂之蜜者，古人謂蜂蠟爲蜜，刊削蜜蠟，以爲印章，納諸窆中，亦猶用明器之意，爲觀美耳。《水經·淄水》注言：「石刻刀劍之蹤逼真，以蜜模寫正。」謂刻劃深明，如鐫蠟模印也。又《樹提伽經》云：「庶人然脂，諸侯然蜜，天子然漆。」亦謂以熔蠟爲炬。今世則以白蠟代之，遂無復用蜜蠟者矣。呂種玉《言鯖》以爲「蜜章用寶，不以油而以蜜，非以蠟刻印章」，第未深考爾。

祕器

晉代名臣飾終之典，有東園祕器、温明祕器，亦有東園温明兼之者，《安平獻王孚傳》復有但言秘器不言處所者，《鄭冲傳》皆異數也。祕器者，盛冰之器。《周禮·凌人》「大喪共夷槃冰」，是其義也。《宋書·禮志二》「孝武帝大明六年五月，詔立凌室藏冰」，「自春分立秋，〔一〕有臣妾喪，詔贈祕器。自立夏至立秋，不限稱數，以周喪事。繕制夷盤，隨冰借給」，此則祕器即夷盤，其冰隨器俱往。東園温明蓋藏冰之地。宋世凌室在樂遊苑内，然祕器之頒，竟成絶響矣。按《晉書》有其事無其禮，可謂疏矣；《宋書》有其禮無其事，亦爲虛矣。

校記

〔一〕自春分立秋，《通典·禮典》作「自春分至立秋」。

署 暑

「署」「暑」并从者聲，古讀應同。今讀「暑」如「鼠」，讀「署」如「樹」，蓋古音也。或讀「署」如「處」，此起於北齊高祖之父諱「樹」，因而讀「署」爲「處」，非古音也。「暑」讀如「鼠」者，《晉書·孝武帝紀》：「爲清暑殿，有識者以爲『清暑反』爲『楚』聲，哀楚之徵也。」《宋書·五行志二》以爲「讖云：代晉者楚」，乃桓玄篡逆自號曰楚之徵。然則「清」「暑」二字反音爲「楚」，此「暑」讀如「鼠」之證也。按《晉》《宋書》亦可讀「暑」爲處，若讀「暑」爲處，則「清」「暑」二字合聲爲「楚」，其義更明。六朝間人喜作雙聲，此正雙聲也。「署」讀如處者，《北齊書·杜弼傳》：「相府法曹辛子炎諮事云，須取署。子炎讀『署』爲『樹』，高祖大怒曰：『小人都不知避人家諱。』杖之於前。」此「署」讀如「處」之證也。《廣韻》因之，「署」與「藷」、「薯」、「曙」并常恕切；然今京師人賣紅薯、白薯，仍讀舒預切，此古音矣。

又如「劉」「膢」古同音，《漢書·武帝紀》：「太初二年三月，令天下膢五日。」《漢儀注》：「立秋貙膢」，《續漢書》作「貙劉」，是「劉」「膢」音同。漢姓劉氏，故《本紀》、《儀注》并作「膢」，蓋避嫌也，而《說文》因之，無「劉」有「鎦」，其訓「殺也」，此即「劉」字之訓。其後因讀「劉」如「留」，與「膢」音異。按《淮南·原道篇》高誘注：「『劉』讀『留連』之『留』，非『劉氏』之『劉』也。」可知「劉」讀爲「留」，非其本音。伏儼《漢書注》不知此義，而云「『膢』音『劉』」，誤矣。今撫州人讀「劉」如「膢」，此亦古音之猶存者。

錠　鋌

「錠」，《説文》與「鐙」互訓，「鋌」，銅鐵樸也，本義如此。今俗以金銀之完整者，通謂之「錠」。此言亦有所本，檢《晉》、《宋書》并無之，唯《北齊書·陳元康傳》「賞元康金百錠」，可知此語起於北朝矣。然今之言「錠」者，不限大小，通得稱之，故有中「錠」、大小「錠」之言，而《元康傳》先言賞金五十斤，次言賞金百「錠」，則知「錠」重於斤矣。蓋初造此名，唯大者稱「錠」，習俗流傳，因而大小通名。按，《北史》「錠」作「鋌」，「鋌」、「錠」音轉，或其字本作「鋌」，後轉爲「錠」爾。

引《易》

《宋書·後廢帝紀》，元徽元年八年甲寅詔「夕厲晨矜」，《袁粲傳》作「晨兢夕厲」。此知晉宋人讀《易》以「夕惕若厲」爲句。

《宋書·索虜傳》長沙王義欣鎮彭城，告司兗二州云云，「太和烟熅，流澤洋溢」。按，「烟熅」即「絪緼」，《漢書》每作如此，唯《説文》作「壹壺」爲異。

《晉書·紀瞻傳》：「與顧榮同赴洛，在塗共論《易》『太極』。榮大意以太極爲混沌之時，據《老子》『有物混成，先天地生』之言，以王弼云『太極天地』爲未當。瞻大旨以先天之言，蓋老氏虛誕之説，非《易》者之意，直謂『太極』極盡之稱，言其理極，無復外形，外形既極，而生兩儀，王氏指向可謂近之。古人舉至極以爲驗，謂二儀生於此，非復謂有父母，若必有父母，非天地其孰在？榮遂止也。」今按，「太極」二字，説者非一，然要其大歸，蓋不出二途。韓康伯言：「太極者無稱之稱，不可得而名。」孔穎達《正義》引《老子》云：「道生一，即太極也；一生二，即兩儀也。」此正合顧榮之説。《文選》十九《勵志詩》注引鄭康成曰：「極中之道，淳和未分之氣也。」李鼎祚《集解》引虞翻曰：「太極，太一也。」此并同紀瞻之義。然二途既分，道家則宗前説，儒門必遵後訓。要而論之，極至、極中之訓於義尤允也。至於太極有圖，蓋出道家之言，不足可尋，儒者或援以説《易》，則非矣。

引《論語》

《晉書·紀瞻傳》：「與王導俱入勸進，帝不許。瞻曰：『陛下性與天道，猶復役機神於史籍，觀古人之成敗。』」云云，按此以「天道」之「道」，讀去聲，與「導」同，極是。「道」訓通達，夫子之言「性與天通」，其義甚明。何晏《集解》乃以「天道」爲「元亨日新」之「道」，殊不成語。

《晉書·司馬彪傳》：「《關雎》既亂，則師摯修之，與仲尼修《春秋》并稱。」「亂」者，對治而言，治「亂」亦曰「亂」。何晏《集解》引鄭注：「周道既衰微，鄭衛之音作，正樂廢而失節，魯太師摯識《關雎》之聲，而首理其亂者。」由此而言，知夫子反魯正樂，亦幸有師摯導源於前也，故推爲功首。鄭注「始，猶首也」，義蓋如此。

引《禮》

《晉書·鄭冲傳》：「艾服王事，六十餘載。」，按《曲禮》「五十曰艾，服官政」，《釋文》云：「艾，一音刈，治也。」是知魏晉人讀「艾」爲「刈」，與鄭康成異。

《宋書·禮志五》云：「殷有山車之瑞，謂桑根車，殷人制爲大路。」《禮緯》曰：「山車垂句。」句，曲也。言不揉治而自曲也。古曰「桑根車」，秦曰「金根車」，漢因秦舊，亦爲乘輿，所謂乘殷之路也。今按，《禮運》云：「山出器車。」鄭康成以器車爲二物，恐非。器車蓋自然成器，所謂不揉自曲者也。《文選·上林賦》注，張揖曰：「山出象輿，瑞應車也。」象輿亦謂自然有形象耳。據張揖及《禮志》之言，又器車與馬圖爲偶，不得割分當句，如鄭所言矣。鄭注「器謂若銀甕丹甑也」山車素木樸材，不假彫治，殷人制以爲路，取其攻堅，故孔子舍周從殷者也。

宋書本紀

《武帝本紀上》云：「高祖託以金創疾動，不堪步從，乃與無忌同船共還，建興復之計。」其下列叙九人，有太原王元德、隴西辛扈興、東莞童厚之，并同義謀。下云元德、厚之謀於京邑：「聚衆攻玄，及謀洩，玄殺劉毅兄邁，誅元德、扈興、厚之等。」紀載甚明，乃其下叙高祖移檄京邑，而又稱鎮北參軍王元德等并率部曲，保據石頭。豈桓玄誅元德等，事出倉卒，外間未審，故檄據從前，致斯舛謬？將史臣失檢而然耶？

《本紀中》云：「策封宋公加九錫。」今按其文全襲潘元茂册魏公文。官樣文章，古來皆有本頭，不獨王莽學《大誥》矣。高祖不臣之迹，全篇不露一字，獨於討司馬休之及休之上表自陳見之，此史法之佳者。

《本紀下》云：「孝武大明中，壞上所居陰室，於其處起玉燭殿，與群臣觀之。牀頭有土鄣、壁上挂葛燈籠、麻繩拂。侍中袁覬盛稱上儉素之德，孝武不答，獨曰：「田舍公得此以爲過矣。」」毛本「公」作「翁」按，此一條應叙入《孝武本紀》，庶彰其侈蕩蔑祖之衍，亦史法也。置之此《紀》，便成贅旒。

《少帝本紀》景平二年，帝居處所爲多過失，皇太后下令廢之。有曰「幸災肆於悖詞，喜容表於在慽，至乃徵召樂府，鳩集伶官，優倡管絃，靡不備奏，珍羞甘膳，有加平日。采擇媵御，産子就宫，靦然無怍，醜聲四達。及懿后崩背，重加天罰，親與左右執紼歌呼，推排梓宫，抃掌笑虐，殿省備聞」；「居帝王之位，好皂隸之役；處萬乘之尊，悦厮養之事。親執鞭撲，毆擊無辜，以爲笑樂。穿池築觀，朝成暮毀，徵發工匠，疲極兆民」。按，此指陳罪狀，極盡無餘，以文言代叙事法也。

《文帝本紀》：元嘉三十年二月甲子，上崩于含章殿。按，此實弑也，而書曰崩，何以懲亂賊，存事實也？將援《魯春秋》書公薨不地之例，彼臣子隱其君父故耳。沈休文梁人而成《宋書》，何故不追晉董，而學魯孔乎？

《孝武帝本紀》：孝武以四月即皇帝位，五月誅逆劭等，是月便尊所生路淑媛爲皇太后，立妃王氏爲皇后，繼故即位之君，行此亦太早。傳云：「太不懷也，此舉有焉。」

孝建二年六月甲子，以國哀除釋，大赦天下。按，文帝以元嘉三十年二月甲子遇弑，下逮孝建二年六月，已二十九月矣。孝武本以元嘉三十年四月即皇帝位，至是年六月，正得二十七月，故云國哀除釋也。據《武帝紀》，永初元年，改晉所用王肅祥禫二十六月儀，依鄭玄二十七月而後除。孝武此除蓋依鄭《禮》也。按《王淮之傳》：據《傳》作「淮」，《禮志》作「準」，恐是。永初二年奏曰：「鄭玄注《禮》『三年之喪，二十七月而吉』，古今學者多謂得《禮》之宜。晉初用王肅議祥禫其月，故二十五月而除，遂以爲制。江左以來，唯晉朝施用，搢紳之士多遵玄義。夫先王制禮，以大順群心，喪也寧戚，著自前訓。今宜同即物情，以玄義爲制。朝野一禮，則家無殊俗。」從之。此則永初改制，從淮之議也。然據《傳》淮之奏在永初二年，而《本紀》及《禮志二》俱繫以元年，蓋《傳》本亦作「元」，缺脱其下，因誤爲「二」矣。

諸《本紀》叙封拜於王而後爲帝者，例不書名而曰諱。此亦創例，非舊史法。蓋乃《公羊》所謂「踊爲文公諱也」，而其例亦不純。如武帝之篇書彭成公諱文帝，文帝之篇書武陵王諱孝武帝，孝武之篇書湘東王諱明帝矣。後廢帝之篇於安成王獨不書諱順帝何也？蕭道成亦不書名，唯曰齊王。沈氏表上《宋書》在齊武帝之世，故特爲齊高帝諱耳，雖非史法，有爲而然。

《順帝本紀》：昇明元年十二月「車騎大將軍、荆州刺史沈攸之舉兵反」，又「司徒袁粲據石頭反」，又「吳郡太守劉遐據郡反」。按，此皆忠於宋，而不附於齊，非反也。《攸之傳》與武陵王牋有云：「卜世不盡七百之期，宗社已成他人之有。」諒哉斯言。袁、沈輩自是宋朝忠臣。王淩、諸葛誕於魏室亦然。不容概以謀逆爲詞，列於叛人也。《宋書》凡涉齊事多有微詞，亦如陳壽志魏多爲晉隱，非直筆也。

宋書律志

《律志序》乃諸《志》之總篇，歷舉遷、固、彪、壽之書源流得失，欲明其書續前作之意也。然沈氏諸《志》俱本之何承天，亦多用舊文，不加删潤，其《序》已具言之矣。

《律志》引漢靈帝熹平六年，東觀召典律者太子舍人張光等問準意，光等不知。歸閱舊藏，乃得其器，形制如房書，猶不能定其弦緩急。音不可以書曉人，知之者欲教而無從，心達者體知而無師，故史官能辨清濁者遂絶。其可以相傳者，唯候氣而已。按，此可見律法失傳自漢已然。又論《漢志》「上生」、「下生」之説云，無射既上生仲吕，則仲吕又當上生黄鍾。今上生不及黄鍾，豈得還相爲宫乎？又議京房六十律於法爲疏。又議班氏所志未能通律吕本源，徒訓「角」爲「觸」，「徵」爲「祉」，陽氣施種於黄鍾。如斯之屬，空煩其文，而爲辭費。又推九六，欲符劉歆三統之數，假託非煩，以飾其説，皆孟堅之妄。又載荀勖問列和笛律一事，頗爲詳覈。又云勖以魏杜夔所制律吕檢校乖錯，始知後漢至魏，尺度漸長於古四分有餘。夔依爲律吕，故致失韵。及部佐著作郎劉恭依《周禮》更積黍起度，以鑄新律，既成，募求古器，得周時玉律，比之不差毫釐。又漢世故鍾以律命之，不叩而自鳴。然又載阮咸譏其聲高，後掘地得古銅尺，果長勖尺四分。按，「長」字誤，據《世説》注應作「短」。然則勖之所鑄新律，必非依《周禮》，所得古器亦非即周律明矣。勖蓋欺世要名，故空造此語，若審如所言，杜夔尺度將長於古八分有餘耶。按，沈氏此條本雜採《晉後略》、《晉諸公贊》及干寶《晉紀》而爲説，今以《世説·術解篇》注校之，乃云後得地中古銅尺，校度勖今尺短四分，如此方與聲高句相應。而今《宋書》各本并作長勖尺四分，誤矣。

《律志》之末又載，晉笛尺寸至宋元嘉中鍾宗之、奚縱等遞有減損，亦足見荀勖所造未爲精審也。

宋書曆志

史臣按，鄒衍五德，周爲火行。又云，五德更王，唯有二家之説。鄒衍以相勝立體，劉向以相生爲義。據以爲言，不得出此二家。又云，張蒼則以漢水勝周火，廢秦不班五德；賈誼則以漢土勝秦水，以秦爲一代。論秦漢雖殊，而周爲火一也。然則相勝之義，於事爲長。若同蒼黜秦，則漢水、魏土、晉木、宋金；若同賈誼取秦，則漢土、魏木、晉金、宋火也。

《曆志》所採大要有三家。《景初曆》一，魏明帝時尚書郎楊偉造，景初元年施用。其術以建丑之月爲正，三年帝崩，後用夏正。偉表略云：秦漢以孟冬爲歲首，閏爲後九月，中節乖錯，時月紕繆，加時後天，蝕不在朔，久而不革。至武帝元封七年，乃寤其繆，於是造《太初曆》。其曆斗分太多，後遂疏闊。至元和二年復用《四分曆》，施而行之，至于今日。考察日蝕，率常在晦，是則斗分太多，故先密後疏，而不可用也。偉之持論如此。先是光和中，劉洪造《乾象法》，又制《遲疾曆》以步月行，方於《太初》、《四分》，轉精微矣。黄初中，太史丞韓翊又以爲《乾象》減斗分太過，後當先天，造《黄初曆》，未獲施用。偉術後出，斟酌諸家，以立多少之衷，因朔積分設差，以推合朔月蝕，故其術轉密。至于晉宋，猶皆依用。然史又稱偉之五星，大乖於後代。何承天亦譏其春秋二分長短不悟，而偉表顧云「古今諸曆，皆未能并己之妙」，亦不自見其眉睫之過也。一爲《元嘉曆》，宋太祖頗好曆數，太子率更令何承天私撰新法。元嘉二十年表上，遂被施用。其表略云，漢代雜候清臺，以昏明中星，課日所在，雖不可見，月盈則蝕，必當其衡，以月推日，則躔次可知。《堯典》中星爾來二千七百餘年，以中星檢之，所差二十七八度，則堯冬令至日，〔一〕在須女十度左右也。漢之《太初歷》冬至在牽牛初，後漢《四分》及魏《景初》法同在斗二十一。臣以月蝕檢之，則《景初》今之冬至應在斗十七。又史官受詔，以土圭測景，考校二至，差三日有餘。然則今之二至，非天之二至也。天之南至，〔二〕日在斗十三四矣。此則十九年七閏，數微多差，復改法易章，則用算滋繁。宜當隨時遷革，以取其合。按，祖冲之閏法本此。有詔付外詳之。太史令錢樂之、兼丞嚴粲奏曰，尋校前後，悉如承天所上。又承天法，每月朔望及弦皆定大小餘，於推交會時刻雖審，皆用盈縮，則月有頻三大、頻二小，比舊法殊爲異。舊日蝕不唯在朔，亦有在晦及二日，《公羊傳》所謂「或失之前，或失之後」。愚謂此一條自宜仍舊。員外散騎郎皮延宗又難承天：「若晦朔定大小餘，紀首值盈，則退一日，便應以故歲之晦爲新紀之首。」承天乃改新法依舊術，不復每月定大小餘，如延宗所難。此《元嘉曆》之大較也。一爲祖冲之新曆。大明六年，南徐州從事史祖冲之上表曰：「古曆疏舛，頗不精密，群氏糾紛，莫審其要。何承天所奏，意存改革，而置法簡略，今已乖遠。以臣校之，三覩厥謬：日月所在，差覺三度；二至晷影，幾失一日；五星見伏，至差四旬；留逆進退，或移兩宿。沖之又云：「何承天曆二至先天，閏移一月，列差妄設，當益反損，皆前術之乖遠，臣曆所改定也。」分至乖失，則節閏非正；宿度違天，則伺察無準。臣敢率愚瞽，更創新曆。謹立改易之意有二，設法之情有三。改者其一，以舊法一章十九歲有七閏，閏數爲多，經二百年輒差一日。節閏既移，則應改法，曆紀屢遷，實由此條。今改章法，三百九十一年有一百四十四閏，令却合周漢，則將來永用，無復差動。其二以《堯典》云：「日短星昴，以正仲冬。」以此推之，唐代冬至日，在今宿之左五十許度。漢代之初即用秦曆，冬至日在牽牛六度。漢武改立《太初曆》，冬至日在牛初。後漢《四分》法，冬至日在斗二十二。〔三〕晉時姜岌以月蝕檢日，知冬至在斗十七。今參以中星，課以蝕望，冬至之日在斗十一。通而計之，未盈百載，所差二度。舊法并令冬至日有定處，天數既差，則七曜宿度漸與曆舛。乖謬既著，輒應改制，僅合一時，莫能通遠，遷革不已，又由此條。今令冬至所在，歲歲微差，却檢漢注，并皆審密，將來久用，無煩屢改。又設法者，其一，以子爲辰首，位在正北，爻應初九，斗氣之端，虚爲北方，列宿之中，元氣肇初，宜在此次。前儒虞喜備論其義。今曆上元日度，發自虚一。其二，以日辰之號，甲子爲先，曆法設元，應在此歲。而黄帝以來，世代所用，凡十一曆，上元之歲，莫值此名。今曆上元，歲在甲子。其三，以上元之歲，曆中衆條，并應以此爲始，而《景初曆》交會遲疾，亦置紀差，裁合朔氣而已，條序紛互，不及古意。今設法，日月五緯，交會遲疾，悉以上元歲首爲始云云。」世祖下之有司，使內外博議，時人少解曆數，竟無異同之辯。唯太子旅賁中郎將戴法興特立異議，冲之隨難辨折。文多不録冲之又云：「尋古曆法，并同《四分》，《四分》之數，久則後天，經三百年，朔差一日。是以漢載四百，食率在晦。魏代以來，遂革斯法。章歲十九，其疏尤甚，同出前術，非見經典。而議云『此法自古，數不可移』，若古法雖疏，永當循用，則法興復欲施《四分》於當今矣，理容然乎？」冲之自信如此。時中書舍人巢尚之是冲之之術，未及施用，而孝明帝崩，其事遂寢也。今按，熹平中蔡邕議云：「曆數精微，術無常是」。又云：「三光之行，遲速進退，不必若一，故有古今之術。今術之不能上通於古，亦猶古術不能下通於今也。」斯實通人之論，術家所不悟，故丹素相非，辛甘各是。今人動笑古人之謬，後人復訾前人之疏。楊偉《景初》既議《四分》，何氏《元嘉》仍議魏曆，冲之新法又謂勝前。綜而論之，法積久而大備，藝轉行而彌澆，然術無常是，取協當時，義在變通，用皆有效，推之綿遠，弊復生矣。元和詔書稱「《春秋保乾圖》曰：『三百年斗曆改憲。』」，《曆志上》引明自古無不弊之法，而冲之新曆自謂將來久用，無煩屢改，抑亦信術之過也。

校記

〔一〕則堯冬令至日，諸本作「則堯令冬至日」。

〔二〕天之南至，「至」，宋書諸本並脱。據《通鑑》宋文帝元嘉二十年補。

〔三〕冬至日在斗二十二，《續漢志》作「冬至日在斗二十一」。

宋書禮志

《禮志》詳博淹贍，勝於《史記·禮書》、《漢書·禮志》多矣。按《何承天傳》，先是《禮論》有八百卷，承天删減并合，以類相從，凡爲三百卷。此則《禮志》之篇，當即承天所删，沈休文抄録其書爾。

《禮志一》云：「自漢末剥亂，舊章乖弛。魏初則王粲、衛覬典定衆儀；蜀朝則孟光、許慈創理制度；晉始則荀覬、鄭冲詳定晉禮；江左則荀松、刁協緝理乖紊。其間名儒通學，諸所論叙，往往新出，非可悉載。今抄魏氏以後經國誕章，以備此志云。」

王者婚禮，《禮》無其制。《春秋》祭公逆王后于《紀》，《穀梁》、《左氏》説與《公羊》又不同。

而漢魏遺事闕略者衆。晉武、惠納后，江左又無復《儀注》，故成帝將納杜后，太常華恒始與博士參定其儀。據杜預《左氏傳》説，主婚是供其婚禮之幣而已。又周靈王求婚於齊，齊侯問於晏桓子，桓子對曰：「夫婦所生若而人，姑姊妹則稱先守某公之遺女若而人。」此則天子之命，自得下達，臣下之答，徑自上通。先儒以爲丘明詳錬其事〔二〕蓋爲王者婚娶之禮也。故成帝臨軒，遣使稱制拜后。然其《儀注》又不具存。及至穆帝升平元年將納皇后何氏，太常王彪之始更大引經傳及諸故事，以正其禮，深非《公羊》婚禮不稱主人之義。而謂「今納后儀制，宜一依咸康故事」，於是從之。其告廟六禮、版文等儀，皆彪之所定也。今按，古禮既不可考，華恒所定本依漢晉舊制，彪之所從猶是咸康遺文，典禮彬彬，亦可謂質有其文者也。又以咸康群臣賀爲失禮，故但依咸寧，上禮不復稱賀，斯爲得之。

《禮志二》云：「元嘉四年，太祖東巡，幸丹徒離宫，升京城北顧。」按，「北顧」應作「北固」，《世説·言語篇》「荀中郎在京口，登北固望海」，劉孝標注引《南徐州記》曰：「城西北有别嶺入江，三面臨水，高數十丈，號曰北固。」正此地也。「北顧」乃梁武所改，此淺人誤書。按，《顔延之傳》「奉常」應作「太常」，誤與此同。

元嘉二十六年，上東巡。其時皇太子監國，有司奏《儀注》：「某曹關某事云云」，又「太常主者寺押。某署令某甲辭。言某事云云。」此可見當時臺省文移書式，所云「押」「署」者名字，作行草之勢，後世稱之「花押」是也。云「甲乙啟辭」、「壬申啟辭」者，別事之辭，如今「某官申某事」是也。云「右并白紙書」，如今官府文書用「拾連紙」是也。云「文書如千里驛行」者，若今之「取急文書馬上飛遞」是也。《沈攸之傳》尚書符征西府文云「飛火軍攝文書千里驛行」。

校記

〔一〕丘明詳鍊其事，宋書諸本作「丘明詳録其事」，當是。

宋書符瑞志

符命之説興于西京之季，盛于東漢之初，波靡于魏晉，蔓延于江左，沈休文因之，創爲《符瑞志》。今按，上篇肇自犧農，訖于有宋，是緯候之書也。中篇麐、鳳、龜、龍，瑞應之牒也。下篇草、木、禽、蟲，詭異之編也。夫吉凶由人，災祥靡準。燕烏呈異，寧必非妖；桑穀共生，庸知非福。見祥而荒怠，則慶轉爲殃；聞變而敬修，則殃更爲慶矣。加以稱誦禎符，每多影响，臣不爲讖，人亦有言。《史記·封禪書》「郊雍獲一角獸，若麃然，有司曰：『陛下肅祇，郊祀上帝，報享錫一角獸，蓋麟。』」云。

陸機《詩》疏「今并州界有麟，大小如鹿，非瑞應獸也」。司馬相如《子虛賦》「射麋脚麟」，當即此獸，而《漢書·郊祀志》便稱爲「白麟」，播諸咏歌，謬矣。《宋書·五行志三》：「吳孫亮建興二年十一月，大鳥五見于春申。吳人以爲鳳皇，明年改元爲五鳳。漢桓帝時，有五色大鳥，司馬彪云：『政治衰缺，無以致鳳，乃羽蟲孽耳。』孫亮未有德政，與桓帝同事也。《瑞應圖》『大鳥似鳳而爲孽者非一』，疑皆是也。」然則史書每言鳳皇見于某者，亦時人以爲鳳皇耳，庸詎知非春申之大鳥乎？至於白雉、白兔、白鳩、白鴿，今所在有之，不稱瑞也。越裳白雉，昔人以爲由種類而生，證以於今所見白兔、白鼠、白鴿之屬，蓄于人家，生肖其種，孳孕甚繁，實非因呈瑞而出也。

若乃二花同蒂，余家蓄蓮，嘉慶四年曾覩厥異。未敢便以上聞，寧可登于紀瑞之書哉！

宋書五行志

《春秋》書「震」不書「雷」，《宋書》「雷」「震」并書。如云「雷震太極殿柱」；又，「雷雨震電」；又，「雷震含章殿四柱」。亦有「雷」「震」單言，如云「雷」；「又雷」；又，「大雷」；又，「雷電大雨」；又「震電」；又，「震宣陽門四柱」；〔一〕又，「震太廟，破東鴟尾，徹壁柱」。蓋雷電常事，故《春秋》不記。「震」，劈歷也，非常，故記之。《宋書》繁密，故雷亦書之，然亦必非時乃書耳。震則雖時亦書，是其例也。

《天文》、《五行》二志，足稱詳備，上接馬彪《續志》，下補陳壽《國志》之遺。

校記

〔一〕震宣陽門四柱，「四柱」中華本作「西柱」。

宋書州郡志

金城是琅邪下小地名，控鎮南北，而《晉書·地理志》無之。《康帝紀》建元二年：「以衛將軍褚裒都督徐兗二州諸軍事、兗州刺史，鎮金城。」《宋書·州郡志》亦無此縣，唯南琅邪下云：「成帝咸康元年，桓温領郡，鎮江乘之蒲洲、金城。」按，「江乘」今江寧句容縣，《一統志》有「金城」，在縣北。而《世説·言語篇》：「桓公北征經金城，見前爲琅邪時種柳皆已十圍。」按，温北征乃自江陵，何由至琅邪之金城？此《世説》誤耳。

宋書傳

沈約文士，其爲《宋書》，雖甚淹贍，亦多浮雜，往往喜談嵬瑣，攟摭隱怪，時同小説家言，殊失國史之體。然叙致華妍，韵情朗暢，自一代史才也。

宋瑣語

張述鏟 張 越 點校

宋瑣語

沈休文之《宋書》，華贍清妍，纖穠有體，往往讀其書，如親見其人。於班、范《書》、陳壽《志》之外，別開蹊徑，抑亦近古史書之最良者也。嘉慶乙亥春夏之間，余以養痾廢業，覽其書而美之。時精力衰頹，苦乏記功，隨讀隨録，分別部居，令不雜廁，謂之《瑣語》，蓋取不賢識小之意。沈又有《晉書》一百一十卷，今亡無存。暇時當取唐人所撰《晉書》以足之，然風致不逮休文遠矣。

德音

初，高祖家貧，嘗負刁逵社錢三萬，經時無以還。逵執録甚嚴，王謐造逵見之，密以錢代還，由是得釋。高祖名微位薄，盛流皆不與相知，唯謐交焉。桓玄將篡，謐手解安帝璽紱，爲玄佐命功臣。及義旗建，衆并謂謐宜誅，唯高祖保持之。劉毅嘗因朝會，問謐璽紱所在，謐益懼。及王愉父子誅，謐從弟諶謂謐曰：「王駒無罪而義旗誅之，此是剪除勝己，以絶民望。兄既桓氏黨附，名位如此，欲求免，得乎？」駒，愉小字也。謐懼，奔於曲阿。高祖牋白大將軍，深相保謐，迎還復位。《宋書·武帝本紀上》

公至江陵下書曰：「夫去弊拯民，必存簡恕，捨網修綱，雖煩易理。江荆凋殘，刑政多闕，頃年事故，綏撫未週。遂令百姓疲匱，歲月滋甚，財傷役困，慮不幸生。凋殘之餘，而不減舊，刻剥徵求，不循政道。宰莅之司，或非良榦，未能菲躬儉，苟求盈給，積習生常，漸不知改。近因戎役，來涉二州，踐境親民，愈見其瘼，思欲振其所急，卹其所苦。凡租税調役，悉宜以見户爲正。州、郡、縣屯田池塞，諸非軍國所資，利入守宰者，今一切除之。州郡縣吏，皆依尚書定制，實户置，臺調癸卯梓材，庚子皮毛，可悉停省，别量所出。巴陵均折度支，依舊兵運。原五歲已下，〔一〕凡所質録賊家餘口，亦悉原放。」以荆州十郡爲湘州，公乃進督。《宋書·武帝本紀中》魏晉先是山湖川澤，皆爲豪强所專，小民薪採漁釣，皆責税直，至是禁斷之。《宋書·武帝本紀中》冬至日，受萬國及百僚稱賀，因小會。其儀亞于歲旦，晉有其《注》。宋永初元年八月，詔曰：「慶冬使，或遣或不役，宜省，今可悉停。唯元正大慶，不得廢耳。郡縣遣冬使詣帥及都督府者，亦宜同停。」《宋書·武帝本紀下》按，詔雖在《本紀》，此録兼用《禮志一》之文，故詳略不同。

永初二年夏四月己卯朔，詔曰：「淫祠惑民費財，前典所絶，可并下在所除諸房廟。其先賢及以勳德立祠者，不在此例。」《宋書·武帝本紀下》

元嘉十四年冬十二月辛酉，停賀雪。《宋書·文帝本紀》

元嘉十九年冬十二月丙申，詔曰：「胄子始集，學業方興。自微言泯絶，逝將千祀，感事思人，意有慨然。奉聖之胤，可速議繼襲。於先廟地，特爲營造，依舊給祀直，四時饗祀。闕里往經寇亂，黌校殘毁，并下魯郡修復學舍，採召生徒。昔之賢哲及一介之善，猶或衛其丘壟，禁其芻牧，况尼父德表生民，功被百代，而墳塋荒蕪，荆棘弗翦。可蠲墓側數户，以掌灑掃。」魯郡上民孔景等五户，居近孔子墓側，蠲其課役，供給灑掃，并種松柏六百株。《宋書·文帝本紀》

北土重同姓，謂之骨肉，有遠來相投者，莫不竭力營贍，若不至者，以爲不義，不爲鄉里所容。仲德聞王愉在江南，是太原人，乃往依之，愉禮之甚薄，因至姑孰投桓玄。《宋書·王懿傳》

敷字景胤，生而母亡。年數歲，問知之，雖童蒙便有感慕之色。至十歲許，求母遺物，而散施已盡，唯得一畫扇，乃緘録之。每至感思，輒開笥流涕。見從母，悲感嗚咽。孝武改其所居爲孝張里。《宋書·張邵傳》，按「畫」字據《張敷傳》增。

劉懷肅，彭城人，高祖從母兄也。家世貧窶，而躬耕好學。以義功封東興縣侯，食邑千户。懷肅次弟懷敬，澀訥無才能。初，高祖産而皇妣殂，孝皇帝貧薄，無由得乳人，議欲不舉高祖。高祖從母生懷敬，未期，乃斷懷敬乳，而自養高祖。高祖以舊恩，懷敬累見寵授，至會稽太守，尚書金紫光禄大夫。《宋書·劉懷肅傳》

玄保自少至老，謹於祭奠，四時珍新，未得祠薦者，口不妄嘗。《宋書·羊玄保傳》

曇慶謹實清正，所莅有稱績。常謂子弟曰：「吾處世無才能，政圖作大老子耳。」世以長者稱之。《宋書·沈曇慶傳》

初，桓玄篡位，安帝出宫，廣陪列悲慟，哀動左右。及高祖受禪，恭帝遜位，廣又哀感，涕泗交流。謝晦見之，謂之曰：「徐公將無小過？」廣收淚答曰：「身與君不同。君佐命興王，逢千載嘉運；身世荷晉德，實眷戀故主。」因更歔欷。《宋書·徐廣傳》

瞻幼孤，叔母劉撫養有恩紀，兄弟事之，同於至親。劉弟柳爲吴郡，將姊俱行，瞻不能違，解職隨從。弟晦爲宋臺右衛，權遇已重於彭城，還都迎家，賓客輻湊，門巷填咽。時瞻在家，驚駭，謂晦曰：「汝名位未多，而人歸趣乃爾。吾家素以退爲業，〔二〕不願干豫時事，交遊不過親朋，而汝遂勢傾朝野，此豈門户之福邪？」乃籬隔門庭曰：「吾不忍見此。」及還彭城，言於高祖曰：「臣本素士，父祖位不過三千石。弟年始三十，志用凡近，榮冠臺府，位任顯密，福過災生，甚應無遠，特乞降黜，以保衰門。」前後屢陳。晦或以朝庭密事語瞻，瞻輒向親舊陳説，以爲笑戲，以絶其言。晦遂建佐命之功，任寄隆重，瞻愈憂懼。臨終遺晦書曰：「吾得啟體幸全，歸骨山足，亦何所多恨。弟思自勉勵，爲國爲家。」遂卒。《宋書·謝瞻傳》

弟曒字宣鏡，幼有殊行。年數歲，所生母郭氏久嬰痼疾，晨昏温清，和藥捧膳，不闕一時，勤容戚顔，未嘗暫改。恐僕役營疾懈倦，躬自執勞。爲母病畏驚，微踐過甚。一家尊卑，感曒至性，咸納屨而行，屏氣而語，如此者十餘年。《宋書·謝瞻傳》

奉兄軌如父，家事小大，皆咨而後行。公禄賞賜，一皆入軌，有所資須，悉就典者請焉。從高祖在彭城，妻郗氏書求夏服，廓答書曰：「知須夏服，計給事自應相供，無容别寄。」時軌爲給事中。《宋書·蔡廓傳》

廓罷豫章郡還，起二宅。先居東宅，與軌，廓亡而館宇未立。軌罷長沙郡還，送錢五十萬，以補宅直。興宗年十歲，白母曰：「一家由來豐儉必共，今日宅價不宜受也。」母悦而從焉。軌有愧色，謂其子淡曰：「我年六十，行事不及十歲小兒。」《宋書·蔡興宗傳》

興宗少好學，以業尚素立見稱。侍中王僧綽與興宗厚善。元凶弑立，僧綽被誅，凶威方盛，親故莫敢往，興宗獨臨哭盡哀。世祖踐阼，遷侍中。每正言得失，無所顧憚，由是失旨。竟陵王誕據廣陵城爲逆，事平，興宗奉旨慰勞，州別駕范義與興宗素善，在城内同誅。興宗至廣陵，躬自收殯，致喪還豫章舊墓。上聞之，甚不悦。廬陵内史周朗，以正言得罪，鎖付寧州，親戚故人，無敢瞻送，興宗在直，請急，詣朗別。上知尤怒，坐屬疾多日，白衣領職。《宋書·蔡興宗傳》

先是大明世，奢侈無度，多所造立，賦調煩嚴，徵役過苦。至是前廢帝即位發詔，悉皆削除，由此，紫極殿南北馳道之屬，皆被毁壞。自孝建以來，至大明末，凡諸制度，無或存者。興宗於都坐，慨然謂顔師伯曰：「先帝雖非聖德主，要以道始終，三年無改，古典所貴。今殯宫始徹，山陵未遠，而凡諸制度興造，不論是非，一皆刊削。雖復禪代，亦不至爾。天下有識，當以此窺人。」師伯不能用。《宋書·蔡興宗傳》按，時戴法興、巢尚之專權所爲。

興宗幼立風慨，家行尤謹，奉宗姑，事寡嫂，養孤兄子，有聞於世。太子左率王錫妻范，聰明婦人也，有才藻學見，與錫弟僧達書，詰讓之曰：「昔謝太傅奉嫂王夫人如慈母，今蔡興宗亦有恭和之稱。」其爲世所重如此。妻劉氏早卒，一女甚幼，外甥袁顗始生彖，而妻劉氏亦亡。興宗姊，即顗母也，〔三〕一孫一侄，躬自撫養，年齒相比，欲爲婚姻，每見興宗輒言此意。大明初，詔興宗女與南平王敬猷婚，興宗以姊生平之懷，屢經陳啟，答曰：「卿諸人欲各行己意，則國家何由得婚？且姊言豈是不可違之處邪。」舊意即乖，象亦他娶。其後，象家好不終，顗又禍敗，象等淪廢當時，孤微理盡。敬猷遇害，興宗女無子嫠居，名門高胄，多欲結姻，明帝亦敕適謝氏，興宗并不許，以女適象。北地傅隆與廓相善，興宗修父友敬。《宋書·蔡興宗傳》

義熙八年，混以劉毅黨見誅，妻晉陵公主改適琅邪王練，公主雖執意不行，而詔與謝氏離絶，〔四〕公主以混家事委之弘微。混仍世宰輔，一門兩封，田業十餘處，僮僕千人，唯有二女，年數歲。弘微經紀生業，事若在公，一錢尺帛出入，皆有文簿。高祖受命，晉陵公主降爲東鄉君，以混得罪前代，東鄉君節義可嘉，聽還謝氏。自混亡，至是九載，而屋宇修整，倉廩充盈，門徒業使，不異平日，田疇墾闢，有加於舊。東鄉君歎曰：「僕射平生重此子，可謂知人。僕射爲不亡矣。」中外姻親，道俗美舊，〔五〕見東鄉之歸者，入門莫不歎息，或爲之流涕，感弘微之義也。《宋書·謝弘微傳》

高祖將還，三秦父老詣門流涕，訴曰：「殘民不沾王化，於今百年矣。始覩衣冠，方仰聖澤。長安十陵是公家墳墓，咸陽宫殿數千間，是公家屋宅，捨此欲何之？」高祖爲之愍然，慰譬曰：「受命朝庭，不得擅留。感諸君戀本之意，今留第二兒，令文武賢才共鎮此境。」臨還，自執義真手以授王修，令修執其子孝孫手以授高祖。《宋書·武三王傳》按孝孫見《張暢傳》。王修字叔治，時爲長史，委以關中之任。既而沈田子殺王鎮惡，王修又殺田子。義真復令左右劉乞等殺修，而佛佛寇逼，義真逃歸。

三秦父老詣門之訴，情旨悲凉，頗似漢祖入關約法時。然武帝此舉，實非興復舊京也。外示威棱，内圖禪代，怱怱東歸，而佛佛遂乘其後。青泥敗衄，幾至匹馬隻輪，義真獨逃草中，僅以身免。而關中百二仍化爲戎場矣。父老流涕，至今如聞其聲云。

義真與左右相失，獨逃草中。中兵參軍段宏單騎追尋，緣道叫喚，義真識其聲，出就之，曰：「君非段中兵邪？身在此。」宏大喜，負之而歸。義真謂宏曰：「今日之事，誠無算略。然丈夫不經此，何以知艱難。」高祖始踐阼，義真意色不悦，侍讀學士蔡茂之問其故，義真曰：「安不忘危，休泰何可恃。」《宋書·武三王傳》 按大識見自草中得來。

史臣曰：「元嘉初，誅滅宰相，蓋王華、孔寧子之力也。彼群公義雖往結，恩實今疏，而任即曩權，意非昔主。居上六之窮爻，當來寵之要轍，顛覆所基，非待他釁，况於廢殺之重，其隙易乘乎。夫殺人而取其璧，不知在己興累；傾物而移其寵，不忌自我難持。若二子永年，亦未知來禍所止也。有能戒彼而悟此，則所望於來哲。《宋書·王華傳》論

何尚之字彦德，父叔度，恭謹有行業，姨適沛郡劉璩，與叔度母情愛甚篤，叔度母早卒，奉姨有若親生。姨亡，朔望必往致哀，并設祭奠，食并珍新，躬自臨視。若朔望應有公事，則先遣送祭，皆手自料簡，流涕對之，公事畢，即往致哀。以此爲常，至三年服竟。《宋書·何尚之傳》

廬陵王義真出爲南豫州刺史，湛爲長史。義真時居高祖憂，使帳下備膳，湛禁之，義真乃使左右

索魚肉珍羞，於齋内别立廚帳。會湛入，因命臑酒炙車螯，湛正色曰：「公當今不宜有此設。」義真曰：「旦甚寒，一碗酒亦何傷？長史事同一家，望不爲異。」酒既至，湛因起曰：「既不能以禮自處，又不能以禮處人。」《宋書·劉湛傳》

史臣曰：「襄陽龐公謂劉表曰：『若使周公與管蔡處茅屋之下，食藜藿之羹，豈有若斯之難。』夫天倫由子，共氣分形，寵愛之分雖同，富貴之情則異也。追味尚長之言，以爲太息。」《宋書·武三王傳》論

攸之晚好讀書，手不釋卷，《史》《漢》事多所諳憶，常歎曰：「蚤知窮達有命，恨不十年讀書。」《宋書·沈攸之傳》

初，攸之招集才力之志，隨郡人雙泰真有幹力，召不肯來。後泰真至江陵賣買，有以告攸之者，攸之因留之，補隊副，厚加料理。泰真無停志，少日叛走，攸之遣二十人被甲追之，逐討甚急，泰真殺數人，餘者不敢近。欲過家將母去，事迫不獲，單身走入蠻，追者既失之，録其母而去。泰真既失母，乃出自歸，攸之不罪，曰：「此孝子也。」賜錢一萬，轉補隊主。其矯情任算皆如此。《宋書·沈攸之傳》

攸之初至郢州，有順流之志。府主簿宗儼之勸攻郢城，攻曹臧寅以爲：「攻守勢異，非旬月所拔，若不時舉，挫鋭損威，今順流長驅，計日可捷，既傾根本，則郢城豈能自固？」攸之不從。

既敗，諸將帥皆奔散，唯寅曰：「我委質事人，豈可苟免？我之不負公，猶公之不負朝庭也。」乃投水死。寅，字士若，東莞莒人也。先是攸之在郢州，州從事輒與府録事鞭，攸之免從事官，而更鞭録事五十，謂人曰：「州官鞭府職，誠非體要，由小人凌侮士大夫。」倉曹參軍事邊榮爲府録事所辱，攸之自爲榮鞭殺録事。攸之自江陵下，以榮爲留府司馬，守城。張敬兒將至，人或説之使詣敬兒降，榮曰：「受沈公厚恩，共如此大事，一朝緩急，便改易本心，不能行也。」城敗，見敬兒，敬兒問曰：「邊公何不早來？」榮曰：「沈公見留守城，而委城求活，所不忍也。本不蕲生，何須見問？」敬兒曰：「死何難得！」命斬之。歡笑而去，容無異色。太山程邕之者，素依隨榮，至是抱持榮曰：「與邊公周遊，不忍見邊公前死，乞見殺。」兵不得行戮，以告敬兒，敬兒曰：「求死甚易，何爲不許？」先殺邕之，然後及榮。三軍莫不垂泣，曰：「奈何一日殺二義士！」比之臧洪及陳容。榮，金城人也。《宋書·沈攸之傳》

郭世道，會稽永興人也。事父及後母，孝道淳備。家貧無産業，傭力以養。母亡，負土成墳，親戚或共賻助，微有所受，葬畢，傭賃倍還先直。仁厚之風，行於鄉黨，鄉村大小，莫有呼其名者。嘗與人共於山陰市貨物，誤得一千錢，當時不覺，分背方悟。請其伴，求以此錢追還本主，伴大笑不答。世道以己錢充數，送還之。錢主驚歎，以半直與世道，世道委之而去。子原平，字長泰，又禀至行，養親必己力。性閑木功，傭賃以給供養。性謙虚，每爲人作匠，取散夫價。主人設食，原平自以家貧，父母不辦有肴味，唯餐鹽飯而已。太祖崩，原平號哭致慟，日食麥料一枚，按，「料」同「粄」，音昄，屑米餅也。如此五日。人或問之曰：「誰非王民，何獨如此？」原平泣而答曰：「吾家見異先朝，蒙褒贊之賞，不能報恩，私心感動耳。」會稽貴重望計及望孝，盛族出身，不減秘著。太宗泰始七年，興宗欲舉山陰孔仲智長子爲望計，原平次息爲望孝，仲智會土高門，原平一邦至行，欲以相敵。《宋書·孝義傳》

徐耕，晉陵延陵人也，自令史除平原令。元嘉二十一年大旱，民饑。耕詣縣陳辭曰：「今年亢旱，禾稼不登，氓黎飢餒，採掇存命，聖上哀矜，已垂存拯。但飢罄來久，困殆者衆，米穀轉貴，糴索無所。方涉春夏，日月悠長，不有微救，永無濟理。不惟凡瑣，敢憂身外，《鹿鳴》之求，思同野草，氣類之感，能不傷心。民糴得少米，資供朝夕，志欲自竭，義存分飧，今以千斛，助官賑貸。此境連年不熟，今歲尤甚。晉陵境特爲偏祐，此郡雖弊，猶有富室，承陂之家，處處而是，并皆保熟，所失益微。陳積之穀，皆有巨萬，旱之所弊，實鍾貧民，温富之家各有財寶。謂此等并宜助官，得過儉月，所損至輕，所濟甚重。今敢自勵，爲勸造之端。實願掘水揚塵，崇益山海。」縣爲言上。當時議者以耕比漢卜式，詔書褒美，酬以縣令。大明八年，東土饑旱，東海嚴成，東莞王道蓋各以穀五百斛助官賑邺。《宋書·孝義傳》

孫法宗，吳興人也。父遇亂被害，尸骸不收。法宗以父喪不測，於部境之内，尋求枯骨，刺血以

灌之，如此者十餘年不獲，乃縗絰終身不娶。《宋書·孝義傳》

孫棘，彭城人也。世祖大明五年，發三五丁，弟薩應充行，坐違期不至，依制，軍法，人身付獄，未及結竟，棘詣郡辭：「不忍令當一門之苦，乞以身代薩。」薩又辭列：「狂愚犯法，實是薩身，自應依法受戮。」太守張岱疑其不實，以棘薩各置一處，語棘云：「以爲諮詳，聽其相代。」棘顔色甚悦。又説薩，亦欣然曰：「死自分甘，但令兄免。」棘妻許又寄語屬棘：「君當門户，豈可委罪小郎。且大家臨亡，以小郎屬君，按，「大家」即大姑也。古讀「家」爲姑。竟未娶妻，家道不立，君已有二兒，死復何恨！」岱依事表上，世祖詔曰：「棘薩甿隸，節行可甄，特原罪。」州加辟命，并賜許帛二十匹。《宋書·孝義傳》

史臣曰：「漢世士務治身，故忠孝成俗，至乎乘軒服冕，非此莫由。晉宋以來，風衰義缺，刻身勵行，事薄膏腴。若夫孝立閨庭，忠被史策，多發溝畎之中，非出衣簪之下。以此而言聲教，不亦卿大夫之耻乎？《宋書·孝義傳》

潁川韓元長，漢末名士，身處卿佐，八十而終，兄弟同居，至於没齒。濟北氾稚春，晉時操行人也，七世同財，家人無怨色。《詩》云：「高山仰止，景行行止。」《宋書·隱逸傳·陶潛與子書》

邵沈林子子爲安成相，郡民王孚有學業，志行見稱州里，邵莅任未幾，而孚卒，邵贈以孝廉，板教曰：「前文學主簿王孚，行潔業淳，棄華息競，志學修道，老而彌篤，方授右職，不幸暴亡，

可假孝廉檄，薦以特牲。緬想延陵，以遂本懷。」《宋書·自序》

校記

〔一〕五歲，中華本作「五歲刑」，當是。

〔二〕吾家素以退爲業，《通鑒》永初二年作「吾家素以恬退爲業」。

〔三〕「外甥袁顗」至「即顗母也」，《廿二史考異》云：「此兩『顗』字當作『覬』，因前文省『外甥袁顗』，相涉而譌耳。凱顗爲親兄弟，則顗母即覬母。」可備一説。

〔四〕而詔與謝氏離絶，諸本作「而詔其與謝氏離絶」當是。

〔五〕中外姻親道俗美舊，諸本「美舊」作「義舊」，當是。

藻　鑒

鎮惡以五月五日生，家人以俗忌，欲令出繼疏宗。猛見奇之，曰：「此非常兒，昔孟嘗君惡日生而相齊，是兒亦將興吾門矣。」故名之爲鎮惡。高祖謂諸佐曰：「鎮惡王猛之孫，所謂將門有將也。」《宋書·王鎮惡傳》

嘗寄食澠池人李方家，方善遇之。謂方曰：「吾遭遇英雄主，要取萬户侯，當厚相報。」方答曰：「君丞相孫，人才如此，何患不富貴？至時，願見用爲本縣令足矣。」後伐關中，進次澠池，造故人李方家，升堂見母，厚加酬賚，即版授方爲澠池令。《宋書·王鎮惡傳》

敬宣寬厚，善待士，多伎藝，弓馬音律，無事不善。時尚書僕射謝混自負才地，少所交納，與敬宣相遇，便盡禮著歡。或問混曰：「卿未嘗輕交於人，而傾蓋於萬壽，何也？」混曰：「人之相知，豈可以一塗限？孔文舉禮太史子義，夫豈有非之者耶！」《宋書·劉敬宣傳》

高祖之伐蜀也，將謀元帥，而難其人，乃舉齡石。衆咸謂自古平蜀，皆雄傑重將，齡石資名尚輕，慮不辦克，〔一〕諫者甚衆，高祖不從。乃分大軍之半，猛將勁卒，悉以配之。咸服高祖之知人，又美齡石之善於其事。《宋書·朱齡石傳》

高祖征孫恩，縣差爲征民，充乙士，使伐馬芻。恩常負大束，兼倍餘人，每捨芻於地，歎曰：「大丈夫彎弓三石，奈何充馬士！」高祖聞之，即給器仗，恩大喜。自征妖賊，嘗爲先登，多斬首級。既習戰陣，膽力過人，誠心忠謹，未嘗有過失，甚見愛信。《宋書·蒯恩傳》

義慶幼爲高祖所知，常曰：「此吾家豐城也！」爲性簡素，愛好文義，才詞雖不多，然足爲宗室之表。少善騎乘，及長，以世路艱難，不復跨馬，招聚文學之士，近遠必至。太尉袁淑文冠當時，義慶在江州，請爲衛軍諮議參軍；其餘吳郡陸展、東海何長瑜、鮑照等，并爲辭章之美，引

爲佐史國臣。太祖與義慶書，常加意斟酌。《宋書·宗室傳》

淡之兄弟，兄秀之，弟叔度并盡忠事高祖。後會稽郡缺，朝議欲用蔡廓，高祖曰：「彼自是蔡家佳兒，何關人事？可用佛。」佛，淡之小字也，乃以淡之爲會稽太守。《宋書·褚叔度傳》

爲黄門侍郎，善奕棋，棋品第三。太祖與賭郡戲，勝以補宣城太守。玄保既善棋，而何尚之亦雅好棋。吴郡褚胤，年七歲，入高品。及長，冠絶當時。胤父榮期與臧質同逆，胤應從誅，何尚之請曰：「胤奕棋之妙，超古冠今。魏犨犯令，以才獲免。父戮子宥，其例甚多。特乞與其微命，使異術不絶。」不許。時人痛惜之。《宋書·羊玄保傳》

太祖以玄保廉素寡欲，故頻授名郡。爲政雖無幹績，而去後常見思。不營財利，處家儉薄。太祖嘗曰：「人仕宦非唯須才，然亦須運命，每有好官缺，未嘗不先憶羊玄保。」《宋書·羊玄保傳》

戎二弟，太祖并賜名，曰咸，曰粲。謂玄保曰：「欲令卿二子有林下正始餘風。」《宋書·羊玄保傳》

按，世祖命義恭之子曰伯禽，顔竣之子曰辟彊。見《顔竣傳》。

高祖嘗云：「羊徽、蔡廓，可平世三公。」《宋書·蔡廓傳》

混風格高峻，少所交納，唯與族子靈運、瞻、曜、弘微并以文義賞會。嘗共宴處，居在烏衣巷，故謂之烏衣之遊，混五言詩所云「昔爲烏衣遊，戚戚皆親侄」者也。其外，雖復高流時譽，莫敢造門。瞻等才辭辯富，弘微每以約言服之，混特所敬貴，號曰微子。謂瞻等曰：「汝諸人雖才義豐辯，未必皆愜衆心，至於領會機賞，言約理要，故當與我共推微子。」常云：「阿遠剛躁負氣；阿客博而無檢；曜恃才而持操不篤；晦自知而納善不周。設復功濟三才，終亦以此爲恨。至如微子，吾無間然。」又云：「微子異不傷物，同不害正，若年迨六十，必至公輔。」嘗因酣宴之餘，爲韵語以奬勸靈運、瞻等曰：「康樂誕通度，實有名家韻，若加繩染功，剖瑩乃瓊瑾；宣明體遠識，穎達且沈雋，若能去方執，穆穆三才順；阿多標獨解，弱冠纂華胤，質勝誠無文，其尚又能峻；通遠懷清悟，采采標蘭訊，直轡鮮不躓，抑用解偏吝；微子基微尚，無勌由慕藺，勿輕一簣少，進往將千仞。數子勉之哉，風流由爾振，如不犯所知，此外無所慎。」靈運等并有誡厲之言，唯弘微獨盡褒美。曜，弘微兄，多，其小字也。遠即瞻字，靈運小名客兒。《宋書·謝弘微傳》

幼有業尚，除著作郎，不就。兄弟分財，曇首唯取圖書而已。高祖大會戲馬臺，豫坐者皆賦詩，曇首文允成，〔二〕高祖覽讀，因問弘曰：「卿弟何如卿？」弘答曰：「若但如臣，〔三〕門户何寄！」高祖大笑。曇首有識局智度，喜愠不見於色，閨門之内，雍雍如也。手不執金玉，婦女不得爲飾玩，自非禄賜所及，一毫不受於人。高祖甚知之，謂太祖曰：「王曇首沈毅有器度，宰相才也。」《宋書·王曇首傳》

演之年十一，尚書僕射劉柳見而知之，曰：「此童終爲令器。」家世爲將，而演之折節好學，讀

《老子》日百遍，以義理業尚知名。《宋書·沈演之傳》

靈運既東還，與族弟惠連、東海何長瑜、潁川荀雍、太山羊璿之，以文章賞會，共爲山澤之遊，時人謂之四友。惠連幼有才悟，而輕薄不爲父方明所知。靈運去永嘉還始寧，時方明爲會稽郡。靈運嘗自始寧至會稽造方明，過視惠連，大相知賞。時長瑜教惠連讀書，亦在郡内，靈運又以爲絶倫，謂方明曰：「阿連才悟如此，而尊作常兒遇之，何長瑜當今仲宣，而飴以下客之食，按，「飴」南監本作「給」，恐非。「飴」古與「貽」通。尊既不能禮賢，宜以長瑜還靈運。」靈運載之而去。《宋書·謝靈運傳》，按蔡謨授書皇子，僅免博士之稱，長瑜教讀惠連，仍飴下客之食。晉宋間人待先生已自儉薄乃爾。近日館穀不豐，貽爲口實，京師人遂入歌謡，良無怪已。

熙先望風吐款，辭氣不撓，上奇其才，遣人慰勞之曰：「以卿之才，而滯於集書省，理應有異志。此乃我負卿也。」又詰責前吏部尚書何尚之曰：「使孔熙先年將三十作散騎郎，那不作賊！」《宋書·范曄傳》《傳》言孔熙先博學有縱横才志，文史星算，無不兼善，爲負外散騎侍郎，不爲時所知，久不得調。

竣容貌嚴毅，莊風姿甚美，賓客喧訴，常歡笑答之。時人爲之語曰：「顔竣嗔而與人官，謝莊笑而不與人官。」《宋書·顔竣傳》

叔父炳，高尚不仕。慤年少時，炳問其志，慤曰：「願乘長風破萬里浪。」炳曰：「汝不富貴，

即破我家矣！」《宋書·宗慤傳》

莊，太常弘微子也，年七歲能屬文，通《論語》。及長，韶令美容儀，太祖見而異之，謂尚書僕射殷景仁、領軍將軍劉湛曰：「藍田出玉，豈虛也哉！」《宋書·謝莊傳》

伯父智，少簡貴，有高名，高祖甚重之，常云：「見王智，使人思仲祖。」景文出繼智，幼爲從叔球所知。美風姿，好言理，少與陳郡謝莊齊名。太祖甚相欽重，故爲太宗娶景文妹，而以景文名與太宗同。《宋書·王景文傳》按，景文名彧。見《孔覬傳》

豫章太守范甯於郡立學，招集生徒，遠方至者甚衆。續之年十二，詣甯受業，居學數年，通《五經》并《緯候》，名冠同門，號曰顔子。既而閑居，讀《老》《易》，入廬山事沙門釋慧遠，《宗炳傳》：就慧遠考尋文義。時彭城劉遺民，遁迹廬山，陶淵明亦不應徵命，謂之尋陽三隱。《宋書·隱逸傳》

始寧汰川有佳山水，弘之又依巖築室。謝靈運、顔延之并相欽重，靈運與廬陵王義真牋曰：「會境既豐山水，是以江左嘉遁。并多居之。但季世慕榮，幽棲者寡，或復才爲時求，弗獲從志。至若王弘之拂衣歸耕，踰歷三紀；孔淳之隱約窮岫，自始迄今；阮萬齡辭事就閑，纂成先業；浙河之外，胡墨莊曰：浙江，《莊子》謂之淛河。今南方人尚有稱浙河者。棲遲山澤，如斯而已。既遠同羲唐，亦激貪厲競。殿下愛素好古，常若布衣，每憶昔聞，虛想巖穴，若遺一介，有以相存，真可

謂千載盛美也。《宋書·隱逸傳》

萬齡少知名，自通直郎爲孟昶建威長史。時袁豹、江夷相係按「係」「繼」同。爲昶司馬，時人謂昶府有三素望。《宋書·隱逸傳》萬齡，阮裕之孫。

戴法興，會稽山陰人也。家貧，父碩子販紵爲業。法興二兄延壽、延興并修立，延壽善書，法興好學。山陰有陳載者，〔四〕家富，有錢三千萬，鄉人咸云：「戴碩子三兒，敵陳載三千萬錢。」《宋書·恩倖傳》

上以伯玉沈虔子子容狀似畫圖仲尼像，常呼爲孔丘。舊制車駕出行，衛尉丞直門，常戎服。張永謂伯三曰：「此職乖卿志。」王景文亦與伯玉有舊，常陪輦出，指伯玉白上：「孔丘奇形容。」上於是特聽伯玉直門服玄衣。《宋書·自序》

校記

〔一〕慮不辦克，《元龜》二〇四引作「慮不克辦」，中華本據以乙正，當是。

〔二〕曇首文允成，諸本「允」并作「先」，當是。

〔三〕如臣，宋本殘頁作「如民」，《南史》、《元龜》九一七引作「下官」。按，其時劉裕尚未稱帝，王弘不當稱臣。

〔四〕陳載，《南史》作「陳戴」。

吏材

穆之内總朝政，外供軍旅，決斷如流，事無擁滯。賓客輻湊，求訴百端，内外諮稟，盈階滿室，目覽辭訟，手答牋書，耳行聽受，口并應酬，不相參涉，皆悉贍舉。又數客暱賓，言談賞笑，引日亘時，未嘗倦苦。裁有閑暇，自手寫書，尋覽篇章，校定墳籍。《宋書·劉穆之傳》

以時兄弘録尚書事，又爲揚州刺史。彭城王義康與弘并録，意常怏怏，又欲得揚州，形於辭旨。以曇首居中，分其權任，愈不悦。曇首固乞吴郡，太祖曰：「豈有欲建大厦而遺其棟梁者哉！」《宋書·王曇首傳》

景仁學不爲文，敏有思致，口不談義，深達理體，至於國典朝儀，舊章記注，莫不撰録，識者知其有當世之志也。《宋書·殷景仁傳》

高祖踐阼，科東宫殿中將軍，度還臺。直省十載，不請休息。出爲下邳太守，轉在北海，所至皆有政績。又爲北譙、梁二郡太守，郡境邊接任榛，「任榛」説見《薛安都傳》屢被寇抄。恬到，密知賊來，仍伏兵要害，出其不意，悉皆禽殄。世祖踐阼，遷青州刺史。明年，又督冀州。齊地連歲興兵，百姓凋弊，恬初防衛邊境，勸課農桑，二三年間，遂皆優實。性清約，頻處州郡，妻子不免飢寒，世以此稱之。死之日，家無遺財。《宋書·申恬傳》　按，劉道産在漢南年逾十載，杜驥在青冀莅任八年，并惠化著聞，吏民稱咏。申恬治青州，亦惟久於所莅，故能循良懋著。元嘉之政，古今稱盛，有以也夫。

義康少而聰察，及居方任，職事修理。性好吏職，鋭意文案，糾剔是非，莫不精盡。既專總朝權，事决自己，生殺大事，以録命斷之。凡所陳奏，入無不可，方伯以下，并委義康授用，由是朝野輻湊，勢傾天下。義康亦自强不息，無有懈倦。府門每旦常有數百乘車，雖復位卑人微，皆被引接。又聰識過人，一聞必記，常所暫遇，終生不忘，稠人廣席，每標所憶，以示聰明，人物益以此推服之。《宋書·武二王傳》

湛少有局力，不尚浮華。博涉史傳，諳前世舊典，弱年便有宰世情，常自比管夷吾、諸葛亮，不爲文章，不喜談議。父柳亡於江州，州府送故甚豐，一無所受，時論稱之。爲人剛嚴用法，奸吏犯臟百錢以上，皆殺之，自下莫不震肅。與殷景仁并被任遇。湛常云：「今世宰相何難，此政可當我南陽郡漢世功曹耳。」《宋書·劉湛傳》

梁益二州土境豐富，前後刺史莫不營聚蓄，多者致萬金。所携賓僚，并京邑貧士，出爲郡縣，皆以苟得自資。秀之爲治整肅，以身率下，遠近安悦焉。《宋書·劉秀之傳》　按，「京邑貧士，出爲郡縣，皆以苟得自資」，每讀斯言，令人慨歎神遠。

大明二年，遷丹陽尹。先是，秀之從叔穆之爲丹陽，與子弟於廳事上飲宴，秀之亦與焉。廳事柱有一穿，穆之謂子弟及秀之曰：「汝等試以栗遥擲此柱，若能入穿，後必得此郡。」穆之諸子并不能中，唯秀之獨入焉。時賒市百姓物，不還錢，市道嗟怨，秀之以爲非宜，陳之甚切，雖納其言，竟不能用。《宋書·劉秀之傳》

爲東遷山陰令，山陰民户三萬，海内劇邑，前後官長，晝夜不得休，事猶不舉。覬之理繁以約，縣用無事，晝日垂簾，門階閑寂。自宋世爲山陰，務簡而績修，莫能尚也。《宋書·顧覬之傳》

復出爲山陰令，民户三萬，政事煩擾，訟訴殷積，階庭常數百人，秉之御繁以簡，常得無事。宋世唯顧覬之亦以省務著績，其餘雖復刑政循理，而未能簡事。《宋書·良吏·江秉之傳》

綜練

永初元年閏八月辛丑，詔曰：「主者處案，雖多所諮詳，若衆官命議，宜令明審。自頃或總稱參詳，於文漫略。至今有厝意者，皆當指名其人；所見不同，依舊繼啟。」《宋書·武帝本紀下》

二年二月己丑，車駕幸延賢堂，策試諸州郡秀才、孝廉。揚州秀才顧練、豫州秀才殷朗所對稱

旨，并以爲著作佐郎。《宋書·武帝本紀下》

魏高貴鄉公正元二年三月朔，太史奏日蝕而不蝕，晉文王時爲大將軍，大推史官不驗之負。史官答曰：「合朔之時，或有日掩月，或有月掩日。月掩日，則蔽障日體，使光景有虧，故謂之日蝕；日掩月，則日於月上過，謂之陰不侵陽，雖交無變。日月相掩必食之理，無術以知，是以嘗禘郊社，日食則接祭，是亦前代史官不能審蝕也。自漢故事，以爲日蝕必當於交，每至其時，申警百官，以備日變。故《甲寅詔》有備蝕之制，無考負之法。古來黄帝、顓頊、夏、殷、周、魯六歷，皆無推日蝕法，但有考課疏密而已。負坐之條，由本無術可課，非司事之罪。」乃止。《宋書·禮志一》　按，今西人遂有推日食之法，不差累黍，知古曆之疏。

孝建元年六月，湘東國刺稱「國太妃以去三十年閏六月二十八日薨，未詳周忌當在六月？爲取七月？勒禮官議正」。博士丘邁之議：「按吴商議，閏月亡者，應以本正之月爲忌。謂正閏論雖各有所執，商議爲允。宜以今六月爲忌。」左僕射建平王宏謂：「邁之議不可准據。按晉世及皇代以來，閏月亡者，以閏之後月祥。宜以來七月爲祥忌。」及大明元年二月，有司又奏：「太常鄱陽哀王去年閏三月十八日薨，今爲何月末祥除？」下禮官議正。博士傅休議：「尋《三禮》，喪遇閏，月數者數閏，歲數者没閏，閏在期内故也。鄱陽哀王去年閏三月薨，月次節物，則定是四月之分，應以今年四月末爲祥。晉元明二帝，并以閏二月崩，以閏後月祥，先代成準，則是今比。」太常丞庾蔚之議：「《禮》，正月存親，故有忌日之感。四時既已變，人情亦已衰，故有二祥之殺。是則祥忌皆以同月爲議，而閏亡者，明年必無其月，不可以無其月而不祥忌，故必宜用閏所附之月。閏月附正，《公羊》明議，故班固以閏九月爲後九月，月名既不殊，天時亦不異。若用閏之後月，則春夏永革，節候亦舛。設有人以閏臘月亡者，若用閏後月爲祥忌，則祥忌應在後年正月。祥涉三載，既失周期之議，冬亡而春忌，又乖致感之本。譬今年末三十日亡，明年末月小，若以去年二十九日親尚存，則應用後年正朝爲忌，此必不然。則閏亡可知也。」通關并同蔚之議，三月末祥。《宋書·禮志二》

元嘉六年七月，太學博士徐道娛上議曰：「伏見《太廟烝嘗儀注》，皇帝行事畢，出便坐，三公以上獻，太祝送神於門，然後至尊還拜，百官贊拜，乃退。謹尋。〔一〕《禮》曰，廟者，貌也。神靈所憑依也。事亡如存，若常在也。既不應有送神之文，自陳豆薦俎，車駕至止，并弗奉迎。夫不迎而送，送而後辭，闇短之情，實用未達。按時人私祠，誠皆迎送，由於無廟，庶感降來格。因心立意，非王者之禮也。《儀禮》雖太祝迎尸於門，此乃延尸之儀，豈是敬神之典？恐於《禮》有疑。謹以議上。」有司奏下禮官詳判。博士江邃議：「在始不迎，明在廟也。卒事而迎，〔二〕節孝思也，若不送而辭，是舍親也。辭而後送，是遣神也。故孝子不忍違其親，又不忍遣神。是以祝史送神，以成烝嘗之義。」博士賀道期議：「樂以迎來，哀以送往，《祭統》『迎牲而不迎尸』。《詩》云：『鐘鼓送尸。』鄭云：『尸，神象也。』與今《儀注》不迎而後送，若合符契。」博士荀萬秋議：「古之事尸，與今之事神，其義一也。《周禮》，尸出，送於廟門，拜尸，不顧。《詩》云：『鐘鼓送尸。』則送神之義，其來久矣。《記》曰：『迎牲而不迎尸，别嫌也。』」邃等三人謂舊儀爲是，唯博士陳珉同道娱議。參詳「邃等議雖未盡，然皆依據經禮。道娱、珉所據難從。今衆議不一，宜遵舊體。」詔可。《宋書·禮志四》

元嘉十年十二月癸酉，太祝令徐閏刺署：「典宗廟社稷祠祀薦五牲，牛羊豕雞并用雄。其一種市買，由來送雌。竊聞周景王時，賓起見雄雞自斷其尾，曰：『雞憚犧，不詳。』今何以用雌，求下禮官詳正。」勒太學依《禮》詳據。博士徐道娱等議稱：「按《禮·孟春之月》：『是月也，犧牲無用牝。』如此，是春月不用雌爾，秋冬無禁。雄雞斷尾，自可是春月。」太常丞司馬操議：「尋《月令·孟春》：『命祀山川林澤，犧牲無用牝。』若如學議，春祀三牲以下，便應一時俱改，以從《月令》，何以偏在一雞？」重更勒太學議答。博士徐道娱等又議稱：「凡宗祀牲牝不一，前唯《月令》不用牝者，蓋明在春必雄，秋冬可雌，非以山林同宗廟也。四牲不改，在雞偏異，相承來久，義或有由，誠非末學所能詳究。求詳議告報，如所稱令。」參詳閏所稱，粗有證據，宜如所上。自今改用雄雞。《宋書·禮志四》

明帝泰豫元年七月庚申，有司奏：「七月嘗祠，至尊諒闇之内，爲親奉與不？使下禮官通議。」伏尋三年之制，自天子達。漢文懲秦餘之弊，於是制爲權典。魏晉以來，卒哭而祔則就吉。按《禮記·王制》：『三年不祭，唯祭天地社稷，爲越紼而行事。』鄭玄云：『唯不敢以卑廢尊也。』范宣難杜預、段暢，所以闕宗廟祭者，皆人理所奉，哀戚之情，同於生者。譙周《祭志》稱：『《禮》，身有喪，則不爲吉祭。緦麻之喪，於祖考有服者，則亦不祭，爲神不饗也。』尋宮中有故，雖在無服，亦廢祭三月。有喪不祭，如或非若三年之内必宜親奉者，則應禘序昭穆。而今必須免喪，然後禘祫，故知未祭之意，當似可思。《起居注》，晉武有二喪，兩期之中，并不自祠，亦近代前事也。伏唯至尊孝越姬文，情深明發，公服雖釋，純哀内纏。推訪典例，則未應親奉。有司祗應，祭不爲曠。仰思從敬，竊謂爲允。臣等參議，甚有明證，宜如所上。」詔可。《宋書·禮志四》

雲母從廣一寸爲禁物。諸在官品令第三品以下，加不得服三鏌按，音義宜同「鈿」。以上，蔽結、爵叉、假真珠翡翠校飾纓佩。騎士卒百工人，加不得服大絳紫襈、假結、真珠璫珥、犀、瑇瑁、越疊、以銀飾器物，履色無過緑、青、白。奴婢衣食客，加不得服白幘、按，「白幘」王公貴人之服，庶賤不得而同，故《明帝紀》云，於是事起倉卒，〔三〕上失履，跣至西堂，猶著烏帽，坐定，休仁呼主衣，以白帽代之。是其證也。胡墨莊曰：「『白帽』，《南史·明帝紀》作『白紗』，即是白紗帽。《南齊書·高帝紀》及《茹法亮傳》又《梁書·侯景傳》皆有之，似是帝者之服，與『白幘』不同。」蒨、絳金、

黄銀、按，「黄銀」類金。叉、鐶、鈴、鏑、鉺，履色無過純青。《宋書·禮志五》

邵悉心政事，精力絶人。及誅劉藩，邵時在西州直廬，即夜戒衆曹曰：「大軍當大討，可各修舟船倉庫，及曉取辦。」旦日，帝求諸簿署，應時即至，怪問其速，諸曹答曰：「昨夜受張主簿處分。」帝曰：「張邵可謂同我憂慮矣。」九年，世子始開征虜府，轉號中軍，邵遷參軍，領記室。十二年，武帝北伐，邵請見，曰：「人生危脆，必當遠慮。穆之若邂逅不幸，誰可代之？尊業如此，苟有不諱，事將如何？」帝曰：「此自委穆之及卿耳。」青州刺史檀祗鎮廣陵，時滁州結聚亡命，〔四〕祗率衆掩之，劉穆之恐以爲變，將發軍。邵曰：「檀韶據中流，道濟爲軍首，若疑狀發露，恐生大變。宜且遣慰勞，以觀其意。」既而祗果不動。及穆之卒，朝廷恇懼，便欲發詔以司馬徐羨之代之，邵對曰：「今誠急病，任終在徐，且世子無專命，宜須北咨。」信反，方使世子出命曰：「朝廷及大府事，悉咨徐司馬，其餘啟還。」武帝重其臨事不撓，有大臣體。《宋書·張邵傳》

鄱陽縣侯孟懷玉上母檀氏拜國太夫人，有司奏許。豹以爲婦人從夫之爵，懷玉父大司農綽見居列卿，妻不宜從子，奏免尚書右僕射劉柳、左丞徐羨之、郎何邵之官，詔并贖論。《宋書·袁豹傳》

凝之學涉有當世才具，年少時與北地傅僧佑俱以通家子，始爲太祖所引見。時上與何尚之論鑄錢事，凝之便干其語，上因回與論之。僧佑引凝之衣令止，凝之大言謂僧祐曰：「明主難再遇，便

應正盡所懷。」上與往復十餘反，凝之詞韵銓序，兼有理證，上甚賞焉。《宋書·臧燾傳》

大明末，前廢帝即位，興宗告太宰江夏王義恭，應須策文。義恭曰：「建立儲副，本爲今日，復安用此？」興宗曰：「累朝故事，莫不皆然。近永初之末，營陽王即位亦有文策，今在尚書，可檢視也。」不從。《宋書·蔡興宗傳》

太宗崩，興宗被顧命，以使持節、開府被徵還都。時右軍將軍王道隆任參内政，權重一時，躡履到前，不敢就席，良久方去，竟不呼坐。元嘉初，中書舍人狄當詣太子詹事王曇首，〔五〕不敢坐。其後中書舍人王弘爲太祖所愛遇，上謂曰：「卿欲作士人，得就王球坐，乃當判耳。殷劉并雜，無所知也。若往詣球，可稱旨就席。」胡墨莊曰「無所知也」，《南史》「知」作「益」，又「就席」下有「及至」二字，文義較勝。球舉扇曰：「若不得爾。」弘還，依事啟聞，帝曰：「我便無如此何。」五十年中，有此三事。《宋書·蔡興宗傳》

彪之博聞多識，練悉朝儀，自是家世相傳，并諳江左舊事，緘之青箱，世人謂之「王氏青箱學」。淮之兼明《禮》《傳》，贍於文辭。究識舊儀，問無不對，時大將軍彭城王義康録尚書事，每歎曰：「何須高論玄虛，正得如王淮之兩三人，天下便治矣。」《宋書·王淮之傳》

韶之爲《晉史》，序王珣貨殖、王廞作亂。珣子弘，廞子華，并貴顯，韶之懼爲所陷，深結徐羡之、傅亮等。少帝即位，遷侍中。景平之年，〔六〕出爲吴興太守。羡之被誅，王弘入爲相，領揚州刺史。弘雖與韶之不絶，諸弟未相識者，皆不復往來。韶之在郡，常慮爲弘所繩，夙夜勤厲，政績甚美，弘亦抑其私憾。太祖兩嘉之。在任積年，稱爲良守，加秩中二千石。《宋書·王韶之傳》

元嘉四年，車駕出北堂，嘗使三更竟開廣莫門，南臺云：「應須白虎幡、銀字棨。」不肯開門。尚書左丞羊玄保奏免御史中丞傅隆以下，曇首繼啟曰：「既無墨勅，又闕幡棨，按，《禮志二》：「皇太子夜開諸門，墨令、銀子棨傳令信。」雖稱上旨，不異單刺。元嘉二年，雖有再開門例，此乃前事之違。今之守舊，未爲非禮，但既據舊，使按，「使」疑「便」字之誤。應有疑却。本末曾無此狀，猶宜厥咎其不請白虎幡、銀字棨，致門不時開，由尚書相承之失，亦合糾正。」上特無所問，更立科條。《宋書·王曇首傳》

故司徒掾孔邈奏事未御，邈已喪殯，議者謂不宜仍用邈名，更以見官奏之。承天議曰：「既没之名不合奏者，非有它義，正嫌於近不祥爾。奏事一却，動經歲時，盛明之世，事從簡易，曲嫌細忌，皆應蕩除。」《宋書·何承天傳》

時欲分荆州置郢州，議其所居。江夏王義恭以爲宜在巴陵。尚之議曰：「夏口在荆、江之中，正對沔口，通接雍梁，實爲津要，由來舊鎮，根基不易，今分取江夏、武陵、天門、竟陵、隨五郡爲一州，鎮在夏口，既有見城，浦大容舫。竟陵出道取荆州，雖水路，與去江夏不異，諸郡至夏口皆從流，并爲利便。湘州所領十一郡，其巴郡邊帶長江，去夏口密邇，既分湘中，乃更成大，亦可割巴陵屬新州，於事爲允。」上從其議。荊揚二州，户口半天下，江左以來，揚州根本，委荊於閫外，至是并分，欲以削臣下之權，而荊揚并因此虚耗。尚之建言復合二州，上不許。《宋書·何尚之傳》

寶先顧琛子大明中爲尚書水部郎。先是，琛爲左丞荀萬秋所劾，及寶先爲郎，萬秋猶在職，自陳不拜。世祖詔曰：「敕違糾慢，憲司之職，若理有不公，自當更有釐正。而自頃劾無輕重，輒致私絶，此風難長，主者嚴爲其科。寶先蓋依附世准，不足問。」《宋書·顧琛傳》

校記

〔一〕謹尋，《宋書》諸本下有「清廟之道所以肅安神也」。

〔二〕卒事而迎，《宋書》諸本作「卒事而送」。

〔三〕於是，《宋書》諸本多作「于時」。按，當夜阮佃夫等已誅廢帝，明帝尚「未知所爲」，故謂「于時事起倉卒」。

〔四〕滁州，本書及《宋書》諸本盡誤，其時無「滁州」，依《南史》作「滁中」爲是。

〔五〕狄當，宋本、毛本《謝晦傳》、元大德本、毛本《南史·蔡廓傳》附《興宗傳》、《陸慧曉傳》、《恩倖傳》、《南齊書·陸慧曉傳》、《倖臣傳》均作「秋當」當是。《廣韵》：「秋，又姓，宋中書舍人秋當。」胡三省《通鑒》注云：「秋當，人姓名。」

〔六〕景平之年，孫彪《宋書考論》云：「當爲景平元年。」

機　權

桓玄爲楚王，將謀篡盜。玄從兄衛將軍謙屏人問高祖曰：「楚王勳德隆重，四海歸懷。朝廷之情，咸謂宜有揖讓，卿意以爲如何？」高祖既志欲圖玄，乃遜辭答曰：「楚王，宣武之子，勳德蓋世。晉室微弱，民望久移，乘運禪代，有何不可？」謙喜曰：「卿謂可爾，便當是真可爾。」《宋書·武帝本紀上》

初，諸葛長民貪淫驕横，爲士民所患苦，公以其同大義，優容之。劉毅既誅，長民謂所親曰：「昔年醢彭越，今年誅韓信，禍其至矣！」將謀作亂。公克期至京邑，而每淹留不進，公卿以下頻日奉候於新亭，長民亦驟出。既而公輕舟密至，已還東府矣。長民到門，引前，却人閑語，凡平生於長民所不盡者，皆與及之，長民甚悦。已，密命左右壯士丁旿等自幔後出，於坐拉焉。長民墜牀，又於地毆之，死於牀側。《宋書·武帝本紀中》　按，淹留不進之謀，乃自何承天發之。《本紀》

未及叙出，《傳》文甚明，附載於後。

高祖討劉毅，留諸葛長民爲監軍。長民密懷異志，劉穆之屏人問承天曰：「公今行，濟否云何？」承天曰：「不憂西不時，别有一慮爾。公昔年自左里還入石頭，甚脱爾，今還，宜加重復。」穆之曰：「非君不聞此言。頃日顧丹徒劉郎，恐不復可得也。」《何承天傳》按，是屏人密語，故彼此俱隱約其詞。

寧州嘗獻虎魄枕，光色甚麗，時將北征，以虎魄治金創，上大悦，命擣碎分付諸將。平關中，得姚興從女，有盛寵，以之廢事。謝晦諫，即時遣出。《宋書·武帝本紀下》

元嘉三年討謝晦，遣粹弟車騎事中郎道濟、龍驤將軍沈敞之就粹，〔一〕自陸道向江陵。初，晦與粹厚善，以粹子曠之爲參軍，粹受命南討，一無所顧，太祖以此嘉之。晦遣送曠之還粹，亦不害也。《宋書·劉粹傳》

元德果敢有智略，武帝甚知之，告以義舉，使於都下襲玄。仲德聞其謀，謂元德曰：「天下之事，不可不密，應機務速，不在巧遲。玄每冒夜出入，今若圖之，正須一力夫耳。」事泄，元德爲玄所誅，仲德奔竄。《宋書·王懿傳》

元嘉五年，領寧蠻校尉、雝州刺史，加都督。初，王華與邵有隙，及華參要，親舊爲之危心。邵曰：「子陵方弘至公，必不以私讎害正義。」是任也，華實舉之。《宋書·張邵傳》

桓玄既至漂洲，〔二〕遣信説牢之，牢之以道子昏闇，元顯淫凶，慮平玄之日，亂政方始，假手於玄，誅除執政，然後乘玄之隙，可以得志於天下，將許玄降。敬宣諫曰：「方今國家亂擾，四海鼎沸，天下之重，在大人與玄。玄藉先父之基，據荆南之勢，雖無姬文之德，實爲三分之形。一朝縱之，使凌朝廷，威望既成，則難圖也。董卓之變亂，將生於今。」《宋書·劉敬宣傳》

恩遇不遺，〔三〕遂復僶俛，即目所忝，已爲優渥。且盤龍、無忌猶未遇寵，賢二弟位任尚卑，一朝遷江州刺史，敬宣固辭，言於高祖曰：「仇恥既雪，四海清蕩，所願反身草澤，以終餘年。恩遇先之，必貽朝野之責。」不許。劉毅使人言於高祖，敬宣愈不自安。安帝反正，自表解職。於是散徹，賜給宅宇，月給錢三十萬。高祖數引與遊宴，恩款周洽，所賜錢、帛、車、馬及器服、玩好，莫與比焉。《宋書·劉敬宣傳》

高祖西討劉毅，豫州刺史諸葛長民監太尉軍事，貽敬宣書曰：「盤龍狼戾專恣，自取夷滅，異端將盡，世路方夷，富貴之事，相與共之。」敬宣報曰：「下官自義熙以來，首尾十載，遂忝三州七郡。今此杖節，常懼福過禍生，實思避盈居損，富貴之旨，非所敢當。」遣使呈長民書，高祖謂王誕曰：「阿壽故爲不負我也。」《宋書·劉敬宣傳》

亡命司馬國璠兄弟，自北徐州界聚衆數百，潛得過淮，因天夜陰暗，率百許人緣廣陵城得入，叫喚直上廳事。祗驚起，出門將處分，賊射之，傷敗，〔四〕乃入。祗語左右：「賊乘闇得入，欲

掩我不備。但打五鼓，懼曉，必走矣。」賊聞鼓鳴，謂爲曉，於是奔散。追討，殺百餘人。《宋書·檀祗傳》

遷武康令。喪亂之後，武康人姚係祖招聚亡命，專爲劫盜，所居險阻，郡縣畏憚不敢討。齡石至縣，僞與係祖親厚，召爲參軍。係祖恃其兄弟徒黨强盛，謂齡石必不敢圖己，乃出應召。齡石潛結腹心，知其居此塗徑，乃要係祖宴會，叱左右斬之。乃率吏人馳至其家，掩其不備，莫有得舉手者，悉斬係祖兄弟，殺數十人，自是一郡得清。《宋書·朱齡石傳》

復起興宗爲南郡太守，行荆州事，不行。時前廢帝凶暴，興宗外甥袁顗爲雍州刺史，勸興宗行，曰：「朝廷形勢，人所共見，在内大臣，朝夕難保。舅今出居陝西，爲八州事，〔五〕顗在襄沔，地勝兵强，去江陵咫尺，若朝廷有事，可共立桓、文之功，豈與受制凶狂，禍難不測，同年而語乎。今不去虎口，而守此危逼，後求復出，豈得哉？」興宗曰：「吾素門平進，與主上甚疏，未容有患。宫省内外，人不自保，會應有變。若内難得弭，外釁未必可量。汝欲在外求全，我欲居内免禍，各行所見，不亦善乎！」時京城危懼，衣冠咸欲遠徙，後皆流離外難，百不一存。《宋書·蔡興宗傳》

時殷琰據壽陽爲逆，遣輔國將軍劉勔攻圍，四方既平，琰嬰城固守，上使中書爲詔譬琰，興宗曰：「天下既定，是琰思過之日，陛下宜賜手詔數行，以相弘慰。今直中書爲詔，彼必疑謂非真，未是所以速清方難也。」不從。琰得詔，謂劉勔詐造，果不敢降。攻戰經時，人乃歸順〔六〕先徐州刺史薛安都據彭城反，後遣使歸順。太始元年冬，〔七〕遣張永率軍迎之。興宗曰：「安都遣使歸順，此誠不虛，今宜撫之以和，即安所莅，乃遣須單使及咫尺書耳。〔八〕若以重兵迎之，勢必疑懼，或能招引北虜，爲患不測。叛臣釁重，必宜翦戮，則比者所宥，亦已弘矣。況安都外據强地，密邇邊關，考之國計，尤宜馴養。如其遂叛，將生旰食之憂。彭城險固，兵强將勇，圍之既難，攻不可拔，疆塞之虞，二三宜慮，臣爲朝廷憂之。」時張永已行，不見從。安都聞大軍過淮，嬰城自守，要取索虜。永戰大敗，又值寒雪，死者十八九，遂失淮北四州。其先見如此。《宋書·蔡興宗傳》

先是，子竣爲世祖南中郎諮議參軍，及義師入討，竣參定密謀，兼造書檄。劭召延之，示以檄文，問曰：「此筆誰所造？」延之曰：「竣之筆也。」又問：「何以知之？」延之曰：「竣筆體，臣不容不識。」劭又曰：「言辭何至乃爾？」延之曰：「竣尚不顧老父，何能爲陛下。」劭意乃釋，由是得免。《宋書·顏延之傳》

虜遣清泗間人詐告攸之云：「安都欲降，求軍迎接。」攸之副吴喜納其説，咸謂宜遣千人參之，既而來者轉多，喜所執彌固。攸之乃集來者告之，語曰：「薛徐州早宜還朝，今能爾，深副本望。但遣子弟一人來，便當遣大軍相接。君諸人既有至心，若能與薛子弟俱來者，皆假君以本鄉

縣，唯意所欲，如其不爾，無爲空勞往還。」自此一去不反。《宋書·沈攸之傳》

民間訛言玄謨欲反，諸郡并發兵討玄謨。玄謨令內外晏然，以解衆惑，馳啟孝武，具陳本末。帝知其虛，馳遣主書吴喜公撫慰之。又答曰：「梁山風塵，劉冲之白孝武，言玄謨在梁山與義宣通謀。初不介意，君臣之間，過足相保，聊復爲笑，伸卿眉頭。」玄謨性嚴，未嘗妄笑，時人言玄謨眉頭未曾伸，故帝以此戲之。《宋書·王玄謨傳》

劉季之，誕故佐也，驍果有膂力。會誕反，季之至盱眙，太守鄭瑗以季之素爲誕所遇，疑其同逆，因邀道殺之，送首詣道隆。時誕亦遣間信要季之，及季之首至，沈慶之送以示誕。季之缺齒，垣護之亦缺，誕謂衆曰：「此垣護之頭，非劉季之也。」《宋書·文五王傳》

元嘉七年，太祖遣到彦之經略河南，大敗，悉委棄兵甲，武庫爲之空虛。後太祖宴會，有荒外歸化人在坐，上問琛：「庫中仗猶有几許？」琛詭答：「有十萬人仗。」舊武庫仗密，不言多少，上既發問，追悔失言，及琛詭對，上甚喜。《宋書·顧琛傳》

先是，宗人沈預素無士行，爲警所疾。至是，警聞穆夫預亂，逃藏將免矣，預以告官，警及穆夫、弟仲夫、任夫、預夫、佩夫并遇害，唯穆夫子淵子、雲子、田子、林子、虔子獲全。一門既陷妖黨，兄弟并應從誅，逃伏草澤，常慮及禍，而沈預家甚强富，志相陷滅。林子與諸兄晝藏夜出，即貨所居宅，營墓葬父祖諸叔，凡六喪，儉而有禮。時生業已盡，老弱甚多，東土饑荒，易子而食，外迫國網，内畏强仇，沉伏山草，無所投厝。高祖甚奇之，乃載之别船，遂盡室移京口，高祖分宅給焉。博覽衆書，留心文義。從高祖尅京城，進平都邑。時年十八，身長七尺五寸。沈預慮林子爲害，常被甲持戈。至是，林子與兄田子還東報仇。五月夏節日至，預正大集會，子弟盈堂，林子兄弟挺身直入，斬預首，男女無長幼，悉屠之，以豫首祭父祖墓。《宋書·自序》

校記

〔一〕車騎事中郎，《宋書》諸本作「車騎從事中郎」，當是。

〔二〕漂州，《宋書》諸本作「溧州」，當是。

〔三〕恩遇不遺，《元龜》四〇八引作「恩遇不遺」，當是。

〔四〕傷敗，中華本及《南史》作「傷股」。

〔五〕爲八州事，《南史》、《通鑒》宋景和元年，作「爲八州從事」，當是。

〔六〕人乃，中華本作「久乃」。

〔七〕太始元年冬，《南史》作「二年」，當是。按，《明帝紀》薛安都引北魏軍在太始二年冬。

〔八〕乃遣須單使及咫尺書耳，「乃遣」《元龜》四六五引作「不過」，當是。

兵略

安帝隆安三年，妖賊孫恩作亂於會稽，前將軍劉牢之東討，命高祖與數十人覘賊遠近。會遇賊至，衆數千人，高祖便進與戰。所將人多死，而戰意方厲，手奮長刀，所殺傷甚衆。既而衆騎并至，賊乃奔退，斬獲千餘人，摧鋒而進，平山陰，恩遁還入海。四年，恩復入會稽。劉牢之率衆東征，恩退走。牢之屯上虞，使高祖戍句章城。句章城既卑小，戰士不盈數百人，高祖常被堅執鋭，爲士卒先，每戰，輒摧鋒陷陣，賊乃退還浹口。于時，東伐諸帥御軍無律，士卒暴掠，甚爲百姓所苦。唯高祖法令明整，所至莫不親賴焉。五年春，孫恩頻攻句章，高祖屢摧破之，恩復走入海，北出海鹽。高祖築城於海鹽故治，賊日來攻城，城内兵力甚弱，高祖乃選敢死之士數百人，連戰克勝。恩知城不可下，乃進向滬瀆。高祖復棄城追之。多設伏兵，舉旗鳴鼓，賊謂四面有軍，乃引去。高祖徐歸，然後散兵稍集。五月，孫恩破滬瀆，殺吴國内史袁山松，死者數千人。〔一〕恩乘勝浮海，奄至丹徒，戰士十餘萬。劉牢之猶屯山陰，京口震動。〔二〕高祖倍道兼行，與賊俱至。於能衆力既寡，加以步遠疲勞，而丹徒守軍莫有鬥志。恩率衆數萬，鼓噪登蒜山，〔三〕居民皆荷擔而立。高祖率所領奔擊，大破之，投巘赴水死者甚衆。恩以鼓桙自載，僅得還船。按，「棑」從木，非從手，船後棑木也。《玉篇》音敗。雖被摧破，猶恃其衆力，徑向京師。樓船高大，值風不得進，旬日乃至白石。尋知劉牢之已還，朝廷有備，遂走向鬱洲。八月，以高祖爲建武將軍、下邳太守，領水軍追恩至鬱洲，復大破恩，恩南走。十一月，高祖追恩於滬瀆，及海鹽，又破之。三戰并大獲俘，馘首以萬計。恩至是饑饉疾疫，死者大半，自浹口奔臨海。《宋書·武帝本紀上》

元興二年，桓玄篡帝位，遷天子於尋陽。桓修入朝，高祖從至京邑。玄見高祖，謂司徒王謐曰：「昨見劉裕，風骨不凡，蓋人傑也。」每遊集，輒引接殷勤，贈賜甚厚，高祖愈惡之。或説玄曰：「劉裕龍行虎步，視瞻不凡，恐不爲人下，宜蚤爲其所。」玄曰：「我方欲平蕩中原，非劉裕莫可付以大事。關隴平定，然後當别議之耳。」桓修還京，高祖託以金創疾動，不堪步從，乃與無忌同船共還，建興復之計。於是與弟道規、沛郡劉毅、平昌孟昶、任城魏咏之、高平檀憑之、瑯邪諸葛長民、太原王元德、隴西辛扈興、東莞童厚之，并同義謀。時桓修弟弘爲征虜將軍、青州刺史，鎮廣陵。三年二月己丑朔，乙卯，高祖託以遊獵，與無忌等收集義徒，凡同謀二十七人，願從者百餘人。丙辰詰旦，城開，無忌服傳詔服，稱詔居前。義衆馳入，齊聲大呼，吏士驚散，莫敢動，即斬修以徇。孟昶勸弘其日出獵。未明開門，出獵人，昶、道規、毅等率壯士五六十人，因開門直入。弘方噉粥，即斬之，因收衆濟江。玄自聞義軍起，憂懼無復爲計。或曰：「劉裕等衆力甚弱，豈辦之有成？陛下何慮之甚。」玄曰：「劉裕足爲一世之雄；劉毅家無擔石之儲，摴蒱一擲百萬；何無忌，劉牢之甥，酷似其舅，共舉大事，何謂無成？」衆推高祖爲盟主，移檄京邑，云云。百姓願從者千餘人。三月戊午朔，遇吳甫之於江乘。甫之，玄驍將也，其兵甚鋭。高祖躬執長刀，大呼以衝之，衆皆披靡，即斬甫之。進至羅落橋，皇甫敷率數千人逆戰。寧遠將軍檀憑之與高祖各御一隊，憑之戰敗見殺，其衆退散。高祖近戰彌厲，前後奮擊，應時摧破，即斬敷首。玄聞敷等并没，愈懼。使桓謙屯東陵口，卞範之屯覆舟山西，衆合二萬。己未旦，義軍食畢，棄其餘糧，進至覆舟山東，使丐士張旗幟於山上，以爲疑兵。玄又遣武騎將軍庾禕之，〔四〕配以精卒利器助謙等。高祖躬先士卒以奔之，將士皆殊死戰，無不以一當百，呼聲動天地。時東北風急，因命縱火，烟焰張天，鼓噪之音震京邑。謙等諸軍，一時土崩。玄别使殷仲文具舟於石頭，仍將子侄浮江南走。庚申，高祖鎮石頭城，立留臺官，焚桓温神主於宣陽門外，造晉新主，立於太廟。遣諸將帥追玄，尚書王假率百官奉迎乘輿，〔五〕益州督護馮遷斬玄首，傳京師。又斬玄子昇於江陵市。《宋書·武帝本紀上》

初，僞燕主鮮卑容德僭號於青州，德死，兄子超襲位，前後屢爲邊患。五年二月，大掠淮北，驅略千餘家。三月，公抗表北討。四月，舟師發京都，泝淮入泗。五月，至下邳，留船艦輜重，步軍進瑯邪。所過皆築城留守。慕容超聞王師將至，其大將公孫五樓説超：「宜斷據大峴，刈除粟苗，堅壁清野以待之。彼僑軍無資，求戰不得，旬月之間，折棰以笞之耳。」超不從，曰：「彼遠來疲勞，勢不能久，但當引令過峴，我以鐵騎踐之，不憂不破也。豈有預芟苗稼，先自蹙弱邪。」初，公將行，議者以爲賊聞大軍遠出，必不敢戰，若不斷大峴，當堅守廣固，刈粟清野，以絶三軍之資，非唯難以有功，將不能自反。公曰：「我揣之熟矣。鮮卑貪，不及遠計，進利剋獲，退惜粟苗。謂我孤軍遠入，不能持久，不過進據臨朐，退守廣固。我一得入峴，則人無退心，驅必死之衆，向懷貳之虜，何憂不克。彼不能清野固守，爲諸君保之。」公既入峴，舉手指天曰：「吾事濟矣！」六月，慕容超遣五樓及廣寧王賀賴盧先據臨朐城，既聞大軍至，留羸老守廣固，乃悉出。臨朐有巨蔑水，去城四十里。超告五樓曰：「急往據之，晉軍得水，則難擊也。」五樓趨進，龍驤將軍孟龍符領騎居前，奔往爭之，五樓乃退。衆軍步進，有車四千兩，分車爲兩翼，方軌徐行，軍令嚴肅，行伍齊整。未及臨朐數里，賊鐵騎萬餘，前後交至。公命兖州刺史劉藩弟并州刺史道憐、諮議參軍劉敬宣、陶延壽、參軍劉懷慎、王仲道、〔六〕索邈等，齊力擊之。日向昃，按《向靖傳》「大戰於臨朐，累月不決」。此云「日向昃」，又云「即日陷城」，似止一日中事，恐「日向昃」之上當有闕脱，抑或「累月」當爲「累日」之誤耶！《檀韶傳》云：「率向彌、胡蕃等五十人攻臨朐城。」此止叙三人，亦略。公遣諮議參軍檀韶直趨臨朐。韶率建威將軍向彌、參軍胡藩馳往，即日陷城，斬其牙旗，悉虜超輜重。超聞臨朐已拔，引衆走，公親鼓之，賊乃大奔。超遁還廣固。獲超馬、僞輦、玉璽、豹尾等，送於京師。明日，大軍進廣固，即屠大城，超退保小城。於是設長圍守之，停江淮轉輸，館穀於齊土。撫納降附，華夷歡悦，援才授爵，因而任之。公方治攻具，城上人曰：「汝不得張綱，何能爲也。」綱者，超僞尚書郎，其人有巧思。會超遣綱稱藩於姚興，乞師請救。興僞許之，而實憚公不敢遣。綱從長安還，泰山太守申宣執送之。乃升綱於樓上，〔七〕以示城内，城内莫不失色。於是，使綱大治攻具。超求救不獲，綱反見虜，轉憂懼，乃請稱藩，求割大峴爲界，獻馬千匹。不聽，圍之轉急。河北居民荷戈負糧至者日以千數。録事參軍劉穆之有經略才具，公以爲謀主，動止必諮焉。時姚興遣使告公云：「慕容見於鄰好，又以窮告急，今當遣鐵騎十萬，逕據洛陽。晉軍若不退者，便當遣鐵騎長驅而進。」公呼興使答曰：「語汝姚興，我定燕之後，息甲三年，當平關洛。今能自送，便可速來。」穆之聞有羌使，馳入，而公發遣已去。以興所言并答，具語穆之，穆之尤公曰：「常日事無大小，必賜與謀之。此宜善詳之，云何卒爾便答？公所答興言，未能威敵，正足怒彼耳。若燕未可拔，羌救奄至，不審何以待之？」公笑曰：「此是兵機，非卿所解，故不語耳。夫兵貴神速，彼若審能遣救，必畏我知，寧容先遣信命？此是其見我伐燕，内已懷懼，自張之辭耳。」十月，河北歸順。張綱治攻具成，設諸奇巧，飛樓木幔之屬，莫不畢備。城上火石、弓矢無所用之。六年二月丁亥，屠廣固。超踰城走，征虜賊曹喬胥獲之，殺其王命以下，〔八〕納口萬餘，馬二千匹，送超京師，斬於建康市。《宋書·武

帝本紀上》

公之北伐也，徐道覆勸盧循乘虚而出，循從之，乃率衆過嶺。是月，寇南康、廬陵、豫章，諸郡守皆委任奔走。於時平齊問未至，即馳使徵公，公即日班師。鎮南將軍何無忌與徐道覆戰於豫章，敗績，無忌被害，内外震駭。朝廷欲奉乘輿北走就公，尋知賊定未至，人情小安。公至下邳，以船運輜重，自率精鋭步歸。乃卷甲兼行，四月癸未，公至京師，解嚴息甲。撫軍將軍劉毅抗表南征，公與毅書，又遣毅從弟藩往止之。毅不從，舟師二萬，發自姑熟，〔九〕五月，毅敗績於桑落洲，棄船步走，餘衆不得去者，皆爲賊所擒。毅敗問至，内外洶擾。於時北師始還，多創痍疾病。京師戰士不盈數千。賊既破江豫二鎮，戰士十餘萬，舟車百里不絶。奔敗還者，并聲其雄盛。孟昶、諸葛長民懼寇漸逼，欲擁天子過江，公不聽，昶固請不止。公曰：「今重鎮外傾，强寇内逼，人情危駭，莫有固志。若一旦遷動，便自瓦解，江北亦豈可得至！設令得至，不過延日月耳。今兵士雖少，自足以一戰。若其克濟，則臣主同休，苟厄運必至，我當以死衛社稷，横尸廟門，遂其由來以身許國之志，不能遠竄於草間求活也。我計決矣，卿勿復言！」昶恐其不濟，乃爲表，封畢，仰藥而死。於是，大開賞募，投身赴義者，一同登京城之科。發居民治石頭城，建牙戒嚴。時議者謂宜分兵守諸津要。公以爲：「賊衆我寡，若分兵屯，則人測虚實。且一處失利，則沮三軍之心。今聚衆石頭，隨宜應赴，既令賊無以測多少，又於衆力不分。若徒旅轉集，徐更論之耳。」移屯石頭，乃柵淮斷查浦。既而君賊大至，公策之曰：「賊若於新亭直進，其鋒不可當，宜且回避，勝負之事，未可量也。若回泊西岸，此成擒耳。」道覆欲自新亭、白石焚舟而上。循多疑少決，每欲以萬全爲慮，謂道覆：「不如按兵待之。」公於時登石頭城以望循軍，初見引向新亭，公顧左右失色。既而回泊蔡洲，道覆猶欲上，循禁之。自是衆軍轉集，修治越城，築查浦、藥園、廷尉三壘，〔一〇〕皆聚以實衆。冠軍將軍劉敬宣屯北郊，輔國將軍孟懷玉屯丹陽郡西，建武將軍王仲德屯越城，廣武將軍劉默屯建陽門外，〔一一〕使寧朔將軍索邈領鮮卑具裝虎班突騎千餘匹，皆被練五色，自淮北至於新亭。賊并聚觀，咸畏憚之。然猶遣十餘艦來拔石頭柵，公命神弩射之，發輒摧陷，循乃止，不復攻柵。設伏兵於南岸，使羸老悉乘舟艦向白石。公憂其從白石步上，乃率劉毅、諸葛長民北出拒之，留參軍徐赤特戍南岸，命堅守勿動。公既去，賊焚查浦步上，赤特軍戰敗，死没有百餘人，赤特棄餘衆，單舸濟淮。賊遂率數萬屯丹陽郡，公率諸軍馳歸。衆憂賊過，咸謂公當徑還拒戰。公先分軍還石頭，衆莫之曉。解甲息士，洗浴飲食之，乃出，列陳於南塘。以赤特違處分，斬之。命參軍諸葛叔度、朱齡石率勁勇千餘人過淮。〔一二〕群賊數千，齡石所率多鮮卑，善步矟，賊短兵，弗能抗，死傷者數百人，乃退走。會日暮，衆亦歸。七月庚申，群賊自蔡洲南走，還屯尋陽。遣輔國將軍王仲德、廣川太守劉鍾、河間太守蒯恩追之。公還東府，大治水軍，皆大艦重樓，高者十餘丈。治兵大辦，十月，率兗州刺史劉藩、寧朔將軍檀韶等舟師南伐。是月，徐道覆率衆三萬寇江陵，荆州刺史道規大破之，斬首萬餘級，道覆走還盆口。循廣州守兵，不以海道爲防。十一月，建威將軍孫季高乘海奄至，四面攻之，即日屠其城。循方治兵旅、舟艦，設諸攻備。十二月，循、道覆率衆數萬，方艦而下，前後相抗，莫見舳艫之際。公悉出輕利鬬艦，躬提幡鼓，命衆軍齊力擊之。又上步騎於西岸。右軍參軍庾樂生乘艦不進，斬而徇之。於是，衆軍并踊騰爭先。軍中多萬鈞神弩，所至莫不摧陷。公中流蹙之，因風水之勢，賊艦悉泊西岸。上軍先備火具，〔一三〕乃投水焚之，烟焰張天，賊衆大敗，追奔至夜，乃歸。循等還尋陽。初，分遣步軍，莫不疑怪，乃燒賊艦，衆乃悦服。循聞大軍上，欲走向豫章，乃悉力栅斷左里。大軍至左里，將戰，公所執麾竿折，折幡沈水，衆并怪懼。公歡笑曰：「往年覆舟之戰，幡竿亦折，今者復然，賊必破矣。」即攻栅而進，循兵雖殊死戰，弗能禁。諸軍乘勝奔之，循單舸走。所殺及投水死，凡萬餘人。遣劉藩、孟懷玉輕軍追之。七年二月，循至番禺，爲孫季高所破，收餘衆南走。劉藩、孟懷玉斬徐道覆於始興。交州刺史杜慧度斬盧循，傳首京師。〔一四〕《宋書·武帝本紀上》

義熙十二年，高祖北伐，以道濟爲前鋒，出淮肥，所至諸城戍望風降服。進克許昌，至成皋，逕進洛陽。凡拔城破壘，俘四千餘人。議者謂應悉戮，以爲京觀。道濟曰：「伐罪弔民，正在今日。」皆釋而遣之。於是，戎夷感悦，相率歸之者甚衆。景平元年，虜圍青州刺史竺夔於東

陽城，按，青州北城名東陽城。夔告急。加道濟使持節，監征討諸軍事，與王仲德救東陽。未及至，
虜燒營，焚攻具遁走。將追之，城内無食，乃開窖取久穀，窖深數丈，出穀作米，已經再宿，虜
去已遠，不復可追，乃止。還鎮廣陵。徐羨之將廢廬陵王義真，以告道濟，道濟意不同，屢陳不
可，不見納。羡之等謀欲廢立，諷道濟入朝，既至，以謀告之。將廢之夜，道濟入領軍府就謝晦
宿。晦其夕竦動不得眠，道濟就寢便熟，晦以此服之。道濟立功前朝，威名甚重，左右腹心，并
經百戰，諸子又有才氣，朝廷疑畏之。太祖寢疾累年，屢經危殆，彭城王義康慮宫車宴駕，道濟
不可復制。元嘉十二年，上疾篤，會索虜爲邊寇，召道濟入朝。既至，上間。十三年春，將遣道
濟還鎮，已下船矣，會上疾動，召入祖道，收付廷尉。於是道濟及其子等八人，并於廷尉伏誅。
又收司空參軍薛彤，〔一五〕付建康伏法。又遣尚書庫部郎顧仲文、建武將軍茅亭至尋陽，〔一六〕
收道濟子夷、邕、演及司空參軍高進之，誅之。薛彤、進之并道濟腹心，有勇力，時以比張飛、
關羽。初，道濟見收，脱幘投地曰：「乃復壞汝萬里之長城！」——《宋書·檀道濟傳》

義熙八年，劉毅有疾，求遣從弟兗州刺史藩爲副貳〔一七〕高祖僞許之。九月，大軍西討，轉鎮
惡參軍事，加振武將軍。高祖至姑熟，遣鎮惡率龍驤將軍蒯恩百舸前發，其月二十九日也。戒之
曰：「若賊知吾上，比軍至，亦當少日耳。政當岸上作軍，未辦便下船也。卿至彼，深加籌量，
可擊，便燒其船艦，且浮舸水側，以待吾至。慰勞百姓，宣揚詔旨并赦文、及吾與衛軍府文武

書。罪止一人，其餘一無所問。若賊都不知消息，未有備防，可襲便襲。今去，但云劉兗州上。」鎮惡受命，便晝夜兼行，於鵲洲、尋陽、河口、巴陵守風凡四日，〔一八〕十月二十二日至豫章口，去江陵城二十里。自鎮惡進路，揚聲劉兗州上，毅謂信然，不知見襲。鎮惡自豫章口捨船步上，蒯恩軍在前，鎮惡次之，舸留一二人，按，「一二人」南監本作「一乙士」三字，恐是也。「乙士」軍伍之名，見《蒯恩傳》。對舸岸上豎六七旗，下輒安一鼓。語所留人：「計我將至城，便長嚴，令後有大軍狀。」又分隊在後，令燒江津船艦。鎮惡逕前襲城，語前軍：「若有問者，但云劉兗州至。」津戍及百姓皆言劉蕃實上，宴然不疑。未至城五六里，逢毅要將朱顯之，與十許騎，步從者數十，欲出江津。問「是何人」，答云「劉兗州至」。顯之馳前問蕃所在，答云「在後」。顯之既見軍不見蕃，而見軍人擔彭排戰具，望見江津船艦已被燒，烟焰張天，而鼓嚴之聲甚盛，知非蕃上，便躍馬馳去告毅：「外有大軍，似從下上，垂已至城，江津船悉被火燒矣。」行令閉諸城門，鎮惡亦馳進，軍人緣城得入，門猶未及下關，因得開大城東門。大城内，毅凡有八隊，帶甲千餘，已得戒嚴。蒯恩入東門，便北回擊射堂，前攻金城東門。鎮惡入東門，便直擊金城西門。軍分共金城内東從舊將，〔一九〕猶有六隊千餘人，西將及能細直吏快手，復有二千餘人。食時就鬭，至中晡，西人退散及歸降略盡。鎮惡入城，便因風放火，燒大城南門及東門。又遣人以詔及赦文并高祖手書凡三函示毅，毅皆燒不視。金城内亦未信高祖自來。有王桓者，家在江陵，昔手斬桓謙，爲高祖所賞拔，常在左右，求還西迎家。至是，率十餘人助鎮惡戰。下晡間，於金城東門北三十步鑿城作一穴，桓便先衆入穴，鎮惡自後繼之，隨者稍多，因短兵接戰。鎮惡軍人與毅東將，或有是父兄子弟中表親親者，鎮惡令且鬭且共語，衆并知高祖自來，人情離懈。一更許，聽事前陣散潰，斬毅勇將趙蔡。毅左右兵猶閉東西閤拒戰，鎮惡慮暗夜自相傷犯，乃引軍出，繞金城，開其南面，以爲退路。毅慮南有伏兵，三更中率左右三十按，「十」監本作「百」。許人，開北門突出。軍人鬭已一日，疲倦，毅得從大城東門出奔牛牧佛寺，自縊死。鎮惡身被五箭，射鎮惡手所執矟，於手中破折。江陵平後二十日，大軍方至。以討劉毅功封漢壽縣子，食邑五百户。

十二年，高祖將北伐，轉鎮惡爲諮議參軍，行龍驤將軍，領前鋒。鎮惡入賊境，戰無不捷，邵陵、許昌望風奔散，破虎牢及柏谷塢，斬賊帥趙玄。軍次洛陽，進次澠池，遣司馬毛德祖攻僞弘農太守尹雅於蠡城，生擒之。仍行弘農太守。方軌長驅，徑據潼關。僞大將軍姚紹率大衆拒嶮，深溝高壘以自固。鎮惡懸軍遠入，轉輸不充，與賊相持久，將士乏食，乃親到弘農督上民租，百姓競送義粟，軍食復振。初，高祖與鎮惡等期，若克洛陽，須大軍至，未可輕前。既而鎮惡等逕向潼關，爲紹所拒，不得進，而軍又乏食，馳告高祖，求遣糧援。時高祖沿河，索虜屯據河岸，軍不得前。高祖呼所遣人開舫北户，指河上虜示之曰：「我語令勿進，而輕佻深入。岸上如此，何由得遣軍？」鎮惡既得義租，紹又病死，僞撫軍姚讚代紹守險，衆力猶盛。高祖至湖城，讚引退。大軍次潼關，謀進取之計，鎮惡請率水軍自河入渭。僞鎮北將軍姚强屯兵涇上，鎮惡遣毛德祖擊破之，直至渭橋。鎮惡既至，令將士食畢，便棄船登岸。渭水流急，倏忽間，諸艦悉逐流去。時姚泓屯軍在長安城下，猶數萬人。鎮惡撫慰士卒曰：「卿諸人并家在江南，此是長安城北門外，去家萬里，而舫乘衣糧，并已逐流去，豈復有求生之計邪！唯宜死戰，可以立大功，不然，則無遺類矣。」乃身先士卒，衆亦知無復退路，莫不騰踊爭先，泓衆一時奔潰，即陷長安城。泓挺身逃走，明日率妻子歸降。城内夷晉六萬餘户，鎮惡宣揚國恩，撫慰初附，號令嚴肅，百姓安堵。高祖將至，鎮惡於灞上奉迎，高祖勞之曰：「成吾霸業者，真卿也。」鎮惡再拜謝曰：「此明公之威，諸將之力，鎮惡何功之有焉！」高祖笑曰：「卿欲學馮異也。」是時關中豐全，倉庫殷積，鎮惡極意收斂，子女玉帛，不可勝計。高祖以其功大，不問也。進號征虜將軍。時有白高祖，以鎮惡既克長安，藏姚泓僞輦爲有異志。高祖密遣人覘輦所在，泓輦飾以金銀，鎮惡悉剔取，而棄輦於垣側。高祖聞之，乃安。《宋書·王鎮惡傳》

義熙九年，遣諸軍伐蜀，令齡石爲元帥，以爲建威將軍、益州刺史，率寧朔將軍臧熹、河間太守蒯恩、下邳太守劉鍾、龍驤將軍朱林等，〔二〇〕凡二萬人，發自江陵。尋加節益州諸軍事。初，高祖與齡石密謀進取，曰：「劉敬宣往年出黄虎，無功而退。賊謂我今應從外水往，而料我當出其不意，猶從内水來也。如此，必以重兵守涪城，以備内道。若向黄虎，正墮其計。今以大衆自外水取成都，疑兵出内水，此制敵之奇也。」而慮此聲先馳，賊審虛實，别有函書，全付齡石，〔二一〕署函邊曰：「至白帝乃開！」諸軍雖進，未知處分所由。至白帝，發書，曰：「衆軍悉從外水取成都，臧熹、朱林於中水取廣漢，使羸弱乘高艦十餘，由内水向黄虎。」衆軍乃倍道兼行，譙縱果備内水，使其大將譙道福以重兵戍涪城，遣其前將軍秦州刺史侯輝、尚書僕射蜀郡太守譙詵等，率衆萬餘屯彭模，夾水爲城。《劉鍾傳》：「由外水至於彭模，去成都二百里。僞冠軍征討督護譙亢等兩岸連營，層樓重栅，衆號三萬。」十年六月，齡石至彭模，諸將以賊水北城險阻衆多，咸欲先攻其南城。齡石曰：「不然，雖寇在北，今屠南城，不足以破北；若盡鋭以拔北壘，南城不麾而自散也。」七月，齡石率劉鍾、蒯恩等攻城，詰朝戰至日昃，焚其樓櫓，四面并登，斬侯輝，譙詵，仍回軍以麾，南城即時潰散。凡斬大將十五級，諸營守以次土崩，衆軍乃舍船步進。龍驤將軍臧熹至廣漢，病卒。朱林至廣漢，復破譙道福，别軍乘船陷牛脾城，〔二二〕斬其大將譙撫。譙縱聞諸處盡敗，奔於涪城，巴西人王志斬送，僞尚書令馬耽封府庫以待王師。道福聞彭模不守，率精鋭五千兼行來赴，聞縱已走，道福衆亦散，乃逃於獠中，巴西民杜瑶縛送之，〔二三〕斬於軍門。高祖之伐蜀也，將謀元帥，而難其人，乃舉齡石。衆咸謂齡石資名尚輕，慮不辦克，高祖不從。咸服高祖之知人。《宋書·朱齡石傳》

太宗即位，四方反叛。進興世號龍驤將軍，領水軍，距南賊於赭圻。時臺軍據赭圻，南賊屯鵲尾，相持久不決。興世建議曰：「賊據上流，兵强地勝。我今雖相持有餘，而制敵不足。今若以兵數千，潛出其上，因險自固，隨宜斷截，使其首尾周遑，進退疑沮，中流一梗，糧運自艱。制賊之奇，莫過於此。」沈攸之、吳喜并贊其計。興世欲率所領直取大雷，而軍旅未集，不足分張。會薛索兒平定，山陽又尋平，衆軍大集。乃分戰士七千配興世，興世乃令輕舸泝流而上，旋復回還，一二日中，輒復如此，使賊不爲之備。劉胡聞興世欲上，笑之曰：「我尚不敢越彼下取揚州，張興世何物人，欲輕據我上！」興世謂攸之等曰：「上流唯有錢谿可據，地既險要，江又甚狹，去大衆不遠，應赴無難。江有洄洑，船下必來泊，岸有横浦，可以藏船，舸二三爲宜。」乃夜渡湖口，至散頭，〔二四〕因復回下疑之。其夜四更，值風，仍舉颿直前，賊亦遣胡靈秀諸軍，於東岸相翼而上。興世夕住景江浦宿，賊亦不進。夜潛遣黄道標領七十舸，徑據錢谿，營立城柴。明旦，興世與軍齊集。停一宿，劉胡自領水步二十六軍平旦來攻，將士欲迎擊之，興世禁曰：「賊來尚遠，而氣盛矢驟，驟既力盡，盛亦易衰，此曹劌之所以破齊也。」令將士不得妄動，治城如故。俄而賊來轉近，舫入洄洑，興世乃命壽寂之、任農夫率壯士數百擊之，衆軍相繼進，胡於是敗走。斬級數百，投水者甚衆，胡收軍而下。時興世城壘未固，司徒建安王休仁慮賊并力更攻錢谿，欲分其形勢，命沈攸之、吳喜、佼長生、劉靈遺等以皮艦二十，攻賊濃湖，苦戰連日，斬獲千數。是日，劉胡果率衆軍，欲更攻興世，未至錢谿數十里，袁顗以濃湖之急，遽追之，錢谿城柴由此得立。賊連戰轉敗，興世又遏其糧道，尋陽遣運至南陵，不敢下，賊衆漸飢。劉相乃遣顗安北府司馬、僞右軍沈仲玉領千人步取南陵，迎接糧運。仲玉至南陵，領米三十萬斛，錢布數十舫，豎榜爲城，規欲突過，行至貴口，不敢進，遣間信報胡，令遣重軍援接。興世、壽寂之、任農夫、李安民等三千人至貴口擊之，與仲玉相值，交戰盡日，仲玉走還顗營，悉虜其資實。賊衆大敗震，胡棄軍遁走，顗仍亦奔散。興世率軍追討，與吴喜共平江陵。《宋書·張興世傳》

臨川烈武王道規，字道則，高祖少弟也。少倜儻有大志，高祖奇之，與謀桓玄。〔二五〕玄敗走，道規與劉毅、何無忌追玄。玄西走江陵，留郭銓、何澹之等固守盆口，〔二六〕義軍既至，賊列艦拒之。澹之空設羽儀旗幟於一舫，而別在它船，無忌欲攻羽儀所在，衆悉不同，曰：「澹之必不在此舫，雖得無益也。」無忌曰：「澹之不在此舫，固不須言也。既不在此，則戰士必弱，我以勁兵攻之，必可擒也。擒之之日，彼必以爲失其軍主，我徒咸謂已得賊帥，我勇而彼懼，懼而薄之，破之必矣。」道規喜曰：「此名計也！」因往彼攻之，即擒此舫。因鼓噪倡曰：「已斬何澹之！」賊徒及義軍并以爲然。因縱兵，賊衆奔散，即克盆口，進平尋陽。因復馳進，遇玄於崝，按，「崝」監本作「崢」。嶸洲。道規等兵不滿萬人，而玄戰士數萬，衆并憚之，欲退還尋陽。道規曰：「不可！彼衆我寡，强弱異勢。今若畏懦不進，必爲所乘，雖至尋陽，豈能自固？玄雖竊名雄豪，内實恇怯，加以經奔敗，衆無固心。决機兩陣，將雄者克。昔光武昆陽之戰，曹操官渡之師，皆以少勝多，共所聞也。今雖才謝古人，豈可先爲之弱！」因麾衆而進，毅等從之，大破玄軍。郭銓與玄單舸走，江陵不復能守，欲入蜀，爲馮遷所斬。進平巴陵，克江陵城。無忌翼衛天子還京師，道規留夏口。江陵之平也，道規推毅爲元功，無忌爲次功，自居其末。領護南蠻校尉、荆州刺史。善於爲治，刑政明理，士民莫不畏而愛之。盧循寇逼京邑，道規遣司馬王鎮之及揚武將軍檀道濟、廣武將軍到彦之等赴援朝廷，至尋陽，爲賊黨荀林所破。〔二七〕循即以林爲南蠻校尉，分兵配之，使乘勝伐江陵，揚聲云「徐道覆已克京邑」。而桓謙自長安入蜀，譙縱以謙爲荆州刺史，厚加資給，與其大將譙道福俱寇江陵，正與林會。林屯江津，謙軍枝江，二寇交逼，分絶都邑之間。荆楚既桓氏義舊，并懷異心。道規乃會將士，告之曰：「桓謙今在近畿，聞者頗有去就之計。吾東來文武，足以濟事。若欲去者，本不相禁。」因夜開城門，達曉不閉，衆咸憚服，莫有去者。雝州刺史魯宗之率衆數千，自襄陽來赴。或謂宗之未可測，道規乃單馬迎之，宗之感悦。衆議欲使檀道濟、到彦之與宗之共擊，道規曰：「盧循擁隔中流，扇張同異，桓謙、荀林更相首尾，人懷危懼，莫有固心，成敗之機在此一舉。非吾自行，其事不决。」乃使宗之居守，委以腹心，率諸軍攻謙，諸將佐皆固諫曰：「今遠出討謙，其勝難必。荀林近在江津，伺人動静。若來攻城，宗之未必能固，脱有差跌，大事去矣。」道規曰：「諸君不識兵機耳！荀謙林愚豎，無它奇計，以吾去未遠，必不敢向城。吾今取謙，往至便克，沈疑之間，已自還反。謙敗則林破膽，豈暇得來。且宗之獨守，何爲不支數日？」解南蠻校慰印以授諮議參軍劉遵，馳往攻謙，水陸齊進，謙大敗，單舸走，欲下就林，追斬之。還至沛口，林又奔散。劉遵率軍追林，至巴陵，斬之。初，謙至枝江，江陵士庶皆與謙書，言城内虚實，咸欲謀爲内應。至是，參軍曹仲宗檢得之，道規悉焚不視，衆於是大安。徐道覆率衆三萬，奄至破冢，魯宗之已還襄陽，追召不及，人情大震。或傳循已平京師，遣道覆上爲刺史，江漢士庶感焚書之恩，無復貳志。道規使劉遵爲遊軍，自距道覆於豫章口。前驅失利，道規壯氣愈厲，激揚三軍，遵自外横擊，大破之。斬首萬餘級，赴水死者殆盡，道覆單舸走還盆口。初，使遵爲遊軍，衆咸云：「今强敵在前，唯患衆少，不應割削見力，置無用之地。」及破道覆，果得遊軍之力，衆乃服焉。《宋書·宗室傳》

元嘉二十六年，索虜大帥拓跋燾南侵陳潁，遂圍汝南懸瓠城。行汝南太守陳憲保城自固，賊晝夜攻圍之，憲且守且戰，矢石無時不交。虜多作高樓，施弩以射城内，飛矢雨下，城中負户以汲。又毁佛浮圖，取金像以爲大鉤，施之衝車端，以牽樓堞。城内有一沙門，頗有機思，輒設奇以應之。賊多作蝦蟆車以填塹，因薄攻城，〔三八〕憲督厲將士。固女牆而戰，賊之死者，尸與城等，遂登尸以陵城，短兵相接，憲鋭氣愈奮，戰士無不一當百，殺傷萬計，汝水爲之不流。相距四十餘日，鑠遣安蠻司馬劉康祖與寧朔將軍臧質救之，虜燒攻具走。《宋書·文九王傳》

太宗即位，會四方反叛，南賊已次近道，以攸之爲寧朔將軍、尋陽太守，率軍據虎檻。時王玄謨爲大統，未發。前鋒有五軍在虎檻，五軍後，又絡驛繼至，每夜各立姓號，不相稟受。攸之謂軍吏曰：「今衆軍姓號不同，若有耕夫漁父，夜相呵叱，便致駭亂，取敗之道也。」乃就一軍請號，衆咸從之。薛常寶在赭圻食盡，南賊大帥劉胡屯濃湖，以囊盛米繫流查及船腹，陽覆船，順風流下，以餉赭圻。攸之疑其有異，遣人取船及流查，大得囊米。赭圻、濃湖之平也，賊軍委棄資財、珍貨殷積，諸軍各競收斂，以强弱爲多少。唯攸之、張興世約勒所部，不犯秋毫，諸將以此多之。《宋書·沈攸之傳》

廢帝之殞也，攸之欲起兵，問其知星人葛珂之，珂之曰：「自古起兵，皆候太白。太白見則成，伏則敗。昔桂陽以太白伏時舉兵，一戰授首，此近世明驗。今蕭公廢昏立明，正值太白時，〔二九〕此與天合也。且太白尋出東方，東方利用兵，西方不利。」故攸之止不反。及後舉兵，珂之又曰：「今歲星守南斗，其國不可伐。」攸之不從。《宋書·沈攸之傳》

元嘉二十二年，伐林邑，慤自奮請行。義恭舉慤有膽勇，乃除震武將軍，〔三〇〕爲安西參軍蕭景憲軍副，隨交州刺史檀和之圍區粟城。林邑遣將范毗沙達來救區粟，和之遣偏軍拒之，爲賊所敗。又遣慤，慤乃分軍爲數道，偃旗潛進，討破之，拔區粟，入象浦。林邑王范陽邁傾國來拒，以具裝被象，前後無際，士卒不能當。慤曰：「吾聞師子威服百獸。」乃製其形，與象相禦，象果驚奔，衆因潰散，遂克林邑。收其異寶雜物，不可勝計。慤一無所取，衣櫛肅然，文帝甚嘉之。大明三年，竟陵王誕據廣陵反，慤表求赴討，上壯之。初，誕誑其衆云：「宗慤助我！」及慤至，躍馬呼曰：「我宗慤也！」《宋書·宗慤傳》

玄謨每陳北侵之策。上謂殷景仁曰：「聞王玄謨陳説，使人有封狼居意。」〔三一〕《宋書·王玄謨傳》

虜衆大潰，面縛軍門者，二千餘人。元景輕騎晨至，虜兵之面縛者，多河内人，元景詰之曰：「汝等怨王澤不浹，請命無所，今并爲虜盡力，便是本無善心。順附者存拯，從惡者誅滅，欲知王師正如此爾。」皆曰：「虐虜見驅，後出赤族，以騎蹴步，未戰先死，此親將軍所見，非敢背中國也。」諸將欲盡殺之，元景以爲不可，曰：「今王旗北掃，當令仁聲先路。」乃悉釋而遣之，家在關裏者，符守關諸軍聽出，皆稱萬歲而去。《宋書·柳元景傳》

元景宿令軍中曰：「鼓繁氣易衰，叫數力易竭。但各銜枚疾戰，一聽吾營鼓音。」《宋書·柳元景傳》

慶之字弘先。往襄陽省兄，趙倫之見而賞之。倫之子伯符時爲竟陵太守，倫之命伯符版爲寧遠中兵參軍。竟陵蠻屢爲寇，慶之爲設規略，每擊破之，伯符由此致將帥之稱。伯符去郡，又別討西陵蠻，不與慶之相隨，無功而反。《宋書·沈慶之傳》

慶之患頭風，好著狐皮帽，群蠻惡之，號曰「蒼頭公」。每見慶之軍，輒畏懼曰：「蒼頭公已復來矣！」《宋書·沈慶之傳》

慶之從弟法系，亦有將用。世祖伐逆，以爲南中郎參軍，領三千人前發，與柳元景旦至新亭。元景居中營，宗慤居西營，法系居東營。東營據岡，賊攻元景，法系臨射之，所殺甚衆。法系塹外樹悉伐之令倒，賊劭來敗，緣樹以進，彭排多開隙，選善射手，的發無不中，死者交横。《宋書·沈慶之傳》

越善立陣營，每數萬人止頓，越自騎馬前行，使軍人隨其後，馬止營合，未嘗參差。《宋書·宗越傳》

喜未死一日，上與劉劻、張興世、齊王詔曰：「喜軍中諸將，非劫便賊，唯云：『賊何須殺，但取之，必得其用。』雖復羸弱，亦言：『健兒可惜，天下未平，但令以功贖罪。』處遇料理，反勝勞人，此輩所感，唯喜，莫云恩由朝廷。凶惡不革，恒出醜聲，勞人義士，相與歎息，并云：『我等不愛性命，擊擒此賊，朝廷不肯殺去，反與我齊。今天下若更有賊，我不復能擊也。』此等既隨喜行，多無功效，或隱在衆後，或在幔屋中眠。賊既破散，與勞人同受爵賞。《宋書·吳喜傳》

劉胡，本名坳胡，以其顏面坳黑似胡，故以爲名。及長，以坳胡難道，單呼爲胡。出身郡將，捷口，善處分，稍至隊主，討伐諸蠻，往無不捷。蠻至今畏之，小兒啼，語之云：「劉胡來！」便止。《宋書·鄧琬傳》

顗本無將略，性又怯撓，在軍中未嘗戎服，語不及戰陳，唯賊詩談義而已。不能撫接諸將，劉胡每論事，酬對甚簡，由此大失人情，劉胡常切齒恚恨。胡以南軍未至，〔三三〕軍士匱乏，就顗換襄陽之資，按，「換」借也。顗答曰：「都下兩宅未成，亦應經理，不可損徹。」又信往來之言：「京師米貴，斗至數百。」以爲不勞攻伐，行自離散。於是，擁甲以待之。《宋書·袁顗傳》

及劉胡叛走，不告顗，顗至夜方知，大怒罵曰：「今年爲小子所誤！」呼取飛燕，謂其衆曰：「我當自出追之。」因又遁走。《宋書·袁顗傳》

勔 字伯猷。內攻外禦，戰無不捷。善撫諸將，以寬厚爲衆所依。將軍王廣之求勔所自乘馬，諸將帥并忿廣之叨冒，勸勔以法裁之，勔歡笑，即時解馬與廣之。及琰開門請降，勔約令三軍，不得妄動，城內士民，秋毫無所失，百姓感悦，咸曰「來蘇百姓」，生爲立碑。《宋書·劉勔傳》

史臣論曰：吴漢平蜀，城內流血霑踝，而其後無聞於漢。陸抗定西陵步氏，禍及嬰孩，而機雲爲戮上國。劉勔克壽春，士民無遺芻委粒之歎，莫不扶老攜幼，歌唱而出重圍，美矣！

元徽元年，丁母憂。性至孝，居喪毁甚，祖日及祥變，常發詔衛軍斷客。二年，桂陽王休範爲逆，粲扶曳入殿，詔加兵自隨，府置佐史。時兵難危急，賊已至南掖門，諸將意沮，咸莫能奮。粲慷慨謂諸將帥曰：「寇賊已逼，而衆情離沮。孤子受先帝顧託，本以死報，今日當與褚護軍同死社稷！」因命左右備馬，辭色哀壯。於是，陳顯達等感激出戰，賊即平殄。《宋書·袁粲傳》

太祖每出軍行師，常懸授兵略。二十九年，重遣王玄謨等北伐，配爰 徐爰，字長玉。五百人，

隨軍向碻磝，銜中旨，臨時宣示。《宋書·恩倖傳》

熹攻圍懸瓠，時世祖鎮彭城，太祖遣隊主吴香鑪乘驛敕世祖，遣千騎，齎三日糧襲之。《宋書·索虜傳》

《文帝紀》史臣論之曰：「授將遣帥，乖分閫之命，才謝光武，而遥制兵略，至於攻日戰時，莫不仰聽成旨，雖覆師喪旅，將非韓伯，〔三三〕而延寇蹙境抑此之由。按，《沈慶之傳》：蕭斌欲死固碻磝，慶之以爲碻磝孤絶，非可久住。會詔使至，不許退，諸將并謂宜留。慶之曰：「閫外之事，將所得專。詔從遠來，事勢已異。」慶之之言，蓋通論也。夫兵難喻度，趙充國言須至金城，圖上方略。文帝知此意，勿懸論兵矣。若有密謀，慮人聲洩，不在此限。《朱齡石傳》：高祖與齡石密謀取成都，而慮此聲先馳，别有函書，全付齡石，署函邊曰：「至白帝乃開。」此則廟謨秘計。制敵之奇，非可以常律論也。

時諸將破賊，皆多其首級，而林子獻捷書至，每以實聞，高祖問其故，林子曰：「夫王者之師，本有征無戰，豈可復增張虚護，以自夸誕？國淵以事實見賞，魏尚以虚級受罰，此亦前事之師表，後乘之良轍也。」高祖曰：「乃所望於卿也。」《宋書·自序》

泓已摧破，兄弟復共追討，泓乃舉衆奔霸西。田子欲窮追，進取長安，林子止之曰：「往取長安，如指掌爾。復克賊城，便爲獨平一國，不賞之功也。」田子乃止。《宋書·自序》按，淮陰破齊，廣野就烹，惜未聞斯良規，故卒有鍾室之禍。

校記

〔一〕數千人，《宋書》諸本并作「四千人」。

〔二〕京口，《宋書》諸本并作「京邑」。

〔三〕蒜山，《宋書》諸本并作「蒜山」。

〔四〕武騎將軍庾禕之，《晉書·桓玄傳》作「武衛將軍庾頤之」。

〔五〕王假，《南史》、《通鑑》作「王嘏」，當是。《晉書·王導傳》：「嗣孫嘏，歷領軍、尚書」。

〔六〕劉懷慎、王仲道，《宋書》諸本多作「劉懷玉、慎仲道」。

〔七〕樓上，《通鑑》作「樓車」

〔八〕殺其王命以下，《南史》、《元龜》一八四引、《通鑑》晉安帝義熙六年作「殺其王公以下」。

〔九〕姑熟，《宋書》諸本并作「姑孰」。《宋書·州郡志二》載「刺史劉毅戍姑孰」，正此。下同。

〔一〇〕廷尉三疊，《宋書》諸本作「廷尉三壘」。下同

〔一一〕劉默，《晉書·安帝紀》、《建康實録》作劉懷默。見《劉懷慎傳》。

〔一二〕諸葛叔度，《通典·兵典》作「褚叔度」，當是。褚叔度《宋書》有傳，時爲中軍諮議參軍。

〔一三〕上軍，《南史》、《通典·兵典》、《通鑑》晉安帝六年作「岸上軍」。

〔一四〕「七年二月」至「傳首京師」其出處《宋書》諸本并作《武帝本紀中》。

〔一五〕薛彤，《南史》作「薛彤」。下同。

〔一六〕茅亭，《宋書》諸本作「茅亭」。

〔一七〕兖州刺史蕃，「蕃」《宋書》諸本作「藩」，下同。

〔一八〕河口，《元龜》四二〇引作「江口」。孫彪《宋書考論》云：「『河』疑『沔』訛。」

〔一九〕軍分共金城内東從舊將，《御覽》三二六引作「軍分攻金城南門，金城内東從舊將」。

〔二〇〕河間太守蒯恩、下邳太守劉鍾、龍驤將軍朱林等，《河間》、《蒯恩傳》、《元龜》一九九引作「蘭陵」；「朱林」，《宋書》及《南史·王懿傳》作「朱牧」；《南史·朱齡石傳》作「朱枚」。

〔二一〕全付齡石，《宋書》諸本作「全封付齡石」。

〔二二〕牛睥，《宋書》諸本多作「牛脾」。《通鑑》晉安帝義熙九年胡三省注：「『牛脾』當作『牛鞞』。」

〔二三〕杜瑶，《晉書·譙縱傳》作「杜瑾」。

〔二四〕散頭，《元龜》二二六引作「鵲頭」。

〔二五〕與謀桓玄，《宋書》諸本作「與謀誅桓玄」。

〔二六〕郭鈐，《宋書·劉懷肅傳》及《晉書·桓玄傳》、《通鑑》作「郭銓」，下同。

〔二七〕苟林，《晉書·姚興載記》、《通鑑》作「苟林」。

〔二八〕因薄攻城，《宋書》諸本多作「肉薄攻城」。《索虜傳》有「肉薄攻城，死者甚衆」句。

〔二九〕正值太白時，《南史》「太白」下有「伏」字。

〔三〇〕震武將軍，《宋書》諸本作「振武將軍」。

〔三一〕封狼居意，《南史》、《元龜》七八九引、《通鑒》宋元嘉二十六年作「封狼居胥意」。

〔三二〕南軍，《通鑒》作「南運」。

〔三三〕將非韓伯，《宋書》諸本并作「將非韓白」，當是。

殘苛

昱無日不出，與左右人解僧智、張五兒恒相馳逐，夜出開承明門，夕去晨反，晨出暮歸。從者并執鋋矛，行人男女，及犬馬牛驢，值無免者。民間擾懼，晝日不敢開門，道上行人殆絶。常著小袴褶，未嘗服衣冠。或有忤意，輒加以刑虐。有白棓數十枚，各有名號，針椎鑿鋸之徒，不離左右。嘗以鐵椎椎人陰破，左右人見之有斂眉者，昱大怒，令此人袒胛正立，以矛刺胛洞過。天性好殺，以此爲歡，一日無事，輒慘慘不樂。内外百司，人不自保，殿省憂遑，夕不及旦。《宋書·後廢帝本紀》

伯符趙倫之子，字潤遠。爲政苛暴，吏人畏之若豺虎，然而寇盜遠竄，無敢犯境。爲丹陽尹，在郡

嚴酷，吏人苦之，或至委叛被録，赴水而死。典筆吏取筆不如意，鞭五十。《宋書·趙倫之傳》

時領軍王玄謨大將有威名，邑里訛言云「已見誅」，市道喧擾。玄謨典籤包法榮者，家在東陽，興宗故郡民也，爲玄謨所信，見使至，興宗因謂曰：「領軍殊當憂懼。」法榮曰：「領軍此日殆不復食，〔一〕夜亦不眠，常言收已在門，不保俄頃。」《宋書·蔡興宗傳》

前廢帝狂悖無道，義恭等謀欲廢立。永光元年八月，廢帝率羽林兵於第害之，并四子，時年五十三。斷析義恭支體，分裂腸胃，挑取眼精，以蜜漬之，以爲「鬼目精」。〔二〕《宋書·武三王傳》

孝武狎侮群臣，寵一崑崙奴子，名曰主。〔三〕常在左右，令以杖擊群臣，自柳元景以下，皆罹其毒。《宋書·王玄謨傳》

玄謨性嚴克少恩，而將軍宗越御下更苛酷，軍士爲之語曰：「寧作五年徒，不逢王玄謨。玄謨猶自可，宗越更殺我。」《宋書·王玄謨傳》　按，《宗越傳》「逢」作「逐」，無「猶」「更」二字。

越補郡吏。父爲蠻所殺，殺其父者常出郡，越於市中刺殺之，太守夏候穆嘉其意，擢爲隊主。蠻有爲寇盜者，常使越討伐，往輒有功。大明三年，竟陵王誕據廣陵反。及城陷，世祖使悉殺城内男丁，越受旨行誅，躬臨其事，莫不先加捶撻，或有鞭其面者，欣欣然若有所得，所殺凡數千人。前廢帝凶暴無道，而越及譚金、童太壹并爲之用命，誅戮群公及何邁等，莫不盡心竭力。故帝凭其爪牙，無所忌憚。賜與越等美女金帛，充牣其家。越等武人粗强，識不及遠，咸一往意

氣，皆無復二心。御衆嚴酷，好行刑誅，睚眦之間，動用軍法。《宋書·宗越傳》

開暴虐好殺，民不堪命。先是有神巫誡開當有暴禍，唯誅清河，殺萬民，乃可以免。開乃滅清河一郡，常手自殺人，欲令其數滿萬。或乘小輦，手自執劍擊擔輦人腦，一人死，一人代，每一行，死者數十。夜恒變易寢處，人莫得知，唯愛妾名萬人，知其處。萬人與開子清河王私通，慮事覺，欲殺開，令萬人爲内應。夜伺開獨處，殺之。開臨死曰：「清河、萬人之言，乃汝等也。」是歲，安帝義熙九年。《宋書·索虜傳》

頃者往索真珠璫，略不相與，今所馘，截髑髏，可當幾許珠璫也。《宋書·索虜傳》燾與太祖書。

璞嘆曰：「賊之殘害，古今之未有，屠剥之刑，衆所共見，其中有福者，不過得驅還北國作奴婢耳。」《宋書·自序》　按，截髑髏爲珠璫，殘害極矣。乃至有福者，方得爲奴婢。此語尤爲絶痛。

校記

〔一〕領軍此日殆不復食，《南史》作「比日」。

〔二〕鬼目精，中華本作「鬼目粽」。

〔三〕名曰主，中華本作「名白主」。

風操

明恭王皇后諱貞風，琅邪臨沂人也。太宗常宮内大集，而裸婦人觀之，以爲歡笑。后以扇障面，獨無所言。帝怒曰：「外舍家寒乞，今共爲笑樂，何獨不視？」后曰：「爲樂之事，其方自多。豈有姑姊妹集聚，而裸婦人形體，以此爲樂？外舍之爲歡適，實與此不同。」帝大怒，遣后令起。后兄揚州刺史景文，以此事語從舅陳郡謝緯曰：「后在家爲儜弱婦人，不知今段遂能剛正如此。」《宋書·后妃傳》

太宗爲太子納妃，諷朝士州郡令獻物，多者將直百金。始興太守孫奉伯止獻琴書，其外無餘物。上大怒，封藥賜死，既而原之。《宋書·后妃傳》

粹族弟損，字子騫，衛將軍毅從父弟也。父鎮之，字仲德。以毅貴歷顯位，閑居京口，未嘗應召。常謂毅：「汝必破我家。」毅甚憚之，每還京，未嘗敢以羽儀人從入鎮之門。左光禄大夫徵，不就。元嘉二年，年九十餘，卒於家。《宋書·劉粹傳》

會稽王世子元顯嬖人張法順，權傾一時，内外無不造門者，唯景仁不至。年三十，方爲著作郎。〔二〕桓玄誅元顯，見景仁，甚知之，謂四坐曰：「司馬庶人父子云何不敗，遂令謝景仁三十方作

著作郎。」《宋書·謝景仁傳》

景仁弟純，字景懋，初爲劉毅豫州别駕。毅鎮江陵，以爲衛軍長史、南平相。王鎮惡率軍襲毅，已至城下，時毅疾病，佐吏皆入參承。純參承畢，已出，聞兵至，馳還入府。左右引車欲還外解，純叱之曰：「我人吏也，逃欲何之！」乃入。及毅兵敗衆散，時已暗夜，司馬毛修之謂純曰：「君但隨僕。」純不從，扶兩人出，火光中爲人所殺。《宋書·謝景仁傳》

述字景先，少有志行，隨兄純在江陵。純遇害，述奉純喪還都。行至西塞，值暴風，純喪舫流漂，不知所在，述乘小船尋求之。經純妻庾舫過，庾遣人謂述曰：「喪舫存没，已應有在，風波如此，豈可小船所冒？小郎去必無及，寧可存亡俱盡耶！」述號泣答曰：「若安全至岸，當須營理；如其已致意外，述亦無心獨存。」因冒浪而進，見純喪幾没，述號泣呼天，幸而獲免，咸以爲精靈所致也。〔二〕高祖聞而嘉之，及臨豫州，諷中正以述爲主簿，甚被知器。景仁愛其第三弟甝而憎述，嘗設饌請知高祖，希命甝豫坐，而高祖召述。述知非景仁夙意，又慮高祖命之，請急不從。高祖馳遣呼述，須至乃歡。及景仁有疾，述盡心營視，湯藥飲食，必嘗而後進，不解帶，不盥櫛者累旬，景仁深懷感愧。《宋書·謝述傳》

述補長沙内史，有惠政。莅官清約，私無宅舍。義康遇之甚厚。劉湛誅，義康外鎮，將行，嘆

曰：「謝述唯勸吾退，今亡，吾所以得罪也。」三子：綜、約、緯。緯方雅有父風。《宋書·謝述傳》

湛字士深少爲從外祖謝安所知，以其兄子玄之女妻之。義熙十二年，高祖北伐，湛兼太尉，與尚書范泰奉九命禮物，拜授高祖。隨軍至洛陽，住柏谷塢。泰議受使未畢，不拜晉帝陵，湛獨至五陵致敬，時人美之。初，陳郡謝重，王胡之外孫，於諸舅禮敬多闕。重子絢，湛之甥也，嘗於公座陵湛，湛正色謂曰：「汝便是兩世無渭陽之情！」絢有愧色。《宋書·袁湛傳》

方明隨伯父吴興太守邈在郡，吴興民胡桀、郜驃破東遷縣，方明勸邈避之，不從。賊至被害，方明逃竄，遂免。方明結邈門生義故，得百餘人，掩討嗣之等，邈舅子馮嗣之及郜等共謀亂。悉擒而手刃之。於時荒亂之後，吉凶廢禮，〔三〕方明合門遇禍，資産無遺，而營舉凶事，盡其力用，數月之間，葬送并畢，平世備禮，無以加也。頃之，孫恩重没會稽，購求方明甚急。方明於上虞載母妹奔東陽，由黄蘗嶠出鄱陽，附載還都，寄居國子學。流離險厄，屯苦備經，而貞立之操，在約無改。元興元年，桓玄克京邑，丹陽尹卞範之勢傾朝野，欲以女嫁方明，使尚書吏部郎王騰譬説備至，方明終不回。桓玄聞而賞之。《宋書·謝方明傳》

方明嚴恪，善自居遇，雖處暗室，未嘗有惰容。無他伎能，自然有雅韵。從兄混有重名，唯歲節朝宗而已。丹陽尹劉穆之權重當時，朝野輻凑，不與穆之相識者，唯有混、方明、郗僧施、蔡廓四人而已，穆之甚以爲恨。方明、廓後往造之，大悦，白高祖曰：「謝方明可謂名家駒。直置便

自是台鼎人，無論復有才用。」《宋書·謝方明傳》

先是，吴興頻喪太守，云項羽神爲卞山王，居郡聽事，二千石至，常避之。季恭居聽事，竟無害也。《宋書·孔季恭傳》

爲吏部尚書，廓因北地傅隆問亮：「選事若悉以見付，不論；不然，不能拜也。」亮以語録尚書徐羡之，羡之曰：「黄門郎以下，悉以委蔡，吾徒不復厝懷。自此以上，故宜共參同異。」廓曰：「我不能爲徐干木署紙尾也。」遂不拜。干木，羡之小字也。選按黄紙，録尚書與吏部尚書連名，故廓云「署紙尾」也。《宋書·蔡廓傳》

球公子簡貴，素不交遊，筵席虚静，門無異客。尚書僕射殷景仁、領軍劉湛并執重權，傾動内外，球雖通家姻戚，未嘗往來。頗好文義，唯與琅邪顔并之相善。按，「并之」蓋「延之」之誤。詳《傳》。居選職，接客甚稀，不視求官書疏，而銓衡有序，朝野稱之。《宋書·王球傳》

淳字粹遠居黄門，爲清切下直，應留下省，以父老特聽還家。高簡寡慾，早有清尚。愛好文義，未嘗違捨。在秘書閣撰《四部書目》，凡四十卷，行於世。《宋書·殷淳傳》

暢字少微父褘，少有孝行，歷宦州府，爲琅邪王國郎中令，從琅邪王至洛。還京都，高祖封藥酒一甖付褘，使密加酖毒。褘受命，既還，於道自飲而卒。《宋書·張暢傳》

智淵世父夷有盛名，夷子湛又有清譽，父子并貴達。智淵父僧安少無名問，湛禮敬甚簡，智淵常以爲恨，自非節歲，不入湛門。及爲隨王誕佐，在襄陽，誕待之甚厚。時諮義參軍謝莊、府主簿沈懷文并與智淵友善。懷文每稱之曰：「人所應有盡有，人所應無盡無者，其江智淵乎。」誕將爲逆，智淵悟其機，請假先反。誕事發，即除中書侍郎，世祖深相知待。上每酣宴，輒詬辱群臣，并使自相嘲訐，以爲歡笑。智淵素方退，漸不會旨。嘗使以王僧朗嘲戲其子景文，智淵正色曰：「恐不宜有此戲。」上怒曰：「江僧安痴人，痴人自相惜。」智淵伏席流涕，由此恩寵大衰。《宋書·江智淵傳》

時義恭就太祖求一學義沙門，會敷赴假還江陵，太祖謂沙門曰：「張敷應西，當令相載。」敷不奉旨，曰：「臣性不耐雜。」上甚不説。中書舍人狄當、周赳并管要務，以敷同省名家，欲詣之。赳曰：「彼若不相容，便不如不往。」當曰：「吾等并已員外郎矣，何憂不得共坐？」敷先設二床，去壁三四尺，二客就席，酬接甚歡，既而呼左右曰：「移我遠客。」赳等失色而去。其自標遇如此。《宋書·張敷傳》

吏部尚書江湛舉微爲吏部郎，微與湛書曰：「今有此書，非敢叨擬中散，誠不能顧影負心，純盜虛聲，所以綿絡累紙，本不營尚書虎爪板也。」又與從弟僧綽書曰：「江不過强吹拂吾，云是巖穴人。巖穴，人情所高，吾當得此，則雞騖變作鳳凰，何爲干飾廉隅，秩秩見於面目，所惜者大耳。」弟僧謙卒，哀痛不能已，以書告靈曰：「濁酒忘愁，圖籍相慰，吾所以窮而不憂，實賴此耳。」；「弟由來意謂：『婦人雖無子，不宜踐二庭。此風若行，便可家有孝婦。』」仲長《昌言》，亦其大要。劉新婦以刑傷自誓，必留供養；殷太妃感柏舟之節，不奪其志。」《宋書·王微傳》

尚之愛尚文義，老而不休，與太常顔延之論議往反，傳於世。立身簡約，車服率素，妻亡不娶，又無姬妾。秉衡當朝，畏遠權柄，親戚故舊，一無薦舉，既以致怨，亦以此見稱。《宋書·何尚之傳》

湛字徽淵居喪以孝聞。愛好文義，喜彈棋鼓琴，兼明算術。爲義康司徒主簿，太子中舍人。司空檀道濟爲子求湛妹婚，不許；義康有命，又不從。時人重其立志。義康欲引與日夕，湛固求外出，乃以爲武陵内史，轉吏部尚書。家甚貧約，不營財利，餉饋盈門，一無所受，無兼衣餘食。嘗爲上所召，值澣衣，稱疾經日，衣成然後赴。牛餓，馭人求草，湛良久曰：「可與飲。」在選職，頗有刻覈之譏，而公平無私，不受請謁，論者以此稱焉。《宋書·江湛傳》

思話宗戚令望，早見任待，凡歷州十二，杖節監都督九焉。所至雖無皦皦清節，亦無穢黷之累。愛才好士，人多歸之。《宋書·蕭思話傳》

幸臣戴法興權傾人主，而覬之未嘗降意。左光禄大夫蔡興宗與覬之善，嫌其風節過峻。覬之曰：「辛毗有云：孫劉不過使吾不爲三公耳。」《宋書·顧覬之傳》

袁粲字景倩，太尉淑兄子也。父濯，揚州秀才，早卒。祖母哀其幼孤，名之曰愍孫。伯叔并當世榮顯。而愍孫饑寒不足。母琅邪王氏，太尉長史誕之女也，躬事績紡，以供朝夕。愍孫少好學，有清才。有欲與從兄覬婚者，伯父洵即覬父，曰：「覬不堪，政可與愍孫婚耳。」時愍孫在坐，流涕起出。蚤以操立志行見知。《宋書·袁粲傳》

時齊王居東府，故使粲鎮石頭。粲素靜退，每有朝命，多不即從，逼切不得已，然後方就。及詔移石頭，即便順旨。有周旋人解望氣，謂粲曰：「石頭氣甚乖，往必有禍。」粲不答。《宋書·袁粲傳》

校記

〔一〕年三十方爲著作郎，「著作郎」《宋書》諸本多作「著作佐郎」。下同。

〔二〕咸以爲精靈所致也，「精靈」《宋書》諸本多作「精誠」，當是。

〔三〕吉凶廢禮，《宋書》諸本作「吉凶禮廢」，當是。

嫚侮

瑀少有才氣。遷御史中丞，使氣尚人，朝士莫不畏其筆端。瑀願爲侍中，不得，謂所親曰：「人仕宦不出當入，不入當出，安能長居户限上？」因求益州，世祖知其此意，許之。孝建三年，除益州刺史。既行，甚不得意。至江陵與顔竣書曰：「朱修之三世叛兵，一旦居荆州青油幕下，作謝宣明面見，〔一〕向使齋帥以長刀引吾下席。於吾何有？政恐匈奴輕漢耳。」其年，坐奪人妻爲妾免官。大明元年，起爲東陽太守。明年，遷吴興太守。何偃嘗按云：「參伍時望。」瑀大怒曰：「我於時望，何參伍之有！」遂與偃絶。及爲吏部尚書，意彌憤憤。族叔秀之爲丹陽尹，瑀又與親故書曰：「吾家黑面阿秀，遂居留安衆處，〔二〕朝廷不爲多士。」其年疽發背，何偃亦發背癰。瑀疾已篤，聞偃亡，歡躍叫呼，於是亦卒。《宋書·劉穆之傳》

修之不信鬼神，所至必焚除房廟。時蔣山廟中有佳牛好馬，修之并奪取之。《宋書·毛修之傳》

伯子常自矜蔭藉之美，謂弘曰：「天下膏粱，唯使君與下官耳。宣明之徒，不足數也。」遷御史中丞，莅職勤恪，有匪躬之稱，立朝正色，内外憚之。凡所奏劾，莫不深相謗毁，或延及祖禰，示其切直，又頗雜嘲戲，故世人以此非之。《宋書·荀伯子傳》

昶子萬秋，字元寶，亦用才學自顯。世祖初，爲晉陵太守。坐於郡立華林閣，置主書、主衣，下獄免。《宋書·荀伯子傳》

魯郡孔子舊庭有柏樹二十四株，〔三〕經歷漢晉，其大連抱。有二株先折倒，士人崇敬，莫之敢犯，義恭悉遺人伐取，父老莫不嘆息。《宋書·武三王傳》

延之好酒疏誕，每犯權要。晉恭思皇后葬，應須百官，劉湛取義熙元年除身，以延之兼持邑吏送札，〔四〕延之醉，投札於地，曰：「顔延之未能事生，焉能事死！」《宋書·顔延之傳》

若厭其區宇者，可來平城居，我往揚州住，且可博其土地。傖人謂換易爲「博」。彼年已五十，未嘗出户，雖自力而來，如三歲嬰兒，復何知我鮮卑常馬背中領上生活，更無餘物可以相與，今送獵白鹿馬十二匹并氈藥等物。彼來馬力不足，可乘之；道里來遠，或不服水土，藥自可療。《宋書·索虜傳》

燾登鄒山，見秦始皇刻石，使人排倒之。《宋書·索虜傳》

校記

〔一〕作謝宣明面見，「面見」《梁書·劉修之傳》作「面目」，甚是。

〔二〕留安衆，《南史》、《元龜》九四四引作「劉安衆」。孫虨《宋書考論》云：「『留』當爲『劉』，謂劉湛也。湛父柳，晉時封；湛襲封安衆男爵。」

〔三〕舊庭，《元龜》二九九引作舊廟。

〔四〕以延之兼持邑吏送札，《建康實録》作「以延之兼侍中，邑吏送札」。

蘊藉

羨之起自布衣，又無術學，直以志力局度，一旦居廊廟，朝野推服，咸謂有宰臣之望。沈密寡言，不以憂喜見色。頗工弈棋，觀戲常若未解，當世倍以此推之。傅亮、蔡廓常言：「徐公曉萬事，安異同。」《宋書·徐羨之傳》

晦初爲荊州，甚有自矜之色。將之鎮，詣從叔光禄大夫澹别。澹問晦年，晦答曰：「三十三。」〔一〕澹笑曰：「昔荀中郎年二十七爲北府都督，〔二〕卿比之，已爲老矣。」晦有愧色。《宋書·謝晦傳》按，《王僧説傳》可以參看。

虞嘯父爲征東將軍、會稽内史，季恭初求爲府司馬，不得。及帝定桓玄，以季恭爲内史，使齎封板拜授，季恭相值，季恭便舟夜還。至即叩扉告嘯父，并令掃拂别齋，即便入郡。嘯父本爲桓玄所授，聞玄敗，震懼，開門請罪。季恭慰勉，使且安所住，明旦乃移。《宋書·孔季恭傳》按，《庾悦傳》可以參看。

興宗每陳選事，法興、尚之等輒點定回换，僅有在者，興宗於朝堂謂義恭及師伯曰：「主上諒暗，不親萬機，而選舉密事多被删改，復非公筆，亦不知是何天子意。」《宋書·蔡興宗傳》

會稽内史劉懷敬之郡，送者傾京師，惠亦造别，還過從弟球。球問曰：「向何所見？」惠曰：「惟覺即時逢人耳。」《宋書·王惠傳》

君家民人甚相忿怨，云：「清平之時，賦我租帛；至有急難，不能相拯。」《宋書·張暢傳》　按，此李孝伯語，亦有意録之。

承天素好奕棊，頗用廢事。太祖賜以局子，承天奉表陳謝，上答：「局子之賜，何必非張武之金邪！」承天又能彈箏，上又錫銀裝箏一面。《宋書·何承天傳》

湛初入朝，委任甚重，日夕引接，恩禮綢繆。每入雲龍門，御者便解駕，左右及羽儀隨意分散，不夕不出，以此爲常。及至晚節，驅煽義康，陵轢朝廷，上意雖内離，而接遇不改。上嘗謂所親曰：「劉班初自西還，吾與語，常看日早晚，慮其當去；比入，吾亦看日早晚，慮其不去。」湛小字班虎，故云班也。《宋書·劉湛傳》

先是，鄉人庾業，家甚富豪，方丈之膳，以待賓客。而慤至，設以菜葅粟飯，謂客曰：「宗軍人，慣噉粗食。」慤致飽而去。至是，業爲慤長史，帶梁郡，慤待之甚厚，不以前事爲嫌。《宋書·宗慤傳》

劭妻殷氏賜死於廷尉，臨死謂獄丞江恪曰：「汝家骨肉相殘害，何以枉殺天子無罪人！」恪曰：「受拜皇后，非罪而何？」殷氏曰：「此權時爾，當以鸚鵡爲后也。」《宋書·王凶傳》　按：王鸚鵡、嚴道育并都街鞭殺。

校記

〔一〕三十三，殿本、《南史》、《建康實録》、《御覽》四九一引、《元龜》四五一作「三十五」。按，晦死年三十七，爲荆州刺史在死前二年，則作三十五爲是。

〔二〕二十七，《晉書·荀羡傳》作「二十八」。

標韵

德願善御車，嘗立兩柱，使其中劣通車軸，乃於百餘步上振轡長驅，未至數尺，打牛奔，從柱間直過，其精如此。孝武聞其能，爲之乘畫輪車，幸太宰江夏王義恭第。德願岸著籠冠，短朱衣執轡，進止甚有容狀。《宋書·劉懷慎傳》

敷字景胤名價日重，遷正員中書郎。按，《張敷傳》無「中書」二字。中書舍人狄當、周赳并管要務，以敷同省名家，欲詣之。赳曰：「彼恐不相容接，不如勿往。」當曰：「吾等并已員外郎矣，何憂不得共坐！」敷先設二床，去壁三四尺，二客就席，敷呼左右曰：「移我遠客！」赳等失色而去。其自標遇如此。善持音儀，盡詳緩之致，與人别，執手曰：「念相聞。」餘響久之不絶。張氏後進皆慕之，其源起自敷也。《宋書·張邵傳》按，《張敷傳》與此差異，此增減彼文，似有意故兩存之。

暢愛弟子輯，按，各本皆脱「子」字，從《張暢傳》補。臨終遺命與輯合墳，時議非之。《宋書·張邵傳》

弘之字仲度素善騎乘，高祖至長安，弘之與姚弘馳道内，〔一〕緩服戲馬，或馳或驟，往反二十里中，甚有姿制，羌胡聚觀者數千人，并驚嘆息。初上馬，以馬鞭柄策挽致兩股内，及下馬，柄孔猶存。《宋書·傅弘之傳》〔二〕

韞人才凡鄙，以有宣城之勳，特爲太宗所寵。在湘州及雍州，使善畫者圖其出行鹵簿羽儀，常自披玩。嘗以此圖示征西將軍蔡興宗，興宗戲之，陽若不解畫者，指韞形像問曰：「此何人而在轝上？」韞曰：「此正是我。」其庸鄙如此。《宋書·宗室傳》

襲亦庸鄙，暑月露幝上聽事，綱紀正伏閤，怪之，訪問，乃知。《宋書·宗室傳》

景仁性矜嚴整潔，居宇静麗，每唾，轉唾左右人衣，事畢，即聽一日澣濯。每欲唾，左右爭來受。《宋書·謝景仁傳》

述字景先，景仁弟。美風姿，善舉止，劉湛每謂人曰：「我見謝道兒，未嘗足。」道兒，述小字也。《宋書·謝述傳》按，湛語殊輕薄，唐人詩「盡日君王看不足」，政本此語。

永悼痛所失之子，按，彭城之役，永失其第四子。有兼常哀，服制雖除，猶立靈座，飲食衣服，待之如生。每出行，常別具名車好馬，號曰侍從，有事輒語左右：「報郎君！」《宋書·張茂度傳》

炳之性好潔，士大夫造之者，去未出户，輒令人拭席洗床。時陳郡殷冲亦好净，小史非淨浴新衣，不得近左右；士大夫小不整潔，每容接之。炳之潔反是，冲每以此譏焉。《宋書·庾炳之傳》

元凶弒逆，義宣發哀之日，即便舉兵，暢爲元佐，居僚首，哀容俯仰，蔭映當時。舉哀畢，改服，著黃韋絝褶，按，《張邵傳》删去「韋」字，非。出射堂簡人，音姿容止，莫不矚目，見之者皆願爲盡命。《宋書·張暢傳》按，容貌詞氣感人如是。君子所以有三貴。

演之子睦，至黃門郎，通直散騎常侍。世祖大明初，坐要引上左右俞欣之訪評殿省内事，又與弟西陽王文學勃忿鬩不睦，坐徙始興郡，勃免官禁錮。《宋書·沈演之傳》

高祖少事戎旅，不經涉學，及爲宰相，頗慕風流，時或言論，人皆依違之，不能難也。〔三〕鮮之難必切至，未嘗寬假，要須高祖辭窮理屈，然後置之。高祖或有時慚恧，變色動容，既而謂人曰：「我本無術學，言義尤淺。比時言論，諸賢多見寬容，唯鄭不爾，獨能盡人之意，甚以此感之。」時人謂爲「格佞」。《宋書·鄭鮮之傳》

鮮之爲人通率，在高祖坐，言無所隱，時人甚憚焉。而隱厚篤實，贍卹親故。性好遊行，命駕或不知所適，隨御者所之。尤爲高祖所狎，上嘗於内殿宴飲，朝貴畢至，唯不召鮮之。坐定，謂群

臣曰：「鄭鮮之必當自來。」俄而外啟：「尚書鮮之詣神獸門求啟事。」高祖大笑，引入，其被親遇如此。《宋書·鄭鮮之傳》

靈運因父祖之資，生業甚厚。奴僮既衆，義故門生數百，鑿山浚湖，功役無已。尋山陟嶺，必造幽峻，巖障千重，莫不備盡。登躡常著木履，上山則去前齒，下山去其後齒。嘗自始寧南山伐木開逕，直至臨海，從者數百人。臨海太守王琇驚駭，謂爲山賊，徐知是靈運乃安。又要琇更進，琇不肯，靈運贈琇詩曰：「邦君難地險，旅客易山行。」在會稽亦多徒衆，驚動縣邑。《宋書·謝靈運傳》

湛負其志氣，常慕汲黯、崔琰爲人，故名長子曰黯，字長孺，第二子曰琰，字季珪。湛生女，輒殺之，爲士流所怪。《宋書·劉湛傳》

曄母入厠産之，額爲磚所傷，故以磚爲小字。彭城太妃薨，將葬，祖夕，僚故并集東府。蔚宗嘗爲彭城王義康參軍。曄弟廣淵，時爲司徒祭酒，其日在直。曄與司徒左西屬王深宿廣淵許，夜中酣飲，開北牖聽挽歌爲樂。義康大怒，左遷曄宣城太守。《宋書·范曄傳》

兄暠爲宜都太守，嫡母隨暠在官。母亡，報之以疾，曄不時奔赴，及行，又携妓妾自隨，爲御史中丞劉損所奏，太祖愛其才，不罪也。《宋書·范曄傳》按，陳壽使婢丸藥，阮咸騎驢追婢，蔚宗奔喪携妓。才士輕薄，古今一轍。

曄長不滿七尺，肥黑，禿眉鬢，善彈琵琶，能爲新聲，上欲聞之，屢諷以微旨，曄僞若不曉，終不肯爲上彈。上嘗宴飲歡適，謂曄曰：「我欲歌，卿可彈。」曄乃奉旨。上歌既畢，曄亦止弦。《宋書·范曄傳》

初，攸之賤時，與吳郡孫超之、全景文共乘小船出京都，三人共上引埭，有一人止而相之曰：「君三人皆當至方伯。」攸之曰：「豈有三人俱有此相？」相者曰：「骨法如此，若有不驗，便是相書誤耳。」其後攸之爲郢荆二州，超之廣州，景文豫州刺史。《宋書·沈攸之傳》

僧達遷太子舍人，坐屬疾於楊列橋觀鬥鴨，爲有司所糾，原不問。《宋書·王僧達傳》

太祖問延之：「卿諸子誰有卿風？」對曰：「竣得臣筆，測得臣文，㚟得臣義，躍得臣酒。」《宋書·顏延之傳》〔四〕

思話年十許歲，未知書，以博誕遊遨爲事，好騎屋棟，打細腰鼓，侵暴鄰曲，莫不患毒之。自此折節，數年中遂有令譽。好書史，善彈琴，能騎射，高祖一見，便以國器許之。《宋書·蕭思話傳》

覬字思遠爲人使酒仗氣，每醉，輒彌日不醒，僚類之間，多所凌忽，尤不能曲意權幸，莫不畏而疾之。不治產業，居常貧罄，無有豐約，未嘗關懷。爲二府長史，典籤諮事，不呼不敢前，不令去，不敢去，雖醉日居多，而明曉政事，醒時判決，未嘗有壅。衆咸云：「孔公一月二十九日醉，勝他人一月二十九日醒也。」世祖每欲引見，先遣人覘其醉醒。太宗即位，覬發兵反。及吳喜等東平會稽，覬竄入嶓山村，村民縛送王晏，晏謂之曰：「此事孔璪之爲，無豫卿事。可作首辭，當相爲申上。」覬曰：「江東處分，莫不由身。委罪求活，便是君輩行意耳。」晏乃斬之東閤外。臨死求酒曰：「此是平生所好。」《宋書·孔覬傳》

景文爲司徒左長史，坐姊墓開不臨赴，免官。爲侍中，太子中庶子。坐於奉朝請毛法因蒱戲，得錢百二十萬，白衣領職。《宋書·王景文傳》

初名慧開，後改慧爲惠。少有風氣，涉獵文史，家雖貴戚，而居服簡素。初爲秘書郎，著作并名家年少，惠開意趣與人多不同，比肩或三年不共語。外祖光禄大夫沛郡劉成戒之曰：「汝恩戚家子，當應將迎時俗，緝外内之歡。如汝自業，將無少傷多異，以取天下之疾患邪？」惠開曰：「人間宜相緝和，甚如慈旨。但不幸耿介，耻見作凡人，畫龍未成，故遂至於多忤耳。」《宋書·蕭惠開傳》

思話素恭謹，操行與惠開不同，常以其峻異，每加嫌責。及見惠開自解表，自嘆曰：「兒子不幸與周朗周旋，理應如此。」杖之二百。《宋書·蕭惠開傳》

初，惠開府録事參軍到希微，〔五〕負蜀人責將百萬，爲責主所制，未得俱還。惠開與希微共事不厚，以爲隨其同上，不能携接得還，意耻之，廄中凡有馬六十匹，悉以乞希微償責，其意趣不常，皆如是。先，劉瑀爲益州，張悦代之，瑀去任，凡所携將佐有不樂反者，必逼制將還，語人

曰：「隨我上，豈可爲張悦作西門客邪。」惠開自蜀還，資財二千餘萬，悉散施道路，一無所留。《宋書·蕭惠開傳》

惠開素剛，至是，益不得志。寺内所住齋前，有嚮種花草，甚美，惠開悉剗除，列種白楊樹。每謂人曰：「人生不得行胸懷，雖壽百歲，猶爲夭也。」發病歐血，吐如肝肺者甚多。《宋書·蕭惠開傳》

校記

〔一〕姚弘，《宋書》諸本作「姚泓」。

〔二〕傅弘之傳，「弘」本書作「宏」，爲避清帝弘歷諱改。今據《宋書》本傳回改。下同。

〔三〕不能難也，「能」《宋書》諸本作「敢」。

〔四〕宋書·顔延之傳，《宋書》諸本作「宋書·顔竣傳」。

〔五〕到希微，《南史》、《御覽》四七七引作「劉希微」。

廉退

向靖，字奉仁，小字彌。名與高祖祖同，〔一〕改稱小字。高祖受命，以佐命功，封曲江縣侯，食邑千户。彌治身儉約，不營室宇，無園田商貨之業，時人稱之。《宋書·向靖傳》

劉懷慎，彭城人。少謹慎質直。以平廣固盧循功，封南城縣男，食邑五百户。雖名位轉優，而恭恪愈至，每所之造位任不踰己者，皆束帶門外下車，其謹退類如此。以佐命功，進爵爲侯，增邑千户。景平元年，特賜班於宗族，〔二〕家無餘財。《宋書·劉懷慎傳》

榮祖懷慎庶長子少好騎射，爲武帝所知。追論半城之功，賜爵都鄉侯。高祖北伐，水軍入河，與朱超石大破索虜於半城。又攻劉度壘，克之，高祖大饗戰士，謂榮祖曰：「卿以寡克衆，攻無堅城，雖古名將，何以過此。」榮祖爲人輕財重義，善撫將士，然性偏險褊隘，頗失士君子之心。領軍將軍謝晦深接待之，廢立之際，要榮祖，固辭獲免。及晦出鎮荆楚，欲請爲南蠻校尉，榮祖又固止之。其年冬卒。《宋書·劉懷慎傳》

亮懷慎弟懷默之孫北伐南討，功冠諸將，封順陽縣侯，食邑六百户。歷梁益二州刺史。在任廉儉，不營財貨，所餘公禄，悉以還官。太宗嘉之，下詔褒美。亮在梁州，忽服食修道，欲至長生。泰

豫元年藥成，服後尸解。《宋書·劉懷慎傳》

元顯驕淫縱肆，群下化之。敬宣每預燕會，未嘗飲酒，調戲之來，無所酬答，元顯甚不説。高祖數引與遊宴，恩款周洽，尋除宣城内史。宣城多山縣，郡舊立屯以供府郡費用，前人多發調工巧，造作器物，敬宣到郡，悉罷私屯，唯伐竹木，治府舍而已。《宋書·劉敬宣傳》

恩自從征討，每有危急，輒率先諸將，常陷堅破陣，不避艱險。凡百餘戰，身被重創。高祖録其前後功勞，封新寧縣男，食邑五百户。高祖北伐，留恩侍衛世子，命朝士與之交。恩益自謙損，與人語常呼官位，而自稱爲鄙人。撫待士卒，甚有紀綱，衆咸親附之。《宋書·蒯恩傳》

弘微本名密，犯所繼内諱，故以字行。童幼時，精神端審，時然後言。所繼叔父混名知人，見而異之，謂思弘微父曰：「此兒深中夙敏，方成佳器。有子如此，足矣！」年十歲出繼。義熙初，襲峻爵建昌縣侯。弘微家素貧儉，而所繼豐泰，唯受書數千卷，國吏數人而已，遺財禄秩，一不關豫。混聞而驚嘆，謂國郎中令漆凱之曰：「建昌國禄，本應與北舍共之，國侯既不措意，今可依常分送。」弘微重違混言，乃少有所受。太祖即位，爲黄門侍郎，與王華、王曇首、殷景仁、劉湛等號曰五臣。遷尚書吏部郎，參預機密，尋轉右衛將軍。諸故吏臣佐，并委弘微選擬。居身清約，器服不華，而飲食滋味，盡其豐美。六年，東宫始建，領中庶子，又尋加侍中，弘微志在素官，畏忌權寵，固讓不拜，乃聽解中庶子。每有獻替及論時事，必手書焚草，人莫之知。上以弘微能營膳羞，嘗就求食。弘微與親故經營，既進之後，親人問上所御，弘微不答，別以餘語酬之，時人比漢世孔光。八年秋，有疾，解右衛，領太子右衛率，還家。議欲解弘微侍中，以率加吏部尚書，固陳疾篤，得免。九年，東鄉君薨，公私咸謂田宅僮僕應屬弘微，弘微一無所取，自以私禄營葬。弘微臨終語左右曰：「有二封書，須劉領軍至，可於前燒之，慎無開也。」書皆是太祖手敕。上甚痛惜之，使二衛千人營畢葬事，追贈太常。子莊，別有傳。《宋書·謝弘微傳》

修之治身清約，凡所贈貺，一無所受，有餉，或受之，而旋與佐吏賭之，終不入己，唯以撫納群蠻爲務。去鎮，秋毫不犯，計在州然油及牛馬穀草，以私錢十六萬償之。然性儉克，少恩情，姊在鄉里，饑寒不立，修之未嘗供贍。常往視姊，姊欲激之，爲設菜羹粗飯，修之曰：「此乃貧家好食。」致飽而去。先是，新野庾彦達爲益州刺史，携姊之鎮，分禄秩之半，以供贍之，西土稱焉。《宋書·朱修之傳》

克林邑，收其異寶雜物，不可勝計，慤一無所取，衣櫛蕭然，文帝甚嘉之。慤有佳牛，堪進御，官買不肯賣，坐免官。明年，復職。《宋書·宗慤傳》

元景起自將帥，及當朝理務，雖非所長，而有弘雅之美。時在朝勳要，多事産業，唯元景獨無所營。南岸有數十畝菜園，守園人賣得錢二萬，送還宅，元景曰：「我立此園種菜，以供家中啖爾。乃復賣菜以取錢，奪百姓之利邪！」以錢乞守園人。《宋書·柳元景傳》

遷使持節、督益寧二州諸軍事、益州刺史。折留俸禄二百八十萬，付梁州鎮庫，此外蕭然。秀之野率無風采，而心力堅正。上以其莅官清潔，家無餘財，賜錢二十萬，布三百匹。《宋書·劉秀之傳》

時郡縣田禄，芒種爲斷，此前去官者，則一年秩禄皆入前人；此後去官者，則一年秩禄皆入後人。始以元嘉末改此科，計月分禄。長之阮長之，字茂景。去武昌郡，代人未至，以芒種後一日解印綬。《宋書·良吏傳》

長之初發京師，親故或以器物贈別，得便緘録。後歸，悉以還之。在中書省直，夜往鄰省，誤著履出閤，依事自列門下，門下以暗夜人不知，不受列，長之固遣送之，曰：「一生不侮暗室。」《宋書·良吏傳》

秉之爲山陰令，以在縣有能，遷補新安太守。元嘉十二年，轉在臨海，并以簡約見稱。所得禄秩，悉散之親故，妻子常饑寒。人有勸其營田者，秉之江秉之，字玄叔。正色曰：「食禄之家，豈可與農人競利。」在郡作書案一枚，及去官，留以付庫。《宋書·良吏傳》按：《北齊書·循吏傳》郎基曾語人云：「任官之所，木枕亦不須作，况重於此事。」唯頗令寫書。潘之義曾遺之書曰：「在官寫書亦是風流罪過。」基答書云：「觀過知仁，斯亦可矣。」二事相參，可知廉吏之爲。附記於此。

校記

〔一〕名與高祖祖同，《南史》作「名與高祖祖諱同」。《廿二史考異》云：「宋武帝王父名靖，當云與高祖祖諱同。」

〔二〕特賜，《南史》、《元龜》四〇八、八一二作「禄賜」，中華本據改。

躁　競

秉當權，遐累求方伯，秉曰：「我在，用汝作州，於聽望不足。」遐曰：「富貴時則云不可相關，從坐之日，爲得免不？」至是，果死焉。《宋書·宗室傳》

偃爲侍中，時尚之爲司空、尚書令，偃居門下，父子并處權要。世祖即位，任遇無改，親遇隆密，有加舊臣。轉吏部尚書。尚之去選未五載，偃復襲其迹，世以爲榮。侍中顔竣至是始貴，與偃俱在門下，以文義賞會，相得甚歡。竣自謂任遇隆密，宜居重大，而位次與偃等未殊，意稍不悦。及偃代竣領選，竣愈憤懣，與偃遂有隙。竣時勢傾朝野，偃不自安，遂發心悸病，意盧乖僻，上表解職，告醫不仕。《宋書·何偃傳》

華性尚物，不欲人在己前，自羨之等秉權，日夜搆之於太祖。每閑居諷咏，常誦王粲《登樓賦》曰：「冀王道之一平，假高衢而騁力。」出入逢羨之等，每切齒憤咤，嘆曰：「當見太平時不？」及王弘輔政，而弟曇首爲太祖所任，與華相埒，華嘗謂己力用不盡，每嘆息曰：「宰相頓有數人，天下何由得治！」《宋書·王華傳》 按，華本無幹局，而天資褊急，志圖富貴，而妄言治天下，徒敢作大言耳。至於傅亮、徐羨之輩，意在前榮，意忘後害。要其才品，亦華之流匹，然華幸不永年，未得盡其力用耳。如或專任，恐又一徐傅矣。抑余讀《亮傳》而悲之，亮自知傾敗，不能引身，嘗著《演慎論》，作《感物賦》，及奉迎大駕，道路賦詩，有云：「知止道攸貴，懷禄義所尤。四牡倦長路，君轡可以收。」烏呼，馳車收轡，胡可易言！余因感華《登樓》之咏及亮《收轡》之吟，反其意爲句云：「高衢騁轡良非易，下水停舟大是難。」

宋世唯華與南陽劉湛不爲飾讓，得官即拜，以此爲常，《宋書·王華傳》

劉湛與景仁素善，皆被遇於高祖，俱以宰相許之。湛尚居外任，會王弘、華、曇首相係亡，景仁引湛還朝，共參政事。湛既入，以景仁位遇本不踰己，而一旦居前，意甚憤憤。知太祖信仗景仁，不可移奪，乃深結司徒彭城王義康，欲倚宰相之重以傾之。義康納湛言，毀景仁於太祖，太祖遇之益隆。景仁對親舊嘆曰：「引之令入，入便噬人。」《宋書·劉景仁傳》

演之子睦至黄門郎，通直散騎常侍。世祖大明初，坐要引上左右俞欣之訪評殿省内事，又與弟西

陽王文學，勃忿鬩不睦，坐徙始興郡，勃免官禁錮。《宋書·沈演之傳》

靈運爲性褊激，多愆禮度，朝廷唯以文義處之，不以應實相許。自謂才能宜參權要，既不見知，常懷憤憤。廬陵王義真少好文籍，與靈運情款異常。少帝即位，權在大臣，靈運構扇異同，非毁執政，司徒徐羡之等患之，出爲永嘉太守。《宋書·謝靈運傳》

義康僚屬及湛諸附隸潛相約勒，無敢歷殷氏門者。湛黨劉敬文父成未悟其機，詣景仁求郡，景文遽往謝湛曰：「老父悖耄，遂就殷鐵干禄。由敬文暗淺，上負生成，合門慚懼，無地自處。」敬文之奸諂無愧如此。《宋書·劉湛傳》

尚書令傅亮自以文義之美，一時莫及，延之負其才辭，不爲之下，亮甚疾焉，出爲始安太守。元嘉三年，羡之等誅。徵爲中書侍郎，尋轉太子中庶子，頃之領步兵校尉，賞遇甚厚。延之好酒疏誕，不能斟酌當世，見劉湛、殷景仁專當要任，意有不平，常云：「天下之務，當與天下共之，豈一人之智所能獨了！」辭甚激揚，每犯權要。謂湛曰：「吾名器不升，當由作卿家吏。」湛甚恨焉，言於彭城王義康，出爲永嘉太守。《宋書·顔延之傳》

義真輕動無德業，常云「得志之日，以靈運、延之爲宰相」，徐羡之等使范宴從容戒之，義真曰：「靈運空疏，延之隘薄，魏文帝云：『鮮能以名節自立者。』」《宋書·武三王傳》

廢帝年已漸長，欲有所爲，法興每相禁制，每謂帝曰：「官所爲如此，欲作營陽邪？」帝意稍不能平。所愛幸閹人華願兒有盛寵，賜與金帛無算，法興常加裁減，願兒甚恨之。帝常使願兒出入市里，察聽風謡，而道路之言，謂法興爲真天子，帝爲應天子。按，「應」疑「贗」之誤。胡墨莊曰：「《通鑒考異》云：『《宋略》作「贗」。』字書：贗，僞物也，與雁同。」此則「應」本作「雁」。形誤爲「應」耳。願兒因此告帝曰：「外間云宫中有兩天子，官是一人，戴法興是一人。」《宋書·恩倖傳》

儉　素

宋臺既建，有司奏東西堂施局脚床、銀塗釘，上不許，使用直脚床，釘用鐵。《宋書·武帝本紀下》

孝武大明中，壞上所居陰室，於其處起玉燭殿，與群臣觀之。床頭有土鄣，壁上葛燈籠、麻繩拂。〔一〕侍中袁顗盛稱上儉素之德。孝武不答，獨曰：「田舍翁得此，以爲過矣。」《宋書·武帝本紀下》

王建平宣簡王宏子景素身食不踰一肉，器用瓦素，時有獻鏤玉器，王顧謂何昌寓曰：「我持此安所用哉？」乃謝而反之。《宋書·文九王傳》　故景素秀才劉璡上書訟景素。

慶之每朝賀，常乘猪鼻幰車，左右從者不過三五人。騎馬履行園田，政一人視馬而已。每農桑遽月，或時無人，遇之者不知三公也。及加三望車，前廢帝即位，加慶之几杖，給三望車一乘。謂人

曰：「我每遊履田園，有人時與馬成三，無人則與馬成二。今乘此車，安所之乎。」及錫几杖，并固讓。《宋書·沈慶之傳》

覬性真素，不尚矯飾，遇得寶玩，服用不疑，而他物粗敗，終不改易。時吴郡顧覬之亦尚儉素，衣裘器服，皆擇其陋者。宋世言清約，稱此二人。先是，庾徽之爲御史中丞，性豪麗，服玩甚華，覬代之，衣冠器用，莫不粗率。蘭臺令史并三吴富人，咸有輕之之意，覬蓬首緩帶，風貌清嚴，皆重迹屏氣，莫敢欺犯。《宋書·孔覬傳》

校記

〔一〕葛燈籠，《南史》、《藝文類聚》十三引、《御覽》一二八及四三一引作「掛葛燈籠」。

豪　奢

時經略淮泗，軍旅不息，荒弊積久，府藏空竭。内外百官，並日料禄奉；〔一〕而上奢費過度，務爲彫侈，每所造制，必爲正御三十副，御次、御又各三十，〔二〕須一物輒造九十枚，天下騷然，民不堪命。《宋書·明帝本紀》

性奢豪，食必方丈，旦輒爲十人饌。穆之既好賓客，未嘗獨餐，每至食時，客止十人以還者，帳下依常下食，以此爲常。嘗白高祖曰：「穆之家本貧賤，贍生多闕。自叨忝以來，雖每存約損，而朝夕所須，微爲過豐。自此以外，一毫不以負公。」《宋書·劉穆之傳》

初，毅家在京口，貧約過常，嘗與鄉曲士大夫往東堂共射。時悦爲司徒右長史，暫至京，要府州僚佐共出東堂。毅已先至，遣與悦相聞，曰：「身久躓頓，營一遊集甚難。君如意人，無處不可爲適，豈能以此堂見讓。」悦素豪，徑前，不答毅語。衆人并避之，唯毅留射如故。悦廚饌甚盛，不以及毅。毅既不去，悦甚不歡，俄頃不退。毅又相聞曰：「身今年未得子鵝，豈能以殘炙見惠。」悦又不答。後毅求都督江州，上表解悦都督、將軍官，以刺史移鎮豫章。符攝嚴峻，數相挫辱。悦不得志，疽發背，到豫章少日卒。《宋書·庾悦傳》

義恭幼而明穎，姿顔美麗，高祖特所鍾愛，諸子莫及也。飲食寢臥，常不離於側。高祖爲性儉約，諸子食不過五盞盤，而義恭愛寵異常，求須果食，日中無算，得未嘗噉，悉以乞與傍人。廬陵諸王，未嘗敢求，求亦不得。《宋書·武三王傳》

義恭涉獵文義，而驕奢不節，既出鎮，太祖與書誡之曰：「汝一月日自用，不可過三十萬，若能省此，益美。」《宋書·武三王傳》

義恭領司徒，相府年給錢二千萬，它物倍此，按《何承天傳》：「錢三千萬，布五千萬匹，米七萬斛。」

而義恭性奢，用常不足，太祖又別給錢，年千萬。按，三千萬仍未足，又逆換明年資費。見《何承天傳》義恭性嗜不恒，日時移變，自始至終，屢遷第宅。與人遊款，意好亦多不終。而佟奢無度，不愛財寶，左右親幸者，一日乞與，或至一二百萬，小有忤意，輒追奪之。大明時，資供豐厚，而用常不足，賒市百姓物，無錢可還，民有通辭求錢者，輒題後作「原」字。《宋書·武三王傳》

劉毅當鎮江陵，高祖會於江寧，朝士畢集。毅素好摴蒱，於是會戲。高祖與毅歛局，各得其半，積錢隱人，毅呼高祖併之。先擲得雉，高祖甚不説，良久乃答之。四坐傾矚，既擲，五子盡黑，毅意色大惡，謂高祖曰：「知公不以大坐席與人！」鮮之大喜，徒跣繞床大叫，聲聲相續。毅甚不平，謂之曰：「此鄭君何爲者！」無復甥舅之禮。《宋書·鄭鮮之傳》

幼文所莅貪横，家累千金，女伎數十人，絲竹晝夜不絕，與沈勃、孫超之居止接近，常相從。又并與阮佃夫厚善，佃夫死，廢帝深疾之。帝微行夜出，輒在幼文門牆之間，聽其絃管，積久轉不能平，於是，自率宿衛兵誅幼文，勃、超之等。《宋書·杜驥傳》

義康素無術學，暗於大體，自謂兄弟至親，不復存君臣形迹，率心逕行，曾無猜防。私置僮部六千餘人，不以言臺。四方獻饋，皆以上品薦義康，而以次者供御。上嘗冬月噉甘，嘆其形味并劣，義康在坐曰：「今年甘殊有佳者。」遣人還東府取甘，大供御者三寸。《宋書·武二王傳》

魯國孔熙先博學有縱横才志，文史星算，無不兼善。爲員外散騎侍郎，不爲時所知，久不得調。

初，熙先父默之爲廣州刺史，以贓貨得罪，下廷尉，大將軍彭城王義康保持之，故得免。及義康被黜，熙先密懷報效，欲要朝廷大臣，未知誰可動者，以曄意志不滿，欲引之。而熙先素不爲曄所重，無因進説。曄外甥謝綜，雅爲曄所知，熙先嘗經相識，乃傾身事綜，與之結厚。熙先藉嶺南遺財，家甚富足，始與綜諸弟共博，故爲拙行，以物輸之。綜等諸年少，既屢得物，遂日夕往來，情意稍款。綜乃引熙先與曄爲數，曄又與戲，熙先故爲不敵，前後輸曄物甚多。曄既利其財寶，又愛其文藝；熙先素有詞辯，盡心事之。曄遂相與異常，申莫逆之好。《宋書·范曄傳》

收曄家，樂器服玩，并皆珍麗，妓妾亦盛飾，母住止單陋，唯有一廚盛樵薪，弟子冬無被，叔父單布衣。《宋書·范曄傳》

湛之善於尺牘，音辭流暢。貴戚豪家，産業甚厚。室宇園池，貴遊莫及。伎樂之妙，冠絶一時。門生千餘人，皆三吳富人之子，姿質端妍，衣服鮮麗。每出入行遊，塗巷盈滿，泥雨日，悉以後車載之。太祖嫌其侈縱，每以爲言。時安成公何勖，無忌之子也，臨汝公孟靈休，昶之子也，并各奢豪，與湛之共以肴膳、器服、車馬相尚。京邑爲之語曰：「安成食，臨汝飾。」湛之二事之美，兼於何孟。《宋書·徐湛之傳》

佃夫權柄亞於人主，宅舍園池，諸王邸第莫及。妓女數十，藝貌冠絶當時，金玉錦繡之飾，宫掖不逮也。每製一衣，造一物，京邑莫不法效焉。於宅内開瀆，東出十許里，塘岸整潔，泛輕舟，奏女樂。中書舍人劉休嘗詣之，值佃夫出行，中路相逢，要休同反，就席，便命施設，一時珍羞，莫不畢備。凡諸火劑，并皆始熟，如此者數十種。佃夫嘗作數十人饌，以待賓客，故造次便辦，類皆如此，雖晉世王、石不能過也。《宋書·恩倖傳》

校記

〔一〕並日料禄奉，《魏書·島夷傳》作「普斷禄奉」，《南史》作「並斷禄奉」。

〔二〕御又各三十，「御」諸本作「副」。

高　趣

欣少靖默，無競於人，尤長隸書。隆安中，朝廷漸亂，欣優遊私門，不復仕進。會稽王世子元顯每使欣書，常辭不奉命，元顯怒，乃以爲其後軍府舍人。此職本用寒人，欣意貌恬然，不以高卑見色，論者稱焉。欣嘗詣領軍將軍謝混，混拂席改服，然後見之。時混族子靈運在坐，退告族兄瞻曰：「望蔡見羊欣，遂易衣改席。」欣由此益知名。《宋書·羊欣傳》

桓玄輔政，以欣爲平西參軍，仍轉主簿，參預機要。欣欲自疎，時漏密事，玄覺其此意，愈重之，以爲楚臺殿中郎。欣拜職少日，稱病自免，屏居里巷，十餘年不出。義熙中，弟徽被遇於高祖，高祖謂諮議參軍鄭鮮之曰：「羊徽一時美器，世論猶在兄後，恨不識之。」出爲新安太守。在郡四年，簡惠著稱。除臨川王義慶輔國長史，廬陵王義真車騎諮議參軍，並不就。太祖重之，以爲新安太守，前後凡十三年，遊玩山水，甚得適性。轉在義興，非其好也。頃之，又稱病篤，自免歸，除中散大夫。素好黄老，常手自書章，有病不服藥，飲符水而已。欣以不堪拜伏，辭不朝覲，高祖、太祖並恨不識之。自非尋省近親，不妄行詣，行必由城外，未嘗入六關。元嘉九年卒，時年七十三。《宋書·羊欣傳》

敬弘同高祖諱，故稱字。少有清尚，性恬静，樂山水。爲天門太守。敬弘妻，桓玄姊也。敬弘之郡，玄時爲荆州，遣信要令過。敬弘至巴陵，謂人曰：「靈寶見見要，正當欲與其姊集聚耳，我不能爲桓氏贅婿。」乃遣别船送妻往江陵。妻在桓氏，彌年不迎。山郡無事，恣其遊適，累日不回，意甚好之。轉南平太守，去官，居作塘縣界。玄輔政及篡位，屢召不下。高祖召爲中書侍郎，始携家累，自作塘還京邑。《宋書·王敬弘傳》

敬弘每被除召，即便祗奉，既到宜退，旋復解官，高祖嘉其志，不苟違也。除廬陵王師，加散騎常侍，自陳「無德，不可師範令王」，固讓不拜。元嘉三年，爲尚書僕射，關署文案，初不省讀。

嘗豫聽訟，上問以疑獄，敬弘不對，上變色問左右：「何故不以訊牒副僕射？」敬弘曰：「臣乃
得訊牒讀之，政自不解。」上甚不悦。按，既不省文案，又不解訊牒，何不便辭任？然則讓廬陵王師亦何
爲？六年，遷尚書令，敬弘固讓，表求還東，不上能奪。及東歸，車駕幸冶亭餞送。二十四年，
薨於餘杭之舍亭山，時年八十，〔一〕追贈本官。順帝昇明二年詔曰：「夫塗祕蘭幽，貞芳載越，
徽猷沈遠，懋禮彌昭。故侍中、左光禄大夫、開府儀同三司敬弘，神韵沖簡，識寓標峻，德敷象
魏，道藹丘園。高挹榮冕，凝心塵外，清光粹範，振俗淳風。兼以累朝延賞，聲華在咏，而嘉篆
闕文，獻策韜裏，〔二〕尚想遥芬，興懷寢寤。便可詳定輝謚，式旌追典。」於是謚爲文貞公。敬
弘形狀短小，而坐起端方，桓玄謂之「彈棋八勢」。所居舍亭山，林澗環周，備登臨之美，時人
謂之王東山。左右嘗使二老婢，戴五條五辮，著青紋袴襦，飾以朱粉。《宋書·王敬弘傳》
子恢之被召爲秘書郎，敬弘爲求奉朝請，與恢之書曰：「祕書有限，故有競；朝請無限，故無
競。吾欲使汝處於不競之地。」太祖嘉而許之。敬弘見兒孫歲中不過一再相見，見輒克日。恢之
嘗請假還東定省，敬弘克日見之，至日輒不果，假日將盡，恢之乞求奉辭，敬弘呼前，既至閤，
復不見。恢之於閤外拜辭，流涕而去。《宋書·王敬弘傳》
子竣既貴重，權傾一朝，凡所資供，延之一無所受，器服不改，宅宇如舊。常乘羸牛笨車，逢竣
鹵簿，即屏往道側。又好騎馬，遨遊里巷，遇知舊，輒據鞍索酒，得酒必頽然自得。常語竣曰：

「平生不喜見要人，今不幸見汝。」竣起宅，謂曰：「善爲之，無令後人笑汝拙也。」《宋書·顏延之傳》

時粲與齊王、褚淵、劉秉入直，平決萬機，時謂之「四貴」。粲閑默寡言，不肯當事，主書每往諮決，或高咏對之，時立一意，則衆莫能改。宅宇平素，器物取給。好飲酒，善吟諷，獨酌園庭，以此自適。居負南郭，時杖策獨遊。素寡往來，門無雜客。及受遺當權，四方輻凑，閑居高臥，一無所接，談客文士，所見不過一兩人。《宋書·袁粲傳》

家在會稽上虞，從兄敬弘嘗解貂裘與之，即著以采藥。性好釣，上虞江有一處，名三石頭，弘之常垂綸於此。經過者不識之，或問：「漁師得魚賣不？」弘之曰：「亦自不得，得亦不賣。」日夕載魚入上虞郭，經親故門，各以一兩頭置門內而去。《宋書·隱逸傳》

陶潛字淵明，或云淵明字元亮，尋陽柴桑人也。親老家貧，起爲州祭酒，不堪吏職，少日自解歸。爲彭澤令，公田悉令吏種秫稻，妻子固請種秔，乃使二頃五十畝種秫，五十畝種秔。郡遣督郵至，縣吏自應束帶見之，潛嘆曰：「我不能爲五斗米折腰向鄉里小人。」即日解印綬去。《宋書·隱逸傳》

先是，顏延之爲劉柳後軍功曹，在尋陽，與潛情款。後爲始安郡，經過，日日造潛，每往必酣飲致醉。臨去，留二萬錢與潛，潛悉送酒家，稍就取酒。嘗九月九日無酒，出宅邊菊叢中坐久，值弘送酒至，即便就酌，醉而後歸。潛不解音聲，而蓄素琴一張，無弦，每有酒適，輒撫弄以寄其意。貴賤造之者，有酒輒設，潛若先醉，便語客：「我醉欲眠，卿可去。」其真率如此。《宋書·隱逸傳》

朱百年，會稽山陰人也。少有高情，親亡服闋，携妻孔氏入會稽南山，以伐樵採箬爲業。頗能言理，時爲詩咏，往往有高勝之言。隱迹避人，唯與同縣孔凱友善。凱亦嗜酒，相得輒酣，對飲盡歡。百年家素貧，母以冬月亡，衣并無絮，自此不衣綿帛。嘗寒時就凱宿，衣悉裌布，飲酒醉眠，凱以卧具覆之，百年不覺也，既覺，引卧具去體，謂凱曰：「綿定奇温。」因流涕悲慟，凱亦爲之傷感。時山陰又有寒人姚吟，亦有高趣，爲衣冠所重。蔡興宗爲會稽太守，餉百年妻米百斛，百年妻遣婢詣郡門奉辭固讓，時人美之，以比梁鴻妻。《宋書·隱逸傳》

校記

〔一〕時年八十，《南史》作「八十八」。張森楷《校勘記》云：「按，敬弘表自云『年向九十』，當以《南史》爲正。」

〔二〕獻策韜裏，「獻」《宋書》諸本并作「猷」。「裏」殿本作「裹」；《元龜》五九五引作「采」，中華本據改。

奸邪

瑀字茂琳性陵物護前，不欲人居己上。時濬征北府行參軍吳郡顧邁輕薄而有才能，濬待之甚厚，深言密事，皆與參之。瑀乃折節事邁，深布情款，家内婦女間事，言語所不得至者，莫不倒寫備説。邁以瑀與之款盡，深相感信。濬所言密事，悉以語瑀。瑀與邁共進射堂下，瑀忽顧左右，索單衣幘，邁問其所以，瑀曰：「公以家人待卿，相與言無所隱，而卿於外宣洩，致使人無不知。我是公吏，瑀時爲濬別駕從事史何得不啟？」因而白之。濬大怒，啟太祖，徙邁廣州。《宋書·劉穆之傳》

伯符子倩，尚文帝第四女海鹽公主。初，始興王濬以潘妃之寵，故得出入後宫，遂與公主私通。及適倩，倩入宫而怒，肆詈搏擊，引絶帳帶。事上聞，有詔離婚，殺主所生蔣美人。《宋書·趙倫之傳》

秉弟遐字彦道與適母殷養女雲敷私通，殷每禁之。殷暴病卒，未大殮，口鼻流血，疑遐潛加毒害，爲有司所糾。世祖徙之始安郡，永光中得還。兄秉既死，齊王遣誅之。遐人才甚凡，自諱名，常對賓客曰：「孝武無道，枉我殺母。」其頑騃若此。《宋書·宗室傳》

初，臧質陰有異志，以義宣凡弱，易可傾移，欲假手爲亂，以成其奸。自襄陽往江陵，見義宣便盡禮，事在《質傳》。及至江州，每密信説義宣，義宣陰納質言。而世祖閨庭無禮，與義宣諸女淫亂，義宣因此發怒，密治舟甲，克孝建元年秋冬舉兵。《宋書·武二王傳》

初，僧達爲太子洗馬，在東宫，愛念軍人朱靈寶。及出爲宣城，靈寶已長，僧達詐列死亡，寄宣城左永之籍，注以爲已子，改名元序，啓太祖以爲武陵國典衛令，又以補竟陵國典書令，建平國中將軍。〔一〕孝建元年春，事發，又加禁錮。僧達族子確年少，美姿容，僧達與之私款。確叔父休，爲永嘉太守，當將確之郡，僧達欲逼留之，確知其意，避不復往。僧達大怒，潛於所住屋後作大坑，欲誘確來别，因殺而埋之，從弟僧虔知其謀，禁呵乃止。御史中丞劉瑀奏請收治，上不許。《宋書·王僧達傳》

上不欲威柄在人，親監庶務，前後領選者，唯奏行文書，師伯專情獨斷，奏無不可。時分置二選，按，《王玄謨傳》「又領北選」，是二選分南北。陳郡謝莊、琅邪王曇生并爲吏部尚書，師伯子舉周旋寒人張奇爲公車令，上以奇資品不當，使兼市買丞，以蔡道惠代之。令史潘道栖、褚道惠、顔禕之、元從夫、任澹之、石道兒、黄難、周公選等抑道惠敕，使奇先到公車，不施行奇兼市買丞事。師伯坐以子領職，莊、曇生免官，道栖、道惠棄市，禕之等六人鞭杖一百。《宋書·顔師伯傳》

按，師伯招權納賄，驕奢淫恣，雖爲前廢帝所枉殺，然卹典亦薄。故太宗即位詔曰：「其心黷貨，宜貶贈典。

諡曰荒子。」固不得與柳元景之清正，沈慶之之忠讜，同被徽稱也。

元凶劭，字休遠，文帝長子也。帝即位後生劭，時上猶在諒暗，故祕之。三年閏正月，方云劭生。自前代以來，未有人君即位後皇后生太子，唯殷帝乙既踐阼，正妃生紂，至是又有劭焉。《宋書·二凶傳》

有女巫嚴道育，本吳興人，夫爲劫，坐没入奚官，劭姊東陽公主應閤婢按，《沈懷文傳》又云「公主養女」，不同。王鸚鵡白公主云：「道育通靈，有異術。」主乃白上，託云善蠶，時帝勸課農桑，使宫内皆蠶。求召入，見許。道育既入，自言服食，主及劭并信惑之，號曰天師。後遂爲巫蠱，以玉人爲上形象，埋於含章殿前。東陽主有奴陳天興，鸚鵡養以爲子，而與之淫通，并預巫蠱事。東陽主薨，鸚鵡應出嫁，劭慮言語難密，與濬謀之。乃嫁鸚鵡與沈懷遠爲妾。《宋書·二凶傳》

校記

〔一〕中將軍，《南史》作「中軍將軍」。按，《宋書·百官志下》載：「中軍將軍，晉武帝初置，宋因之。」中華本據改。

清賞

出爲南兖州刺史，善於爲政，威惠并行。廣陵城舊有高樓，湛之更加修整，南望鍾山。城北有陂澤，水物豐盛。湛之更起風亭、月觀、吹臺、琴室，果竹繁茂，花藥成行，招集文士，盡遊玩之適，一時之盛也。《宋書·徐湛之傳》

妓妾數十人，並美容工藝。慶之遊優無事，盡意歡愉，非朝賀不出門。太子妃上世祖金鏤匕箸及杅杓，上以賜慶之，曰：「卿辛勤匪殊，歡晏宜等，且觴酌之賜，宜以大夫爲先也。」《宋書·沈慶之傳》

嘗從太祖登鍾山北嶺，中道有磐石清泉，上使於石上彈琴，因賜以銀鍾酒，謂曰：「相賞有松石間意。」《宋書·蕭思話傳》

戴顒字仲若，譙郡銍人也。父逵，兄勃，并隱遁有高名。會稽剡縣多名山，故世居剡下。桐廬縣又多名山，兄弟復共遊之，因留居止。桐廬僻遠，難以養疾，乃出居吴下。吴下士人共爲築室，聚石引水，植林開澗，少時繁密，有若自然。衡陽王義季鎮金口，長史張邵與顒姻通，迎來止黄鵠山。山北有竹林精舍，林澗甚美，顒憩於此澗，義季亟從之遊，顒服其野服，不改常度。爲義季鼓琴，并新聲變曲，其三調《遊絃》、《廣陵》、《止息》之流，皆與世異。太祖每欲見之，嘗謂黄門侍郎張敷曰：「吾東巡之日，當讌戴公山也。」《宋書·隱逸傳》

宗炳字少文，南陽涅陽人也。母同郡師氏，聰辯有學義，教授諸子。高祖辟炳爲主簿，不起。問其故，答曰：「棲丘飲谷三十餘年。」高祖善其對。妙善琴書，精於言理，每遊山水，往來輒忘歸，〔一〕妻羅氏亦有高情，與炳協趣。《宋書·隱逸傳》

好山水，愛遠遊，西陟荆巫，南登衡岳，因而結宇衡山，欲懷尚平之志。有疾還江陵，嘆曰：「老疾俱至，名山恐難遍覩，唯當澄懷觀道，卧以遊之。」凡所遊履，皆圖之於室，謂人曰：「撫琴動操，欲令衆山皆響。」《宋書·隱逸傳》

孔淳之字彦深，魯郡魯人也。少有高尚，愛好墳籍。居會稽剡縣，性好山水，每有所遊，必窮其幽峻，或旬日忘歸。嘗遊山，遇沙門釋法崇，因留共止，遂停三載。法崇嘆曰：「緬想人外，三十年矣，今乃傾蓋於兹，不覺老之將至也。」及淳之還反，不告以姓。與徵士戴顒、王弘之及王敬弘等共爲人外之遊。敬弘以女適淳之子尚。會稽太守謝方明苦要入郡，終不肯往。茅室蓬户，庭草蕪徑，唯床上有數卷書。元嘉初，復徵爲散騎侍郎，乃逃于上虞縣界，家人莫知所之。《宋書·隱逸傳》

遂王有中州，自稱曰魏，號年天賜。九年治代郡桑乾縣之平城。〔二〕北有沙漠，南據陰山。立學官，置尚書曹，開字涉珪，謚道武皇帝。頗有學問，曉天文。其俗以四月祠天，六月末率大衆至陰山，謂之却霜。陰山去平城六百里，深遠饒樹木，霜雪未嘗釋，蓋欲以暖氣却寒也。《宋書·索虜傳》按，塞外早寒，六月飛霜，故謂之「却霜」。又言「霜雪未嘗釋」者，蓋謂其地暖奥，雖霜雪早來，而樹木密葉未嘗凋零解釋，故云「以暖氣却寒也」。然則陰山之美，不減周原，今未聞其地能如是不？若有曾經其地，或自平城來者，須就其人而問之。

仇池地方百頃，因以百頃爲號，四面斗絶，高平地方二千餘里，〔三〕羊腸蟠道，三十六回。山上豐水泉，煮土成鹽。《宋書·氐胡傳》按：此自然極樂國也，惜無蠟屐一遊者。

校記

〔一〕往來輒忘歸，《宋書》諸本作「往輒忘歸」。

〔二〕九年，中華本作「元年」。按，天錫只六年，「九」當爲「元」字之訛。

〔三〕二千餘里，《宋書》諸本作「二十餘里」。按，山上高平地二千餘里，顯誤。

穢黷

鎮惡性貪，既破朱褭，因停軍抄掠諸蠻，不時反。及至江陵，休之已平，高祖怒，不時見之。鎮惡笑曰：「但令我一見公，無憂矣。」高祖尋登城喚鎮惡，鎮惡爲人强辯，有口機，隨宜酬應，高祖乃釋。及北伐，鎮惡領前鋒，克長安。是時，關中豐全，倉庫殷積，鎮惡極意收斂，子女玉帛不可勝計。高祖以其功大，不問也。時有白高祖以鎮惡既克長安，藏姚泓僞輦爲有異志。高祖密遣人覘輦所在，泓輦飾以金銀，鎮惡悉剔取，而棄輦於垣側。高祖聞之，乃安。《宋書·王鎮惡傳》

邵坐在雝州營私蓄取贓貨二百四十五萬，下廷尉，免官，削爵土。後爲吴興太守，卒，追復爵邑，謚曰簡伯。邵臨終，遺命祭以菜果，葦席爲轜車，諸子從焉。《宋書·張邵傳》

炳之爲人强急而不耐煩，賓客干訴非理者，忿詈形於辭色。素無術學，不爲衆望所推。領選既不緝衆論，又頗通貨賄。炳之請急還家，吏部令史錢泰、主客令史周伯齊出炳之宅諮事。泰能彈琵琶，伯齊善歌，炳之因留停宿。尚書舊制，令史諮事，不得宿停外，雖有八座命，亦不許。爲有司所奏。上於炳之素厚，將恕之，召問尚書右僕射何尚之，尚之具陳炳之得失。又密奏曰：「炳之呼二令史出宿，令史諮都令史駱宰，宰云『不通』，吏部曹亦咸知不可，令史具向炳之説不得停之意，炳之了不聽納。」；「孔萬祀居左丞之局，不念相當，語駱宰云：『炳之貴要，異他尚書身，政可得無言耳。』又云：『不痴不聾，不成姑公。』敢作此言，亦爲異也。」太祖猶優遊之，使尚之更陳其意。尚之乃備言炳之愆過，曰：「虞秀之門生事之，異味珍肴，未嘗有乏，其外別貢，豈可具詳。炳之門中不問大小，誅求張幼緒，幼緒轉無以堪命。炳之先與劉德願殊惡，德願自持琵琶甚精麗，遺之，便復款然。市令盛馥進數百口材助營宅，恐人知，作虚買券。劉道錫驟有所輸，傾南俸之半。劉雍自謂得其力助，事之如父，夏中送甘蔗，若新發於州。國吏運載樵荻，無輟於道。諸見人有物，鮮或不求，聞劉遵考有材，便乞材，見好燭盤，便復乞之。」又曰：「臣見劉伯寵大慷慨炳之所行，〔二〕云有人送張幼緒，幼緒語人：『吾雖得一縣，負三十萬錢。』庾沖遠乃當送至新林，見縛束，猶未得解手。荀萬秋嘗詣炳之，值一客姓夏侯，主人問：『有好牛不？』云：『無。』問：『有好馬不？』又云：『無。政有佳驢耳。』炳之便答：『甚是所欲。』客出門，遂與相聞索之。劉道錫云是炳之所舉，就道錫索嫁女具及祠器，乃當百萬數，猶謂不然。選令史章龍向臣説，亦嘆其受納之過，言：『實得嫁女具，銅鑪四人舉乃勝，細葛斗帳等物，不可稱數。』在尚書中，令奴酤酃酒，利其百十，亦是立臺閣所無，不審少簡聖聽不？恐仰傷日月之明，臣竊爲之嘆息。」太祖乃可有司之奏，免炳之官。《宋書·庾炳之傳》

勃好爲文章，善彈琴，能圍棋，而輕薄逐利。太宗泰始中，時欲北討，使勃還鄉里募人，多受貨賄。上怒，下詔曰：「沈勃琴書藝業，口有美稱，而輕躁耽酒，幼多罪愆。比奢淫過度，妓女數十，聲酣放縱，無復劑限。自恃吴興土豪，比門義故，脅説士庶，告索無已。又輒聽募將，委役還私，託注病叛，遂有數百。周旋門生，競受財貨，少者至萬，多者千金，按，「多」、「少」二字，似誤倒。考計贓物，二百餘萬，便宜明罰敕法，以正刑典。故光禄大夫演之，昔受深遇，忠績在朝，尋遠矜懷，能無弘律，可徙勃西垂，令一思愆悔。」於是徙付梁州。《宋書·沈演之傳》

承天昔在西與士人多不協，在郡又不公清，爲州司所糾，被收繫獄，值赦免。承天與尚書左丞謝元素不相善，二人競伺二臺之違，累相糾奏。太尉江夏王義恭歲給資費錢三千萬，布五萬匹，米七萬斛，義恭素奢侈，用常不充。元嘉二十一年，逆就尚書換明年資費，而舊制出錢二十萬、布五百匹以上，并應奏聞，元輒命議以錢二百萬給太尉。事發覺，元乃使令史取僕射孟顗命。元時新除太尉諮議參軍，未拜，爲承天所糾。上大怒，遣元長歸田里，禁錮終身。元時又舉承天賣茭四百七十束與官屬，求貴價，承天坐白衣領職。《宋書·何承天傳》

休佑吞嚼聚斂，爲西數州之蝗。及拜徐州，未及之任，便徵動萬端，暴濁愈甚，既每爲民蠹，不可復全。《宋書·文九王傳》按，此明帝詔，見《建安王休仁傳》。州蝗、民蠹，可稱奇對。

休佑素無才能，强梁自用。在荊州，裒刻所在，多營財貨。以短錢一百賦民，田登，就求白米一斛，米粒皆令徹白，若有破折者，悉刪簡不受。民間糴此米，一升一百，至時又不受米，評米責錢。凡諸求利，皆悉如此。《宋書·文九王傳》按，始則短錢責米，既而評米責錢。此等伎倆，古今同然，良以增慨。

玄謨營貨利，一匹布責人八百梨，以此倍失人心。《宋書·王玄謨傳》按，一匹布責八百梨，與一百錢求一斛米，政堪作對。然《傳》又言，玄謨爲徐州時，北土饑饉，乃散私穀十萬斛，牛千頭，以振之。復與匹布責梨人絶不相似，此又何耶？

琬性鄙暗，貪吝過甚，財貨酒食，皆身自量校。至是，父子並賣官鬻爵，使婢僕出市道販賣。酣歌博奕，日夜不休。大自矜遇，賓客到門者，歷旬不得前。《宋書·鄧琬傳》

惠開妹當適桂陽王休範，女又當適世祖子，發遣之資，應須二千萬。乃以爲豫章内史，聽其肆意聚納，由是在郡著貪暴之聲。《宋書·蕭惠開傳》

愍孫坐納山陰民丁彖文貨，舉爲會稽郡孝廉，免官。《宋書·袁粲傳》按，愍孫清操不應乃爾，深可怪嘆。

佃夫阮佃夫也大通貨賄，凡事非重賂不行。人有餉絹二百匹，嫌少，不答書。《宋書·恩倖傳》泰始初，軍功既多，爵秩無序，佃夫僕從、附隸皆受不次之位。捉車人虎賁中郎，傍馬者員外郎。《宋書·恩倖傳》按，明季諺云：「都督繞街走，職方賤如狗。」又漢世謠歌：「爛羊都尉，竈下中郎，一丘之貉。」古今何必相遠。

校記

〔一〕劉伯寵，《南史》作「劉伯龍」。張森楷《校勘記》云：「劉伯寵見王僧虔帖，劉伯龍有鬼笑營利事，未知此處當是何人。」

超詣

珣頗好積聚，財物布在民間。珣薨，弘悉燔燒券書，一不收責。餘舊業悉以委付諸弟。《宋書·王弘傳》

雍州刺史張邵，以黷貨下廷尉。按：事見《邵傳》。將致大辟，述上表陳邵先朝舊勳，宜蒙優貸，太祖手詔酬納焉。述語子綜曰：「主上矜邵夙誠，將加曲恕。吾所啟謬會，故特見酬納耳。若此疏迹宣布，則爲侵奪主恩，不可之大者也。」使綜對前焚之。太祖後謂邵曰：「卿之獲免，謝述有力焉。」《宋書·謝述傳》

劉湛誅，義康外鎮，將行，嘆曰：「謝述唯勸吾退，劉湛唯勸吾進，今述亡，而湛存，吾所以得

罪也。」太祖亦曰：「謝述若存，義康必不至此。」《宋書·謝述傳》

惠恬静，不交遊。陳郡謝瞻，才辯有風氣，嘗與兄弟群從造惠，談論鋒起，文史間發，惠時相酬應，言清理遠，瞻等慚而退。嘗臨曲水，風雨暴至，座者皆馳散，惠徐起，姿貌不異常日。《宋書·王惠傳》

少帝即位，以蔡廓爲吏部尚書，不肯拜，乃以惠代焉。惠被召即拜，未嘗接客。人有與書求官者，得輒聚置閣上。及去職，印封如初時。談者以廓之不拜，惠之即拜，雖事異，而意同也。《宋書·王惠傳》

弘微口不言人短長，而曜好臧否人物，曜每言論，弘微常以它語亂之。弘微志在素宦，畏忌權寵，每有獻替及論時事，必手書焚草，人莫之知。《宋書·謝弘微傳》

東鄉君薨，資財鉅萬，弘微一無所取。混女夫殷叡素好摴蒱，聞弘微不取財物，乃濫奪其妻妹及伯母兩姑之分以還戲責，内人皆化弘微之讓，一無所争。或有譏之曰：「謝氏累世財産，充殷君一朝戲責，理之不允，莫此爲大。卿親而不言，譬棄物江海以爲廉耳。設使立清名，而令家内不足，亦吾所不取也。」弘微曰：「親戚争財，爲鄙之甚。今内人尚能無言，豈可導之使争。今分多共少，不至有乏，身死之後，豈復見關。」《宋書·謝弘微傳》

元嘉末，除尚書庫部郎。時高流官序，不爲臺郎，智淵門孤援寡，獨有此選，意甚不説，固辭不肯拜。智淵愛好文雅，詞采清贍，世祖深相知待，恩禮冠朝。上燕私甚數，多命群臣五三人遊集，智淵常爲其首。同侣未及前，輒獨蒙引進，智淵每以越衆爲慚，未嘗有喜色。每從遊幸，與群僚相隨，見傳詔馳來，知當呼己，聲動愧恧，形於容貌，論者以此多之。《宋書·江智淵傳》

太祖入奉大統，上及議者皆疑不敢下，曇首與到彦之從兄華固勸。及即位，謂曇首曰：「非宋昌獨見，無以致此。」謝晦平後，上欲封曇首等，會讌集，舉酒勸之，因拊御床曰：「此坐非卿兄弟，無復今日。」時封詔已成，出以示曇首，曇首曰：「近日之事，釁難將成，賴陛下英明速斷，故罪人斯戮。臣等雖得仰憑天光，效其毫露，豈可因國之災，以爲身幸。陛下雖欲私臣，當如直史何？」上不能奪，故封事遂寢。《宋書·王曇首傳》

景仁辭侍中，表曰：「殊次之寵，必歸器望；喉唇之任，非才莫居。三省諸躬，無以克荷，豈可苟順甘榮，不知進退。」太祖即位，俄遷侍中。時與侍中右衛將軍王華、侍中驍騎將軍王曇首、侍中劉湛四人，并時爲侍中，俱居門下，皆以風力局幹，冠冕一時，同升之美，近代莫及。《宋書·殷景仁傳》

僧綽沈深有局度，不以才能高人。先是，父曇首與王華并爲太祖所任，華子嗣人才既劣，位遇亦輕。僧綽嘗謂中書侍郎蔡興宗曰：「弟名位應與新建齊，超至今日，蓋由姻戚所致也。」新建者，嗣之封也。及爲侍中，時年二十九。始興王濬嘗問其年，僧綽自嫌蚤達，逡巡良久乃答，其謙虚

自退若此。《宋書·王僧綽傳》

元嘉末，太祖頗以後事爲念，以僧綽年少，方欲大相付託，朝政小大，皆與參焉。會二凶巫蠱事泄，上獨先召僧綽，具言之。及將廢立，使尋求前朝舊典。劭於東宫夜饗將士，僧綽密以啟聞，上又令撰漢魏以來廢諸王故事。撰畢，送與江湛、徐湛之。湛之欲立隨王誕，江湛欲立南平王鑠，太祖欲立建平王宏，議久不決。誕妃即湛之女，鑠妃即湛妹。太祖謂僧綽曰：「諸人各爲身計，便無與國家同憂者。」僧綽曰：「建立之事，仰由聖懷。臣謂唯宜速斷，不可稽緩。當斷不斷，反受其亂。願以義割恩，略小不忍，不爾便應坦懷如初，無煩疑論。《淮南》云：『以石投水，吳越之善没取之。』事機雖密，易致宣廣，不可使難生慮表，取笑千載。」上曰：「卿可謂能斷大事。此事重，不可不殷勤三思。且庶人始亡，人將謂我無復慈愛之道。」僧綽曰：「臣恐千載之後，言陛下唯能裁弟，不能裁兒。」上默然。江湛同侍坐，出閤，謂僧綽曰：「卿向言，將不太傷切直。」僧綽曰：「弟亦恨君不直。」及劭弑逆，江湛在尚書上省，聞變，嘆曰：「不用僧綽言，以致如此。」劭既立，委以事任。頃之，劭料檢太祖巾箱及江湛家書疏，得僧綽所啟饗士并廢諸王事，乃收害焉。《宋書·王僧綽傳》

初，太社西空地一區，吳時丁奉宅，孫皓流徙其家。江左初爲周顗、蘇峻宅，其後爲袁悦宅，又爲章武王司馬秀宅，皆以凶終。後給臧燾，〔二〕亦頗遇喪禍，故世稱爲凶地。僧綽常以正達自

居，謂宅無吉凶，請以爲第。始就造築，未及居而敗。《宋書·王僧綽傳》

秀之字道寶少孤貧，有志操。十許歲時，與諸兒戲於前渚，忽有大蛇來，勢甚猛，莫不顛沛驚呼，秀之獨不動，衆並異焉。東海何承天雅相知器，以女妻之。兄欽之爲朱齡石右軍參軍，隨齡石敗沒，秀之哀戚，不歡宴者十年。《宋書·劉秀之傳》

琛母孔氏，時年百餘歲。晉安帝隆安初，琅邪王廞於吳中爲亂，以女爲貞烈將軍，悉以女人爲官屬，按，事又見《王華傳》以孔氏爲司馬。及孫恩亂後，東土饑荒，人相食，孔氏散家糧以賑邑里，得活者甚衆，生子皆以孔爲名焉。《宋書·顧琛傳》

覬之家門雍睦，爲州鄉所重，五子約、緝、綽、縝、緄。綽私財甚豐，鄉里士庶多負其責，覬之每禁之不能止。及後爲吳郡，誘綽曰：「我常不許汝出責，定思貧薄，亦不可居。民間與汝交關，有幾許不盡，及我在郡，爲汝督之，將來豈可得。凡諸券書皆何在？」綽大喜，悉出諸文券一大廚與覬之，覬之悉焚燒，宣語遠近：「負三郎責，皆不須還，凡券書悉燒之矣。」綽懊嘆彌日。《宋書·顧覬之傳》

覬弟道存，從弟徽，頗營產業。二弟請假東還，覬出渚迎之，輜重十餘船，皆是綿、絹、紙、席之屬。覬見之，僞喜，謂曰：「我比困乏，得此甚要。」因命上置岸側，既而正色謂道存等曰：

「汝輩忝預士流，何至還東作賈客邪！」命左右取火燒之，燒盡乃去。道存代覬爲後軍長史、江夏内史，時東土大旱，都邑米貴，一斗將百錢。道存慮覬甚乏，遣吏載五百斛米餉之。覬呼吏謂之曰：「我在彼三載，去官之日，不辦有路糧。二郎至彼未幾，那能便得此米邪？可載米還彼。」吏曰：「自古以來，無有載米上水者，都下米貴，乞於此貨之。」不聽，吏乃載米而去。《宋書·孔覬傳》

王弘之字方平，家貧而性好山水。求爲烏程令，尋以病歸。桓玄輔晉，桓謙以爲衛軍參軍。時琅邪殷仲文還姑孰，祖送傾朝，謙要弘之同行，答曰：「凡祖離送别，必在有情，下官與殷風馬不接，無緣扈從。」謙貴其言。《宋書·隱逸傳》

劉凝之字志安，小名長年，南郡枝江人也。臨川王義慶、衡陽王義季鎮江陵，并遣使存問，凝之答書頓首稱僕，不修民禮，人或譏焉。凝之曰：「昔老萊向楚王稱僕，嚴陵亦抗禮光武，未聞巢許稱臣堯舜。」時戴顒與衡陽王義季書，亦稱僕。《宋書·隱逸傳》

凝之慕老萊、嚴子陵爲人，推家財與弟及兄子，立屋於野外，非其力不食，州里重其德行。州之禮辟西曹主簿，舉秀才，不就。妻梁州刺史郭銓女也，遣送豐麗，凝之悉散之親屬。妻亦能不慕榮華，與凝之共安儉苦。夫妻共乘薄笨車，出市買易，周用之外，輒以施人。爲村里所誣，一年三輸公調，求輒與之。有人嘗認其所著屐，笑曰：「僕著之已敗，今家中覓新者備君也。」〔二〕

此人後田中得所失屐，送還之，不肯復取。元嘉初，徵爲秘書郎，不就。荆州年饑，義季慮凝之餒斃，餉錢十萬。凝之大喜，將錢至市門，觀有饑色者，悉分與之，俄傾立盡。性好山水，一旦携妻子泛江湖，隱居衡山之陽。登高嶺，絶人迹，爲小屋居之，采藥服食，妻子皆從其志。《宋書·隱逸傳》

龔祈字孟道，武陵漢壽人也。風姿端雅，容止可觀，中書郎范述見而嘆曰：「此荆楚仙人也！」時或賦詩，言不及世事。《宋書·隱逸傳》

校記

〔一〕臧壽，《南史》、《建康實録》、《御覽》一八〇引作「燾」。孫彪《宋書考論》云：「『壽』當作『燾』。」

〔二〕今家中覓新者備君也，「令」《通志》作「令」。「備」《南史》作「償」，李慈銘《宋書札記》云：「『備』即俗『賠』字。」

諂媚

誕結事元顯嬖人張法順，故爲元顯所寵。元顯納妾，誕爲之親迎。《宋書·王誕傳》

元凶弑立，以偃爲侍中，掌詔誥。時尚之爲司空、尚書令，偃居門下，父子并處權要，時爲寒心，而尚之及偃善攝機宜，曲得時譽。《宋書·何偃傳》

休仁又説休佑云：「汝但作佞，此法自足安。我常秉許爲家，從來頗得此力。但試用，看有驗不？」休佑從之，於是大有獻奉，言多乖實。《宋書·文九王傳》

前在會稽，録事参軍陳郡謝沈以諂佞事休若。時内外戒嚴，普著袴褶，沈居母喪，被起，聲樂酣飲，不異吉人，衣冠既無殊異，并不知沈居喪。常自稱孤子，衆乃駭愕。《宋書·文九王傳》

徐爰字長玉，本名瑗，後以與傅亮父同名，改爲爰。微密有意理，爲高祖所知。便辟善事人，能得人主微旨。頗涉書傳，尤悉朝儀。元嘉初便入侍左右，豫参顧問，既長於附會，又飾以典文，故爲太祖所任遇。大明世，委寄尤重，朝廷大禮儀注，非爰議不行，雖復當時碩學，所解過人者，既不敢立異議，所言亦不見從。泰始三年，詔曰：「景和悖險，深相贊協，苟取偷存，罔顧節義，任算設數，取合人主，敲嶇姦矯，所志必從，故歷事七朝，白首全貴。」《宋書·恩倖傳》

改元嘉三十年爲太初元年，初使蕭斌作詔，斌辭以不文，乃使侍中王僧綽爲之。使改元爲太初，劭素與道育所定。斌曰：「舊踰年改元。」劭以問僧綽，僧綽曰：「晉惠帝即位便改號。」按，《晉書·惠帝紀》：「武帝崩，是日皇太子即皇帝位，改元爲永熙。」劭喜而從之。《宋書·二凶傳》

以輦迎蔣侯神像於宮内，啟顙乞恩，拜爲大司馬，封鍾山郡王，食邑萬户，加節鉞。蘇侯爲驃騎將軍。使南平王鑠爲祝文，罪狀世祖。《宋書·二凶傳》按：《文九王傳》：「迎蔣侯神於宮内，疏世祖年諱厭祝，祈請假授位號，使鑠造策文。」

尋諸方逆命，休仁總統諸軍。初行，與蘇侯神結爲兄弟，以求神助。《宋書·文九王傳》

傀異

明帝泰始二年五月丙午，南琅邪臨沂黄城山道士盛道度堂屋一柱自然，夜光照室内。此木失其性也；或云木腐自光。《宋書·五行志一》

後廢帝元徽四年，義熙、晉陵二郡，并有霹靂車墜地，如青石，草木燋死。《宋書·五行志二》

吴孫休世，烏程民有得困疾，及差，能以響言者，言於此而聞於彼。自其所聽之，不覺其聲之大也；自遠聽之，如人對言，不覺聲之自遠來也。聲之所往，隨其所向，遠者不過十數里。其鄰人

有責息於外，歷年不還，乃假之使爲責讓，懼以禍福，負物者以爲鬼神，即傾倒畀之。其人亦不自知所以然也。《宋書·五行志二》

魏世起安世殿，晉武帝後居之。安世，武帝字也。桓玄出鎮南州，立齋名曰蟠龍，後劉毅居此齋。蟠龍，毅小字也。司馬道子於東府造土山，名曰靈秀山。無幾，而孫恩作亂，再踐會稽。會稽道子所封，靈秀，恩之字也。《宋書·五行志二》

晉武帝太康四年，會稽彭蜞及蟹皆化爲鼠，甚衆，覆野，大食稻爲災。宋孝武大明七年春，太湖邊忽多鼠。其年夏水至，悉變成鯉魚。民人一日取，轉得三五十斛。明年，大饑。《宋書·五行志五》

魏齊王正始中，中山王周南爲襄邑長。有鼠從穴出，語曰：「王周南，爾以某日死。」周南不應，鼠還穴。後至期，更冠幘皂衣出，語曰：「周南，汝日中當死。」又不應，鼠復入。斯須更出，語如向日。適欲日中，鼠入復出，出復入，轉更數語如前。日適中，鼠曰：「周南，汝不應我，復何道！」言絶，顛蹶而死，即失衣冠。取視，俱如常鼠。《宋書·五行志五》

宋文帝元嘉二十五年，青州城南地遠望，見地中如水有影，人馬百物，皆見影中，積年乃滅。《宋書·五行志五》按，《史記·天官書》：「海旁蜃氣象樓臺，廣野氣成宫闕。」此蓋皆地氣所爲耳。于欽《齊乘》載：「東平陵城西北，有陰地數畝，天色澄霽，亦若雲陰，迫視則無。」記謂青州有地鏡水影，蓋亦此類，即謂是也。

晉惠帝光熙元年五月，范陽地然，可以爨。《宋書·五行志五》

晉愍帝建興二年十一月，枹罕羌妓産一龍子，色似錦文，嘗就母乳，遥見神光，少得就視。《宋書·五行志五》

石虎末，大武殿前所圖賢聖人像，人頭忽悉縮入肩中。《宋書·五行志五》

晉安帝義熙七年，無錫人趙朱，年八歲，一旦暴長八尺，髭鬚蔚然，三日而死。《宋書·五行志五》

文帝袁皇后亡後，常有小小靈應。沈美人者，太祖所幸也，嘗以非罪見責，應賜死。從后昔所住徽音殿前度。此殿有五間，自后崩後常閉。美人至殿前流涕大言曰：「今日無罪就死，先后若有靈當知之。」殿諸窗户，應聲豁然開。職掌遽白太祖，太祖驚往視之，美人乃得釋。《宋書·后妃傳》

羨之年少時，嘗有一人來，謂之曰：「我是汝祖。」羨之因起拜之。此人曰：「汝有貴相，而有大厄，可以錢二十八文埋宅四角，可以免災。過此，可位極人臣。」後羨之隨親之縣，住在縣内，嘗暫出，而賊自後破縣，縣内人無免者，雞犬亦盡，唯羨之在外獲全。隨從兄履之爲臨海樂安縣，嘗行經山中，見黑龍長丈餘，頭有角，前兩足皆具，無後足，曳尾而行。《宋書·徐羨之傳》

亮在梁州，忽服食修道，欲致長生。迎武當山道士孫道胤，令合仙藥。至益州，泰豫元年藥始成，而未出火毒。孫不聽亮服，亮苦欲服，平旦開城門，取井華水服，至食鼓後，心動如刺，中

間便絶。後人逢見，乘白馬，將數十人，出關西行，共語分明。此乃道家所謂尸解者也。《宋書·劉懷慎傳》

仲德年十七，與兄叡同起義兵。與慕容垂戰，敗，仲德被重創走，與家屬相失。路經大澤，不能前，困卧林中，忽有青衣童兒騎牛行，見仲德，問曰：「食未？」仲德告飢。兒去，頃之復來，携食與之。仲德食畢欲行，會水潦暴至，莫知所如。有一白狼至前，仰天而號，號訖，銜仲德衣，因渡水，仲德隨之，獲濟，與叡相及。渡河至滑臺，復爲翟遼所留，使爲將帥。積年，仲德欲南歸，乃奔太山，遼遣騎追之急。夜行，忽有炬火前導，仲德隨之，行百許里，乃免。仲德三臨徐州，威德著於彭城，立佛寺，作白狼、童子像於塔中，以河北所遇也。卒，謚桓侯。亦於廟立白狼、童子壇，每祭必祠之。《宋書·王懿傳》

東鄉君薨，資財鉅萬。田宅僮僕，應屬弘微。弘微一無所取，自以私禄營葬。混墓開，弘微牽疾臨赴，病遂甚。時有一長鬼，寄司馬文宣家，云受遣殺弘微，弘微疾增劇，輒豫告文宣。弘微既死，與文宣分别而去。《宋書·謝弘微傳》

休若既死，上與驃騎大將軍桂陽王休範書曰：「外間有一師，姓徐名紹之，狀如狂病，自云爲塗步郎所使。去三月中忽云：『神語道：「巴陵王應作天子，汝使巴陵王密知之。」』於是師便訪覓休若左右人，不能得。東宮典書姓何者相識，數去來，語師云：『我已爲汝語巴陵左右，道：

「因達巴陵，巴陵具知。云：莫聲，但聽。」』」《宋書·文九王傳》

修之戍滑臺，爲虜所圍，數月糧盡，將士重鼠食之，遂陷於虜。初，修之母聞其被圍既久，常憂之，忽一旦乳汁驚出。母號泣告家人曰：「吾今已老，忽復有乳汁，斯不祥矣。吾兒其不利乎？」後問至，修之果以此日陷沒。按，《水經注·河水下》載：「佛母出乳汁五百道。」事尤奇，然皆精誠所爲耳。拓跋燾嘉其守節，以爲侍中，〔一〕妻以宗室女。修之潛謀南歸，妻疑之，每流涕問其意，修之深嘉其義，竟不告也。按，修之祖序之母，在襄陽率婢登城，號夫人城，今修之母妻又賢明，蓋世有内美。後鮮卑馮弘稱燕王，治黃龍城，修之奔弘。時魏屢伐弘，或説弘遣修之歸求救，遂遣之。泛海至東萊，遇猛風舵折，垂以長索，船乃復正。海師望見飛鳥，知其近岸，須臾至東萊。《宋書·朱修之傳》

玄謨圍滑臺，積旬不克。及拓跋燾軍至，乃奔退，麾下散亡略盡。蕭斌將斬之，沈慶之固諫，乃止。初，玄謨始將見殺，夢人告曰：「誦《觀音經》千遍，則免。」既覺，誦之得千遍，明日將刑，誦之不輟，忽傳呼停刑。遣代守碻磝。《宋書·王玄謨傳》按：《晉書·載記·徐義》及《魏書·儒林·盧景裕》并以虔誦此經解脱桎梏，於是經遂大行，號曰《高王觀世音經》也。

誕遷鎮廣陵，入城，衝風暴起揚塵，晝晦。又中夜閑坐，有赤光照室，見者莫不怪愕。左右侍直，眠中夢人告之曰：「官須髪爲稍毦。」既覺，已失髻矣，如此者數十人，誕甚怪懼。《宋書·文

五王傳》

校記

〔一〕侍中，《魏書·毛修之傳》附《朱修之傳》、《南史》作「雲中鎮將」。

佛事

大明六年，制沙門致敬人主。《宋書·孝武帝本紀》

帝嘗行至下邳，遇一沙門，沙門曰：「江表尋當喪亂，拯之必君也。」帝患手創積年，沙門出懷中黄散一裹與帝曰：「此創難治，非此藥不能瘳也。」倏忽不見沙門所在，以散傅創即愈。餘散帝寶録之，後征伐屢被傷，通中者數矣，以散傅之，無不立愈。《宋書·符瑞志上》

冀州有沙門法稱將死，語其弟子普嚴曰：「嵩皇神告我云：『江東有劉將軍，是漢家苗裔，當受天命。吾以三十二璧、鎮金一餅，與將軍爲信。三十二璧者，劉氏卜世之數也。』」普嚴以告同學法義。法義以義熙十三年七月，於嵩高廟石壇下得玉璧三十二枚，黄金一餅。《宋書·符瑞志上》

劉粹字道冲，少有志幹。太祖即位，遷雍州刺史、襄陽、新野二郡太守。在任簡役愛民，罷諸沙

門二千餘人，以補府史。《宋書·劉粹傳》

趙廣本以譎詐聚兵，頓兵城下，不見飛龍，有司馬飛龍，自稱晉之宗室，劉道濟遣軍擊斬之。各欲分散。廣懼，乃將三千人及羽儀，詐其衆云「迎飛龍」。至陽泉寺中，謂道人程道養曰：「但自言是飛龍，則坐享富貴；若不從，即日便斬頭。」道養惶怖許諾。道義，枹罕人也。《宋書·劉粹傳》

敷遷江夏王義恭撫軍記室參軍。義恭就文帝求一學義沙門，會敷赴假還江陵，按，諸本脱「還」字，據《張敷傳》補。入辭，文帝令以後車載沙門往，按，「車」《敷傳》作「艑」。謂曰：「道中可得言晤。」敷不奉詔，按，《敷傳》此下有「曰：『臣性不耐雜。』」六字。上甚不説。《宋書·張邵傳》

暢子淹，東陽太守。逼郡吏燒臂照佛，百姓有罪，使禮佛贖刑，動至數千拜，免官禁錮。起爲光禄勳，與晉安王子勛同逆，軍敗見殺焉。《宋書·張邵傳》按，淹奉佛、被殺，見《孔覬傳》。

敬宣字萬壽，八歲喪母，晝夜號泣。四月八日，敬宣見衆人灌佛，乃下頭上金鏡，以爲母灌，因悲泣不自勝。輔國將軍桓序嘆息，謂牢之曰：「卿此兒既爲家之孝子，必爲國之忠臣。」《宋書·劉敬宣傳》

遵子闐，垣護之從父兄弟 元嘉中，爲員外散騎侍郎。母墓爲東阿寺道人曇洛等所發，闐與弟殿中將軍閎共殺曇洛等五人，詣官歸罪，見原。《宋書·垣護之傳》

義慶爲性簡素，寡嗜欲，愛好文義。受任歷藩，無浮淫之過，唯晚節奉養沙門，頗致費損。《宋

書·宗室傳》

恭帝遜位，居秣陵宮，常懼見禍，與褚后共止一室。高祖令淡之兄弟視褚后，褚后出別室相見，兵人乃踰垣而入，進藥於帝。帝不肯飲，曰：「佛教自殺者不得復人身。」乃以被掩殺之。《宋書·褚叔度傳》

先是，興宗納何后寺尼智妃爲妾，姿貌甚美，有名京師。迎車已去，而師伯密遣人誘之，潛往載取，興宗迎人不覺。及興宗被徙，論者并云由師伯，師伯甚病之。法興等既不欲以徙大臣爲名，師伯又欲止息物議，由此停行。《宋書·蔡興宗傳》

兄曜卒，弘微蔬食積時，哀戚過禮，服雖除，猶不噉魚肉。沙門釋慧琳詣弘微，弘微與之共食，猶獨蔬食。慧琳曰：「檀越素既多疾，頃者肌色微損，即吉之後，猶未復膳。若以無益傷生，豈所望於得理。」弘微答曰：「衣冠之變，禮不可踰。在心之哀，實未能已。」遂廢食感咽，歔欷不自勝。弘微少孤，事兄若父，兄弟友穆之至，舉世莫及也。《宋書·謝弘微傳》

泰暮年事佛甚精，於宅西立祇洹精舍。《宋書·范泰傳》

義真聰明，愛文義，而輕動無德業。與陳郡謝靈運、琅邪顏延之、慧琳道人并周旋異常，云：「得志之日，以靈運、延之爲宰相，慧琳爲西豫州都督。」徐羨之等嫌義真與靈運、延之暱狎過甚，故使范晏從容戒之，義真曰：「靈運空疏，延之隘薄，魏文帝云『鮮能以名節自立者』，但性情所得，未能忘言於悟賞，故與之遊耳。」將之鎮，列部伍於東府前，既有國哀，義真所乘舫單素，不及母孫修儀所乘者。〔一〕義真與靈運、延之、慧琳等共視部伍，因宴舫內，使左右剔母舫函道，以施己舫，而取其勝者。《宋書·武三王傳》

歆舉兵，以討恭爲名，恭遣劉牢之擊歆，歆敗走，不知所在。長子泰爲恭所殺，華時年十二，〔二〕在軍中與歆相失，隨沙門釋曇永逃竄。時牢之搜檢，覓華甚急，曇永使華提衣幞隨後，津邏咸疑焉。華行遲，永呵罵云：「奴子怠懈，行不及我！」以杖捶華數十，衆乃不疑，由此得免。《宋書·王華傳》

道産弟道錫，廣州刺史。坐乘轝出城行，與阿尼同載，爲有司所糾。《宋書·劉道産傳》

《山居賦》自注云：「自弱齡奉法，故得免殺生之事。」《宋書·謝靈運傳》　按，擅殺桂興，奈何！

太守孟顗事佛精懇，而爲靈運所輕，嘗謂顗曰：「得道應須慧業文人，升天當在靈運前，成佛必在靈運後。」顗深恨此言。《宋書·謝靈運傳》　按，「文人」當爲「丈人」字形之誤。

上又遣沙門釋慧琳視之，義康曰：「弟子有還理不？」慧琳曰：「恨公不讀數百卷書。」太子詹事范曄等謀反，事逮義康，免爲庶人，徙付安成郡。義康在安成讀書，見淮南厲王長事，廢書嘆曰：「前代乃有此，我得罪爲宜也。」二十八年正月，遣中書舍人嚴龍齎藥賜死，〔三〕義康不肯服藥，曰：「佛教自殺不得復人身，便隨宜見處分。」乃以被掩殺之。《宋書·武二王傳》

義宣白晳，美鬚眉，長七尺五寸，腰帶十圍，多蓄嬪媵，後房千餘，尼媪數百，男女三十人。《宋書·武二王傳》按，柳元景檄書曰：「姬妾百房，尼僧千計。」謂此也。

有法略道人，先爲義康所供養，粗被知待，又有王國寺法浄尼，亦出入義康家内，皆感激舊恩，規相拯拔，并與熙先往來。使法略罷道，本姓孫，改名景玄，以爲臧質寧遠參軍。熙先善於治病，兼能診脉。法浄尼妹夫許耀，領隊在臺，宿衛殿省，嘗有病，因法浄尼就熙先乞治，爲合湯一劑，耀疾即損。耀自往酬謝，因成周旋。熙先以耀膽幹可施，深相待結，因告逆謀，耀許爲内應。《宋書·范曄傳》

曄常謂死者神滅，欲著《無鬼論》；至是與徐湛之書云：「當相訟地下！」其謬亂如此。又語人：「寄語何僕射，天下决無佛鬼。若有靈，自當相報。」《宋書·范曄傳》

時有沙門釋惠休，善屬文，辭采綺艶，湛之與之甚厚。世祖命使還俗，本姓湯，位至揚州從事史。《宋書·徐湛之傳》

虜毁佛浮圖，取金像以爲大鉤，施之衝車端，以牽樓堞。城内有一沙門，頗有機思，輒設奇以應之。《宋書·文九王傳》

沙門釋慧琳，以才學爲太祖所賞愛，每召見，常升獨榻，延之甚疾焉。因醉白上曰：「昔同子參乘，袁絲正色。此三台之坐，豈可使刑餘居之。」上變色。《宋書·顔延之傳》

攸之將發江陵，使沙門釋僧桀筮之，〔四〕曰：「不至京邑，當自郢州回還。」意甚不悦。《宋書·沈攸之傳》

少好學，善屬文。性好鷹犬，與閭里少年相馳逐，又躬自屠牛。義慶聞如此，僧達妻，臨川王義慶女。令周旋沙門慧觀造而觀之。僧達陳書滿席，與論文義，慧觀酬答不暇，深相稱美。《宋書·王僧達傳》

啟求徐州，上不許，以爲吳郡太守，期歲五遷，僧達彌不得意。吳郡西臺寺多富沙門，僧達求須不稱意，乃遣主簿顧曠率門義劫寺内沙門竺法瑶，得數百萬。《宋書·王僧達傳》按：《傳》云：「兄錫罷臨海郡還，送故及奉禄百萬以上，僧達一夕命奴輦取，無復所餘。」蓋慣賊也。

先是，南彭城蕃縣民高闍、沙門釋曇標、道方等共相誑惑，自言有鬼神龍鳳之瑞，常聞簫鼓音，與秣陵民藍宏期等謀爲亂。《宋書·王僧達傳》

初，沙門釋僧含粗有學義，謂竣曰：「貧道粗見讖記，當有真人應符，名稱次第屬在殿下。」謂世祖竣在彭城嘗向親人叙之，言遂宣布，聞於太祖。時元凶巫蠱事已發，故上不加推治。《宋書·顔竣傳》

初，玄謨始將見殺，夢人告曰：「誦觀音經千遍，則免。」既覺，誦之得千遍，明日將刑，誦之不輟，忽傳呼停刑。《宋書·王玄謨傳》

亡命司馬順則，詐稱晉室近屬，自號齊王，聚衆據梁鄒城。又有沙門自稱司馬百年，號安定王。亡命秦顗之、〔五〕祖元明等，各據村屯以應順則。《宋書·蕭思話傳》

大明二年，發民築治廣陵城，誕循行，有人于輿揚聲大罵曰：「大兵尋至，何以辛苦百姓！」誕執之，問其本末，答曰：「姓夷名孫，家在海陵。天公去年與道佛共議，欲除此間民人，道佛苦諫得止。大禍將至，何不立六慎門！」誕問：「六慎門云何？」答曰：「古時有言，禍不入六慎門。」誕以其言狂悖，殺之。《宋書·文五王傳》

休範素凡訥，少知解，不爲諸兄所齒遇。太宗常指左右人謂王景文曰：「休範人才不及此，以我弟故，生便富貴。釋氏願生王家，良有以也。」《宋書·文五王傳》　按，《孝武十四王傳》云：「遣使賜死，時年十歲。子鸞臨死，謂左右曰：『願身不復生王家！』」

世祖時，朗上書云：「自釋氏流教，其來有源，淵檢精測，固非深矣。舒引容潤，既亦廣矣。然習慧者日替其修，束戒者月繁其過，遂至糜散錦帛，侈飾車從。復假粗醫術，〔六〕託雜卜數，延姝滿室，置酒浹堂，寄夫託妻者不無，殺子乞兒者繼有。而猶倚靈假像，背親傲君，欺費疾老，震損宮邑，是乃外刑之所不容戮，内教之所不悔罪，而横天地之間，莫不糾察。人不得然，豈其鬼歟！今宜申嚴佛律，裨重國令，其疵惡顯著者，悉皆罷遣，除則隨其蓺行，〔七〕各爲之條，使禪義經誦，人能其一，食不過蔬，衣不出布。若應更度者，則令先習義行，本其神心，必能草腐人天，竦精以往者，雖侯王家子，亦不宜拘。凡鬼道惑衆，妖巫破俗，觸木而言怪者不可數，寓采而稱神者非可算。其原本是亂男女，合飲食，因之而以祈祝，從之而以報請，是亂不誅，爲害未息。凡一苑始立，一神初興，淫風輒以之而甚，今修隄以北，置園百里，峻山以右，居靈十房，糜財敗俗，其可稱限。」《宋書·周朗傳》

郢州行事張沈、僞竟陵太守丘景先聞敗，變形爲沙門逃走，追擒伏誅。《宋書·鄧琬傳》

張淹屯軍上饒縣，聞劉胡敗，軍副鄱陽太守費曇欲圖之，詐云：「得鄧琬信，急宜諮論。」欲因此斬淹。淹素事佛，方禮佛，不得時進。曇復誑云捕虎，借大鼓及仗士二百人，淹信而與之。曇因率衆入山，饗士約誓，揚言虎走城西，鳴鼓大呼，直來趣城，城門守衛，悉委仗觀之，曇率衆突入，淹正禮佛，聞難走出，因斬首。《宋書·孔覬傳》

丁父艱，居喪有孝性，家素事佛，凡爲父起四寺。南岸南岡下，名曰禪岡寺；曲阿舊鄉宅，名曰禪鄉寺；京口墓亭，名曰禪亭寺；所封封陽縣，名曰禪封寺。謂國僚曰：「封秩蓋鮮，而兄弟甚多，若使全闕一人，則在我所讓。若使人人等分，又事可悲耻。寺衆既立，自宜悉供僧衆。」由此國秩不復下均。《宋書·蕭惠開傳》

孝建元年，世祖率群臣并於中興寺八關齋，中食竟，愍孫别與黄門郎張淹更進魚肉食，尚書令何尚之奉法素謹，密以白世祖，世祖使御史中丞王謙之糾奏，并免官。《宋書·袁粲傳》

自漢世始有佛像，形制未工，逵特善其事，顒亦參焉。宋世子鑄丈六銅像於瓦官寺，既成，面恨瘦，工人不能治，乃迎顒看之，顒曰：「非面瘦，乃臂胛肥耳。」既錯減臂胛，瘦患即除，無不嘆服焉。《宋書·隱逸傳》

炳乃下入廬山，就釋慧遠考尋文義。妻羅氏，亦有高情，與炳協趣。羅氏没，炳哀之過甚，既而輟哭尋理，悲情頓釋。謂沙門釋慧堅曰：「死生之分，未易可達，三復至教，方能遣哀。」《宋書·隱逸傳》

續之入廬山事沙門釋慧遠。時彭城劉遺民遁迹廬山，陶淵明亦不應徵命，謂之尋陽三隱。《宋書·隱逸傳》

孔淳之字彦深，魯郡魯人也。少有高尚，愛好墳籍。居會稽剡縣，性好山水，每有所遊，必窮其幽峻，或旬日忘歸。嘗遊山，遇沙門釋法崇，因留共止，遂停三載。法崇嘆曰：「緬想人外，淳之與徵士戴顒、王弘之及王敬弘等，共爲人外之遊。三十年矣，今乃傾蓋於兹，不覺老之將至也。」及淳之還反，不告以姓。《宋書·隱逸傳》按，《傳》云：「庭草蕪徑，唯床上有數卷書。元嘉初，徵爲散騎侍郎，乃逃於上虞縣界，家人莫知所之。」

沈道虔受琴於戴逵，王敬弘深敬之。郡州府凡十二命，皆不就。有人竊其園菜者，還見之，乃自逃隱，待竊者取足去後，乃出。人拔其屋後筍，乃令人買大筍送與之。常以捃拾自資，同捃者争毯，道虔悉以所得與之，争者愧恧，後每争，輒云：「勿令居士知。」累世事佛，推父祖舊宅爲寺。至四月八日，每請像。請像之日，舉家感慟也。《宋書·隱逸傳》

雷次宗字仲倫，少入廬山事沙門釋慧遠，與子侄書曰：「暨於弱冠，遂託業廬山，逮事釋和尚。於時師友淵源，務訓弘道，外慕等夷，内懷悱發，於是洗氣神明，玩心墳典，勉志勤躬，夜以繼日。爰有山水之好，悟言之歡，實足以通理輔性，成夫亹亹之業，樂以忘憂，不知明日之晏矣。自遊道餐風，二十餘載，淵匠既傾，良朋凋索。」《宋書·隱逸傳》

闞康之字伯愉，嘗就沙門支僧納學，妙盡其能。《宋書·隱逸傳》

燾與太祖書曰：「取彼亦須我兵刃，〔八〕此有能祝婆羅門，使鬼縛彼送來也。」《宋書·索虜傳》

按，能祝婆羅門即今之紅教喇嘛也，能祝生人命死。今蒙古人甚尊敬之，謂憚其祝也。紅教喇嘛盛於烏魯木齊。詳見《槐西雜志》。

西南夷訶羅陁國、呵羅單國、〔九〕媻達國、闍婆婆達國、師子國、天竺迦毗黎國、蘇摩利國、斤陁利國、婆黎國，并遣使貢獻。凡此諸國，皆事佛道。佛道自後漢明帝，法始東流，自此以來，其教稍廣，自帝王至於民庶，莫不歸心，經誥充積，訓義深遠，别爲一家之學焉。元嘉十二年，丹陽尹蕭摹之奏曰：「佛化被於中國，已歷四代，形像塔寺，所在千數，進可以繫心，退足以招勸。而自頃以來，情敬浮末，不以精誠爲至，更以奢競爲重。舊宇頽弛，曾莫之修，而各務造新，以相姱尚。甲第顯宅，於兹殆盡，材竹銅綵，糜損無極，無關神祇，有累人事。建中越制，宜加裁檢，不爲之防，流道未息。按，「道」疑「遁」字之誤。請自今以後，有欲鑄銅像者，悉詣臺自聞；興造塔寺精舍，皆先詣在所二千石通辭，郡依事列言本州；須許報，然後就功。其有輒造寺舍者，皆依不承用詔書律，銅宅林苑，悉没入官。」詔可。又沙汰沙門，罷道者數百人。世祖大明二年，有曇標道人與羌人高闍謀反，上因是下詔曰：「佛法訛替，沙門混雜，未足扶濟鴻教，而專成逋藪。加姦心頻發，凶狀屢聞，敗亂風俗，人神交怨。可付所在，精加沙汰，後有違犯，嚴加誅坐。」於是設諸條禁，自非誡行精苦，并使還俗。而諸寺尼出入宫掖，交關妃后，此制竟不能行。先是晉世庾冰始創議，欲使沙門敬王者，後桓玄復述其義，并不果行。大明六年，世祖使有司奏曰：「臣聞邃宇崇居，非期宏峻，拳跪槃伏，非止敬恭，將以施張四維，締制八宇。故雖儒法枝派，名墨條分，至於崇親嚴上，厥繇靡爽。唯浮圖爲教，逷自龍堆，反經提傳，訓遐事遠，練生瑩識，恒俗稱難，宗旨緬謝，微言淪隔，拘文蔽道，在末彌扇。遂乃陵越典度，偃倨尊戚，失隨方之眇迹，迷製化之淵義。夫佛法以謙儉自牧，忠虔爲道，不輕比丘，遭道人斯拜；日連桑門，〔一〇〕遇長則禮。寧有屈膝四輩，而簡體二親，〔一一〕稽顙耆臘，而直體萬乘者哉！故咸康創議，元興載述，而事屈偏黨，道挫餘分。今鴻源遥洗，群流仰鏡，九仙貴寶，百神聳職，而鐖輦之内，舍弗臣之氓，陛席之間，延抗禮之客，懼非所以澄一風範，詳示景則者也。

臣等參議，以爲沙門接見，比當盡虔禮敬之容，依其本俗，則朝徽有序，乘方兼遂矣。」詔可。前廢帝初，復舊。世祖寵姬殷貴妃薨，爲之立寺，貴妃子子鸞封新安王，故以新安爲寺號。前廢帝殺子鸞，乃毀廢新安寺，驅斥僧徒，尋又毀中興、天寶諸寺。太宗定亂，下令曰：「先帝建中興及新安諸寺，所以長世垂範，弘宣盛化。頃遇昏虐，法像殘毀，師徒奔迸，甚以矜懷。妙訓淵謨，有扶名教，可招集舊僧，普各還本，并使材官，隨宜修復。」宋世名僧有道生。道生，彭城人也。父爲廣武令。〔一二〕生出家爲沙門法大弟子。幼而聰悟，年十五便能講經。及長有異解，立頓悟義，時人推服之。元嘉十一年，卒於廬山。沙門慧琳爲之誄。慧琳者，秦郡秦縣人，姓劉氏。少出家，住冶城寺，有才章，兼外内之學，爲廬陵王義真所知。嘗著《均善論》，云云行於世。舊僧謂其貶黜釋氏，欲加擯斥。太祖見論賞之，元嘉中，遂參權要，朝廷大事，皆與議焉。賓客輻湊，門車常有數十兩，四方贈賂相係，勢傾一時。注《孝經》及《莊子·逍遥篇》，文論傳於世。又有慧嚴、慧議道人，并住東安寺，學行精整，爲道俗所推。時鬥場寺多禪僧，京師爲之語曰：「鬥場禪師窟，東安談議林。」按，「議」本或作「義」。世祖大明四年，於中興寺設齋。有一異僧，衆莫之識，問其名，答言名明慧，從天安寺來，忽然不見。天下無此寺名，乃改中興曰天安寺。大明中，外國沙門摩訶衍苦節有精理，於京都多出新經，《勝鬘經》尤見重内學。《宋書·夷蠻傳》

道育變服爲尼，逃匿東宮。濬往京口，又載以自隨，或出止民張旿家。《宋書·二凶傳》初，錢塘人杜子恭通靈有道術，東土豪家及京邑貴望並事之爲弟子，執在三之敬。警累世事道，亦敬事子恭。子恭死，門徒孫泰、泰弟子恩傳其業，警復事之。隆安三年，恩於會稽作亂，自稱征東將軍，三吳皆響應。穆夫警之子時在會稽，恩以爲前部参軍、振武將軍、餘姚令。其年十二月二十八日，恩爲劉牢之所破，輔國將軍高素於山陰回踵埭執穆夫及僞吳郡太守陸瓌之、吳興太守丘尫，並見害，函首送京邑，事見《隆安故事》。《宋書·自序》按，晉宋貴遊非佞於佛，即諂於道。諂於道者，沈警父子以與亂被誅，佞於佛者，謝客、高才以清狂嬰戮。乃至曇標假神言構亂，王凝請鬼卒衝鋒，遂爾災延燎原，禍被覆卵。重則毒流萬姓，輕亦害鍾一門。斯皆奉道之靈符、虔心之明驗矣。近染斯風，遺餘未殄，故天主以十字畫地，林逆以八卦煽愚。蔓草戒以難除，左道挾以誣民，夫唯惡不可滋，是以防當杜漸。

校記

〔一〕孫修儀，《宋書》同篇前文又作「孫修華」。

〔二〕年十二，《南史》作「年十三」。張森楷《校勘記》云：「華以元嘉四年卒，年四十三，逆數至隆安元年，凡三十年。作年十三是。」

〔三〕嚴龍，《南史》作「嚴廚」。

〔四〕僧桀，《南史》作「僧粲」。

〔五〕秦顗之，中華標點本作「秦凱之」。

〔六〕復假粗醫術，粗，《元龜》五二九引作「精」，當是。

〔七〕除則隨其蓺行，除，《廣弘明集》、《元龜》五二九引作「餘」。

〔八〕取彼亦須我兵刃，《通鑒》「亦」字下有一「不」字，當是。

〔九〕呵羅單國，《宋書》諸本下有「嫛皇國」，當是。

〔一〇〕日連，《宋書》諸本作「目連」。

〔一一〕簡體二親，《通鑒》作「簡禮二親」。

〔一二〕廣武，《南史》、《高僧傳》作「廣戚」。

談諧

戊午夜，帝於華林園竹林堂射鬼。時巫覡云：「此堂有鬼。」故帝自射之。《宋書·前廢帝本紀》

初，太后疾篤，遣呼帝。帝曰：「病人間多鬼，可畏，那可往！」太后怒，語侍者：「將刀來，破我腹，那得生如此寧馨兒！」《宋書·前廢帝本紀》按，「寧馨」當時方言，即「如此」之意耳。沈不識方言，故致斯謬矣。

山陰公主淫恣過度，謂帝曰：「妾與陛下，雖男女有殊，俱託體先帝。陛下六宮萬數，而妾唯駙馬一人。事不均平，一何至此！」帝乃爲主置面首左右三十人。主以吏部郎褚淵貌美，就帝請以自侍，帝許之。淵侍主十日，備見逼迫，誓死不回，遂得免。《宋書·前廢帝本紀》

太宗殯廢帝，稱太皇后令曰：「楚玉淫亂縱慝，義絶人經。可於第賜盡。」楚玉，山陰公主也。以尚書吏部郎褚淵貌美，請自侍十日，廢帝許之。淵雖承旨而行，以死自固，楚玉不能制也。《宋書·孝武十四王傳》

以魏武帝有發丘中郎將、摸金校尉，乃置此二官。以建安王休祐領之。〔一〕《宋書·前廢帝本紀》

末年好鬼神，多忌諱，言語文書，有禍敗凶喪及疑似之言應回避者，數百千品，有犯必加罪戮。改騧爲邊瓜，〔二〕亦以「騧」字似「禍」字故也。以南苑借張永，云「且給三百年，期訖更啟」，其事類皆如此。宣陽門，民間謂之白門，上以白門之名不祥，甚諱之。尚書右丞江謐嘗誤犯，上變色曰：「白汝家門！」謐稽顙謝，久之方釋。宮内禁忌尤甚，移床治壁，必先祭土神，及文士爲文詞祝策，如大祭饗。《宋書·明帝本紀》

於耀靈殿上養驢數十頭，所自乘馬，養於御床側。先是，民間訛言謂太宗不男，陳太妃本李道兒妾，道路之言或云道兒子也。昱每出入去來，常自稱劉統，或自號李將軍。《宋書·後廢帝本紀》

按，「劉統」《后妃傳》作「李統」。

陳貴妃諱妙登，丹陽建康人，屠家女也，有姿色。世祖迎入宮，在路太后房内，經二三年，再呼，不見幸。太后因言於上，以賜太宗。始有寵，一年許衰竭，以乞李道兒。尋又迎還，生廢帝，故民中皆呼廢帝爲李氏子。廢帝後每自稱李將軍，或自稱李統。《宋書·后妃傳》

廢帝失德，太后每加勖譬，後漸不悦，欲加酖害，已令太醫煮藥，左右人止之曰：「若行此事，官便應作孝子，豈復得出入狡獪。」帝曰：「汝語大有理。」乃止。《宋書·后妃傳》

先是，郡縣爲封國者，自史相并於國主稱臣，去任便止。至世祖孝建中，始革此制爲下官致敬。河東王歆之嘗爲南康相，素輕邕。後歆之與邕俱豫元會，並坐。邕性嗜酒，謂歆之曰：「卿昔嘗見臣，今不能見斟一杯酒乎？」歆之因斆孫皓歌答之曰：「昔爲汝作臣，今與汝比肩。既不勸汝酒，亦不願汝年。」《宋書·劉穆之傳》

邕所致嗜食瘡痂，〔三〕以爲味似鰒魚。嘗詣孟靈休，靈休先患灸瘡，瘡痂落床上，因取食之。靈休大驚，答曰：「性之所嗜。」靈休瘡痂未落者，悉褫取以飴邕。邕既去，靈休與何勖書曰：「劉邕向顧見噉，遂舉體流血。」南康國吏二百許人，〔四〕不問有罪無罪，遞互與鞭，鞭瘡痂常以給膳。《宋書·劉穆之傳》

弘從北征，前鋒已平洛陽，而未遣九錫，弘銜使還京師，諷旨朝廷。時劉穆之掌留任，而旨反從

北來，魏之愧懼，發病遂卒。《宋書·王弘傳》

晦坐行璽封鎮西司馬、南郡太守王華大封，而誤封北海太守球，版免晦侍中，《宋書·謝晦傳》

敬宣請以騎傍南山趣其後，吳賊畏馬，又懼首尾受敵，遂大敗。《宋書·劉敬宣傳》

直至渭橋，鎮惡所乘皆蒙衝小艦，行船者悉在艦内，羌見艦泝渭而進，艦外不見有乘行船人。北土素無舟檝，莫不驚惋，咸謂爲神。《宋書·王鎮惡傳》按，《顏氏家訓》載：「南人見馬，便以爲虎。」此《傳》言：北人望舟，咸以爲神。二事頗類，令人解頤。

德願性粗率，爲世祖所狎侮。上寵姬殷貴妃薨，葬畢數日，上與群臣至殷墓。謂德願曰：「卿哭貴妃若悲，當加厚賞。」德願應聲便號慟，撫膺擗踊，涕泗交流。上甚悦，以爲豫州刺史。又令醫術人羊志哭殷氏，志亦嗚咽。他日有問志：「卿那得此副急淚？」志時新喪愛姬，答曰：「我爾時自哭亡妾耳。」志滑稽善爲諧謔，上亦愛狎之。《宋書·劉懷慎傳》

倫之雖外戚貴盛，而以儉素自處。性野拙，人情世務多所不解。久居方伯，頗覺富盛，入爲護軍，資力不稱，以爲見貶。光禄大夫范泰好戲，謂曰：「司徒公缺，必用汝老奴。我不言汝資地所任，要是外戚高秩次第所至耳。」倫之大喜，每載酒肴詣泰。《宋書·趙倫之傳》

敷小名查，父邵小名梨，文帝戲之曰：「查何如梨？」敷曰：「梨爲百果之宗，查何可比？」《宋書·張邵傳》

孝武宴朝，賢暢亦在坐。何偃因醉曰：「張暢信奇才也，與義宣作賊，而卒無咎。苟非奇才，安能致此！」暢曰：「太初之時，誰黄其閤？」帝曰：「何事相苦。」初，尚之爲元凶司空，及義師至新林門，人皆逃，尚之父子共沈黄閤，故暢以此譏之。《宋書·張邵傳》

興世居臨沔水，自襄陽以下，至於九江，二千里中，先無洲嶼。興世初生，當其門前水中，一旦忽生洲，年年漸大，及至興世爲方伯，而洲上遂十餘頃。父仲子，由興世致位給事，〔五〕興世欲將往襄陽，愛戀鄉里，不肯去，嘗謂興世：「我雖田舍老公，樂聞鼓角，可送一部，行田時吹之。」興世素恭謹畏法憲，譬之曰：「此是太子鼓角，非田舍老公所吹。」興世欲拜墓，仲子謂曰：「汝衛從太多，先人必當驚怖。」興世減撤而後行。《宋書·張興世傳》

義綦封營道縣侯，凡鄙無識知，每爲始興王濬兄弟所戲弄。濬常謂義綦曰：「陸士衡詩云：『營道無烈心。』其何意苦阿父如此？」義綦曰：「下官初不識，何忽見苦？」其庸塞可笑類若此。《宋書·宗室傳》

義季爲荆州，躬行節儉。隊主續豐母老家貧，無以充養，遂斷不食肉。義季哀其志，給豐每月白米二斛，錢一千，并制豐啖肉。《宋書·武三王傳》

義季素嗜酒，略少醒日。太祖累加詰責，酣縱如初，遂以成疾。上又詔之曰：「吾飽嘗見人斷酒，無它慊吸，蓋是當時甘嗜罔已之意耳。」《宋書·武三王傳》　按，彼方制人啖肉，却要他自己斷酒，所以詔旨不行耳。

除著作佐郎，撰國史。承天年已老，而諸佐并名家年少，潁川荀伯子嘲之，常呼爲嬭母。承天曰：「卿當云鳳凰將九子，嬭母何言邪！」《宋書·何承天傳》

元嘉二十三年造玄武湖，上欲於湖中立方丈、蓬萊、瀛洲三神山，尚之固諫乃止。時又造華林園，并盛暑役人工，尚之又諫，宜加休息，上不許，曰：「小人常自暴背，此不足爲勞。」《宋書·何尚之傳》　按，不知暑役爲勞，反謂人常暴背。此與晉惠帝言「何不食肉糜」，并堪絶倒，紈袴膏粱，生而逸樂，罔識艱難，宋文號稱令主，猶尚若斯，逮至孝武，遂嗤乃祖「田舍翁」，何足深責耶！

靈運幼便潁悟，玄甚異之，謂親知曰：「我乃生瑍，瑍那得生靈運！」《宋書·謝靈運傳》　按《傳》：「瑍生而不慧。」故此云爾。《晉書》「那得」下有「不」字，此蓋脱去之。

南郡王義宣，生而舌短，澀於言論。《宋書·武二王傳》　按，舌短非生就，多是少小嬌慣所爲。《顔氏家訓》謂「郢州」爲「永州」，亦其類也。

義宣密治舟甲，克孝建元年秋冬舉兵，報豫州刺史魯爽、兖州刺史徐遺寶使同。爽狂酒失旨，其年正月便反，遣府户曹送版，以義宣補天子，并送天子羽儀。遺寶亦勒兵向彭城。義宣及質狼狽起兵。《宋書·武二王傳》

爽於是送所造輿服詣江陵，版義宣及臧質等並起。征北府户曹版文曰：「丞相劉補天子，名義宣，車騎臧今補丞相，名質，平西朱今補車騎，名修之，皆版到奉行」。義宣駭愕，爽所送法物，并留竟陵縣不聽進。《宋書·魯爽傳》

初，高祖微時，貧陋過甚，嘗自新洲伐荻，〔六〕有納布衫襖等衣，按，今謂疑紩爲「納」。皆敬皇后手自作。高祖既貴，以此衣付公主，高祖長女會稽公主。曰：「後世若有驕奢不節者，可以此衣示之。」及劉湛得罪，事連湛之，太祖大怒，將致大辟。湛之憂懼無計，以告公主。公主即日入宮，既見太祖，因號哭下床，不復施臣妾之禮，以錦囊盛高祖納衣，擲地以示上曰：「汝家本貧賤，此是我母爲汝父作此納衣。今日有一頓飽飯，便欲殘害我兒子。」上亦號哭，湛之由此得全也。《宋書·徐湛之傳》　按湛之字孝源，小名仙童。《范曄傳》稱徐童。

時廢帝狂悖無道，誅害群公，忌憚諸父，并因之殿内，毆捶凌曳，無復人理。休仁及太宗、山陽王休祐形體并肥壯，帝乃以竹籠盛而稱之，以太宗尤肥，號爲「猪王」，號休仁爲「殺王」，休祐爲「賊王」。以三王年長，尤所畏憚，故常録以自近，不離左右。東海王禕凡劣，號爲「驢王」。常以木槽盛飯，内諸雜食，攪令和合，掘地爲坑穽，實之以泥水，裸太宗内坑中，和槽食置前，令太宗以口就槽中食，用之爲歡笑。太宗嘗忤意，帝怒，乃裸之，縛其手脚，以杖貫手脚内，使人擔付太官，曰：「即日屠猪。」休仁笑謂帝曰：「猪今日未應死。」帝問其故，休仁曰：「待皇太子生，殺猪取其肝肺。」帝意乃解。《宋書·文九王傳》

尋諸方逆命，休仁總統諸軍，隨宜應接。中流平定，休仁之力也。初行，與蘇侯神結爲兄弟，以求神助。及事平，太宗與休仁書曰：「此段殊得蘇侯兄弟力。」《宋書·文九王傳》

長子絢字長素，年七歲，讀《論語》至「周監於二代」，外祖何尚之戲之曰：「郁郁乎文哉。」絢即答曰：「草翁風必偃。」《宋書·王景文傳》按景文名彧，與「郁」同，故以爲戲。何偃，尚之子也，《南史》「偃」作「舅」，是。此蓋校書人妄改耳。

佃夫權亞人主，嘗值正旦應合朔，尚書奏遷元會，佃夫曰：「元正慶會，國之大禮，何不遷合朔日邪。」其不稽古如此。《宋書·恩倖傳》

校記

〔一〕以建安王休佑領之，《南史》作「以建安王休仁、山陽王休佑領之」。張熷《讀史舉正》云：「按，建安王乃休仁，休佑則山陽王也。」

〔二〕改騧爲邊瓜，局本、《魏書·島夷傳》、《南史》作「改騧爲馬邊瓜」。

〔三〕致嗜食瘡痂，《宋書》諸本作「至嗜食瘡痂」。

〔四〕國史二百許人，《南史》、《元龜》九二八引、《御覽》七四二引作「國吏二百許人」。

〔五〕給事，《南史》、《御覽》五一一引作「給事中」。

〔六〕嘗自新洲，《御覽》一五三引作「嘗自往新洲」。

詞贍

高祖因宴集，謂群公曰：「我布衣，始望不至此。」傅亮之徒并撰辭欲盛稱功德。弘率爾對曰：「此所謂天命，求之不可得，推之不可去。」時人稱其簡典。《宋書·王弘傳》

興宗遷尚書吏部郎，時尚書何偃疾患，上謂興宗曰：「卿詳練清濁，今以選事相付，便可開門當之，無所讓也。」《宋書·蔡興宗傳》

惠幼而夷簡，恬靜不交遊，未嘗有雜事。陳郡謝瞻才辯有風氣，嘗與兄弟群從造惠，談論鋒起，文史間發，惠時相酬應，言清理遠，瞻等慚而退。高祖聞其名，以問從兄誕，〔一〕誕曰：「惠後來秀令，鄙宗之美也。」兄鑒，頗好聚斂，廣營田業，惠意甚不同，謂鑒曰：「何用田爲？」鑒怒曰：「無田何由得食！」惠又曰：「亦復何用食爲？」其標寄如此。《宋書·王惠傳》

元嘉三年秋旱蝗，上表曰：「災變雖小，要有以致之。守宰之失，臣所不能究；上天之譴，臣所不敢誣。有蝗之處，縣官多課民捕之，無益於枯苗，有傷於殺害。臣聞桑穀時亡，無假斤斧，楚昭仁愛，不禜自瘳，卓茂去無知之蟲，宋均囚有異之虎，蝗生有由，非所宜殺。石不能言，星不自隕，《春秋》之旨，所宜詳察。《宋書·范泰傳》按，泰此議甚爲迂謬，審如所言，蝗不可殺，將盜賊蜂起，亦不可誅。《傳》言：「泰事佛甚精。」豈以佛不殺生，故謬爲斯言與？

宋臺建，除御史中丞，爲僚友所憚。准之父納之、祖臨之、曾祖彪之，至准之，四世居此職。准之嘗作五言，范泰嘲之曰：「卿唯解彈事耳。」准之正色答：「猶差卿世載雄狐。」《宋書·王准之傳》按，「雄狐」之言，未聞其審，檢《范蔚宗傳》：「素有閨庭論議，朝野所知，故國家不與姻娶。」「世載雄狐」當指此耳。然此陰事，何可訟言？准之性峭急，故作斯語，大傷雅道。

元嘉三年詔曰：「乃者權臣陵縱，兆亂基禍，故吉陽令張約之抗疏矢言，至誠慷慨，遂事屈群醜，殞命遐疆，志節不申，感焉兼至。昔關老奏書，見紀漢策；閻篡獻規，荷榮晉代。考其忠概，參迹前蹤，宜加旌顯，式揚義烈。可贈以一郡，賜錢十萬，布百匹。《宋書·武三王傳》

松之以世立私碑，有乖事實，上表陳之曰：「碑銘之作，以明示後昆，自非殊功異德，無以允應兹典。大者道勳光遠，世所宗推，其次節行高妙，遺烈可紀。若乃亮采登庸，績用顯著，敷化所莅，惠訓融遠，述咏所寄，有賴鐫勒，非斯族也，則幾乎僭黷矣。俗敝僞興，華煩已久。是以孔悝之銘，行是人非；蔡邕制文，每有愧色。而自時厥後，其流彌多，預有臣吏，必爲建立。勒銘寡取信之實，刊石成虚僞之常，真假相蒙，殆使合美者不貴，但論其功費，又不可稱。不加禁裁，其敝無已。以爲諸欲立碑者，宜悉令言上，爲朝議所許，然後聽之，庶可以防遏無徵，顯彰茂實，使百世之下，知其不虛，則義信於仰止，道孚於來葉。」由是並斷。《宋書·裴松之傳》 按，漢建安十年，魏武禁立碑，晉武咸寧四年，又詔禁斷石獸碑表，至元帝太興元年，詔特聽顧榮立碑，自是後禁又漸頽，人皆私立，義熙中，松之又表禁斷，於是遂停也。見《禮志二》。

檀道濟還白太祖，稱慶之忠謹曉兵，上使領隊防東掖門，稍得引接，出入禁省。領軍將軍劉湛之知之，〔三〕欲相引接，謂之曰：「卿在省年月久，比當相論。」慶之正色曰：「下官在省十年，自應得轉，不復以此仰累。」尋轉正員將軍。及湛之被收之夕，上開門召慶之，慶之戎服履靺縛絝入，上見而驚曰：「卿何意乃爾急裝？」慶之曰：「夜半喚隊主，不容緩服。」《宋書·沈慶之傳》

太祖將北討，慶之固諫不可。丹陽尹徐湛之、吏部尚書江湛並在坐，上使湛之等難慶之，慶之曰：「治國譬如治家，耕當問奴，織當訪婢，陛下今欲伐國，而與白面書生輩謀之，事何由濟！」上大笑。《宋書·沈慶之傳》

蕭斌以前驅敗績，欲死固碻磝，慶之以爲退敗如此，何可久住。會詔使至，不許退，諸將並謂宜留，斌復問計於慶之，慶之曰：「閫外之事，將所得專，詔從遠來，事勢已異。節下有一范增而不能用，空議何施！」斌及坐者並笑曰：「沈公乃更學問。」慶之厲聲曰：「衆人雖見古今，不如下官耳學也。」《宋書·沈慶之傳》

元凶弒逆，世祖遣慶之還山引諸軍，慶之謂腹心曰：「蕭斌婦人不足數，其餘將帥，並是所悉，

皆易與耳。東宫同惡，不過三十人，此外屈逼，必不爲用力。今輔順討逆，不憂不濟也。」《宋書·沈慶之傳》

竟陵王誕據廣陵反，慶之至城下，誕登樓謂慶之曰：「沈君白首之年，何爲來？」慶之曰：「朝廷以君狂愚，不足勞少壯，故使僕來耳。」《宋書·沈慶之傳》

慶之廣開田園之業，每指地示人曰：「錢盡在此中。」《宋書·沈慶之傳》按：書此語近鄙，慶之不學，故作田舍翁語。

思話善彈琴，能騎射。太祖賜以弓琴，手敕曰：「丈人頃何所作？事務之暇，故以琴書爲娱耳，所得不曰義耶。按，「曰」疑當作「白」；「義」是帝名，或「我」字之誤。眷想常不忘情，想亦同之。前得此琴，云是舊物，亦有名京邑，今以相借。因是戴顒意於彈撫，響韵殊勝，直爾嘉也。并往桑弓一張，材理乃快，先所常用，既久廢射，又多病，略不能制之，便成老公，令人嘆息。良材美器，宜在盡用之地，丈人真無所與讓也。」《宋書·蕭思話傳》

前廢帝即位，素疾子鸞有寵，乃遣使賜死，時年十歲。子鸞臨死謂左右曰：「願身不復生王家。」《宋書·孝武十四王傳》

初，世祖嘗賜莊寶劍，莊以與豫州刺史魯爽送别。爽後反叛，世祖因宴集問劍所在，答曰：「昔以與魯爽别，竊爲陛下杜郵之賜。」上甚説，當時以爲知言。《宋書·謝莊傳》

世祖出行，夜還，敕開門，莊居守，以槊信或虛，執不奉旨，須墨詔乃開。上後因酒晏從容曰：「卿欲效郅君章邪？」對曰：「臣聞蒐巡有度，郊祀有節，盤於遊田，著之前誡。陛下今蒙犯塵露，晨往宵歸，容恐不逞之徒，妄生矯詐，臣是以伏須神筆，乃敢開門耳。」《宋書·謝莊傳》

時謂景文在江州，不能潔己，景文與上幸臣王道隆書曰：「吾雖寡於行己，庶不負心，既愧殊效，誓不上欺明主。竊聞有爲其貝錦者，云營生乃至巨萬，素無此能，一旦忽致異術，必非平理。唯乞平心精檢，若此言不虛，便宜肆諸市朝，以正風俗。脱其妄作，當賜思罔昧之由。吾踰忝轉深，足以致謗，念此驚懼，何能自測！區區所懷，不願望風容貸。吾自了不作偷，猶如不作賊，故以密白，想爲申啟。」《宋書·王景文傳》

太子及諸皇子並小，上稍爲身後之計，諸將帥吴喜、壽寂之之徒，慮其不能奉幼主，並殺之，而景文外戚貴盛，張永累經軍旅，又疑其將來難信，乃自爲謠言曰：「一士不可親，弓長射殺人。」一士，王字；弓長，張字也。景文彌懼，乃自陳求解揚州，云云。上詔答曰：「去五月中，吾病始差，未堪勞役，使卿等看選牒，署竟，請敕施行。此非密事，外間不容都不聞。然傳事好訛，由來常患。殷恒妻，匹婦耳，閨閤之内，傳聞事復作一兩倍落漠，兼謂卿是親故，希卿署，不必云選事獨關卿也。恒妻雖是傳聞之僻，大都非可駭異。且舉元薦凱，咸由疇諮，可謂唐堯不明，下干其政邪？悠悠好詐貴人及在事者，屬卿偶不悉耳，多是其周旋門生輩，作其屬託，貴人及在事者，永無由知。非徒止於京師，乃至州郡縣中，或有詐作書疏，灼然有文迹者。諸舍人右丞輩，及親近驅使人，慮有作其名，載禁物，求停檢校，强賣猥物與官，仍求交直，或屬人求乞州郡資禮，希𨶒呼召及虜發船車，并啟班下在所，有即駐録。但卿貴人，不容有此啟。由來有是，何故獨驚。之居貴要，〔三〕但問心若爲耳。大明之世，巢、徐、二戴，位不過執戟，權亢人主；顔師伯白衣僕射，横行尚書中。令袁粲作僕射領選，而人往往不知有粲。粲遷爲令，居之不疑。今既省録，令便居昔之録任，置省事及幹童，并依録格。粲作令來，亦不異爲僕射。人情向粲，淡淡然亦復不改常。以此居貴位要任，當有致憂兢理不？卿今雖作揚州，太子傅位雖貴，而不關朝政，可安不懼，差於粲也。想卿虚心受榮，而不爲累。貴高有危殆之懼，卑賤有溝壑之憂，張單雙災，木雁兩失，有心於避禍，不如無心於任運。夫千仞之木，既摧於斧斤；一寸之草，亦瘁於踐蹋。高厓之修幹，與深谷之淺條，存止之要，〔四〕巨細一揆耳，晉畢萬七戰皆獲，死於牖下；蜀相費禕從容坐談，死於刺客。故甘心於履危，未必逢禍；縱意於處安，不必全福。但貴者自惜，故每憂其身；賤者自輕，故易忘其己。然爲教者，每誡貴不誡賤，言其貴滿好自恃也。凡名位貴達，人以在懷，泰則觸人改容，否則行路嗟愕。至如賤者，否泰不足以動人，存亡不足以絓數，死於溝瀆，死於塗路者，天地之間，亦復何恨，人不以係意耳。以此而推，貴何必難處，賤何必易安。但人生也自應卑慎爲道，行己用心，務思謹惜。若乃吉凶大期，正應委之理運，遭隨參差，莫不由命也。既非聖人，不能見吉凶之先，正是依俙於理，言可行而爲之耳。得吉者是其命吉，遇不吉者是其命凶。以近事論之，景和之世，晉平庶人從壽陽歸亂朝，人皆爲之戰慄，而乃遇中興之運；袁顗圖避禍於襄陽，當時皆羨之，謂爲陵霄駕鳳，遂與義嘉同滅。駱宰見幼主，語人云：『越人長頸鳥喙，〔五〕可與共憂，不可與共樂。范蠡去而全身，文種留而遇禍。今主上口頸，頗有越王之狀，我在尚書中久，不去必危。』遂求南江小縣。諸都令史按，駱宰亦都令史，見《庾炳之傳》。住在京師者，皆遭中興之慶，人人蒙爵級；宰值義嘉染罪，金木纏身，性命幾絶。卿耳眼所聞見，安危在運，何可預圖邪？」《宋書·王景文傳》

校記

〔一〕以問從兄，《南史》作「以問其從兄」。

〔二〕劉湛之，按，「之」字衍。劉湛之《宋書》有傳，爲另一人。

〔三〕之居貴要，《元龜》四六三引、《通鑒》宋明帝泰始七年作「人居貴要」。

〔四〕存止之要，《元龜》四六三引、《通鑒》宋明帝泰始七年作「存亡之要」。

〔五〕越人長頸鳥喙，《宋書》諸本「越人」作「越王」。

文藝

少帝好讀書，〔一〕頗識古事，自造世祖誄及雜篇章，往往有辭采。《宋書·前廢帝本紀》

文帝袁皇后崩，詔前永嘉太守顔延之爲哀策文，甚麗。策既奏，上自益「撫存悼亡，感今懷昔」八字，以致其意焉。《宋書·后妃傳》

高祖書素拙，穆之曰：「此雖小事，然宣彼四遠，願公小復留意。」高祖既不能厝意，又稟分有在。穆之乃曰：「但縱筆爲大字，一字徑尺無嫌。大既足有所包，且其名亦美。」高祖從之，一紙不過六七字便滿。《宋書·劉穆之傳》

穆之與朱齡石並便尺牘，常於高祖坐，與齡石答書。自旦至中，穆之得百函，齡石得八十函，而穆之應對無廢也。《宋書·劉穆之傳》

亮奉迎大駕，道路賦詩三首，其一篇有悔懼之辭，曰：「夙櫂發皇邑，有人祖我舟。餞離不以幣，贈言重琳球。知止道攸貴，懷禄義所尤。四牡倦長路，君轡可以收。張邴結晨軌，疎董頓夕輈。東隅誠以謝，西景逝不留。性命安可圖，懷此作前修。敷衽銘篤誨，引帶佩嘉謀。迷寵非予志，厚德良未酬。撫躬愧疲朽，三省慚爵浮。重明照蓬艾，萬品同率由。忠誥豈假知，式微發直

謳。」《宋書·傅亮傳》

晦兄子世基，絢之子也，有才氣。臨死爲聯句詩曰：「偉哉橫海鱗，壯矣垂天翼。一旦失風水，翻爲螻蟻食。」晦續之曰：「功遂侔昔人，保退無智力。既涉太行險，斯路信難陟。」《宋書·謝晦傳》

隱士雷次宗被徵居鍾山，後南還廬岳，何尚之設祖道，文義之士畢集，爲連句詩，懷文所作尤美，辭高一座。《宋書·沈慶之傳》　按，聯句詩起柏梁，又見此。

鮑照文辭贍逸，嘗爲古樂府，文甚遒麗。世祖以照爲中書舍人。上好爲文章，自謂物莫能及，照悟其旨，爲文多鄙言累句，當時咸謂照才盡，實不然也。《宋書·宗室傳》

誕少有才藻，晉孝武帝崩，從叔尚書令珣爲哀策文，久而未就，謂誕曰：「猶少序節物一句。」因出本示誕。誕攬筆便益之，接其秋冬代變後云：「霜繁廣除，風回高殿。」珣嗟嘆清拔，因而用之。《宋書·王誕傳》

永涉獵書史，能爲文章，善隸書，曉音律，騎射雜藝，觸類兼善，又有巧思，益爲太祖所知。紙及墨皆自營造，上每得永表啟，輒執玩咨嗟，自嘆供御者了不及也。《宋書·張茂度傳》

惠連先愛會稽郡吏杜德靈，及居父憂，贈以五言詩十餘首，文行於世。坐被徙廢塞，不豫榮伍。尚書僕射殷景仁愛其才，因言次白太祖：「臣小兒時，便見世中有此文，而論者云是謝惠連，其實非也。」太祖曰：「若如此，便應通之。」元嘉七年，方爲司徒彭城王義康法曹參軍。是時，義康治東府城，城塹中得古冢，爲之改葬，使惠連爲祭文，留信待成，其文甚美，又爲《雪賦》，亦以高麗見奇，文章并傳於世。卒，時年三十七。〔二〕既早亡，且輕薄多尤累，故官位不顯。《宋書·謝方明傳》

元嘉八年，坐門生杜德靈放横打人，還第内藏，義宗隱蔽之，免官。德靈雅有姿色，爲義宗所愛寵。本會稽郡吏，謝方明爲郡，方明子惠連愛幸之，爲之賦詩十餘首，《乘流尊》、《歸渚》篇是也。《宋書·宗室傳》　按，「歸渚」下本或有「諸」字，疑因涉「渚」而缺。

辭事東歸，高祖餞之戲馬臺，百僚咸賦詩，以述其美。《宋書·孔季恭傳》

時會稽王世子元顯録尚書，欲使百僚致敬臺内，使廣立議，由是内外並執下官禮。廣常爲愧恨焉。《宋書·徐廣傳》

歸老在家，手不釋卷，博學多通，特精三《禮》。謹於奉公，常手抄書籍。卒，時年八十三。《宋書·傅隆傳》

年六歲，能屬文，爲《紫石英讚》、《果然詩》，當時才士，莫不嘆異。《宋書·謝瞻傳》　按，「紫石英」見《本草經》，「果然」獮猴類。

善騎馬，解音律，遊行或三五百里，世祖恣其所之。東至吴都，登虎丘山，又登無錫縣烏山，以望太湖。大明中撰國史，世祖自爲義恭作傳。《宋書·武三王傳》按，義恭生而立傳，魏明生而議謚，並千秋之奇謬。

義季素拙書，上聽使餘人書啟事，唯自署名而已。《宋書·武三王傳》

欣美言笑，善容止。泛覽經籍，尤長隸書。不疑初爲烏程令，欣時年十二，時王獻之爲吳郡太守，甚知愛之。獻之常夏月入縣，欣著新絹裙晝寢，獻之書裙數幅而去。欣本工書，因此彌善。會稽王世子元顯，每使欣書，常辭不奉命。《宋書·羊欣傳》

微少好學，無不通覽，善屬文，能書畫，兼解音律、醫方、陰陽、術數。爲始興正濬府史，〔三〕濬數相存慰，微奉答牋書，輒飾以辭采。微爲文古甚，頗抑揚，袁淑見之，謂爲訴屈，微因此與從弟僧綽書曰：「使君公欲民不偷，每加存飾，酬封尊貴，不厭敬恭。且文辭不怨思抑揚，則流淡無味。文好古，貴能連類可悲，一往視之，如似多意。當見居非求志，清論所排，便是通辭訴屈邪。云云吾高枕家巷，遂至中書郎，此足以闔棺矣。云云作人不阿諛，無緣頭髮見白，稍學諂詐。且吾何以爲？云云與弟書便覺成，本以當半日相見，吾既惡勞，不得多語，樞機幸非所長，相見亦不勝讀此書也。云云」報何偃書曰：「卿少陶玄風，淹雅修暢，自是正始中人。吾真庸性人耳，自然志操不倍王樂。小兒時尤粗笨無好，常從博士讀小小章句，竟無可得，口吃不能劇讀，遂絶意於尋求。至二十左右，方復就觀小説，往來者見床頭有數帙書，便言學問，試就檢當何有哉？云云又性知畫繢，蓋亦鳴鵠識夜之機，盤紆糾紛，或記心目，故兼山水之愛，一往迹求，皆仿像也。云云」微常住門屋一間，尋書玩古，如此者十餘年。太祖以其善筮，賜以名著。弟僧謙，亦有才譽，爲太子舍人。遇疾，微躬自處治，而僧謙服藥失度，遂卒。微深自咎恨，發病不復自治。僧謙卒後四旬而微終。《宋書·王微傳》遺令以嘗所彈琴置床上，何長史來，以琴與之。何長史者，偃也。《宋書·王微傳》

承天五歲失父，母徐氏，廣之姊也，聰明博學，故承天幼漸訓義，儒史百家，莫不該覽。《宋書·何承天傳》

母同郡師氏，聰辯有學義，教授諸子。炳外弟師覺授，亦有素業，以琴書自娱。《宋書·隱逸·宗炳傳》

尚之少時頗輕薄，好摴蒱，既長，折節蹈道，以操立見稱。雅好文義，從容賞會，甚爲高祖所知。爲丹陽尹，立宅南郭外，置玄學，聚生徒。東海徐秀、廬江何曇、黄回、潁川荀子華、太原孫宗昌、王延秀、魯郡孔惠宣，並慕道來遊，謂之南學。《宋書·何尚之傳》元嘉二十九年，致仕，於方山著《退居賦》，以明所守，而議者咸謂尚之不能固志。詔書敦勸尚之復攝職。大明二年，以爲左光禄、開府。尚之在家，常著鹿皮帽，及拜開府，天子臨軒，百僚陪位，沈慶之於殿廷戲之曰：「今日何不著鹿皮冠？」慶之累辭爵命，朝廷敦勸甚篤，尚之謂

曰：「上虚懷側席，詎宜固辭？」慶之曰：「沈公不效何公，去而復還也。」尚之有愧色。《宋書·何尚之傳》

靈運少好學，博覽群書，文章之美，江左莫逮。父祖並葬始寧縣，并有故宅及墅，遂移籍會稽，修營别業，傍山帶江，盡幽居之美。與隱士王弘之、孔淳之等縱放爲娱，有終焉之志。每有一詩至都邑，貴賤莫不競寫，宿昔之間，士庶皆遍，遠近欽慕，名動京師。靈運詩書皆兼獨絶，每文竟，手自寫之，文帝稱爲二寶。《宋書·謝靈運傳》按，書中體例悉稱廟號，此《傳》變稱文帝，未知其審。胡墨莊曰：「本書例本不純，如四十六卷趙倫之、王懿、張邵等《傳》，亦皆稱謚。此等恐係後人取《南史》補入，《南史》於各帝皆稱謚也。」

東海何長瑜，文才之美，亞於惠連，雍、璿之不及也。臨川王義慶招集文士，長瑜嘗於江陵寄書於宗人何勖，以韵語序義慶州府僚佐云：「陸展染鬢髮，欲以媚側室。青青不解久，星星行復出。」如此者五六句，而輕薄少年遂演而廣之，凡厥人士，並爲題目，皆加劇言苦句，其文流行。義慶大怒，白太祖除爲廣州所統曾城令。及義慶薨，朝士詣第叙哀，何勖謂袁淑曰：「長瑜便可還也。」淑曰：「國新喪宗英，未宜便以流人爲念。」廬陵王紹鎮尋陽，以長瑜爲南中郎行參軍，掌記之任。〔四〕行至板橋，遇暴風溺死。《宋書·謝靈運傳》

司徒遣使隨州從事鄭望生收靈運，靈運執録望生，興兵叛逸，遂有逆志，爲詩曰：「韓亡子房奮，秦帝魯連耻。本自江海人，忠義感君子。」追討擒之，送廷尉治罪。上愛其才，欲免官而已，詔降死一等，徙付廣州。其後有司又奏依法收治，太祖詔於廣州行棄市刑。臨死作詩曰：「龔勝無餘生，李業有終盡。嵇公理既迫，霍生命亦殞。凄凄凌霜葉，網網衝風菌。邂逅竟幾何，修短非所愍。送心正覺前，斯痛久已忍。恨我君子志，不獲巖上泯。」詩所稱龔勝、李業，猶前詩子房、魯連之意也。《宋書·謝靈運傳》

曄在獄爲詩曰：「禍福本無兆，性命歸有極。必至定前期，誰能延一息。在生已可知，來緣憯無識。好醜共一丘，何足異枉真。〔五〕豈論東陵上，寧辨首山側。雖無嵇生琴，庶同夏侯色。寄言生存子，此路行後即。〔六〕及出至市，妓妾來別，曄悲涕流漣，綜曰：「舅殊不同夏侯色。」曄收淚而止。《宋書·范曄傳》按，夏侯色者，泰初臨刑，顔色不異。見《魏志》。

撰《和香方》，其序之曰：「麝本多忌，過分必害；沈實易和，盈斤無傷。零藿虚燥，詹唐黏濕。甘松、蘇合、安息、鬱金、㮋多、和羅之屬，并被珍於外國，無取於中土。又棗膏昏鈍，甲煎淺俗，非唯無助於馨烈，乃當彌增於尤疾也。」此序所言，悉以比類朝士：「麝本多忌」，比庾炳之；「零藿虚燥」，比何尚之；「詹唐黏濕」，比沈演之；「棗膏昏鈍」，比羊玄保；「甲煎淺俗」，比徐湛之；「甘松、蘇合」，比慧琳道人；「沈實易和」，以自比也。《宋書·范曄傳》

曄獄中與諸甥侄書以自序曰：「常耻作文士，文患其事盡於形，情急於藻，義牽其旨，韵移其意。雖時有能者，大較多不免此累，政可類工巧圖繢，竟無得也。常謂情志所託，故當以意爲主，以文傳意。以意爲主，則其旨必見；以文傳意，則其詞不流。然後抽其芬芳，振其金石耳。」「年少中，謝莊最有其分，手筆差異，文不拘韵故也。吾思乃無定方，特能濟難適輕重，所禀之分，猶當未盡。但多公家之言，少於事外遠致，以此爲恨，亦由無意於文名故也。」《宋書·范曄傳》

宏羡，時年二十五。上痛悼甚至，每朔望輒出臨靈，自爲墓誌銘并序。《宋書·文九王傳》

延之少孤貧，居負郭，室巷甚陋。好讀書，無所不覽，文章之美，冠絕當時。飲酒不護細行，年三十，猶未婚。《宋書·顏延之傳》 按，延之嗜酒縱誕，其作《庭誥》乃云：「酒不可嗜，其唯善戒乎！」亦聊作虛語耳。

雁門人周續之隱居廬山，儒學著稱。永初中，徵詣京師，開館以居之。高祖親幸，朝顏畢至，延之官列猶卑，引升上席。上使問續之三義，續之雅仗辭辯，延之每折以簡要。既連挫續之，上又使還自敷釋，言約理暢，莫不稱善。《宋書·顏延之傳》 按《隱逸傳》：問續之《禮記》「傲不可長」、「與我九齡」、「射於矍圃」三義，辨析精奥，稱爲該通。此即與延之往復論難者也。聊附於此。

時尚書令傅亮自以文義之美一時莫及，延之負其才辭，不爲之下，亮甚疾焉。少帝即位，出爲始安太守。領軍將軍謝晦謂延之曰：「昔荀勖忌阮咸，斥爲始平郡，今卿又爲始安，可謂二始。」

黄門郎殷景仁亦謂之曰：「所謂俗惡俊異，世疵文雅。」延之之郡，道經汨潭，爲湘州刺史張紀祭屈原文，〔七〕以致其意。延之好酒疏誕，不能斟酌當世，見劉湛、殷景仁專當要任，意有不平。謂湛曰：「吾名器不升，當由作卿家吏。」湛深恨焉，言於彭城王義康，出爲永嘉太守。延之甚怨憤，乃作《五君咏》，以述竹林七賢山濤、王戎以貴顯被黜。咏嵇康曰：「鸞翮有時鎩，龍性誰能馴。」咏阮籍曰：「物故可不論，塗窮能無慟。」咏阮咸曰：「屢薦不入官，一麾乃出守。」咏劉伶曰：「韜精日沈飲，誰知非荒宴。」此四句，蓋自序也。《宋書·顔延之傳》

僧達自負才地，謂當時莫及。上初踐阼，即居端右，一二年間，便望宰相，及爲護軍，不得志，乃啟求徐州，曰：「臣衰索餘生，逢辰藉業。高秋在節，胡馬興威，宜圖其易，蚤爲之所。臣每一日三省，志在報效。」上不許。孝建三年，除太常，意尤不悦。頃之，上表解職，曰：「仰感沈恩，俯銘浮寵。臣自天飛海泳，豈假鱗翼。性狎林水，偏愛禽魚，議其所託，動乖治要。乞置江湘遠郡，一二年中，庶反耕之日，糧藥有寄。世蒙聖朝門情之顧，洗拂灰壤，登沐膏露，上處聖澤，下更生辰，合芳離蜕，遐邇改觀。《宋書·王僧達傳》

上嘗歡飲，普令群臣賦詩，慶之手不知書，眼不識字，上逼令作詩，慶之曰：「臣不知書，請口受師伯。」上即令顔師伯執筆，慶之口授之曰：「微命值多幸，得逢時運昌。朽老筋力盡，徒步還南岡。辭榮此聖世，何愧張子房。」上甚悦，衆坐稱其辭意之美。《宋書·沈慶之傳》按，慶之嘗言：「衆人雖見古今，不如下官耳學也。」想其爲詩，亦當爾爾。

覬之常謂秉命有定分，非智力所移，唯應恭己守道，信天任運，而闇者不達，妄求僥倖，徒虧雅道，無關得喪。乃以其意命弟子愿，著《定命論》。愿字子恭，好學，有文辭於世。大明中舉秀才，對策稱旨，擢爲著作佐郎。《宋書·顧覬之傳》按，自己授意，倩人作文，古有此例。

懷文少好玄理，善爲文章，嘗爲《楚昭王二妃詩》，見稱於世。《宋書·沈懷文傳》

喜初出身爲領軍府白衣吏。少知書，領軍將軍沈演之使寫《起居注》，所寫既畢，闇誦略皆上口。演之嘗作讓表，未奏，失本，喜經一見，即便寫赴，無所漏脱，演之甚知之。因此，涉獵《史》、《漢》，頗見古今。演之門生朱重民入爲主書，薦喜爲主書書史，進爲主圖令史。太祖嘗求圖書，喜開卷倒進之，太祖怒，遣出。《宋書·吳喜傳》

時南平王鑠獻赤鸚鵡，普詔群臣爲賦。太子左衛率袁淑文冠當時，作賦畢，齎以示莊，莊賦亦竟，淑見而嘆曰：「江東無我，卿當獨秀。我若無卿，亦一時之傑也。」遂隱其賦。《宋書·謝莊傳》

按，隱賦可思前輩不肯讓後輩，聊復爾爾。

初，世祖寵姬殷貴妃薨，莊爲誄云：「贊軌堯門。」引漢昭帝母趙婕妤堯母門事，廢帝在東宮，銜之。至是，遣人詰責莊曰：「卿昔作殷貴妃誄，頗知有東宮不？」將誅之，繫於左尚方，太宗定亂，得出。《宋書·謝莊傳》

初，上寵姬宣貴妃殷氏卒，使群臣議謚，智淵上議曰「懷」，上以不盡嘉號，甚銜之。後車駕幸南山，乘馬至殷氏墓，群臣皆騎從，上以馬鞭指墓石柱謂智淵曰：「此上不容有懷字！」智淵益惶懼，以憂卒。《宋書·江智淵傳》　按，究觀二事，可見文字之禍，憯於戈矛。

愍孫清整有風操，自遇甚厚，常著《妙德先生傳》以續嵇康《高士傳》以自況，曰：「有妙德先生，陳國人也。氣志淵虚，姿神清映，性孝履順，栖冲業簡，有舜之遺風。先生幼夙多疾，性疏懶，無所營尚，然九流百氏之言，雕龍談天之藝，皆泛識其大歸，而不以成名。家貧嘗仕，非其好也，混其聲迹，晦其心用，故深交或迕，俗察罔識。所處席門常掩，三逕裁通，雖楊子寂漠，嚴叟沈冥，不是過也。修道遂志，終無德而稱焉。」《宋書·袁粲傳》

又嘗謂周旋人曰：「昔有一國，國中一水，號曰狂泉。國人飲此水，無不狂，唯國君穿井而汲，獨得無恙。國人既並狂，反謂國主之不狂爲狂，於是聚謀，共執國主，療其狂疾，火艾針藥，莫不必具。〔八〕國主不任其苦，於是到泉所酌水飲之，飲畢便狂。君臣大小，其狂若一，衆乃歡然。我既不狂，難以獨立，比亦欲試飲此水。」《宋書·袁粲傳》　按，《妙德傳》文詞清美，當與《五柳先生》聯翩共秀，《狂泉》一節，意在諷刺，而少傷立異，未極渾融之妙也。

弘之卒，顔延之欲爲作誄，書與弘之子曇生曰：「君家高世之節，有識歸重，豫染豪翰，所應載述。况僕託慕末風，竊以叙德爲事，但恨短筆不足書美。」誄竟不就。《宋書·隱逸傳》

潛少有高趣，嘗著《五柳先生傳》以自況，曰：「先生不知何許人，不詳姓字，宅邊有五柳樹，因以爲號焉。閑静少言，不慕榮利。好讀書，不求甚解，每有會意，欣然忘食。性嗜酒，而家貧不能恒得。親舊知其如此，或置酒招之，造飲輒盡，期在必醉，既醉而退，曾不吝情去留。環堵蕭然，不蔽風日，短褐穿結，簞瓢屢空，晏如也。嘗著文章自娱，頗示己志，忘懷得失，以此自終。」其自序如此，時人謂之實録。《宋書·隱逸傳》

潛弱年薄官，不潔去就之迹，自以曾祖晉世宰輔，耻復屈身後代，自高祖王業漸隆，不復肯仕。所著文章，皆題其年月，義熙以前，則書晉氏年號，自永初以來，唯云甲子而已。《宋書·隱逸傳》

與子書以言其志，曰：「少年來好書，偶愛閑静，開卷有得，便欣然忘食。見樹木交蔭，時鳥變聲，亦復歡爾有喜。嘗言五六月北窗下卧，遇凉風暫至，自謂是羲皇上人。」《宋書·隱逸傳》

〔九〕雷次宗字仲倫，豫章南昌人也。篤志好學，尤明《三禮》、《毛詩》。元嘉十五年，徵次宗至京師，開館於雞籠山，聚徒教授，置生百餘人。會稽朱膺之、潁川庾蔚之並以儒學監總諸生。時國子學未立，上留心藝術，使丹陽尹何尚之立玄學，太子率更令何承天立史學，司徒參軍謝元立文學，凡四學并建。車駕數幸次宗學館，資給甚厚。又徵詣京邑，爲築室於鍾山西巖下，謂之招隱館，使爲皇太子諸王講《喪服》經。次宗不入公門，乃使自華林東門入延賢堂就業。《宋書·隱逸傳》

王素字休業，琅邪臨沂人也。身往東陽，隱居不仕，頗營田園之資，得以自立。愛好文義，不以人俗累懷。素既屢被徵辟，聲譽甚高。山中有蚿蟲，聲清長，聽之使人不厭，而其形甚醜，素乃爲《蚿賦》以自況。《宋書·隱逸傳》按，「蚿」馬蚿也，爲蟲長身而多足，所謂「百足之蟲，至死不僵」者也。

璞嘗作《舊宮賦》，久而未畢，濬與璞疏曰：「卿嘗有速藻，《舊宮》何其淹耶？想行就耳。」璞因事陳答，辭義可觀。濬重教曰：「卿沈思淹日，向聊相敦，還白斐然，遂兼紙翰。昔曹植有言：『下筆成章。』良謂逸才贍藻，誇其辭説，以今況之，方知其信。執省躊躇，三復不已。吾遠慚楚元，門盈申白之賓；近愧梁孝，庭列枚馬之客。欣恧交至，諒唯深矣。薄因末牘，以代一面。」《宋書·自序》

璞所著賦、頌、讚、祭文、誄、七、弔、四五言詩、牋、表，皆遇亂零失，今所餘詩、筆、雜文，凡二十首。《宋書·自序》按，「筆」蓋牋、奏、尺牘之類，六朝人謂此等爲筆。《北齊書·文苑·劉逖傳》「詩賦及雜文、文、筆」是也。

校記

〔一〕少帝好講書，《宋書》諸本作「帝少好講書」。

〔二〕時年三十七，《文選·雪賦》注引《宋書》作「二十七」。按，惠連父方明任會稽郡在景平末，以元嘉二年卒官。又，《謝靈運傳》載，元嘉初，惠連正從何長瑜讀書，其時不出二十歲，至元嘉十年，當爲二十七歲。中華本據改。

〔三〕爲始興正濬府史，《宋書》諸本作「爲始興王濬府史」。

〔四〕掌記之任，《南史》、《元龜》七二七引、八九五引作「掌書記之任」。

〔五〕何足異枉真，《宋書》諸本作「何足異枉直」。

〔六〕此路行後即，《宋書》諸本作「此路行復即」。

〔七〕張紀，《文選》六〇顔延之《祭屈原文》及李善注引作「張邵」。

〔八〕莫不必具，「必」，《元龜》九一七引作「畢」。

〔九〕宋書隱逸傳，此《傳》文字郝氏原分兩節，其一由篇首至「資給甚厚」，其二由「又徵詣」至篇末。第一節標明出處《宋書·隱逸傳》，後曰：「按，此條與下條誤分，應並。」今依郝按並之。

駢　麗

伏以三古缺聞，六代潛響，舞咏與日月偕湮，精靈與風雲俱滅。追餘操而長懷，撫遺器而太息。

《宋書·樂志一》王僧虔表

臣聞河龍啟聖，理浹民神；郊電基皇，慶爍天地。故資敬之道，粹古銘風；沿貴之誼，眇代凝則。伏唯貴妃含和日晷，表淑星樞，徽音峻古，柔光照世，聲華帝掖，軌秀天嬪，景發皇明，祚昌睿命。《宋書·后妃傳》

蔭籍高華，人品冗末。《宋書·劉穆之傳》瑀彈王僧達

夫四道好謙，三材忌滿，祥萃虛室，鬼瞰高屋，豐屋有蔀家之災，鼎食無百年之貴。《宋書·傅亮傳》著《演慎論》

耕耨勤悴，力殷收寡；工商逸豫，用淺利深。增賈販之税，薄疇畝之賦，則末技抑而田畯喜矣。《宋書·袁湛傳》豹上大田議

荆玉含寶，要俟開瑩；幽蘭懷馨，事資扇發。《宋書·臧燾傳》高祖與勸學書。按，書風致都佳，四句尤麗耳。

錢雖盈尺，既不療於堯年；貝或如輪，信無救於湯世。《宋書·孔琳之傳》論

至説莫先講習，甚樂必寄朋來。《宋書·范泰傳》建國學議

賢弟子少履貞規，長懷理要，清風素氣，得之天然。《宋書·張敷傳》顔延之弔茂度書

遠猷形於《雅》、《誥》，惠訓播乎遐陬。《宋書·裴松之傳》反使奏

然後簡將授奇，揚旌雲朔，風卷河冀，電掃嵩恒，燕弧折却，代馬摧足，秦首斬其右臂，吳蹄絶其左肩，銘功於燕然之阿，饗徒於金微之曲。《宋書·何承天傳》安邊論

余攝官承乏，謬充殊役，《皇華》愧於先《雅》，靡鹽顇於征人。以仲冬就行，分春反命。《宋書·謝靈運傳》撰征賦序

敻千里而無山，緬百谷而有居。被宿莽以迷徑，覩生烟而知墟。《宋書·謝靈運傳·撰征賦》

遠東則天台、桐柏、方石、太平、二韭、四明、五奥、三菁。《宋書·謝靈運傳》山居賦 自注：「二韭、四明、五粵，皆相連接，奇地所無。」 按二韭、三菁、四明、五奥，又一錯綜對法。

修竹葳蕤以翳薈，灌木森沈以蒙茂。蘿蔓延以攀援，花芬薰而媚秀。日月投光於柯間，風露披清於嵔岫云云。此焉卜寢，玩水弄石。《宋書·謝靈運傳·山居賦》

研書賞理，敷文奏懷。凡厥意謂，揚較以揮。緑葵眷節以懷露，白薤感時而負霜。寒葱摽倩以陵陰，春藿吐苕以近陽。弱質難恆，頽齡易喪。撫鬢生悲，視顔自傷。《宋書·謝靈運傳》山居賦

文德與武功并震，霜威共素風俱舉。《宋書·謝靈運傳》勸伐河北書

夫五色相宣，八音協暢，由乎玄黄律吕，各適物宜。欲使宫羽相變，低昂互節，若前有浮聲，則後須切響。一簡之内，音韵盡殊；兩句之中，輕重悉異。妙達此旨，始可言文。《宋書·謝靈運傳》論

妄聽邪説，輕造禍難。國靡流言，遽歸愆於二叔，世無鼂錯，仍襲軛於七藩。棄漢倉之令範，遵齊冏之敗迹。《宋書·武二王傳》義宣起兵，江夏王義恭與義宣書。

誠以危行不容於衰世，孤立聚尤於衆人，加讒謟蛆蠱其中，謗隙蜂飛而至。《宋書·文九王傳》故景素秀才劉璡上書

休佑於是輸金薦寶，承顔投意，造膝之間，必論朝政，遂無日不俱行，無時不同宿，聲酣聚集，密語清閑。《宋書·文九王傳》

爽秀得罪本朝，負釁三世，生長絶域，遠身胡虜，兄弟闔門，淪黠僞授，殞命不可，還國無因。近係南雲，傾屬東日，蓋猶痿人思步，盲者願明。《宋書·魯爽傳》

攸之狡猾用數，圖全賣禍，既殺從父，謂慶之又害良朋謂譚金、童太壹。雖吕布販君，酈寄賣友，方之斯人，未足爲酷。《宋書·沈攸之傳》尚書符征西府（一）

然後鑾戎薄臨，龍虎百萬，六軍齊軌，五路舒旆，丹檻發照，素甲生波，樓煩白羽，投鞍成岳，漁陽墨騎，浴鐵爲群。《宋書·沈攸之傳》尚書符征西府

又攸之自任專恣，恃行慘酷，視吏若讎，遇民如草，峻太半之賦，暴參夷之刑，鞭捶國士，全用虜法。一人逃亡，闔宗補代。毒遍嬰孩，虐加斑白。獄囚恒滿，市血常流。《宋書·沈慶之傳·齊王數攸之罪惡檄》（二）

既而憂歡異日，甘苦變心，主挾今情，臣追昔款，宋昌之報，上賞已行，同舟之慮，下望愈結，嫌怨既前，〔三〕誅責自起。《宋書·顔竣傳·論》

竊聞淮南中霧，眷求遺緒；楚英流殛，愛存丘墓。並難結兩臣，義開二主，法雖事斷，禮或情申。乞薄改槁柎，微表窀穸，則朽骨知榮，窮泉識荷。《宋書·文九王傳》〔四〕

交間蒼蠅，驅扇禍戮，爵以貨重，才由貧輕。先帝舊人，無罪黜落，蔫致鄉親，遍布朝省。諂諛親狎者，飛榮玉除，静立貞粹者，柴門生草。事先闕己，雖非必行，若不諮詢，雖是必抑。《宋書·文五王傳》桂陽王休範與袁粲、褚淵、劉秉書

深潤乖傲寵之津，空谷絶探榮之轍。《宋書·顧覬之傳·定命論》

爾乃松柳異質，薺荼殊性，故疾風知勁草，嚴霜識貞木。《宋書·顧覬之傳·定命論》

内教既立，徐料寇形，辦騎卒四十萬，而國中不擾，取穀支二十歲，而遠邑不驚，然後越淮窮河，跨隴出漠，亦何適而不可。《宋書·周朗傳》

孤親總烝徒十有餘萬，白羽咽川，霜鋒照野，金聲振谷，鳴鼙聒天。《宋書·鄧琬傳》檄

年暨知命，廉尚愈高，冰心與貪流爭激，霜情與晚節彌茂。歷宰金山，家無寶鏤之飾；連組珠海，室靡瑠珥之珍。《宋書·良吏傳》陸徽蔫士表

竊見處士雁門周續之，清真貞素，思學鈎深，弱冠獨往，心無近事。性之所遣，榮華與饑寒俱

落；情之所慕，巖澤與琴書共遠。《宋書·隱逸傳》高行表於初筮，苦節彰於莫年。《宋書·隱逸傳·王弘之》若使值見信之主，逢時來之運，豈其放情江海，取逸丘樊？蓋不得已而然故也。且丘壑閑遠，水石清華，雖復崇門八襲，高城萬雉，莫不蓄壤開泉，仿佛林澤。故知松山桂渚，非止素玩，碧澗清潭，翻成麗矚。《宋書·隱逸傳》論

莫府忝任，稟承廟算，剪爪明衣，誓不顧命，提吳楚之勁卒，總八州之鋭士，紅旗絳天，素甲奪日，虎步中原，龍超河渚。《宋書·索虜傳》長沙王義欣告司兖二州

傾海注螢，頽山壓卵。《宋書·二凶傳》世祖檄京邑

校記

〔一〕尚書符征西府，《宋書》諸本作「齊王數攸之罪惡檄」，郝氏後文即用此名，下同。按，此檄於《宋書》中原無定名。

〔二〕沈慶之傳，《宋書》諸本作「沈攸之傳」。

〔三〕嫌怨既前，《宋書》諸本作「嫌怨既萌」。

〔四〕文九王傳，《宋書》諸本作「文五王傳」。

言詮

公旋自左里，天子遣侍中、黄門勞師於行所。《宋書·武帝本紀上》按，「行所」猶行在也，别於天子，故言「行所」。

自以地卑位重，荷恩崇大，乃以庶孼與德文嫡婚，致茲非偶。《宋書·武帝本紀中》按，「德文」晉恭帝名，「庶孼」宋武帝子女，未審何人。

江陵平，加領南蠻校尉，將拜，值四廢日，佐吏鄭鮮之、褚叔度、王弘、傅亮白遷日，不許。《宋書·武帝本紀中》按，「四廢日」者，春庚申、辛酉，夏壬子、癸亥，秋甲寅、乙卯，冬丙午、丁巳也。

元嘉四年，禁斷夏至日五絲命縷之屬，富陽令諸葛闡之之議也。《宋書·文帝本紀》按，「五色絲長命縷」今人於端午日佩之。

皇太子妃，〔二〕樟木爲櫬，號曰樟宮，謂葬曰山塋。《宋書·禮志二》

晉《先蠶儀注》：皇后十二鏌步摇，大手髻。《宋書·禮志五》按，「鏌」與鈿音義蓋同。鈿，金華也。

廢帝昇明元年，吳興餘杭舍亭禾蕈樹生李實。禾蕈樹，民間所謂胡穨樹。《宋書·五行志一》按，「胡穨」即胡桃也。胡桃、胡穨、禾蕈，并音轉字變耳。

有蒼頭字宜禄，至漢，丞相府每有所關白，到閤輒傳呼「宜禄」，以此爲常。《宋書·百官志上》

紫極供殿直倀，光興拱殿直倀，總章伎倀。準二衛五品，敕吏比六品，作倀比王官。《宋書·后妃傳》　按「倀」，顓愚之貌。女官婦職，不須才智，貴於顓謹而已。或云「倀」與倡同，非。

政所以不敢拱默，自同秉彝。《宋書·王弘傳》奏彈謝靈運。按「拱默」、「秉彝」，雖本《詩》、《書》，而此義又别。

鎮惡軍人與毅東將，或有是父兄子弟中表親親者。《宋書·王鎮惡傳》

晞張妻息是婦之親親《宋書·孝義·蔣恭傳》　按，「親親」即親戚，當時方言耳。《世説·賢媛篇》「汝若不與吾家作親親」者，言與吾家作親戚也。

有司馬飛龍者，自稱晉之宗室，晉末走仇池。元嘉九年，聞道濟劉粹弟綏撫失和，遂自仇池入綿竹，崩動群小，得千餘人。《宋書·劉粹傳》　按，「崩動」猶言鼓動，今俗曰崩隥。「隥」、「動」聲轉。

魏主又遺送氈及九種鹽并胡豉，云：「此諸鹽各有宜，白鹽、是魏主所食；〔二〕黑者療腹脹氣滿，按，《張暢傳》「滿」作「懣」。刮取六銖，以酒服之；胡鹽療目痛；柔鹽不用食，療馬脊瘡；赤鹽、駮鹽、臭鹽、馬齒鹽四種，並不中食。胡豉亦中啖。《宋書·張邵傳》　按，九種鹽今多未見，無以言焉。「白鹽」今之蒙古鹽，其味甜淡，即飴鹽也。「胡鹽」亦黑色，今之青鹽，主療目痛也。「胡豉」不知與今豉爲有異不？

牢之將許玄降，敬宣諫。牢之怒曰：「吾豈不知今日取玄如反覆手，但平玄之後，令我那驃騎何？」《宋書·劉敬宣傳》按：「驃騎」謂司馬元顯。「那」者，當時方言，謂「那」爲奈何也。

傅僧佑以通家子爲太祖所引見。僧佑祖父弘仁，高祖外弟也，以中表歷顯官。《宋書·臧燾傳》按，「通家」，親戚之稱也。「外弟」、「中表」通謂姑舅兄弟。

太祖以新撰《禮論》付隆，使下意，隆上表曰：「蚩鄙茫浪，伏用竦赧。」《宋書·傅隆傳》按，「蚩」與嗤同。「茫浪」即孟浪，出《莊子》。

又騾驢、駱駝是北國所出，今遣送。《宋書·張暢傳》按，「騾驢」一獸之名，俗人謂之「四不相」，其形狀以騾非騾，以驢非驢也，故以名焉。聞蒙古人云，其地亦無驢騾二物。

暢因問虜使姓，答云：「我是鮮卑，無姓。且道亦不可。」《宋書·張暢傳》按，鮮卑非無姓，但不肯道耳。

乃廢義真爲庶人，徙新安郡。前吉陽令堂邑張約之上疏諫曰：「臣聞仁義之在天下，若中原之有菽，理感之被萬物，故不繫於貴賤。」《宋書·武三王傳》胡墨莊曰：「《經》《史》道德，若采菽中原，勤者多獲。」《晉書·涼武昭王傳》云：『《經》《史》道德，若采菽中原，勤者多獲。』又陸機《文賦》云：『彼瓊敷與玉藻，若中原之有菽。』皆用《小宛》毛傳『力采者則得之』之意。

元嘉二十年，〔三〕時有獻五百里馬者，以賜義恭。孝建元年，以臧質七百里馬賜義恭。《宋書·武三王傳》按，《傳》言義恭善騎馬，故有此賜。「五百里」、「七百里」，言千里馬不恒有。

孝建二年，〔四〕世祖嫌侯王强盛，欲加減削。義恭表改諸王車服制度，凡九條，按，此參用《禮志五》文。

有司奏：「九條之格，猶有未盡，附益，凡二十四條。聽事不得南向坐，施帳并幘。」按，幘音義闕。「槊毦不得孔雀白鷺。」按，「鷺」《禮志五》作「鶩」，誤。《玉篇》：「鷺，鶩毛。鶩，水鳥也。」「平乘誕馬，不得過二匹。」按，「誕馬」未聞。「舞伎正冬著袿衣，不得莊面蔽花。」按，「莊面」此作「裝面」，又脱「蔽花」二字，據《禮志》改補。「諸妃主不得著緄帶。」按，「緄」古本切。《禮志》作「衮」，此聲借耳。郡縣内史相及封内官長，於其封君，既非在三，罷官則不復追敬，不合稱臣，宜止下官而已。」按，《禮志》作「正宜上下官敬而已。」《宋書·武三王傳》

大明元年，有三脊茅生石頭西岸，累表勸封禪，上大悦。《宋書·武三王傳》按，「三脊茅」見《史記·封禪書》

羡之等受寄崇重，未容便敢背德，廢主若存，慮其將來受禍，致此殺害。蓋由每生情多，寧敢一朝頓生異志。《宋書·王華傳》按「每生」，貪生也。《漢書·賈誼傳》「品庶每生」。

初，高祖平西洛，致鍾虡舊器南還，一大鍾墜洛水。至是，太祖遣將姚聳夫領千五百人迎致之，時聳夫率所領，牽鍾於洛水。《宋書·杜驥傳》按，鼎淪泗淵，遂有鍾墜洛水，遥遥作對。

兄坦代爲刺史，青冀二州坦長子琬爲員外散騎侍郎，太祖常有函詔敕坦，琬輒開視。信未發又追取之，敕函已發，大相推檢。丞都答云：「諸郎開視。」上遣主書詰責，驥答曰：「開函是臣第四子季文，伏待刑坐。」上特原不問。《宋書·杜驥傳》 按，詔書本用尺一板，此蓋變而用紙，外加函封，故云「函詔」。又按，《自序》：「林子遭母憂，賜墨詔。」「墨詔」即紙墨書也。「信」者，所使致書人。

先帝拔臣於荆蠻之域，賜以國士之遇。陛下嗣徽，特蒙眷齒。《宋書·王敬弘傳》

素履純潔，嗣徽前武。《宋書·隱逸·王弘之傳》 按，「嗣徽」二字，雖本周《詩》，義得通借，但今爲詞章，須顧經義。此等語言，寧拘勿濫也。

《山居賦》曰：「野有蔓草，獵涉蘡薁，自注：「獵涉，字出《爾雅》。」按，今《爾雅》無。亦醞山清，介爾景福。苦以术成，甘以橎熟。自注：「术，术酒，味苦；橎，橎酒，味甘。並至美，兼以療病。橎治癰核，术治痰冷。」按，上注云：「楊，楊桃也，山間謂之木子。」即此是也。《廣韵》：「橎，木名。」引《山海經》云：「煮其汁，味甘，可爲酒也。」今《山海經》亦無之。慕椹高林，剝芨巖椒。自注：「椹，音甚，味似菰菜而勝；刊木而作之，謂之慕；芨，音及，採以爲紙。」按，「椹」與蕈同，假借字也。掘蒨陽崖，擿槲陰標。自注：「蒨，音倩，採以爲渫；槲音斟，採以爲飲。」按「渫」，蓋染字之誤，蒨可染絳也。槲，未聞。六月採蜜，八月撲栗。備物爲繁，略載靡悉。自注：「採蜜撲栗，各隨其月也。」按「蜜」，木蜜也。《宋書·謝靈運傳》

義康敗前，龍驤參軍巴東扶令育詣闕上表曰：「搜殊逸於巖穴，招奇英於側陋，窮谷無白駒之倡，喬岳無遺寶之嗟。」《宋書·武二王傳》按「窮谷」，《毛詩》作「空」，《韓詩》作「穹」，此本《韓詩》，蓋借「窮」爲穹也《隱逸·周續之傳》：「明揚之旨，潛感於穹谷。」此用《韓詩》本文也。《王弘之傳》：「宜招空谷，以敦冲退之美。」則仍用《毛詩》矣。

家人悉至市，於是呼前。曄妻先下撫其子，回駡曄曰：「君不爲百歲阿家，不感天子恩遇，身亡固不足塞罪，柰何枉殺子孫？」按「阿家」，阿姑也，古讀「家」爲姑。言君不爲老母，又不感君恩也。《北齊書·崔㥄傳》：「唯阿家憎兒。」《顏氏家訓·治家篇》：「絡索阿姑餐。」字異音同耳。曄乾笑，云「罪至」而已。曄所生母泣曰：「主上念汝無極，汝曾不能感恩，又不念我老，今日柰何？」仍以手擊曄頸及頰，華顏色不怍。妻云：「罪人，阿家莫念。」妹及妓妾來別，曄悲涕流漣。按，「罪人」謂曄也，「阿家莫念」，言伊是罪人，阿姑不須置念也。《宋書·范曄傳》

齊受禪，建元初，故景素秀才劉璡又上書，按景素敗，故吏王螭、何昌寓并上書訟景素之冤。曰：「臣聞曾子孝於其親而沈乎水，介生忠於其主而焚於火，何則？仁也不必可依，信也不必可恃。云云臣聞孝悌爲志者，不以犯上，曾子不逆薪而爨，知其不爲暴也；秦仁獲麑，知其可爲傅也。」《宋書·文九王傳》按，曾子二事，未審所出，當在曾子逸篇。秦仁獲麑，蓋用秦西巴放麑事，而詞語復不同。

泰始六年，太宗既以變繼祀，乃下詔曰：「夫虎狼護子，猨猨負孫，毒性薄情，亦有仁愛。云云謝氏先是改謝氏爲射氏，元徽二年復。昶所生謝氏，爲晉熙國太妃。食則豐珍，衣則文麗，奉己之餘，播覃群下；而諸孫纊不温體，食不充飢，付於姆嬭之手，縱以任軍之路。遇其所生，棄若糞土，繿縷比於重囚，窮困過於下使。」《宋書·文九王傳》按「任軍」，胡墨莊云：「疑是在輩。」牟默人云：「或是在匍。」並字形之誤，疑胡義爲長。

休佑平生，浪抗無賴，吾慮休仁往哭，或生祟禍。《宋書·文九王傳》按，今人以「浪抗」爲不牢固之意，此之所言，似謂浪當無檢也。

質少好鷹犬，善蒱博、意錢之戲。《宋書·臧質傳》按「意錢」者，置錢掌中，共射覆之。今猜拳賭戲也。

魯爽小名女生，扶風郿人也。《宋書·魯爽傳》按，「女」音汝，古字通用。晉有女寬、女叔齊，并音汝。

燾還至湖陸，爽等請曰：「奴與南有讎，每兵來，常慮禍及墳墓，乞共迎喪，還葬國都。」虜群下於其主稱奴，猶中國稱臣也。燾許之。《宋書·魯爽傳》

遷太子舍人，坐屬疾於楊列橋觀鬥鴨，爲有司所糾，原不問。《宋書·王僧達傳》

上表解職曰：「先朝追遠之恩，早見榮齒。云云世蒙聖朝門情之顧。」《宋書·王僧達傳》按「追遠」，字本出《論語》，與此義别。皇侃疏：「一云靡不有初，鮮克有終。終，宜慎也。久遠之事，録而不忘，是追遠也。」義與此合。「門情」者，僧達是太保弘子，勳舊之門，情款隆密，故曰門情。《世説·規箴篇》：「與君門情，相爲惜之。」是已。

僧達屢經狂逆，上以其終無悛心，因高闍事陷之，下詔曰：「殛山誅邪，聖典所同；戮諷翦律，漢法攸尚。」《宋書·王僧達傳》　按，「戮諷」句，未詳所出。

諸軍造攻具，進兵城下，僞弘農太守李初古拔嬰城自固。《宋書·柳景傳》〔五〕　按，此人姓李，名初古拔，北魏人也，但姓出中華，而名連三字，甚無謂也。

竟陵王誕反，上怒，將自濟江。太宰江夏王義恭上表諫曰：「昔魏文濟江，遂有遺州之名。」《宋書·文九王傳》　按，「遺州」未聞。

休範書與袁粲、褚淵、劉秉曰：「先帝舊人，無罪黜落；薦致鄉親，遍布朝省。」《宋書·文五王傳》

雖鄉親中表，莫得見也。《宋書·隱逸·翟湯傳》〔六〕　按，「鄉親」與「中表」並稱，蓋必同鄉閭而有親戚者，方足當之。

《定命論》曰：「畢萬保軀，密賤錢領，梁野之言，豈不或妄。」《宋書·顧覬之傳》　按，「密賤」即宓子賤也。「宓」當作虙，俗書亂之耳。「錢」蓋與剗同，其事未聞。

宗越南陽葉人也，本爲南陽次門。安北將軍趙倫之鎮襄陽，襄陽多雜姓，倫之使長史范覬之條次氏族，辨其高卑，覬之黜越爲役門出身。元嘉二十四年，啟太祖求復次門，移户冠軍縣，許之。《宋書·宗越傳》

武念新野人也，本三五門出身。《宋書·宗越傳》

世祖大明五年，發三五丁。《宋書·孝義·孫棘傳》

尚書左僕射何尚之參議發南兗州三五民丁。《宋書·索虜傳》按，「三五」之義未聞，蓋亦軍户類也。當時重門户，故《黄回傳》：「回竟陵郡軍人也，出身充軍府雜役，稍至傳教。臧質爲郡，轉齋帥。質討元凶，回隨從有功，免軍户。」齊王上表言「黄回出自廝伍」，知軍户至猥賤矣。

不欲方幅露其罪惡。《宋書·吴喜傳》

本無馳驅平原，方幅爭鋒理。《宋書·武三王·義季傳》按，「方幅」當時方言，猶今語云公然也。《史記·吕后本紀》：「未敢訟言誅之。」韋昭注：「訟猶公也。」正與此同。《世説·賢媛篇》：「李氏在世得方幅齒遇。」《世語》曰：「王以圍棊爲手談，故其在哀制中祥後，客來方幅會戲。」益知「方幅」之語，乃晉宋方言矣。

李安民述任河濟，星管未周，食據襟要，苦祈回奪。《宋書·黄回傳》按，「管」律管也，星、管皆十二月一周，以紀節候。

覬少骨梗有風力，以是非爲己任。《宋書·孔覬傳》按，「梗」直也，「骨梗」言强直。諸書假借作「骨骾」。

《辭記室牋》曰：「山淵藏引，用不遐棄，故得抃風舞潤，憑附彌年。覬學不綜貫，性又疏惰，何可以屬知祕記？秉筆文閨，〔七〕假吹之尤，方斯非濫。」《宋書·孔覬傳》

莊素多疾，不願居選部，與大司馬江夏王義恭牋，自陳曰：「稟生多病，天下所悉，兩脅癖疾，殆與生俱，一月發動，不減兩三，每至一惡，痛來逼心，氣餘如綖。利患數年，遂成痼疾，吸吸惙惙，常如行尸。按，「吸吸」氣喘，「惙惙」體顫。今之所希，唯在小閑。屢經披請，未蒙哀恕，良由誠淺辭訥，不足上感。家世無年，亡高祖四十，曾祖三十二，亡祖四十七，下官新歲便三十五，加以疾患如此，當復幾時見聖世，就其中煎懅若此，實在可矜。」《宋書·謝莊傳》按「煎懅」，憂惱之意。「小閑」二字極雅。

景文自陳求解揚州曰：「六月中得臣外甥女殷恒妻蔡疏，欲令其兒啟聞乞禄，求臣署入，云凡外人通啟，先經臣署。於時驚怖，即欲封疏上呈，更思此家落漠，庶非通謗，且廣聽察，幸無復所聞。」云云上詔答曰：「傳事好訛，由來常患。殷恒妻，匹婦耳，閨閤之内，傳聞事復作一兩倍落漠。」《宋書·王景文傳》

微報何偃書，末云：「力作此答，無復條貫，貴布所懷，落漠不舉。」《宋書·王微傳》按，「落漠」即《莊子》所謂「鹵莽」，不精審之言也。「鹵莽」、「落漠」，音聲相轉，皆方俗語耳。

臣髮醜人群，病絶力效，穢朝點列，顧無與等，獨息易駭，慚懼難持。伏願薄回矜愍，全臣身計。《宋書·王景文傳》按「醜」，類也；「點」，辱也。

御仗先有諸葛亮筩袖鎧帽，二十五石弩射之不能入，上悉以賜孝祖。《宋書·殷孝祖傳》按「諸葛亮筩袖鎧」，又見《王玄謨傳》，其鎧形狀所未聞也。「筩袖」，圓袖也。諸葛公教云：「敕作部皆作五折剛鎧，十折矛，以給之。」知其鎧矛甚堅利矣。

詔曰：「勔思懷亮粹，體業淹明，弘勳樹績，譽洽華野。綢繆顧託，契闊屯夷，方倚謀猷，翌康帝道。《宋書·劉勔傳》 按「綢繆」、「契闊」，義皆具於《毛詩》。然「綢繆」，纏綿也；「契闊」，勤苦也。並以聲爲義耳。「翌」與翼同，輔翼也。

大明二年，出爲齊、北海二郡太守，民焦恭破古冢，得玉鎧，道固檢得，獻之，執繫恭。《宋書·崔道固傳》 按，「玉鎧」即玉匣也。漢諸帝陵中物，諸侯王亦有之。然則此古冢必漢無疑也。玉匣，説見《漢書》。

恭協兄弟二人，爭求受罪，郡縣不能判，依事上詳。州議之曰：「末世俗薄，靡不自私，伏膺聖教，猶或不逮。」《宋書·孝義傳》 按「伏膺」，《中庸》作「服膺」，古字通用。

且希張封筒遠行，他界爲劫，造釁自外，贓不還家。《宋書·孝義傳》 按，「封筒」之義未聞。

棘弟薩，坐違期依法付獄。棘詣郡辭：「乞以身代薩。」薩又辭列：「自應依法受戮。」棘妻許，又寄語屬棘：「君當門户，豈可委罪小郎？且大家臨亡，以小郎屬君，竟未妻娶，家道不立。君已有二兒，死復何恨？」《宋書·孝義傳》 按，「大家」謂大姑也。古讀「家」爲姑。

道路之言，謂法興爲真天子，帝爲應天子，願兒因此告帝曰：「外間云宫中有兩天子。法興與太宰、顔、柳一體吸習。」《宋書·恩倖傳》 按，「應」當爲贗字之誤也。「吸習」猶狎習，《晉書·后妃傳》：

「上左貴嬪頌，翕習紫庭。」《閻纘傳》：「更相翕習。」「翕」「習」字異，音義同耳。

蓋吴上表曰：「群凶丘列於天邑，飛鴞鴟目於四海。〔八〕獫狁侏張，侵暴中國。」《宋書·索虜傳》按「鴟」，張也。「侏張」，即譸張，亦作侜張。《北齊書·源彪傳》「吴賊侏張」，本此。胡墨莊曰：「楊雄《國三老箴》云：『負𢀖覆餗，〔九〕姦寇侏張。』是此表所本。」

燾與太祖書曰：「彼前使間諜，詃略奸人。」又曰：「以貨詃引誘我邊民。」《宋書·索虜傳》按詃字，檢字書無之。胡墨莊曰：「詃即衒字之訛。《説文》：衒，行且賣也。或作衒。《一切經音義》又作『眩』，轉訛作詃耳。」

燾與太祖書曰：「若厭其區宇者，可來平城居，我往揚州住，且可博其土地。」傖人謂换易爲博。《宋書·索虜傳》按，今市人以錢售物，買賤賣貴，謂之博販，即「换易」之義也，博賭亦近之。

今送獵白鹿馬十二匹并氈藥等物。彼來，馬力不足，可乘之。道里來遠，或不服水土，藥自可療。《宋書·索虜傳》燾與太祖書　按，「獵白鹿馬」者，蓋良馬之名。《韓非子》云：「馬似鹿者，千金也。」或曰：「今蒙古有獵鹿馬，巧捷善走，不隨鹿後，常翼其左，便於射手。」蓋此是也。「不服水土」，言飲食不相宜，易生疾病也。

又募人賫治葛酒置空村中，欲以毒虜，竟不能傷。按「治葛」，蓋冶葛之誤。冶葛有大毒，魏武帝嘗啖之。見《南方草木狀》。燾鑿瓜步山爲盤道，於其頂設氈屋。燾不飲河南水，以駱駝負河北水自隨，一駱駝負三十斗。《宋書·索虜傳》 按「負河北水」者，飲食於人，資其便安，不服水土，因而生疾也。

橐所住屠蘇爲疾雷擊，屠蘇倒，見厭殆死。《宋書·索虜傳》 按「屠蘇」，草庵之名。

芮芮，蓋漢世匈奴之北庭也。一號大檀，又號檀檀，亦匈奴别種。自西路通京師，三萬餘里。其土地，深山則當夏積雪，平地則極望數千里，野無青草。地氣寒凉，馬牛齕枯噉雪，自然肥健。國政疏簡，不識文書，刻木以記事，其後漸知書契，至今頗有學者。去北海千餘里，與丁零相接。常南擊索虜，世爲仇讎，故朝廷每羈縻之。《宋書·索虜傳》 按，「丁零」有二，此是北丁零也。「不識文書，刻木記事」，此與上古結繩相去何遠！其後漸知書契，而淳樸亦澆，非彼國之福也。

樓喜拜曰：「處可寒！」虜言「處可寒」，宋言爾官家也。《宋書·鮮卑·吐谷渾傳》 按，「可寒」即可汗。

後廆追思渾，作《阿干之歌》。鮮卑呼兄爲「阿干」。《宋書·吐谷渾傳》 按，「阿干」即阿哥之聲轉。俗呼兄爲哥也。

西北諸雜種，謂之爲阿柴虜。渾年七十二死，有子六十人。《宋書·吐谷渾傳》 按，此呼「阿柴虜」，索虜號「索頭虜」，今京師罵人曰「索頭子」，又曰「雜種」，皆鮮卑語。

遂立子視連爲世子，委之事，號曰「莫賀郎」。「莫賀」，宋言父也。《宋書·吐谷渾傳》

其國西有黄沙，南北一百二十里，東西七十里，不生草木，沙州因此爲號。屈真川有鹽池，甘谷嶺北有雀鼠同穴，或在山嶺，或在平地，雀色白，鼠色黄，地生黄紫花草，便有雀鼠穴。白蘭土出黄金、銅、鐵。其國雖隨水草，大抵治慕賀川。《宋書·吐谷渾傳》按，《藝文類聚》九十二引《沙州記》曰：「寒嶺去大陽川三十里，有雀鼠同穴。雀亦如家雀，色小白，鼠亦如家鼠，色如黄朏，無尾。」所記正與此合。「寒嶺」即甘谷嶺，「大陽川」即屈真川，皆土地異名也。「白蘭」在吐谷渾南，吐谷渾界在隴西、金城之間，枹罕、西零皆其疆域，今之甘肅兼有其地。故此《傳》言：「渾既上隴，出罕开、西零。」「西零」，今之西平郡，「罕开」，今之枹罕縣。自枹罕以東千餘里，暨甘松，西至河南，南界昂城、龍涸，自洮水西，南極白蘭。然則「洮水」，即今臨洮；「白蘭」，即今蘭州矣。

西南夷呵羅單國治闍婆州，元嘉七年，遣使獻金剛指鐶、赤鸚鵡鳥、天竺國白疊、古貝、葉波國古貝等物。《宋書·夷蠻傳》按「金剛石能辟邪，堅無比，唯羺羊角能碎之」，即此也。「白疊」，布名。「古貝」，今之棉也，有草木二種。「赤鸚鵡」，有自舶上携至粤者，甚畏寒。

天竺迦毗黎國，元嘉五年，國王月愛遣使奉表，獻金剛指環、摩勒金環諸寶物、赤白鸚鵡各一頭。《宋書·夷蠻傳》按「摩勒」，金之至美者也，即紫磨金。林邑謂之楊邁金。其貴無匹，故云寶物。

呵羅單國王毗沙跋摩奉表曰：「常勝天子陛下：諸佛世尊，常樂安隱。」又曰：「人民熾盛，安隱快樂。」闍婆婆達國王師黎婆達陁阿羅跋摩遣使奉表曰：「宋國大主大吉天子足下：敬禮一切種智安隱。」天竺迦毗黎國王月愛遣使奉表曰：「首羅天護，令國安隱。」又曰：「群臣百官，悉自安隱。」《宋書·夷蠻傳》 按，「安隱」即安穩。「穩」，俗字也，古書無「穩」字，故此及晉帖俱作「隱」字。

難當遣使奉表謝罪，并奉送所授第十一符策，太祖以其邊裔，下詔特還章節。《宋書·氐胡傳》 按「章節」，謂印章上刻爲第數，以資防檢，若今官府文書俱編號記耳。今印章雖無第數，但鐫造製年月，而禮工二部亦皆編存號數矣。

以輦迎蔣侯神像於宫内，啟顙乞恩。《宋書·二凶傳》 按，「啟顙」即稽顙，經典俱作「稽」而音「啟」，皆假借也。本字應作「䭫」。

濬未得劭信，不知事之濟不，騷擾未知所爲。《宋書·二凶傳》 按「騷」，動；「擾」，亂也。今俗以「騷擾」爲煩費，非。

邵出爲鍾離太守，在郡有惠政，夾淮人民慕其化，遠近莫不投集。郡先無市，時江夏王義恭爲南兗州，啟太祖置立焉。《宋書·自序》 按，此則當時功令，凡是郡縣立市，皆須關白，不容擅置也。今一聽民自便，官爲之設經紀而已。昔人有言：「無擾獄市。」斯良法也。又按，本書自注：「事見宋文帝中詔。凡中詔，今悉在臺，猶法書、典書也。」蓋此細注，沈氏所加，明信而有徵也。

璞乃命開門納質，質見城隍阻固，人情輯和，鮭米豐盛，器械山積，大喜，衆皆稱萬歲。《宋書·自序》 按，「鮭」與膎同，音户皆切。吳人謂菜肴爲「鮭」，「庾郎每食鮭菜，常有二十七種」是也；杜甫詩：

「自愧無鮭菜」。

臧質以璞城主，使自上露板，璞性謙虚，推功於質。既不自上，質露板亦不及焉。《宋書·自序》

按，質於是爲攘善矣。「露板」者，猶露布也，軍中奏凱，欲人皆見，故「露布」不封上之。又按《武三王傳》，「義康女玉秀等露板辭」云云，然則急事奏聞，亦須露板，非唯專布捷音也。

校記

〔一〕皇太子妃，《宋書》諸本作「皇太子妃薨」。

〔二〕白鹽是魏主所食，《魏書·李孝伯傳》「白鹽」下有「食鹽」二字。按，此補正與「九種鹽」之數合。

〔三〕元嘉二十年，《元龜》二七六引作「元嘉二十六年」。按，《宋書》上文云「二十一年進太尉」，下文云「二十七年春」，則此當是二十六年。

〔四〕孝建二年，三朝本、北監本、毛本、殿本、局本、百衲本作「元年」。按，臧馬賜恭爲孝建元年事，其下方接「二年春」云云，三朝諸本爲是。

〔五〕宋書柳景傳，柳景，《宋書》諸本作「柳元景」。

〔六〕宋書隱逸翟湯傳，翟湯，《宋書》諸本作「翟法賜」。按，湯爲法賜曾祖，《宋書》無傳。

〔七〕秉筆文閫，《御覽》二四九引作「秉筆文闈」。

〔八〕飛鷃鴟目於四海，「飛鷃」三朝本、北監本、毛本、殿本、局本、百衲本作「飛鴞」。

〔九〕負橥覆餗，《國三老箴》作「負乘覆餗」。

補宋書刑法志

張述錚　張越　點校

《宋書》紀志傳三體，悉依放舊史，獨闕《刑法》、《食貨》二志，非史裁也。别出《符瑞志》三卷，恐導諛也，且名爲《宋志》，而并上臚犧軒以來，非斷章也，《班書·古今人表》，亦同兹謬，裁以古義，俱法不當存。竊謂《符瑞》可删，《刑法》、《食貨》可補也。沈序《律志》而云：「《刑法》、《食貨》，前説已該，隨流派别，附之紀傳。」其説亦非也，若隨檢一條，動抽百卷，讀史既不勝其煩，作史亦從無此例。因就《沈書》，輒依律序，刺搜紀傳，分條共貫，譬之割土爲山，挹流納澗，緝成二篇，用資稽覽云爾。

嘉慶二十年十有二月　郝懿行識

《刑法志》出本紀二十四條，出列傳三十八條。

《食貨志》出本紀六十九條，出列傳二十二條。

二共補一百五十三條。

補宋書刑法志

永初元年夏六月丁卯，詔大赦天下，其有犯鄉論清議，贓汙淫盜，一皆蕩滌洗除，與之更始。長徒之身，特皆原遣。亡官失爵，禁錮奪勞，一依舊準。《武帝本紀下》

丁丑，詔曰：「古之王者，巡狩省方，躬覽民物，搜揚幽隱，拯災卹患，用能風澤遐被，遠至邇安。朕以寡闇，道謝前哲，因受終之期，託兆庶之上，鑒寐屬慮，思求民瘼。才弱事艱，若無津濟，夕惕永念，心馳遐域。可遣大使，分行四方，旌賢舉善，問所疾苦。其有獄訟虧濫，政刑乖愆，傷化擾治，未允民聽者，皆當具以事聞。萬事之宜，無失厥中，暢朝廷乃眷之旨，宣下民壅隔之情。」《武帝本紀下》

秋七月丁亥，原放劫賊餘口没在臺府者，諸徒家并聽還本邑。〔一〕《武帝本紀下》

壬子，詔曰：「往者軍國務殷，事有權制，劫科峻重，施之一時。今王道惟新，政和法簡，可一除之，還遵舊條。反叛淫盜三犯補冶士，本謂一事三犯，終無悛革。主者頃多并數衆事，合而爲三，甚違立制之旨，普更申明。」《武帝本紀下》

八月辛酉，開亡叛赦，限内首出，蠲租布二年。先有資狀、黄籍猶存者，聽復本注。《武帝本紀

下》

又制有無故自殘傷者補冶士，實由政刑煩苛，民不堪命，可除此條。冬十二月辛巳朔，車駕臨延賢堂聽訟。《武帝本紀下》

二年春正月辛酉，車駕祠南郊，大赦天下。夏四月戊申，車駕於華林園聽訟。六月壬寅，詔曰：「杖罰雖有舊科，然職務殷碎，推坐相尋。若皆有其實，則體所不堪；文行而已，又非設罰之意。可籌量觕爲中否之格。」車駕又於華林園聽訟。甲辰，制諸署敕吏四品以下，又府署所得輒罰者，聽統府寺行四十杖。秋七月己巳，地震。八月壬辰，車駕又於華林園聽訟。《武帝本紀下》

冬十月丁酉，詔曰：「兵制峻重，務在得宜。役身死叛，輒考傍親，流遷彌廣，未見其極。遂令冠帶之倫，淪陷非所。宜革以弘泰，去其密科。自今犯罪充兵、合舉户從役者，便付營押領。其有户統及謫止一身者，不得復侵濫服親，以相連染。」癸卯，車駕於延賢堂聽訟。《武帝本紀下》

三年春正月甲辰朔，詔刑罰無輕重，悉皆原降。《武帝本紀下》

校記

〔一〕諸徙家並聽還本邑，《南史》「諸」下有「流」字。三朝本、北監本、毛本、殿本、局本、百衲本「邑」並作「土」。

景平元年秋七月丁丑，以旱，詔赦五歲以下罪人。《少帝本紀》

元嘉三年閏正月丙戌，皇子劭生。二月乙卯，繫囚見徒，一皆原赦。《文帝本紀》

二十四年春正月甲戌，大赦天下，繫囚降宥。《文帝本紀》

三十年夏四月己巳，即皇帝位。大赦天下，長徒之身，優量降宥。《孝武帝本紀》

孝建二年秋九月庚戌，詔「在朕受命之前，凡以罪徙放，悉聽還本。犯釁之門，尚有存者，子弟可隨才署吏。」《孝武帝本紀》

大明三年秋七月辛未，大赦天下。尚方長徒、奚官奴婢老疾者，悉原放。《孝武帝本紀》

八月甲子，詔曰：「昔姬道方凝，刑法斯厝；漢德初明，犴圄用簡。良由上一其道，下淳其性。今民澆俗薄，誠淺僞深，重以寡德，弗能心化。故知方者少，趣辟實繁。向因巡覽，見二尚方徒隸，嬰金屨校，既有矜復。加國慶民和，獨隔凱澤，益以慚焉。可詳所原宥。」九月己巳，詔曰：「夫五辟三刺，自古所難，巧法深文，在季彌甚。故沿情察訟，魯師致捷；市獄勿擾，漢史飛聲。廷尉遠邇疑讞，平決攸歸，而一蹈幽圄，動逾時歲。民嬰其困，吏容其私。自今囚至辭具，並即以聞，朕當悉詳斷，庶無留獄。若繁文滯劾，證逮遐廣，必須親察，以盡情狀。自後依舊聽訟。」冬十二月戊午，上於華林園聽訟。《孝武帝本紀》

四年夏五月庚辰，於華林園聽訟。冬十二月己未，〔一〕上於華林園聽訟。辛巳車駕幸廷尉寺，〔二〕凡囚繫，咸悉原遣。《孝武帝本紀》

七年夏四月甲子，詔曰：「自非臨軍戰陳，一不得專殺。其罪甚重辟者，皆如舊先上，須報有司，嚴加聽察。犯者以殺人罪論。」八月丁巳，詔曰：「昔匹婦含怨，山燋北鄙；孀妻哀慟，臺傾東國。良以誠之所動，在微必著；感之所震，雖厚必崩。朕臨察九野，志深待旦，弗能使爛然成章，各如其節。遂令炎精損河，陽偏不施，歲云不稔，咎實朕由。太官供膳，宜從貶撤。近道刑獄，當親料省。其王畿內及神州所統，可遣尚書與所在共訊；畿外諸州，委之刺史，并訊省律令，思存利民。其考讁貿襲，在大明七年以前，一切勿治。尤弊之家，開倉賑給。」《孝武帝本紀》冬十一月丙子，曲赦南豫州殊死以下。乙酉，上於行所訊溧陽、永世、丹陽縣囚。乙未，原放行獄，徙繫東諸郡大獄。〔三〕十二月丙午，行幸歷陽。甲寅，大赦天下。南豫州別署敕繫長徒，一切原散。其兵期考襲讁戍，悉停。《孝武帝本紀》

校記

〔一〕十二月己未，《宋書》諸本作「乙未」。

〔二〕辛巳，局本及《南史》作「辛丑」。張熷《讀史舉正》云：「按，上書乙未，下書丁未，不當有辛巳，作辛丑是。」

〔三〕原放行獄，徙繫東諸郡大獄，中華本作「原放行獄徒繫，東諸郡大旱」，甚是。

泰始二年春三月癸丑，原赦揚、南徐二州囚繫，凡逋亡，一無所問。《明帝本紀》

四年秋九月戊辰，詔曰：「夫愆有大小，憲隨寬猛，故五刑殊用，三典異施。而降辟次網，便暨鉗撻，求之法科，差品滋遠。朕務存欽卹，每有矜貸。尋𥚃制科罪，〔一〕輕重同之大辟，即事原情，未爲詳衷。自今凡竊執官仗，拒戰邏司，或攻剽亭寺，及害吏民者，凡此諸條，悉依舊制。五人以下相逼奪者，可特賜黥刖，投畀四遠。仍用代殺，方古爲優，全命長户，施同造物。庶簡惠之化，有孚群萌，好生之德，無漏幽品。」庚子，〔二〕曲赦揚、南徐、兖、豫四州。《明帝本紀》

五年春三月丙寅，車駕幸中堂聽訟。《明帝本紀》

六年春二月癸丑，皇太子納妃。甲寅，大赦天下。巧注從軍，不在赦例。冬十月己酉，車駕幸東

堂聽訟。《明帝本紀》

校記

〔一〕尋挧制科罪，孫彪《宋書考論》云：「當云劫制，挧字誤。」

〔二〕庚子，《宋書》諸本作「庚午」，按泰始四年秋九月無「庚子」，下文「冬十月癸酉朔」可證。

元徽元年秋八月，京師旱。甲寅，詔曰：「比亢序愆度，留熏耀晷，有傷秋稼，方貽民瘼。朕以眇疚，未弘政道，囹圄尚繁，枉滯猶積，夕厲晨矜，每惻於懷。尚書令可與執法以下，就訊衆獄，使冤訟洗遂，困弊昭蘇。頒下州郡，咸令無壅。」《後廢帝本紀》

昇明元年，改元，大赦天下。《順帝本紀》

二年冬十月壬寅，立皇后謝氏，時帝年十二減死罪一等，五歲刑以下悉原。《順帝本紀》

弘奏彈謝靈運曰：「臣聞閑厥有家，垂訓《大易》，作威專戮，致誡《周書》。斯典或違，刑茲無赦。世子左衛率康樂縣公謝靈運，力人桂興淫其嬖妾，殺興江涘，棄尸洪流。事發京畿，播聞遐邇。宜加重劾，肅正朝風。案世子左衛率康樂縣公謝靈運過蒙恩奬，頻叨榮授，聞禮知禁，爲日已久，而不能防閑閫闈，致茲紛穢，罔顧憲軌，忿殺自由。此而勿治，典刑將替。請以見事免靈運所居官，上臺則爵土，收付大理治罪。御史中丞都亭侯王准之，顯居要任，邦之司直，風聲噂嚕，曾不彈舉。若知而弗糾，情法斯撓；如其不知，則尸昧已甚。豈可復預班清階，式是國憲。請免所居官，以侯還散輩中。内臺舊體，不得用風聲舉彈，此事彰赫，曝之朝野，執憲蔑聞，群司循舊，國典既頹，所虧其重。臣弘忝承人乏，位副朝端，若復謹守常科，則終莫之糾，政所以不敢拱默，自同秉彝。違舊之愆，伏須准裁。」高祖令曰：「靈運免官而已，餘如奏。端右簡正風軌，誠副所期，豈拘常儀。自今爲永制。」《王弘傳》

弘博練治體，留心庶事，斟酌時宜，每存優允。與八座丞郎疏曰：「同伍犯法，無士人不罪之科，然每至詰謫，輒有請訴。若垂恩宥，則法廢不可行；依事糾責，則物以爲苦怨。宜更爲其制，使得憂苦之衷也。又主守偷五匹，常偷四十匹，並加大辟，議者咸以爲重，宜進主守偷十匹、常偷五十匹死，四十匹降以補兵。既得小寬民命，亦足以有懲也。想各言所懷。」左丞江奥議：「士人犯盗贓不及棄市者，刑竟，自在贓汙淫盗之目，清議終身，經赦不原。當之者足以塞愆，聞之者足以鑒誡。若復雷同群小，謫以兵役，愚謂爲苦。符伍雖比屋鄰居，至於士庶之際，實自天隔，舍藏之罪，無以相關。奴客與符伍交接，有所藏蔽，可以得知，是以罪及奴客。自是客身犯愆，非代郎主受罪也。如其無奴，則不應坐。」右丞孔默之議：「君子小人，既雜爲符伍，不得不以相檢爲義。士庶雖殊，而理有聞察，譬百司居上，所以下不必躬親而後同坐。是故犯違之日，理相關。今罪其養子、典計者，蓋義存戮僕。如此，則無奴之室，豈得宴安？但既云復士，宜令輸贖。常盗四十匹，主守五匹，降死補兵。雖大存寬惠，以紓民命，然官及二千石及失節士大夫，時有犯者，罪乃可戮，恐不可以補兵也。謂此制可施小人，士人自還用舊律。」尚書王准之議：「昔爲山陰令，士人在伍，謂之押符。同伍有愆，得不及坐，士人有罪，符伍糾之，此非士庶殊制，實使即刑當罪耳。夫束脩之胄，與小人隔絕，防檢無方，宜及不逞之士，事接群細，既同符伍，故使糾之。于時行此，非唯一處。左丞議奴客與鄰伍相關，可得檢察，符中有犯，使及刑坐。即事而求，有乖實理。有奴客者，類多使役，東西分散，住家者少。其有停者，左右驅馳，動止所須，出門甚寡，典計者在家十無其一。奴客坐伍，濫刑必衆，恐非立法當罪本旨。右丞議士人犯偷，不及大辟者，宥補兵。雖欲弘士，懼無以懲邪。乘理則君子，違之則小人。制嚴於上，猶冒犯之，以其宥科，犯者或衆。使畏法其心，〔一〕乃所以大宥也。且士庶異制，意所不同。」殿中郎謝元議謂：「宜先治其本，然後其末可理。本所以採士大夫於符而未，所以檢小人也？可使受檢於小人邪？士犯坐奴是士庶天隔，則士無弘庶之由，以不知而押之於伍，則是受檢於小人也。然則小人有罪，士人無事，僕隸何罪，而令坐之。若以實相交關，貴其聞察，則意有未因。何者？名實殊章，公私異令，奴不押符，是無名也，民之資財〔二〕，是私賤也。以私賤無名之人，豫公家有實之任，公私混淆，名實非允。由此而言，謂不宜坐。還從其主，於事爲宜。無奴之士，不在此例。若士人本檢小人，則小人有過，已應獲罪，而其奴則義歸戮僕，然則無奴之士，未合晏安，使之輸贖，於事非謬。二科所附，唯制之本耳。此自是辯章二本，欲使各從其分。至於求之管見，宜附前科，區別士庶，於義爲美。盜制，按左丞議，士人既終不爲兵革，幸可同寬宥之惠，不必依舊律，於議咸允。」吏部郎何尚之議：「按孔右丞議，士人坐符伍爲罪，有奴罪奴，無奴輸贖。既許士庶緬隔，則聞察自難，不宜以難知之事，定以必知之法。夫有奴不賢，無奴不必不賢。今多僮者傲然於王憲，無僕者怵迫於時網，是爲恩之所霑，恒在程卓，法之所設，必加顏原，求之鄙懷，竊所未愜。謝殿中謂奴不隨主，於名分不明，誠是有理。然奴僕實於閭里相關，今都不問，恐有所失。意同左丞議。」弘議曰：「尋律令既不分別士庶，又士人坐同伍罹讁者，無處無之，多爲時恩所宥，故不盡親讁耳。吳及義興適有許陸之徒，以同符合給，二千石論啟丹書。己未間，會稽士人云，十數年前，亦有四族坐此被責，以時恩獲停。而王尚書云，人舊無同伍坐，所未之解。恐莅任之日，偶不值此事故邪。聖明御世，士人誠不憂至苦，然要須臨事論通，上干天聽爲紛擾，不如近爲定科，使輕重有節也。又尋甲符制，蠲士人不傳符耳，令史復除，亦得如之。共相押領，有違糾列，了無等衰，非許士人閭里之外也。諸議云士庶緬絶，不相參知，則士人犯法，庶民得不知。若庶民不許不知，何許士人不知。小民自非超然簡獨，永絶塵粃者，比門接棟，小以爲意，終自聞知，不必須日夕來往也。右丞百司之言，粗是其況。如衰陵士人，實與閭巷關通，相知情狀，乃當於冠帶小民。今謂之士人，便無小人之坐；署爲小民，輒受士人之罰。於情於法，不其頗歟？且都令不及士流，士流爲輕，則小人令使徵預其罰，便事至相糾，閭伍之防，亦爲不同。謂士人可不受同伍之讁耳，罪其奴客，庸何傷邪？無奴客，可令輸贖，又或無奴僮爲衆所明者，官長二千石便當親臨列上，依事遣判。偷五匹，四十匹，〔三〕謂應見優量者，實以小吏無知，臨財易昧，或由疏慢，事蹈重科，求之於心，常有可愍，故欲小進匹數，寬其性命耳。至於官長以上，荷蒙禄榮，付以局任，當正己明憲，檢下防非，而親犯科律，亂法冒利，五匹乃已爲弘矣。士人無私相偷四十匹理，就使至此，致以明罰，固其宜耳，並何容復加哀矜？且此輩士人，可殺不可讁，有如諸論，本意自不在此也。近聞之道路，聊欲共論，不呼乃爾難精。既衆議糾紛，將不如其已。若呼不應停寢，謂宜集議奏聞，决之聖旨。」太祖詔：「衛軍議爲允。」《王弘傳》

校記

〔一〕使畏法其心，《元龜》六一五引作「使畏法革心」。

〔二〕民之資財，《宋書》諸本作「民乏資財」。

〔三〕偷五匹四十匹，《南史》作「又主偷五匹，常偷四十匹」。

大司馬府軍人朱興妻周坐息男道扶，年三歲先得癇病，周因其病發，掘地生埋之，爲道扶姑女所告，正周棄市刑。羨之議曰：「自然之愛，虎狼猶仁。周之凶忍，宜加顯戮。臣以爲法律之外，故尚弘物之理。母之即刑，由子明法，爲子之道，焉有自容之地。雖伏法者當罪，而在宥者靡容。愚謂可特申之遐裔。」從之。《徐羨之傳》

時有民黄初妻趙殺子婦，遇赦應徙送避孫仇，義慶曰：「按《周禮》父母之仇，避之海外，雖遇市朝，鬪不反兵。蓋以莫大之冤，理不可奪，含戚枕戈，義許必報。至於親戚爲戮，骨肉相殘，故道乖常憲，記無定准，求之法外，裁以人情。且禮有過失之宥，律無仇祖之文。况趙之縱暴，本由於酒，論心即實，事盡荒耄。豈得以荒耄之王母，等行路之深仇。臣謂此孫忍愧銜悲，不違

子義，共天同域，無虧孝道。」《宗室傳》

永興令羊恂覺其姦謀，以告淡之，淡之不信，乃以誣人之罪，收縣職局。於是，孫法亮號冠軍大將軍，與孫道慶等攻没縣邑，即用富陽令顧粲爲令，加輔國將軍。遣僞建威將軍孫道仲、孫公喜、法殺攻永興。永興民灟恭期初與賊同，後反善就羊恂，率吏民拒戰，力少退敗。賊用縣人許祖爲令，恂逃伏江唐山中，尋復爲賊所得，使還行縣事。賊遂磐據，更相樹立，遥以鄮令司馬文寅爲征西大將軍，〔一〕孫道仲爲征西長史，孫道覆爲左司馬，與公喜、法殺等建旗鳴鼓，直攻山陰。《褚叔度傳》

淡之爲會稽太守。景平二年，富陽縣孫氏聚合門宗，謀爲逆亂，其支黨在永興縣，潛相影響。

校記

〔一〕遥以鄮令司馬文寅爲征西大將軍，《南史》「司馬文寅」作「司馬文宣」。按，本書《謝弘微傳》有司馬文宣，時地均與司馬文寅同，《南史》或是。

方明爲南郡相，嘗年終，江陵縣獄囚事無輕重，悉散聽歸家，使過正三日還到。罪應入重者有二十餘人，綱紀以下，莫不疑懼。時晉陵郡送故主簿弘季盛、徐壽之並隨在西，固諫，以爲：「昔人雖有其事，或是記籍過言。且當今民情僞薄，不可以古義相許。」方明不納，一時遣之。囚及父兄皆驚喜涕泣，以爲就死無恨。至期，有重罪二人不還，方明不聽討捕。其一人醉不能歸，逮二日乃反，餘一囚十日不至，五官朱千期請見，欲白討之，方明知爲囚事，使左右謝五官：「不須入，囚自當反。」囚逡巡墟里，不能自歸，鄉村責讓之，率領將送，遂竟無逃亡者。遠近咸嘆服焉。《謝方明傳》

江東民户殷盛，風俗峻刻，强弱相陵，姦吏蜂起，符書一下，文攝相續。又罪及比伍，動相連坐，一人犯吏，則一村廢業，邑里驚擾，狗吠達旦。方明深達治體，不拘文法，闊略苛細，務存綱領。州臺符攝，即時宣下，緩民期會，展其辦舉；郡縣監司，不得妄出，貴族豪士，莫敢犯禁。除比伍之坐，判久繫之獄。前後征伐，每兵運不充，悉發倩士庶，事既寧息，皆使還本。而屬所刻害，或即以補吏。守宰不明，與奪乖舛，人事不至，必被抑塞。方明簡汰精當，各慎所宜，雖服役十載，亦一朝從理，東土至今稱詠之。《謝方明傳》

淵之大明中爲尚書比部郎。時安陸應城縣民張江陵與妻吴共駡母黄令死，黄忿恨自經死，值赦。律父子賊殺傷毆父母，梟首，駡詈，棄市，謀殺夫之父母，亦棄市。值赦，免刑補治。〔一〕江陵駡母，母以之自裁，重於傷毆。若同殺科，則疑重；用毆傷及駡科，則疑輕。制唯有打母，遇赦猶梟首，無罵母致死值赦之科。淵之議曰：「夫題里逆心，而仁者不入，名且惡之，况乃人事。故毆傷呪詛，法所不原，詈之致盡，則理無可宥。罰有從輕，蓋疑失善，求之文旨，非此之謂。江陵雖值赦恩，故合梟首。婦本以義，受非天屬，黄之所恨，情不在吴，原死補治，〔二〕有允正法。」詔如淵之議，吴免棄市。《孔季恭傳》

校記

〔一〕免刑補治，《南史》作「免刑補冶」。

〔二〕原死補治，涵芬樓所據三朝本「治」作「冶」，後影印時又誤改作「治」，《通典·刑典》作「兵」，時冶士亦稱兵。

先是，劉式之爲宣城，立吏民亡叛制，一人不禽，符伍里吏送州作部，若獲者賞位二階。玄保以爲非宜，陳之曰：「臣伏尋亡叛之由，皆出於窮逼，未有足以推存而樂爲此者也。今立殊制，於事爲苦。臣聞苦節不可貞，懼致流弊。昔龔遂譬民於亂繩，緩之然後可理，黄霸以寬和爲用，不以嚴苛爲先。臣愚以爲單身逃役，便爲盡户。今一人不測，坐者甚多，既憚重負，各爲身計，牽挽逃竄，必致繁滋。又能禽獲叛身，類非謹惜，既無堪能，坐陵勞吏，名器虛假，所妨實多，將階級不足供賞，服勤無以自勸。又尋此制，施一邦而已，若其是邪，則應與天下爲一，若其非邪，亦不宜獨行一郡。民離憂患，其弊將甚。臣忝守所職，懼難遵用，致率管穴，冒以陳聞。」由此，此制得停。《羊玄保傳》

時揚州刺史西陽王子尚上言：「山湖之禁，雖有舊科，民俗相因，替而不奉，熂山封水，保爲家利。自頃以來，頽弛日甚，富强者兼嶺而占，貧弱者薪蘇無託，至漁採之地，亦又如兹。斯實害治之深弊，爲政所宜去絶，損益舊條，更申恒制。」有司撿壬辰詔書：「占山護澤，强盗律論，贜一丈以上，皆棄市。」希玄保兄子。以「壬辰之制，其禁嚴刻，事既難遵，理與時弛。而占山封水，漸染復滋，更相因仍，便成先業，一朝頓去，易致嗟怨。今更刊革，立制五條。凡是山澤，先常熂爐種養竹木雜果爲林，及陂湖江海魚梁鰌鮆場，常加功修作者，聽不追奪。官品第一，第二，聽占山三頃；第三、第四品，二頃五十畝；第五、第六品，二頃；第七、第八品，一頃五十畝；第九品及百姓，一頃。皆依定格，條上貲簿。若先已占山，不得更占；先占闕少，依限占足。若非前條舊業，一不得禁。有犯者，水土一尺以上，並計贜，以常盗律論。停除咸康二年壬辰之科。」從之。《羊玄保傳》

時會稽剡縣民黄初妻趙打息載妻王死亡，遇赦。王有父母及息男稱、息女葉，依法徙趙二千里外。隆議之曰：「原夫禮律之興，蓋本之自然，求之情理，非從天墮，非從地出也。父子至親，分形同氣，稱之於載，即載之於趙，雖云三世，爲體猶一，未有能分之者也。稱雖創巨痛深，固無讎祖之義。若稱可以殺趙，趙富何以處載？將父子孫祖，互相殘戮，懼非先王明罰，咎繇立法之本旨也。向使石厚之子、日磾之孫，砥鋒挺鍔，不與二祖同戴天日，則石碏、秺侯何得流名百代，以爲美談者哉。舊令云：『殺人父母，徙之二千里外。』不施父子孫祖明矣。趙當避王期功千里外耳。令亦云：『凡流徙者，同籍親近欲相隨者，聽之。』此又大通情體，因親以教愛者也。趙既流移，載爲人子，何得不從；載從而稱不行，豈名教所許？如此，稱趙竟不可分。趙雖内愧終身，稱當沈痛没齒，孫祖之義，自不得永絶，事理固然也。」從之。《傅隆傳》

桓玄議復肉刑，琳之以爲：「唐虞象刑，夏禹立辟，蓋淳薄既異，致化實同，寬猛相濟，惟變所適。《書》曰『刑罰世輕世重』，言隨時也。夫三代風純而事簡，故罕蹈刑辟；季末俗巧而務殷，故動陷憲網。若三千行於叔世，必省踊貴之尤，此五帝不相循法，肉刑不可悉復者也。漢文發仁惻之意，傷自新之路莫由，革古創制，號稱刑厝，然名輕而實重，反更傷民。故孝景嗣位，輕之以緩，緩而民慢，又不禁邪。期于刑罰之中，所以見美在昔，歷代詳論而未獲厥中者也。兵荒後，罹法更多。棄市之刑，本斬右趾，漢文一謬，承而弗革，所以前賢恨恨，議之而未辯。鍾繇、陳群之意，雖小有不同，而欲右趾代棄市。若從其言，則所活者衆矣。降死之生，誠爲輕法，然人情慎顯而輕昧，忽遠而驚近，是以盤盂有銘，韋弦作佩，况在小人，尤其所惑，或目所不睹，則忽而不戒，日陳于前，則驚心駭矚。由此言之，重之不必不傷，輕之不必不懼，而可以全其性命，蕃其産育，仁既濟物，功亦益衆。又今之所患，逋逃爲先，屢叛不革，逃身靡所，〔一〕亦以肅戒未犯，永絶惡原。至於餘條，宜依舊制。豈曰允中，貴獻管穴。」《孔琳之傳》

校記

〔一〕逃身靡所，《南史》上有「宜令」二字。

廓上議曰：「夫建封立法，弘治稽化，胡墨莊按：「《晉書·刑法志》引「封」作「邦」，「稽」作「穆」，此誤。」必隨時置制，德刑兼施。貞一以閑其邪，教禁以檢其慢，灑湛露以膏潤，厲嚴霜以肅威，晞風者陶和而安恬，畏戾者聞憲而警慮。雖復質文迭用，而斯道莫革。肉刑之設，肇自哲王。蓋由曩世風淳，民多惇謹，圖像既陳，則機心冥戢，刑人在塗，則不逞改操，故能勝殘去殺，化隆無爲。季末澆僞，法網彌密，利巧之懷日滋，耻畏之情轉寡，終身劇役，不足止其姦，况乎黥劓，豈能反其善，徒有酸慘之聲，而無濟治之益。至於棄市之條，實非不赦之罪，事非三殺，

〔一〕考律同歸，輕重均科，減降路塞，鍾陳以之抗言，元皇所爲留愍。今英輔翼讚，道邈伊周，雖閉否之運甫開，而遐遺之難未已。誠宜明慎用刑，愛民弘育，申哀矜以革濫，移大辟於支體，全性命之至重，恢繁息於將來。使將斷之骨，荷更榮於三陽，干時之華，監商飈而知懼。威惠俱宣，感畏偕設，全生拯暴，於是乎在。」《蔡廓傳》

廓建議以爲：「鞫獄不宜令子孫下辭明言父祖之罪，虧教傷情，莫此爲大。自今但令家人與囚相見，無乞鞫之訴，便足以明伏罪，不須責家人下辭。」朝議咸以爲允，從之。《蔡廓傳》

校記

〔一〕事非三殺，三朝本作「王殺」，《通典·刑典》、《元龜》六一五引作「手殺」。

爲廷尉卿，有解士先者，告申坦昔與丞相義宣同謀。時坦已死，子令孫時作山陽郡，自繫廷尉。興宗議曰：「若坦昔爲戎首，身今尚存，累經肆眚，猶應蒙宥。令孫天屬，理相爲隱。况人亡事遠，追相誣訐，斷以禮律，義不合關。若士先審知逆謀，當時即應開啟，苞藏積年，發因私怨，况稱風聲路傳，實無定主，而干黷欺罔，罪合極法。」又有訟民嚴道恩等二十二人，事未洗正，敕以當訊，權繫尚方。興宗以訟民本在求理，故不加械，即若繫尚方，於事爲苦。又司徒前劾送武康令謝沈及郡縣尉還職司十一人，坐仲良鑄錢不禽，久已判結。又送郡主簿丘元敬等九人，或下疾假，或去職已久 又加執啟，事悉見從。《蔡興宗傳》

元嘉三年秋旱蝗，泰上表曰：「《禮》婦人有三從之義，而無自專之道，《周書》父子兄弟，罪不相及，女人被宥，由來上矣。〔一〕謝晦婦女，猶在尚方，始貴後賤，物情之所甚苦，匹婦一至，亦能有所感激。臣於謝氏，不容有情，蒙國重恩，寢處思報，伏度聖心，已當有在。」書奏，上乃原謝晦婦女。《范泰傳》

校記

〔一〕由來上矣，《南史》作「由來尚矣」。

有司奏東冶士朱道民禽三叛士，依例放遣，詔之啟曰：「尚書金部奏事如右，斯誠檢忘一時權制，〔二〕懼非經國弘本之令典。臣尋舊制，以罪補士，凡有十餘條，雖同異不紊，而輕重實殊。至於詐列父母死，誣罔父母淫亂，破義反逆，此四條，實窮亂抵逆，人理必盡，雖復殊刑過制，猶不足以塞莫大之罪。既獲全首領，大造已隆，寧可復遂拔徒隸，緩帶當年，自同編户，列齒齊民乎？臣懼此制永行，所虧實大。方今聖化惟新，崇本棄末，一切之令，宜加詳改。愚謂此四條

不合加贖罪之恩。」侍中褚淡之同韶之三條，却宜仍舊，詔可。《王韶之傳》

校記

〔一〕斯誠檢忘一時權制，張森楷《校勘記》云：「檢忘當作檢亡，猶捕亡也。正謂上文禽三叛士耳。」

義熙六年鮮之使治書侍御史丘洹奏彈毅劉毅是鮮之外甥曰：「上言傳詔羅道盛輒開戕，遂盜發密事，依法棄市，奏報行刑，而毅以道盛身有侯爵，輒復停宥。按毅勳德光重，任居次相，既殺之非己，無緣生之自由。又奏之於先。而弗請於後，閫外出疆，非此之謂。中丞鮮之於毅舅甥，制不相糾，臣請免毅官。」詔無所問。時新制長吏以父母疾去官，禁錮三年。山陰令沈叔任父疾去職，鮮之因此上議曰：「夫事有相權，故制有與奪，此有所屈，而彼有所申。未有理無所明，事無所獲，而爲永制者也。當以去官之人，或容詭託之事，詭託之事，誠或有之，豈可虧天下之大教，以末傷本者乎。且設法蓋以衆苞寡，而不以寡違衆，況以防杜去官而塞孝愛之實。且人情趨於榮利，辭官本非所防，所以爲其制者，莅官不久，則奔競互生，故杜其欲速之情，以申考績之實。省父母之疾，而加以罪名，悖義疾理，莫此爲大。謂宜從舊，於義爲允。」從之，於是自二品以上父母没者，墳墓崩毁及疾病族屬輒去，並不禁錮。《鄭鮮之傳》

劉毅鎮姑孰，嘗出行，而鄢陵縣史陳滿射鳥，〔一〕箭誤中直帥，雖不傷人，處法棄市。承天議曰：「獄貴情斷，疑則從輕。昔驚漢文帝乘輿馬者，張釋之劾以犯蹕，罪止罰金。何者？明其無心於驚馬也。故不以乘輿之重，加以異制。今滿意在射鳥，非有心於中人。按律過誤傷人，三歲刑，況不傷乎？微罰可也。」《何承天傳》

時有尹嘉者，家貧，母熊自以身貼錢，爲嘉償責，坐不孝當死。承天議曰：「被府宣令，普議尹嘉大辟事，稱法吏葛滕籤，母告子不孝，欲殺者許之。法云，謂違犯教令，敬恭有虧，父母欲殺，皆許之。其所告惟取信於所求而許之，謹尋事原心，嘉母辭自求質錢，爲子還責。嘉雖虧犯教義，而熊無請殺之辭。熊求所以生之，而今殺之，非隨所求之謂。始以不孝爲劾，終於和賣結刑，倚旁兩端，母子俱罪，滕籤法文，爲非其條。嘉所存者大，理在難申，但明教爰發，矜其愚蔽。夫明德慎罰，文王所以恤下；議獄緩死，《中孚》所以垂化。言情則母爲子隱，語敬則禮所不及。今捨乞宥之評，依請殺之條，責敬恭之節於飢寒之隸，誠非罰疑從輕，寧失有罪之謂也。愚以謂降嘉之死，以普春澤之恩；赦熊之愆，以明子隱之宜。則蒲亭雖陋，可比德於盛明；豚魚微物，不獨遺於今化。」事未判，值赦並免。《何承天傳》

吳興餘杭民薄道舉爲劫，制同籍期親補兵。道舉從弟代公、道生等並爲大功親，非應在補謫之例，法以代公等母存爲期親，則子宜隨母補兵。承天議曰：「尋劫制，同籍期親補兵，大功不在例。婦人三從，既嫁從夫，夫死從子。今道舉爲劫，若其叔尚存，制應補讁，妻子營居，固其宜也。但爲劫之時，叔父已没，代公、道生並是從弟，大功之親不合補讁。今若以叔母爲期親，令代公隨母補兵，既違大功不讁之制，又失婦人三從之道。由於主者守期親之文，不辨男女之異，遠嫌畏負，以生疑懼，非聖朝恤刑之旨。謂代公等母子並宜見原。」《何承天傳》

時丹陽丁況等久喪不葬，承天議曰：「《禮》所云還葬，當謂荒儉一時，故許其稱財而不求備。丁況三家數十年中，葬輒無棺櫬，實由淺情薄恩，同於禽獸者爾。竊以爲丁寶等同伍積年，未嘗勸之以義，繩之以法。十六年冬，既無新科，又未申明舊制，有何嚴切，欻然相糾？或由鄰曲分爭，以興此言。如聞在東諸處，比例既多，〔二〕江西、淮北尤爲不少，若但讁此三人，殆無整肅。開其一端，則互相恐動，里伍縣司，競爲姦利。財賂既逞，獄訟必繁，懼虧聖明烹鮮之美，臣愚謂況等三家，且可勿問，因此附定制旨，若民人葬不如法，同伍當即糾言，三年除服之後，不得追相告列，於事爲宜。」《何承天傳》

承天與尚書左丞謝元素不相善，二人競伺二臺之違，累相糾奏。太尉江夏王義恭歲給資費錢三千萬，布五萬匹，米七萬斛，義恭素奢侈，用常不充。二十一年，逆就尚書換明年資費，而舊制出錢二十萬，布五百匹以上，並應奏聞，元輒命議以錢二百萬給太尉。事發覺，元乃使令史取僕射孟顗命。元時新除太尉諮議參軍，未拜，爲承天所糾。上大怒，遣元長歸田里，禁錮終身。元時

又舉承天賣茭四百七十束與官屬，求貴價，承天坐白衣領職。《何承天傳》

校記

〔一〕焉陵縣史，《宋書》諸本作「鄢陵縣史」。

〔二〕比例既多，《元龜》五七六引作「此例既多」。王鳴盛《十七史商榷》云：「比例當作此例。」

時有死罪囚，典籤意欲活之，因翰入關齋呈其事，〔一〕翰省訖，語：「令且去，〔二〕明可便呈。」明旦，典籤不敢復入，呼之乃來，取昨所呈事視訖，謂之曰：「卿意當欲宥此囚死命，昨於齋坐見其事，亦有心活之。但此囚罪重，不可全貸，既欲加恩，卿便當代任其罪。」因命左右收典籤付獄，殺之，原此囚生命。其刑政如此，其下畏服，莫敢犯禁。《吉翰傳》

校記

〔一〕因翰入關齋呈其事，入當作「八」。《歲時記》：「二月八日，釋氏下生之日，迦文成道之時，信捨之家，建八關齋。」本書《袁粲傳》：「孝建元年，世祖率群臣並於中興寺八關齋。」

〔二〕令且去，三朝本、北監本、毛本、殿本、局本、百衲本作「今且去」。

坦長子琬爲員外散騎侍郎，太祖嘗有函詔敕坦，坦時代驥爲青冀二州刺史琬輒開視，信未發又追取之，敕函已發，大相推檢，丞都答云：「諸郎開視。」上遣主書詰責，驥答曰：「開函是臣第四子季文，伏待刑坐。」上特原不問。《杜驥傳》

義熙五年，吴興武康縣民王延祖爲劫，父睦以告官。新制，凡劫身斬刑，家人棄市。睦既自告，於法有疑。時叔度尚之之父爲尚書，議曰：「設法止姦，本於情理，非一人爲劫，闔門應刑。所以罪及同産，欲開其相告，以出爲惡之身。睦父子之至，容可悉共逃亡，而割其天屬，還相縛送，螫毒在手，解腕求全，於情可愍，理亦宜宥。使凶人不容於家，逃刑無所，乃大絶根源也。睦既糾送，則餘人無應復告，並全之。」《何尚之傳》

丞相南郡王義宣、車騎將軍臧質反，義宣司馬竺超民、臧質長史陸展兄弟並應從誅，尚之上言曰：「刑罰得失，治亂所由，聖賢留心，不可不慎。竺超民爲賊既遁走，一夫可禽，若反覆昧利，即當取之，非唯免愆，亦可要不義之賞，而超民曾無此意，微足觀過知仁。且爲官保全城府，謹守庫藏，端坐待縛。今戮及兄弟，與向始末無論者復成何異？陸展盡質復灼然，便同之巨逆，於事爲重。臣豫蒙顧待，自殊凡隸，苟有所懷，不敢自默。」超民坐者由此得原。《何尚之傳》

改定制令，疑民殺長吏科，議者謂值赦宜加徙送，秀之以爲：「律文雖不顯民殺官長之旨，若值赦但止徙送，便與悠悠殺人曾無一異。民敬官長，比之父母，行害之身，雖遇赦，謂宜長付尚方，窮其天命，家口令補兵。」從之。《劉秀之傳》

尚書寺門有制，八座以下門生隨入者各有差，不得雜以人士。琛以宗人顧碩頭寄尚書張茂度門名，而與碩頭同席坐。明年，坐遣出，免中正。凡尚書官，大罪則免，小罪則遣出。遣出者百日無代人，聽還本職。《顧琛傳》

沛郡相縣唐賜往比村朱起母彭家飲酒還，因得病，吐蠱蟲十餘枚。臨死語妻張，死後刳腹出病。後張手自破視，五藏悉糜碎。郡縣以張忍行刳剖，賜子副又不禁駐，事起赦前，法不能決。律傷死人，四歲刑，妻傷夫，五歲刑，子不孝父母，棄市，並非科例。三公郎劉思議：「賜妻痛往遵言，〔一〕兒識謝及理，考事原心，非存忍害，謂宜哀矜。」覬之議曰：「法移路尸猶爲不道，況在妻子，而忍行凡人所不行。不宜曲通小情，當以大理爲斷，謂副爲不孝，張同不道。」詔如覬之議。《顧覬之傳》

校記

〔一〕賜妻痛往尊言，《通典·刑典》「往遵」作「遵往」。

大明三年，子尚移鎮會稽，懷文遷撫軍長史，行府州事。時囚繫甚多，動經年月，懷文到任，訊五郡九百三十六獄，衆咸稱平。入爲侍中，竟陵王誕據廣陵反，及城陷，士庶皆裸身鞭面，然後加刑，聚所殺人首於石頭南岸，謂之髑髏山。懷文陳其不可，上不納。上又壞諸郡士族，以充將吏，並不服役，至悉逃亡，加以嚴制，不能禁。乃改用軍法，得便斬之，莫不奔竄山湖，聚爲盜賊。懷文又以爲言。《沈懷文傳》

大明元年，莊爲都官尚書，奏改定刑獄，曰：「臣聞明慎用刑，厥存姬典；哀矜折獄，實暉吕命。罪疑從輕，既前王之格範；寧失弗經，亦列聖之恒訓。用能化致升平，道臻恭己。逮漢文傷不幸之罰，除相坐之令，孝宣倍深文之吏，立鞫訊之法，當是時也，號令刑存陛下踐位，親臨聽訟，億兆相賀，以爲無冤民矣。而比囹圄未虚，頌聲尚缺。臣竊謂五聽之慈，弗宣於宰物；三宥之澤，未洽於民謡。頃年軍旅餘弊，劫掠猶繁，監司計獲，〔二〕多非其實，或規免咎，不慮國患，楚對之下，鮮不誣濫。身遭鈇鑕之誅，家嬰孥戮之痛，比伍同閈，莫不及罪，是則一人罰謬，坐者數十。昔齊女告天，臨淄臺殞，孝婦冤戮，東海愆陽，此皆符變靈祇，初咸景緯。〔二〕臣近兼訊，見重囚八人，旋觀其初，死有餘罪，詳察其理，實並無辜。恐此等不少，誠可怵惕也。舊官長竟囚畢，郡遣督郵按驗，仍就施刑。督郵賤吏，非能異於官長，有按驗之名，而無研究之實，愚謂此制宜革。自今入重之囚，縣考正畢，以事言郡，并送囚身，委二千石親臨覈辯，必收聲吞釁，然後就戮。若二千石不能決，乃度廷尉。神州統外，移之刺史，刺史有疑，亦歸臺獄。必令死者不怨，生者無恨。庶鬻棺之諺，輟嘆於終古，兩造之察，流詠於方今。臣學闇申韓，才寡治術，輕陳庸管，懼乖國憲。」《謝莊傳》

校記

〔一〕監司計獲，《元龜》四七一引作「監司討獲」。

〔二〕初咸景緯，中華本作「初感景緯」。

蔣恭，義興臨津人也。元嘉中，晉陵蔣崇平爲劫見禽，云與恭妻弟吴晞張爲侣。晞張先行不在，本村遇水，妻息五口避水移寄恭家，討録晞張不獲，收恭及兄協付獄治罪。恭、協並款舍住晞張家口，而不知劫情。恭列晞張妻息是婦之親，親今有罪，恭身甘分，求遣兄協。協列協是户主，延制所由，有罪之日，關協而已，求遣弟恭。兄弟二人，争求受罪，郡縣不能判，依事上詳。州議之曰：「禮讓者以義爲先，自厚者以利爲上，末世俗薄，靡不自私。伏膺聖教，猶或不逮，况在野夫，未達誥訓，而能互發天倫之憂，甘受莫測之罪，若斯情義，實爲殊特。蔑爾恭、協而能行之，兹乃終古之所希，盛世之嘉事。二子乘舟，無以過此，豈宜惣執憲文，〔一〕加以罪戮？且晞張封筒遠行，他界爲劫，造釁自外，贓不還家，所寓村伍，容有不知，不合加罪。」勒縣遣之，還復民伍。乃除恭義成令，協義怡令。〔二〕《孝義傳》

校記

〔一〕豈宜惣執憲文，三朝本、北監本、毛本、殿本、局本、百衲本「惣」作「揔」。《元龜》八五一引作「拘」。

〔二〕協義怡令，《南史》「義怡」作「義招」。按，本書《州郡志》無「義怡縣」，有義招縣，屬廣州義安郡。

世祖大明五年，發三五丁，彭城人孫棘弟薩應充行，坐違期不至，依制，軍法，人身付獄。未及結竟，粛詣郡辭：「不忍令當一門之苦，乞以身代薩。」薩又辭列：「門户不建，罪應至此，狂愚犯法，實是薩身，自應依法受戮。兄弟少孤，薩三歲失父，一生恃賴，唯在長兄，兄雖可垂愍，有何心處世！」太守張岱疑其不實，以粛、薩各置一處，語粛云：「已爲諮詳，聽其相代。」粛顔色甚悦，答云：「得爾，旦則爲不死。」又語薩，亦欣然曰：「死自分甘，但令兄免，薩有何恨。」粛妻許又寄語屬粛：「君當門户，豈可委罪小郎！且大家臨亡，以小郎屬君，竟未妻娶，家道不立，君已有二兒，死復何恨。」岱依事表上，世祖詔曰：「粛、薩甿隸，節行可甄，特原罪。」州加辟命，并賜許帛二十匹。《孝義傳》

太宗泰始二年，長城奚慶思殺同縣錢仲期，仲期子延慶屬役在都，聞父死，馳還，於庚浦埭逢慶思，手刃殺之，自繫烏程縣獄。吴興太守郗顒表不加罪，許之。《孝義傳》

太宗世，琅邪王悦晉右將軍王羲之曾孫。爲侍中，檢校御府、太官、太醫諸署，得姦巧甚多。及悦死，衆咸謂諸署祝詛之，上乃收典掌者十餘人，桎梏，云送淮陰，密令渡瓜步江，投之中流。《良吏傳》

大明中，有奚顯度者，南東海剡人也，〔一〕官至員外散騎侍郎。世祖常使主領人功，而苛虐無道，動加捶撲，暑雨塞雪，不聽暫休，人不堪命，或有自經死者。人役聞配顯度，如就刑戮。時建康縣考囚，或用方材壓額及踝脛，民間謡曰：「寧得建康壓額，不能受奚度拍。」又相戲曰：「勿反顧，付奚度。」其酷暴如此。前廢帝嘗戲云：「顯度刻虐，爲百姓所疾，比當除之。」左右因倡「諾」，即日宣旨殺焉。時人比之孫皓殺岑昏。《恩倖傳》

校記

〔一〕南東海剡人也，「剡人」《南史》作「郯人」。

民有盗發冢者，罪所近村民，與符伍遭劫不赴救同坐。亮議曰：「尋發冢之情，事止竊盗，徒以侵亡犯死，故同之嚴科。夫穿掘之侣，必銜枚以晦其迹；劫掠之黨，必歡呼以威其事。故赴凶赫者易，應潛密者難。且山原爲無人之鄉，丘壟非恒塗所踐，至於防救，不得比之村郭。督實效名，〔二〕理與劫異，則符伍之坐，居宜降矣。又結罰之科，雖有同符伍之限，而無遠近之斷。夫冢無村界，當以比近坐之，若不域之以界，則數步之内，與十里之外，便應同罹其責。防民之禁，不可頓去，止非之憲，宜當其律。愚謂相去百步同赴告不時者，一歲刑，自此以外，差不及罰。」《自序》胡墨莊按，《通典》引此作「相去百步内，句赴告不時者」，「句」文義較長。

校記

〔一〕督實效名，《通典·刑典》作「督實劾名」。

補宋書食貨志

張述鋅　張越　點校

補宋書食貨志

先是山湖川澤，皆爲豪强所專，小民薪採漁釣，皆責税直，至是禁斷之。《武帝本紀中》

改晉元熙二年爲永初元年。賜民爵二級，鰥寡孤獨不能自存者，人穀五斛，逋租宿債勿復收。《武帝本紀下》

夏六月戊寅，詔曰：「百官事殷俸薄，禄不代耕。雖國儲未豐，要令公私用濟，〔一〕諸供納昔減半者，可悉復舊。六軍見禄粗可，不在此例。其餘官僚，或自本俸素少者，亦疇量增之。」《武帝本紀下》

運舟材及運船，不復下諸郡輸出，悉委都水別量。臺府所須，皆別遣主帥與民和市，即時裨直，不復責租民求辦。又停廢虜車牛，不得以官威假借。又以市税繁苦，優量減降。《武帝本紀下》

二年春正月丙寅，斷金銀塗。己卯，禁喪事用銅釘。《武帝本紀下》

三年二月己未，〔二〕時秦雍流户悉南入梁州。庚申，送綜絹萬匹，〔三〕荆雍州運米，委州刺史，隨宜賦給。《武帝本紀下》

校記

〔一〕要令公私用濟，《宋書》諸本「用濟」作「周濟」。

〔二〕三年二月己未，《宋書》諸本「二月」作「三月」。

〔三〕送綜絹萬匹，「綜」《元龜》一九五引作「紵」，當是。

元嘉七年冬十月戊午，立錢署，鑄四銖錢。《文帝本紀》

八年夏六月庚子，詔曰：「自頃農桑惰業，遊食者衆，荒萊不闢，督課無聞。一時水旱，便有罄匱，不深存務本，豐給靡因。郡守賦政方畿，縣宰親民之主，宜思獎訓，導以良規。咸使肆力，地無遺利，耕蠶樹藝，各盡其力。若有力田殊衆，歲竟條名列上。」《文帝本紀》

十二年夏六月，丹陽、淮南、吳興、義興大水，京邑乘船。己酉，以徐、豫、南兗三州、會稽、宣城二郡米數百萬斛，賜五郡遭水民。是月，斷酒。八月乙亥，原遭水郡諸逋負。《文帝本紀》

十七年冬十一月丁亥，詔曰：「前所給揚、南徐二州百姓田糧種子，兗、兩豫、青、徐諸州比年所寬租穀應督入者，悉除半。今半有不收處，〔一〕都原之。凡諸逋債，優量申減。又州郡估稅，所在市調，多有煩刻。山澤之利，猶或禁斷；役召之品，遂及稚弱。諸如此比，傷治害民，自今咸依法令，務盡優允。如有不便，即依事別言，不得苟趣一時，以乖隱卹之旨。主者明加宣下，稱朕意焉。」《文帝本紀》

二十年冬十二月壬午，詔曰：「國以民爲本，民以食爲天。故一夫輟稼，饑者必及。倉廩既實，禮節以興。自頃在所貧罄，家無宿積。賦役暫偏，則人懷愁墊；歲或不稔，而病乏比室。誠由政德弗孚，以臻斯弊；抑亦耕桑未廣，地利多遺。宰守微化導之方，萌庶忘勤分之義。永言弘濟，明發載懷。雖制令亟下，終莫懲勸，而坐望滋殖，庸可致乎。有司其班宣舊條，務盡敦課。遊食之徒，悉令附業，考覈勤惰，行其誅賞，觀察能殿，嚴加黜陟。古者躬耕帝籍，敬恭粢盛，仰瞻前王，思遵令典。便可量處千畝，考卜元辰。朕當親率百辟，致禮郊甸，庶幾誠素，將被斯民。」《文帝本紀》

是歲諸州郡水旱傷稼，民大饑。遣使開倉賑卹，給賜糧種。《文帝本紀》

二十一年春正月己亥，南徐、南豫州、揚州之浙江西，並禁酒。大赦天下，諸逋債在十九年以前，一切原除。去歲失收者，疇量申減。尤弊之處，遣使就郡縣隨宜賑卹。凡欲附農，而種糧匱乏者，並加給貸。營千畝諸統司役人，賜布各有差。《文帝本紀》

夏六月，連雨水。丁亥，詔曰：「霖雨彌日，水潦爲患，百姓積儉，易致乏匱。二縣官長及營署部司，各隨統檢實，給其柴米，必使周悉。」《文帝本紀》

秋七月乙巳，詔曰：「比年穀稼傷損，淫亢成災，亦由播殖之宜，尚有未盡。南徐、兖、豫及揚州、浙江西屬郡，自今悉督種麥，以助闕乏。速運彭城、下邳郡見種，委刺史貸給。徐豫土多稻田，而民間專務陸作，可符二鎮，履行舊陂，相率修立，并課墾闢，使及來年。凡諸州郡，皆令

盡勤地利，勸導播殖，蠶桑麻紵，各盡其方，不得但奉行公文而已。」《文帝本紀》

二十二年秋九月乙未，〔二〕開酒禁。《文帝本紀》

冬十月，起湖熟廢田千頃。《文帝本紀》

二十三年，大有年。《文帝本紀》

夏六月，〔三〕以貨貴，制大錢一當兩。《文帝本紀》

秋七月乙卯，以林邑所獲金銀寶物，班賚各有差。《文帝本紀》

二十五年春正月戊辰，詔曰：「比者冰雪經旬，薪粒貴踊，貧弊之室，多有窘罄。可檢行京邑二縣及營署賜以柴米。」《文帝本紀》

夏五月己卯，罷大錢當兩。《文帝本紀》

二十七年春二月，〔四〕以軍興減百官俸三分之一。三月乙丑，淮南太守諸葛闡求減俸禄同内百官，於是，州及郡縣丞尉並悉同減。戊寅，罷國子學。《文帝本紀》

二十九年春正月甲午，詔曰：「經寇六州，居業未能，〔五〕仍值災澇，饑困荐臻。可速符諸鎮，優量救卹。今農事行興，務盡地利。若須四種，隨宜給之。」《文帝本紀》

夏五月，京邑雨水。六月己酉，遣部司巡行，賜樵米，給船。《文帝本紀》

秋七月丁酉，省大司農。《文帝本紀》

校記

〔一〕今半有不收處，「今半」《元龜》四八九作「今年」。

〔二〕九月乙未，局本作「九月己未」。按是月丁巳朔，初三日己未，無乙未。

〔三〕夏六月，《宋書》諸本作「二十四年，夏六月」。

〔四〕二十七年春二月，《宋書》諸本作「二十七年春二月辛亥」。

〔五〕居業未能，《元龜》一九五引作「居業未立」。

秋七月辛酉，〔一〕詔曰：「百姓勞弊，傜賦尚繁，言念未乂，宜崇約損。凡用非軍國，宜悉停功。可省細作并尚方，雕文靡巧，金銀塗飾，事不關實，嚴爲之禁。供御服膳，減除遊侈。水陸捕採，各順時月。官私交市，務令優衷。其江海田池公家規固者，詳所開弛。貴戚競利，悉皆禁絶。」《孝武帝本紀》

孝建元年春正月壬戌，更鑄四銖錢。《孝武帝本紀》

二年秋八月，三吳民饑，癸酉，詔所在賑貸。丙子，詔曰：「諸苑禁制綿遠，有妨肆業，〔二〕可詳所開弛，假與貧民。」《孝武帝本紀》

三年春二月壬午，内外官有田在近道，聽遣所給吏僮附業。《孝武帝本紀》

大明元年二月己亥，復親民職公田。《孝武帝本紀》

二年春正月壬子，詔曰：「去歲東土多經水災，春務已及，宜加優課。糧種所須，以時貸給。」丙辰，復郡縣田秩，并九親禄俸。《孝武帝本紀》

四年春正月辛未，車駕祠南郊。乙亥，車駕躬耕藉田，大赦天下。尚方徒繫及逋租宿債，大明元年以前，一皆原除。力田之民，隨才叙用。孝悌義順，賜爵一級。孤老貧疾，人穀十斛。藉田職司，優沾普賚。百姓乏糧種，隨宜貸給，吏宣勸有章者，詳加褒進。《孝武帝本紀》

三月甲申，皇后親桑于西郊。《孝武帝本紀》

夏四月丙午，詔曰：「昔鉄衣御宇，貶甘示節；土簋臨天，飭儉昭度。朕綈帛之念，無忘于懷。雖深詔有司，省游務實，而歲用兼積，年量虚廣。豈以捐豐從損，允稱約心。四時供限，可詳減太半。庶裘絺順典，有偃民華；纂組傷工，無競壥市。」《孝武帝本紀》

冬十月壬辰，制郡縣減禄，并先充公限。十一月丙戌，復置大司農官。《孝武帝本紀》

五年夏五月癸亥，制帝室期親，朝官非禄官者，月給錢十萬。《孝武帝本紀》

秋七月丙辰，詔曰：「雨水猥降，街衢泛溢，可遣使巡行。窮弊之家，賜以薪粟。」《孝武帝本紀》

八月庚寅，制方鎮所假白板郡縣，年限依臺除，食禄三分之一，不給送。〔三〕

冬十二月甲戌，制天下民户歲輸布四匹。《孝武帝本紀》

六年春二月乙卯，復百官禄。《孝武帝本紀》

七年秋七月丙申，詔曰：「前詔江海田池，與民共利。歷歲未久，浸以弛替。名山大川，往往占固。有司嚴加檢糾，申明舊制。」《孝武帝本紀》

九月己卯，詔曰：「近炎精亢序，苗稼多傷。今二麥未晚，甘澤頻降，可下東境郡，勤課墾殖。尤弊之家，量貸麥種。」《孝武帝本紀》

冬十一月壬寅，〔四〕遣使開倉貸卹，聽受雜物當租。《孝武帝本紀》

十二月丙午，行幸歷陽。甲寅，大赦天下。歷陽郡女子百户牛酒；高年孤疾，賜帛十匹，蠲郡租十年。《孝武帝本紀》

八年春正月甲戌，詔曰：「東境去歲不稔，宜廣商貨。遠近販鬻米者，可停道中雜税。其以仗自防，悉勿禁。」《孝武帝本紀》

二月壬寅，詔曰：「去歲東境偏旱，田畝失收。使命來者，多至乏絶。或下窮流穴，〔五〕頓伏街巷，朕甚閔之。可出倉米付建康、秣陵二縣，隨宜贍恤。若温拯不時，〔六〕以至捐棄者，嚴加糾劾。」《孝武帝本紀》

夏閏五月庚申，〔一〕世祖崩，其日，太子即皇帝位，大赦天下。六月辛未，詔云云：「可具詢執事，詳訪民隱。凡曲令密文，繁而作治，〔二〕闕市僦稅，事施一時，而姦吏舞文，妄興威福，加以氣緯舛玄，〔三〕偏頗滋甚。宜其寬徭輕憲，以救民切。御府諸署，事不須廣，雕文篆刻，無施於今。悉宜并省，以酬氓願。藩王貿貨，壹皆禁斷。外便具條以聞。」去歲及是歲，東諸郡大旱，甚者米一升數百，京邑亦至百餘，餓死者十有六七。孝建以來，又立錢署鑄錢，百姓因此盜鑄，錢轉僞小，商貨不行。《前廢帝本紀》

校記

〔一〕秋七月辛酉，《宋書》諸本作「三十年秋七月辛酉」。

〔二〕有妨肆業，「肆」《元龜》一九五引作「肆」，中華本據改。

〔三〕不給送，《宋書》諸本作「不給送故」。

〔四〕壬寅，按，是月壬申朔，無壬寅，當有誤。

〔五〕下窮流穴，《宋書》諸本作「下窮流冗」。

〔六〕若溫拯不時，《元龜》一九五引作「若濟拯不時」。

永光元年二月丁丑，減州郡縣田租之半。〔四〕庚寅，鑄二銖錢。《前廢帝本紀》

景和元年秋九月戊午，開百姓鑄錢。《前廢帝本紀》

校記

〔一〕夏閏五月庚申，三朝本、北監本、毛本、殿本、局本、百衲本，「夏」作「八年」。

〔二〕繁而作治，《元龜》一九一引作「繁而傷治」。

〔三〕氣緯舛玄，中華本作「氣緯舛互」，當是。

〔四〕二月丁丑，減州郡縣田租之半，三朝本、北監本、毛本、殿本、局本、百衲本「丁丑」作「乙丑」。宋本、三朝本、北監本、毛本及《南史》「田租」作「田禄」，中華本從之。

泰始二年春三月壬子，斷新錢，專用古錢。《明帝本紀》

冬十一月丙申，制使東土經荒流散，並各還本，蠲衆調二年。《明帝本紀》

三年春正月庚子，以農役將興，太官停宰牛。《明帝本紀》

秋八月丁酉，詔曰：「古者衡虞置制，蝝蚳不收；川澤産育，登器進御。所以繁阜民財，養遂生德。頃商販逐末，競早争新，折未實之果，收豪家之利，籠非膳之翼，爲戲童之資。豈所以還風尚本，捐華務實。宜修道布仁，以革斯蠹。自今鱗介羽毛，肴核衆品，非時月可採，器味所須，可一皆禁斷，嚴爲科制。」《明帝本紀》

九月戊午，以皇后六宮以下雜衣千領、金釵千枚，班賜北征將士。《明帝本紀》

冬十月辛丑，復郡縣公田。《明帝本紀》

四年夏四月己卯，復減郡縣田租之半。〔一〕《明帝本紀》

五年夏六月癸酉，以軍興已來，百官斷俸，並給生食。《明帝本紀》

泰豫元年春正月甲寅朔，上有疾不朝會，以疾患未痊，故改元。賜孤老貧疾粟帛，各有差。《明帝本紀》

泰始泰豫之際，時經略淮泗，軍旅不息，荒弊積欠，府藏空竭，内外百官，並日料禄俸；而上奢費過度，務爲彫侈。每所造制，必爲正御三十副，御次、副又各三十，須一物輒造九十枚，天下騷然，民不堪命。《明帝本紀》

校記

〔一〕復減郡縣田租之半，中華本「田租」作「田禄」。

元徽元年秋九月壬午，詔曰：「國賦氓稅，蓋有恒品，往屬戎難，務先軍實，徵課之宜，或乖昔准。湘江二州，糧運偏積，調役既繁，庶徒彌擾。因循權政，容有未革，民單力弊，歲月愈甚。永言矜嘆，情兼宵寐。可遣使到所，明加詳察。其輸違舊令、役非公限者，並即蠲改，具條以聞。」《後廢帝本紀》

二年夏五月戊戌，原除江州逋債，其有課非常調役爲民蠹者，悉皆蠲停。《後廢帝本紀》

三年夏四月，遣尚書郎到諸州檢括民户，窮老尤貧者，蠲除課調；丁壯猶有生業，隨宜寬申；貲財足以充限者，督令洗畢。《後廢帝本紀》

四年夏五月乙未，尚書右丞虞玩之表陳時事曰：「天府虛散，垂三十年。江荆諸州，稅調本少，自頃以來，軍募多乏。其穀帛所入，折供文武。豫、兖、司、徐，開口待哺，西北戎將，裸身求衣。委輸京都，蓋爲寡薄。天府所資，唯有淮海。民荒財單，不及曩日。按《明帝紀》：泰始二年，薛安都要引索虜，遂失淮北四州及豫州、淮西地。是此時淮海之間，已非全壤，玩之所言，尚未盡耳。而國度引費〔一〕四倍元嘉。二衛臺坊人力，五不餘一；都水材官朽散，十不兩存。備豫都庫，材竹俱盡；東西堈，塼瓦雙匱。敕令給賜，悉仰交市。尚書省舍，日就傾頽，第宅府署，類多穿毁。視不遑救，知不暇及。尋所入定調，用恒不周，既無儲畜，理至空盡。積弊累耗，鍾於今日。昔歲奉勅，課以揚徐衆逋，凡入米穀六十萬斛，錢五千餘萬，布絹五萬匹，雜物在外，賴此相贍，故得推移。即今所懸轉多，興用漸廣，深懼供奉頓闕，軍器輟功，將士飢怨，百官奪禄。署府謝雕麗之器，土木停緹紫之容，國戚無以贍，勳求無以給。如愚管所慮，不月則歲矣。經國遠謀，臣所不敢言，朝夕祗勤，心存於匪懈。起伏震遽，事屬冒聞。伏願陛下留須臾之鑒，垂永代之計，發不世之詔，施必行之典。則氓祇齊歡，〔二〕高卑同泰。」帝優詔答之。《後廢帝本紀》

校記

〔一〕而國度引費，《元龜》四七一引作「而國度弘費」。

〔二〕則氓祇齊歡，《元龜》四七一引作「則氓隸齊歡」。

昇明元年秋七月丙申，詔曰：「露臺息構，義光漢德；雉裘焚制，事隆晉道。故以檢奢軌化，敦儉馭俗。頃甸服未靜，師旅連年，委蓄屢空，勞斂莫偃。而丹雘之飾，糜耗難訾，〔一〕寶賂之費，徵賦靡計。今車服儀制，實宜約損，使徽章有序，勿得侈溢。可罷省御府二署，凡工麗雕鐫，傷風毀治，一皆禁斷。庶永昭憲則，弘兹始政。」《順帝本紀》

戊午，〔二〕改平準署。丁卯，原除元年以前逋調，復郡縣禄田。《順帝本紀》

二年春二月戊子，蠲雍州緣沔居民前被水災者租布三年。《順帝本紀》

秋八月辛卯，太尉齊王表斷奇飾麗服，凡十有四條。《順帝本紀》

三年春正月乙卯，太傅齊王表諸負官物質役者，悉原除。《順帝本紀》

校記

〔一〕糜耗難訾，《宋書》諸本作「糜耗難訾」。

〔二〕戊午，《宋書》諸本作「八月戊午」。

時農務頓息，末役繁興，弘以爲宜建屯田，陳之曰：「近面所諮立屯田事，已具簡聖懷。南畝事興，時不可失，宜早督田畯，以要歲功。而府資單刻，〔一〕控引無所，雖復厲以重勸，肅以嚴威，適足令囹圄充積，而無救於事實也。伏見南局諸冶，募吏數百，雖資以廩贍，收入甚微。愚謂若回以配農，必功利百倍矣。然軍器所須，不可都廢，今欲留銅官大冶及都邑小冶各一所，重其功課，一准揚州，州之求取，亦當無乏，餘者罷之，以充東作之要。又欲二局田曹，各立典軍募吏，依冶募比例，并聽取山湖人，此皆無損於私，有益於公者也。其中亦應疇量，分判番假，及給廩多少，自可一以委之本曹。親局所統，必當練悉，且近東曹板水曹參軍納之領此任，其人頗有幹能，自足了其事耳。頃年以來，斯務弛廢，田蕪廩虛，實亦由此。弘過蒙飾擢，志輸短效，豈可相與寢默，有懷弗聞邪！至於當否，尊自當裁以遠鑒。若所啓謬允者，伏願便以時施行，庶歲有務農之勤，倉有盈廪之實，禮節之興，可以垂拱待也。」《王弘傳》按弘建此議，在東晉末年，時爲會稽王道子驃騎參軍主簿。於時，道子昏酣，國務廢弛，雖有此議，誰復任用。脱此議行，則韓浩棗祗，不得專美於魏朝，而食足兵强，便可延祚於晉代，逮至有宋，兹事不興，江左偏災，動資賑卹，國用所以屢空，皇基所以不固，至於六宫釵服，以供軍需，百官俸錢，爰資停課，吁可哀矣！又按《百官志上》：「衛尉一人，丞二人，晉江左掌冶鑄，〔二〕領冶令三十九，户五千三百五十。冶皆在江北，而江南唯有梅根及冶塘二冶，皆屬揚州，不屬衛尉。衛尉，江左不置，宋世祖孝建元年復置。舊一丞，世祖增置一丞。」然則弘建議時，江南諸冶故屬揚州，以其廪贍虚靡，故弘欲回改，以配屯田耳。

校記

〔一〕而府資單刻，《元龜》五〇三引作「而府資役單刻」。

〔二〕晉江左掌冶鑄，《宋書》諸本作「晉江右掌冶鑄」。

亮，世祖大明中爲武康令。時境内多盗鑄錢，亮掩討無不禽，所殺以千數。《劉懷慎傳》

初，道濟劉粹弟以五城人帛氐奴、梁顯爲參軍督護，費謙固執不與。遠方商人多至蜀土資貨，或有值數百萬者，謙等限布絲綿各不得過五十斤，馬無善惡，限蜀錢二萬。府又立冶，一斷私民鼓鑄，〔一〕而貴賣鐵器，商旅吁嗟，百姓咸欲爲亂。氐奴既懷恚忿，因聚黨爲盜賊。《劉粹傳》

校記

〔一〕一斷私民鼓鑄，《元龜》六九七引作「一斷民私鼓鑄」。

袁豹爲丹陽尹，〔一〕義熙七年，坐使徙上錢，降爲太尉諮議參軍。《袁湛傳》

校記

〔一〕袁豹爲丹陽尹，《宋書》諸本作「袁豹代爲丹陽尹」。

山陰縣土境褊狹，民多田少，靈符表徙無貲之家於餘姚、鄞、鄮三縣界，墾起湖田。上使公卿博議，太宰江夏王義恭議曰：「夫訓農修本，有國所同，土著之民，習玩日久，如京師無田，不聞從居他縣。胡墨莊按：「從」《通典》作「徙」。尋山陰豪族富室，頃畝不少，貧者肆力，非爲無處，耕起空荒，無救災歉。又緣湖居民，魚鴨爲業，及有居肆，理無樂徙。」尚書令柳元景、右僕射劉秀之、尚書王瓚之、顧覬之、顔師伯、嗣湘東王諱議曰：〔一〕「富户温房，無假遷業；窮身寒室，必應徙居。葺宇疏皐，産粒無待，資公則公未易充，課私則私卒難具。生計既完，畬功自息，宜募亡叛通卹及與樂田者，其往經創，須粗修立，然後徙居。」侍中沈懷文、王景文、黄門侍郎劉歆、郗顒議曰：「百姓雖不親農，不無資生之路，若驅以就田，則坐相違奪。且鄞等三縣，去治並遠，既安之民，忽徙他邑，新垣未立，舊居已毁，去留兩困，無以自資。謂宜適任民情，從其所樂，開宥逋亡，且令就業，若審成腴壤，然後議遷。」太常王玄謨議曰：「小民貧匱，遠就荒疇，去舊即新，糧種俱闕，習之既難，勸之未易。謂宜微加資給，使得肆勤，明力田之賞，申怠惰之罰。」光禄勳王昇之議曰：「遠廢之疇，方翦荆棘，率課窮乏，其事彌難，資徙粗立，〔二〕徐行無晚。」上違議，從其徙民，並成良業。《孔季恭傳》

校記

〔一〕嗣湘東王諱議曰，孫虨《宋書考論》云：「嗣字不瞭，疑衛尉之誤。時太宗正爲衛尉。」「諱」中華本作「彧」。

〔二〕資徙粗立，《通典·食貨典》、《元龜》四八六引作「資徙粗立」。

時歲有水旱，曇慶議立常平倉以救民急，太祖納其言，而事不行。《沈曇慶傳》按，此是元嘉十二年也。于時，以三州二郡米數百萬斛，賜五郡遭水民。而曇慶常平之議，惜乎未行。

史臣曰：江南之爲國盛矣，雖南包象浦，西括邛山，至於外奉貢賦，内充府實，止於荆揚二州。自漢氏以來，民户彫耗，荆楚四戰之地，五達之郊，井邑殘亡，萬不餘一也。自元熙十一年馬休之外奔，〔一〕至于元嘉末，三十有九載，兵車勿用，民不外勞，役寬務簡，氓庶繁息，至餘糧栖畝，户不夜扃，蓋東西之極盛也。既揚部分析，境極江南，考之漢域，惟丹陽、會稽而已。自晉氏遷流，迄於太元之世，百許年中，無風塵之警，區域之内，晏如也。及孫恩寇亂，殲亡事極，自此以至大明之季，年踰六紀，民户繁育，將曩時一矣。地廣野豐，民勤本業，一歲或稔，則數郡忘飢。會土帶海傍湖，良疇亦數十萬頃，膏腴上地，畝直一金，鄠杜之間，不能比也。荆城跨南楚之富，揚部有全吳之沃，魚鹽杞梓之利，充仞八方，絲綿布帛之饒，覆衣天下。而田家作苦，役難利薄，亘歲從務，無或一日非農，而經税横賦之資，養生送死之具，莫不咸出於此。穰歲糶賤，糶賤則稼苦；饑年糴貴，糴貴則商倍。常平之議，行於漢世。元嘉十三年，東土潦浸，民命棘矣。太祖省費減用，開倉廩以振之，病而不凶，蓋此力也。大明之末，積旱成災，雖敝同往困，而救非昔主，所以病未半古，死已倍之，并命比室，口減過半。若常平之計，興於中年，遂切扶患，或不至是。若籠以平價，則官苦民優，議屈當時，蓋由於此。《沈曇慶傳》按，常平良法，載自漢年，沿襲至今，遂叢弊藪，吏充私橐，官諉民虧，新舊交關，積成轇轕，故知無治法，有治人，責在良司牧耳。

校記

〔一〕自元熙十一年馬休之外奔，「元熙」應作「義熙」。按，晉恭帝元熙止二年，無十一年。司馬休之外奔，在義熙十一年，應據《武帝紀》改正。又《晉書·譙剛王遜傳》玄孫休之附傳「馬休」作「司馬休」。

桓玄時議欲廢錢用穀帛，琳之議曰：「《洪範》八政，以貨次食，豈不以交易之資，爲用之至要者乎。若使不以交易，百姓用力於爲錢，則是妨其爲生之業，禁之可也。今農自務穀，工自務器，四民各肆其業，何嘗致勤於錢。故聖王制無用之貨，以通有用之財，既無毀敗之費，又省運致之苦，〔二〕此錢所以嗣功龜貝，歷代不廢者也。穀帛爲寶，本充衣食，今分以爲貨，則致損甚多。又勞毀於商販之手，耗棄於割截之用，此之爲敝，著於自曩。故鍾繇曰：『巧僞之民，競蘊濕穀以要利，制薄絹以充資。』魏世制以嚴刑，弗能禁也。是以司馬芝以爲用錢非徒豐國，亦所

以省刑。錢之不用，由於兵亂積久，自至於廢，有由而然，漢末是也。今既用而廢之，則百姓頓
亡其財。今括囊天下穀，〔二〕以周天下之食，或倉庾充衍，或糧靡斗儲，以相資通，則貧者仰
富，致之之道，實假於錢。一朝斷之，便爲棄物，是有錢無糧之民，皆坐而饑困，此斷錢之立敝
也。且據今用錢之處不爲貧，用穀之處不爲富。又民習來久，革之必惑。語曰：『利不百，不易
業。』況又錢便於穀邪？魏明帝時，錢廢穀用，三十年矣，以不便於民，乃舉朝大議，精才達治
之士，莫不以宜復用錢，〔三〕民無異情，朝無異論。彼尚舍穀帛而用錢，足以明穀帛之弊，著於
已試。世謂魏氏不用錢久，積累巨萬，故欲行之，利公富國。斯殆不然。昔晉文後舅犯之謀，而
先成季之信，以爲雖有一時之勳，不如萬世之益。于時，名賢在列，君子盈朝，大謀天下之利
害，將定經國之要術。若穀實便錢，義不昧當時之近利，而廢永用之通業，斷可知矣。斯實由困
而思革，改而更張耳。近孝武之末，天下無事，時和年豐，百姓樂業，便自穀帛殷阜，幾乎家給
人足，驗之事實，錢又不妨民也。頃兵革屢興，荒饉薦及，飢寒未振，實此之由。公既援而拯
之，大革視聽，弘敦本之教，明廣農之科，敬授民時，各順其業，遊蕩知反，務末自休，固以南
畝競力，野無遺壤矣。於是以往，升平必至，何衣食之足卹。愚謂救弊之術，無取於廢錢。」《孔
琳之傳》

史臣曰：民生所資，曰食與貨。貨以通幣，食爲民天。是以九棘播於皇農，十朋興於上代。昔醇

民未離，情嗜疏寡，奉生贍己，事有易周。一夫躬稼，則餘食委室；匹婦務織，則兼衣被體。雖懋遷之道，通用濟乏，龜貝之益，爲功蓋輕。而事有訛變，姦弊代起，昏作役苦，故穡人去而從商，商工事逸，末業流而浸廣，泉貨所通，非復始造之意。於是競收罕至之珍，遠蓄未名之貨，明珠翠羽，無足而馳，彩罽文犀，飛不待翼，天下蕩蕩，咸以棄本爲事。豐衍則同多稌之資，饑凶又減田家之蓄。錢雖盈尺，既不療於堯年，貝或如輪，信無救於湯世？其爲蠹病亦已深矣。固宜一罷錢貨，專用穀帛，使民知役生之路，非此莫由。夫千匹爲貨，事難於懷璧，萬斛如市，未易於越鄉，斯可使末伎自禁，遊食知反。而年世推移，民與事習，或庫盈朽貫，而高廩未充，或家有藏鏹，而良疇罕闢。若事改一朝，廢而莫用，交易所寄，旦夕無待，雖致乎要術，而非可卒行。先宜削華止僞，還淳反古，抵璧幽峰，捐珠清壑。然後驅一世之民，反耕桑之路，使緜粟羨溢，同於水火。既而蕩滌圜法，銷鑄勿遺，立制垂統，永傳于後，比屋稱仁，豈伊唐世。桓玄知其始而不覽其終，孔琳之睹其末而不統其本，豈慮有開塞，將一往之談可然乎。《孔琳之傳》按，沈氏論如此。闡義雖美，持論復工，而揆之施行，動多躓閡。夫玉卮無當，雖美弗珍；瓦缶有孚，當時濟用。孔沈之論，何以異茲彼？夫畫井分疆，建邦啓土，並風行於上代，而事謝於遥年。假令秦漢之君，議徹田而修井，魏晉以降，規罷守而建侯，非狂則愚矣。今將廢錢貨，而行穀帛，校論其弊，亦應相當。若沈必能抵璧捐珠，則余亦將建侯修井，政恐言出招謗，事格難行耳。而史臣之論，崇本之談，猥云滌圜銷鑄，反古還淳，行見濕穀薄絹，復貽笑於魏朝，耒子荇葉，先絶根於宋世矣。奚止書生謀國，取譏蒼頭公而已哉！

校記

〔一〕又省運致之苦，三朝本、北監本、毛本、殿本、局本、百衲本並作「又省運置之苦」。

〔二〕今括囊天下穀，《通典·食貨典》、《元龜》四九九引作「今括囊天下之穀」。

〔三〕莫不以宜復用錢，《通典·食貨典》作「莫不以爲宜復用錢」。

時言事者多以錢貨減少，國用不足，欲悉市民銅，更造五銖錢。泰諫曰：「流聞將禁私銅，以充官銅，民雖失器，終於獲直，國用不足，其利實多。臣愚意異，不寧寢默。臣聞治國若烹小鮮，拯弊莫若務本。百姓不足，君孰與足。未有民貧而國富，本不足而末有餘者也。故囊漏貯中，識者不吝；反裘負薪，存毛實難。王者不言有無，諸侯不言多少，食禄之家，不與百姓争利。故拔葵所以明治，織蒲謂之不仁，是以貴賤有章，職分無爽。今之所憂，在農民尚寡，倉廪未充，轉運無已，資食者衆，家無私積，難以禦荒耳。夫貨存貿易，不在少多，昔日之貴，今者之賤，彼此共之，其揆一也。但令官民均通，則無患不足。若使必資貨廣，以收國用者，則龜貝之屬，自古所行。尋銅之爲器，在用也博矣。鍾律所通者遠，機衡所揆者大。夏鼎負圖，實冠衆瑞，晉鐸

錢，於貨則功不補勞，在用則君民俱困，校之以實，損多益少。」云云。《范泰傳》

先是患貨重，鑄四銖錢，民間頗盜鑄，多剪鑿古錢以取銅，上患之。元嘉二十四年，録尚書江夏王義恭建議，以一大錢當兩，以防剪鑿，議者多同。尚之議曰：「伏覽明命，欲改錢制，不勞採鑄，其利自倍，實救弊之弘算，增貨之良術。求之管淺，猶有未譬。夫泉貝之興，以估貨爲本，事存交易，豈假數多。數少則幣輕數多則物重，多少雖異，濟用不殊。況復以一當兩，徒崇虛價者邪。凡創制改法，宜從民情，未有違衆矯物而可久也。泉布廢興，驟議，〔一〕前代赤仄白金，俄而罷息，六貨憒亂，民泣於市。良由事不晝一，難用遵行，自非急病權時，宜守久長之業。煩政曲雜，致遠常泥，且貨偏則民病，故先王立井田以一之，使富不淫侈，貧不過匱。雖兹法久廢，不可頓施，要宜而近，粗相放擬。若今制遂行，富人貲貨自倍，貧者彌增其困，懼非所以欲均之意。又錢之形式，大小多品，直云大錢，則未知其格。若止於四銖五銖，則文皆古篆，既非下走所識，加或漫滅，尤難分明，公私交亂，爭訟必起，此最是其深疑者也。命旨兼慮，剪鑿日多，以至消盡，鄙意復謂殆無此嫌。民巧雖密，要有蹤迹，且用錢貨銅，事可尋檢，直由屬所怠縱，糾察不精，致使立制以來，發覺者寡。今雖有懸金之名，竟無酬與之實，若申明舊科，禽獲即報，畏法希賞，不日自定矣。愚者之議，智者擇焉，猥參訪逮，敢不輸盡。」吏部尚書庾炳之、侍中太子左衛率蕭思話、中護軍趙伯符、御史中丞何承天、太常郗敬叔並同尚之議。中領軍沈演之以爲：「龜貝行於上古，泉刀興自有周，皆所以阜財通利，實國富民者也。歷代雖遠，資用彌便，但採鑄久廢，兼喪亂累仍，糜散湮滅，〔二〕何可勝計。晉遷江南，疆境未廓，或土習其風，錢不普用，其數本少，爲患尚輕。今王略開廣，聲教遐暨，金鏹所布，爰逮荒服，昔所不及，悉已流行之矣。用彌廣而貨愈狹，加復競竊剪鑿，銷毀滋繁，刑禁雖重，姦避方密，胡墨莊按：「『避』《通典》作『弊』。」遂使歲月增貴，貧室日處，〔三〕瞀作肆力之氓，徒勤不足以贍，誠由貨貴物賤，常調未革，弗思釐改，爲弊轉深，斯實親教之良時，通變之嘉會。愚謂若以大錢當兩，則國傳難朽之寶，家贏一倍之利，不俟加憲，巧源自絶，施一令而衆美，兼無興造之費，莫盛於兹矣。」上從演之議，遂以一錢當兩，行之經時，公私非便，乃罷。《何尚之傳》按《臧燾傳》：凝之年少時爲太祖所引見，時上與尚之論鑄錢事，凝之便干其語。當在斯時。

校記

〔一〕騄議，《通典》一三四《何尚之傳》作「未容騄議」。

〔二〕糜散湮滅，《宋書》諸本作「糜散湮滅」。

〔三〕 貧室日處，《元龜》五〇〇引作「貧室日虛」。

先是，元嘉中鑄四銖錢，輪郭形制，與五銖同，用費損，無利，故百姓不盜鑄。及世祖即位，又鑄孝建四銖。三年，尚書右丞徐爰議曰：「貴貨利民，載之五政，開鑄流圜，法成九府，民富國實，教立化光。及時移俗易，則通變適用，是以周漢俶遷，隨世輕重。降及後代，財豐用足，因條前寶，〔一〕無復改創。年歷既遠，喪亂屢經，堙焚剪毀，日月銷減，貨薄民貧，公私俱困，不有革造，將之大乏，〔二〕胡墨莊按：「《通典》作『將大空乏』，此誤。」謂應式遵古典，收銅繕鑄，納贖刊刑，著在往策，今宜以銅贖刑，隨罰爲品。」詔可。鑄錢形式薄小，輪郭不成。於是民間盜鑄者雲起，雜以鉛錫，並不牢固。又剪鑿古錢，以取其銅，錢轉薄小，稍違官式。雖重制嚴刑，民吏官長坐死免者相係，而盜鑄彌甚，百物踊貴，民人患苦之。乃立品格，薄小無輪郭者，悉加禁斷。始興郡公沈慶之立議曰：「昔秦幣過重，高祖是患，普令民鑄，改造榆莢，而貨輕物重，又復乖時。太宗放鑄，賈誼致譏，誠以採山術存，銅多利重，耕戰之器，曩時所用，四民競造，爲害或多。而孝文弗納，民鑄遂行，故能朽貫盈府，天下殷富，況今耕戰不用，採鑄廢久，鎔冶所資，多因成器，功艱利薄，絶吴鄧之資，農民不習，無釋耒之患。方今中興開運，聖化惟新，雖復偃甲銷戈，而倉庫未實，公私所乏，唯錢而已。愚謂宜聽民鑄錢，郡縣開置錢署，樂鑄之家，皆居署内，平其準式，去其雜僞，官斂輪郭，藏之以爲永寶。去春所禁新品，一時施用，今鑄悉依此格。萬税三千，嚴檢盜鑄，并禁剪鑿。數年之間，公私豐贍，銅盡事息，姦僞自止。且禁鑄則銅轉成器，開鑄則器化爲財，剪華利用，於事爲益。」上下其事公卿，太宰江夏王義恭議曰：「伏見沈慶之議：聽民私鑄，樂鑄之室，皆入署居。平其準式，去其雜僞。愚謂百姓不樂與官相關，由來甚久，又多是人士，蓋不願入署。凡盜鑄爲利，利在僞雜，僞雜既禁，樂入必寡。云『斂取輪郭，藏爲永寶』，愚謂上之所貴，下必從之，百姓聞官斂輪郭，輪郭之價百倍，大小對易，誰肯爲之。强制使换，則狀似逼奪。又『去春所禁新品，一時施用』，愚謂此條在可開許。又云『今鑄宜依此格，萬税三千』，又云『嚴檢盜鑄，不得更造』，愚謂禁制之設，非惟亘，胡墨莊按：「『亘』字，疑是『一旦』二字誤合爲一耳。」昧利犯憲，群庶常情，不患制輕，患在冒犯。今人署必萬輸三千，私鑄無十三之税，逐利犯禁，居然不斷。又云『銅盡事息，姦僞自禁』，愚謂赤縣内銅，非可卒盡，比及銅盡，姦僞已積。又云『禁鑄則銅轉成器，開鑄則器化爲財』，然頃所患，患於形式不均，加以剪鑿□□。鉛錫衆玕耳越，〔三〕若止於盜鑄銅者，亦無須苦禁。」竣議曰：「泉貨利用，近古所同，輕重之議，定於漢世，魏晉以降，未之能改。誠已物貨既均，改之僞生故也。世代漸久，弊運頓至，因革之道，宜有其術。今云開署放鑄，誠所欣同，但慮採山事絶，器用日耗，銅既轉少，器亦彌貴。設器直一千，則鑄之減半，爲之無利，雖令不行。又云『去春所禁，一時施用』，是欲使天下豐財，若細物必行，而不從公鑄，利已既深，情僞無極，私鑄剪鑿，書不可禁，（胡墨莊按：「《通鑒》一百二十八卷引『書』作『盡』，此誤。」）五銖半兩之屬，不盈一年，必至於盡。財貨未贍，大錢已竭，數歲之間，悉爲塵土，豈可令取弊之道基於皇代。今百姓之貨，雖爲轉少，而市井之民，未有嗟怨，此新禁初行，品式未一，須臾自止，不足以垂聖慮。唯府藏空匱，實爲重憂。今縱行細錢，官無益賦之理，百姓雖贍，無解官乏。惟簡費去華，設在節儉，求贍之道，莫此爲貴。然錢有定限，而消失無方，剪鑄雖息，終致窮盡者，亡應官開取銅之署，絶器用之塗，定其品式，日月漸鑄，歲久之後，不爲世益耳。」時議者又以銅轉難得，欲鑄二銖錢。竣又議曰：「議者將爲官藏空虛，宜更改鑄，天下銅少，宜減錢式，以救交弊，賑國紓民。愚以爲不然，今鑄二銖，恣行新細，於官無解於乏，而人姦巧大興，天下之貨，將靡碎至盡。空立嚴禁，而利深難絶，不過一二年間，其弊不可復救，其甚不可一也。今鎔鑄，有頓得一二億理，（胡墨莊案：「《通典》引此作『鎔鑄獲利，不見有頓得一二倍之理』，文義較長。」）縱復得此，必待彌年。歲暮稅登，財幣暫革，日用之費，不贍數月，雖權徵助，何解乏邪，徒使姦民意騁，而貽厥愆謀。此又甚不可二也。民懲大錢之改，兼畏近日新禁，市井之間，必生喧擾，遠利未開，〔四〕切患猥及，富商得志，貧民困窘。此又甚不可三也。若使交益深重，尚不可行，況又未見其利，而衆弊如此，失算當時，取誚百代乎！」前廢帝即位，鑄二銖錢，形式轉細，官錢每出，民間即模效之，而大小厚薄，皆不及也。無輪郭，不磨鑢，如今之剪鑿者，謂之耒子。景和元年，沈慶之啓通私鑄，由是錢貨亂敗，按，「敗」監本作改。一千錢長不盈三寸，大小稱此，謂之鵝眼錢。劣於此者，謂之綖環錢。入水不沉，隨手破碎，市井不復料數，十萬錢不盈一掬，斗米一萬，商貨不行。太始初，雖禁鵝眼、綖環，其餘皆通用。復禁民鑄，官署亦廢工，尋復普斷，唯用古錢。

時歲旱民饑，竣上言禁錫一月，息米近萬斛。《顔竣傳》

校記

〔一〕因條前寶，《元龜》五〇〇引作「因循前貫」。

〔二〕將之大乏，中華本作「將至大乏」。

〔三〕□□鉛錫衆葄耳越，《元龜》五〇〇引作「又鉛錫衆雜」。

〔四〕遠利未開，《宋書》諸本作「遠利未聞」。

元嘉十六年，爲襄陽令。襄陽有六門堰，良田數千頃，堰久决壞，公私廢業。世祖遣秀之修復，雍部由是大豐。二十五年，除梁、南秦二州刺史，時漢川饑儉，境内騷然，秀之善於爲政，躬自儉約。先是，漢川悉以絹爲貨，秀之限令用錢，百姓至今受其利。《劉秀之傳》

琛爲吴興太守，坐郡民多剪錢及盜鑄，免官。《顧琛傳》按，此見當時禁錢甚嚴。

農桑者，實民之命，爲國之本，有一不足，則禮節不興。若重之，宜罷金錢，以穀帛爲賞罰。然愚民不達其權，議者好增其異。凡自淮以北，萬匹爲市；從江以南，千斛爲貨，亦不患其難也。今且聽市至千錢以還者用錢，餘皆用絹布及米，其不中度者坐之。如此，則墾田自廣，民資必繁，盜鑄者罷，人死必息。又田非膠水，〔一〕皆播麥菽，地堪滋養，悉藝紵麻，蔭巷緣藩，必樹桑柘，列庭接宇，唯植竹栗。若此令既行，而善其事者，庶民則序之以爵，有司亦從而加賞。若田在草間，木物不植，則撻之而伐其餘樹，在所以次坐之。又取税之法，宜計人爲輸，不應以資。云何使富者不盡，貧者不蠲？乃令桑長一尺，圍以爲價，田進一畝，度以爲錢，屋不得瓦，皆責以貲實。民以此，樹不敢種，土畏妄墾，棟焚榱露，不敢加泥。豈有剥善害民，禁衣惡食，若此苦者！方今若重斯農，則宜務削兹法。今自江以南，在所皆穰，有食之處，須官興役，宜募遠近能食五十口一年者，賞爵一級。不過千家，故近食十萬口矣。使其受食者，悉令就佃淮南，多其長帥，給其糧種。凡公私遊手，歲發佐農，令堤湖盡修，原陸並起。仍量家立社，計地設閭，檢其出入，督其遊惰。須待大熟，可移之復舊。淮以北悉使南過江，東旅客盡令西歸。按，此即屯田之法。凡舉天下以奉一君，何患不給。或帝有集皁之陋，后有帛布之鄙，亦無取焉。且一體炫金，不及伯兩，〔二〕一歲美衣，不過數襲，而必收寶連櫝，集服累笥，目豈常視，身未時親，是爲櫝帶寶，笥著衣，空散國家之財，徒奔天下之貨，而主以此惰禮，妃以此傲家，是何糜蠹之劇，惑鄙之甚。逮至婢豎，皆無定科，一婢之身，重婢以使，一豎之家，列豎以役。瓦金皮繡，〔三〕漿酒藿肉者，故不可稱紀。至有列軿以遊遨，飾兵以驅叱，不亦重甚哉！若禁行賜薄，不容致此。且細作始并，以爲儉節，而市造華怪，即傳於民。如此，則遷也，非罷也。凡天下得治者以實，而治天下者常虛，民之耳目，既不可誑，治之盈耗，并亦隨之。凡厥庶民，制度日侈，商販之室，飾等王侯，傭賣之身，製均妃后。凡一袖之大，足斷爲兩，一裙之長，按：「裙」監本作「裾」。可分爲二，見車馬不辨貴賤，視冠服不知尊卑。尚方今造一物，小民明以睥睨。宮中朝制一衣，庶家晚已裁學。侈麗之原，實先宮閫。又妃主所賜，不限高卑，自今以去，宜爲節目。金魄翠玉，錦繡轂羅，奇色異章，小民既不得服，在上亦不得賜。若工人復造奇伎淫器，則皆焚之，而重其罪。《周朗傳》

校記

〔一〕又田非膠水，《元龜》五二九引作「又田非瞜水」。按《説文》：「瞜，燒種也。《漢律》曰：『瞜田茠艸。』」

〔二〕不及伯兩，《元龜》五二九引、《通鑑》宋元嘉三十年作「不及百兩」。

〔三〕瓦金皮繡，《元龜》五二九引作「塗金披繡」。

齋庫上絹，年調鉅萬匹，綿亦稱此。期限嚴峻，民間買絹一匹，至二三千，綿一兩亦三四百，貧者賣妻兒，甚者或自縊死。懷文具陳民困，由是綿絹薄有所減，俄復舊。子尚諸皇子皆置邸舍，逐十一之利，爲患遍天下。懷文又言之曰：「列肆販賣，古人所非，故卜式明不雨之由，弘羊受致旱之責。若以用度不充，頓止爲難者，故宜量加減省。」不聽。《沈懷文傳》

琳之建言曰：「昔事故饑荒，米穀綿絹皆貴，其後米價登復，而絹于今一倍。綿絹既貴，蠶業者滋，雖懃厲兼倍，而貴猶不息。愚謂致此，良有其由，昔事故之前，軍器正用鎧而已，至於袍襖裲襠，必俟戰陳，實在庫藏，永無損毁。今儀從直衛及邀羅使命，有防衛送迎，悉用袍襖之屬，非唯一府，衆軍皆然。綿帛易敗，勢不支久，又晝以禦寒，夜以寢卧，曾未周年，便自敗裂。每絲綿新登，易折租以市，又諸府競收，動有千萬，胡墨莊按：「『動』當作『動』。」積貴不已，實由於斯，私服爲之難貴，〔一〕官庫爲之空盡。愚謂若侍衛所須，固不可廢，其餘則依舊用鎧。小小使命送迎之屬，止宜給仗，不須鎧襖。用之既簡，則其價自降。」《孔琳之傳》按，孔議與沈相發，故令相從。

校記

〔一〕私服爲之難貴，《元龜》四七一作「私服爲之艱匱」當是。

時軍旅大起，國用不足，募民上米二百斛，錢五萬，雜穀五百斛，同賜荒縣除。上米三百斛，錢八萬，雜穀千斛，同賜五品正令史；滿報，若欲署四品在家，亦聽。上米四百斛，錢十二萬，雜穀一千三百斛，同賜四品令史；滿報，若欲署三品在家，亦聽。上米五百斛，錢十五萬，雜穀一千五百斛，同賜三品令史；滿報，若欲署内監在家，亦聽。上米七百斛，錢二十萬，雜穀二千斛，同賜荒郡除；若欲署王國三令在家，亦聽。《鄧琬傳》

元嘉三年，遣大使巡行四方，并使郡縣各言損益，徐豁爲始興太守，因此表陳三事，其一曰：

「郡大田，武吏年滿十六，便課米六十斛，十五以下至十三，皆課米三十斛，一户内隨丁多少，悉皆輸米。且十三歲兒，未堪田作，或是單迥，無相兼通，年及應輸，便自逃逸，既遏接蠻俚，去就益易。或乃斷截支體，産子不養，户口歲減，實此之由。謂宜更量課限，使得存立。今若減其米課，雖有交損，考之將來，理有深益。」其二曰：「郡領銀民三百餘户，鑿坑採砂，皆二三丈，功役既苦，不顧崩壓，一歲之中，每有死者。官司檢切，猶致逋違，老少相隨，永絶農業，千有餘口，皆資他食，豈唯一夫不耕，或受其饑而已。所以歲有不稔，便致甚困。尋臺邸用米，不異於銀，謂宜准銀課米，即事爲便。」其三曰：「中宿縣俚民課銀，一子丁輸南稱半兩。尋此縣自不出銀，又俚民皆巢居鳥語，不閑貨易之宜，每至買銀，爲損已甚。又稱兩受入，易生姦巧，山俚愚怯，不辨自申，官所課甚輕，民以所輸爲劇。今若聽計丁課米，公私兼利。」《良吏傳》

是歲，元嘉二十七年軍旅大起，王公妃主及朝士牧守，各獻金帛等物，以助國用，下及富室小民，亦有獻私財至數十萬者。有司又奏軍用不充，揚、南徐、兖、江四州富有之民，家資滿五千萬，僧尼滿二千萬者，并四分換一，〔二〕按「换」，借貸也。當時方言。過此率討，胡墨莊按：「『討』《通典》作『計』。」事息即還。

虜碻磝戍主、濟州刺史王買德憑城拒戰，申元吉破之，買德棄城走，獲奴婢一百四十口，馬二百餘匹，驢騾二百，牛羊各千餘頭，氈七百領，粗細車三百五十乘，地倉四十二所，粟五十餘萬

斛，城内居民私儲又二十萬斛，虜田五穀三百頃，鐵三萬斤，大小鐵器九千餘口，餘器仗雜物稱此。《索虜傳》

校記

〔一〕揚南徐兗江四州富有之民家資滿五千萬僧尼滿二千萬者，「五千萬」、「二千萬」，《通典·食貨典》、《通鑑》作「五十萬」、「二十萬」。

時三吳水淹，穀貴民饑，刺史彭城王義康使立議，以救民急，亮，亮，沈林子子。議以：「東土災荒，民凋穀踊，富民蓄米，日成其價。宜班下所在，隱其虛實，令積蓄之家，聽留一年儲，餘皆勒使糶貨，爲制平價，此所謂常道行於百世，權宜用於一時也。又緣淮歲豐，邑富地穰，麥既已登，黍粟行就，可析其估賦，仍就交市，三吳饑民，即以貸給，使强壯轉運，以贍老幼。且酒有喉唇之利，而非飡餌所資，尤宜禁斷，以息遊費。」即並施行。《自序》

點校後記

《晉宋書故》、《宋瑣語》、《補宋書刑法志》、《補宋書食貨志》四書，系郝懿行養疴廢業之間的著述。醖釀于嘉慶十八年（公元一八一三年）春，完稿于嘉慶二十年冬，嘉慶二十一年夏，四書並刊于曬書堂。光緒八年又收入《郝氏遺書》中。《晉宋書故》與二《志》有《粤雅堂叢書》、《廣雅書局叢書》、《史學叢書》三本。二《志》又有《叢書集成初編》、《二十五史補編》二本。《瑣語》版本較少，除《遺書》本之外，僅有上海進步書局《筆記小説大觀》本、江蘇古籍刻印社《筆記小説大觀》校訂本二種。

今校《晉宋書故》等四書，係以《遺書》爲底本，以上述諸本參校，但因《書故》諸書既取材于晉宋二《書》，故以中華書局新刊二十四史標點本復校，又因間或之疑滯，翻檢了晉宋二書之宋元明遞修本、明南北監本、清乾隆武英殿本、金陵書局本、商務印書館影印三朝本、《南史》、《建康實録》、《資治通鑒》、《太平御覽》、《册府元龜》、張熷《讀史舉正》、牛運震《宋書糾謬》、張元濟、張森楷兩種《宋書校勘記》稿本等。

寶訓

管謹訒　點校

目録

自序

閒步隴頭，曉煙中聽犁聲。日午，饁婦荷榼憩柳陰，主、伯、彊、以輩聚喰於野。〔一〕午後，樹下枕鋤眠。及覺，三五父老團坐，課雨占晴，説歲事所宜，靡靡可聽。過桑陰，見蠶妾提筐，往來徑陌。歲既單，村南村北，繅車響徹。時至六月，溽暑蒸人，思得一清涼境界，因取簦笠戴之，散步畦中。值園丁傴僂揮鍤決渠，倦向蝸廬小卧，伺食菜鳥雀，起驅之。俄而架架軋軋，悠揚清滑，則桔槔聲在柳陰中矣。

諸所見聞，令人塵土腸一旦洗盡。此人野處山居，曠若麋鹿。我輩過其前如不見，見亦傲然不爲意，就與語，乃不知市井，無論朝廷也。《亢倉子》曰：「事農則樸，樸則易用。」豈不然歟？

古之爲書多矣：《周官》書穜稑之種，縣於邑閭；漢世力田與孝弟同科；唐以二月進農書。惜乎前時撰著，汔無存者。後代所傳，皆出文人懸擬揣測，千慮之中，不無一失。惟農家者流，街談里語，言皆著實，所謂甘苦閱歷者非耶？獨恨記傳諸書，收採寥寥。向使天子命一官適四方，輶軒采之，積既多，付太史爲之編次，農桑之書，不當與《風》《雅》比烈哉！

偶檢遺編，輯爲《寶訓》，農語爲經，諸書爲傳，其無經可附，乃依類散列於左。語曰：「不習爲吏，視已成事。」〔二〕以農證農，得非所謂成事可視者歟？或疑經傳倒置，謂不當以農語冠諸書，余請答以孔子之言曰：「吾不如老農。」〔三〕

乾隆庚戌端陽後書。

校記

〔一〕《詩·周頌·載芟》：「侯主侯伯，侯亞侯旅，侯彊侯以。有嗿其饁，思媚其婦。」侯，語助詞。主，家長。伯，長子。亞，長子以次的諸子。旅，衆，指更爲年幼的一輩。彊，强有力。以，用，或幹。嗿，音毯，衆聲。饁，音夜，往田裏送飯。

〔二〕《韓詩外傳》許維遹《集釋》本，中華書局一九八〇年六月版五卷一八七頁作「鄙語曰：『不知爲吏，視已成事。』」

〔三〕《論語·子路》篇：「樊遲請學稼，子曰：『吾不如老農。』請學爲圃，子曰：『吾不如老圃。』」

寶訓卷一

雜説

《擊壤歌》云：「日出而作，日入而息，鑿井而飲，耕田而食。帝力于我何有哉？」《帝王世紀》。

古語曰：「力能勝貧，謹能勝禍。」

《齊民要術》：後魏高陽太守賈思勰撰。傳曰：「人生在勤，勤則不匱。」古語曰：「力能勝貧，謹能勝禍。」蓋言勤力可以不貧，謹身可以避禍。庸人之性，率之則自力，縱之則惰窳耳。稼穡不修，桑果不茂，畜産不肥，鞭之可也。㡯落不完，垣牆不牢，埽除不盡，笞之可也。此督課之方也。且天子親耕，皇后親蠶，况夫田父而懷惰窳乎？

里語曰：「貧不學儉，富不學奢。」

漢諺云：「取官漫漫，怨死者半。」《風俗通》。

古語云：「人不婚宦，情欲失半；人不衣食，君臣道息。」《列子》。

《書·洪範》：「一曰食，二曰貨。」孔穎達曰：「人不食則死，食於人最急，故教爲先。有食又須衣，故貨爲二。食則勤農以求之，衣則蠶績以求之。」○《漢書·藝文志》：「農九家，百一十四篇。農家者流，蓋出農稷之官。播百穀，勸耕桑，以足衣食。」○黄霸爲潁川太守，〔一〕務耕桑，節用殖財，種樹畜養，去食穀馬，米鹽靡密。顔師古曰：「雜而且細。」〔二〕初若煩碎，然霸精力能推行之，治爲天下第一。○龔遂爲渤海太守，躬率以儉約，勸民務農桑，令口種一樹榆、百本薤、五十本葱、一畦韭，家二母彘、五雞。民有帶持刀劍者，使賣劍買牛，賣刀買犢。曰：「何爲帶牛佩犢！」春夏不得不趣田畝，秋冬課收斂，益蓄果實菱芡，吏民皆富實。○魏曹植曰：寒者不貪尺玉而思短褐，飢者不願千金而美一食。

古語曰：「力田不如遇豐年，力桑不如見國卿，刺繡文不如倚市門。」《列女傳》。

漁陽百姓歌曰：「桑無附枝，麥穗兩歧，張君爲政，樂不可支。」張堪拜漁陽太守，開稻田八千餘頃，勸民耕種，以致殷富，百姓歌之。

唐張全義爲河南尹，民間言：「張公不喜聲伎，見之未嘗笑，獨見佳麥良繭則笑耳。」

《鄭、白渠歌》曰：「田於何所？池陽、谷口。鄭國在前，白渠起後。舉鍤如雲，決渠爲雨。涇水一石，其泥數斗。且溉且糞，長我禾黍。衣食京師，億萬之口。」《漢書》：「漢大始中趙中大夫白公奏：穿鄭國渠，引涇水，溉田，民得其饒，歌之。」○崔寔《農家諺》：「上火不落，下火滴沰。」按：沰亦作

「涸」，透各切，音橐，雨貌。《玉篇》：「沰，落也，磓也。」《氾勝之書》：氾，扶嚴反。湯有旱災，伊尹作爲「區田」，教民糞種，負水澆稼。《務本新書》：區田法大概與今時種瓜相類。○《漢·食貨志》：「趙過爲搜粟都尉。過能爲代田，一畮三甽。「甽」同。歲代處，故曰代田。」師古曰：「代，易也。」

齊人語曰：「雖有智慧，不如乘勢。雖有鎡基，不如待時。」

諺曰：「以時其澤爲上策。」

《玉歷通政經》：「正月，雞雉孳尾。」○冬至之日，見雲送迎，從下鄉來，歲美，民人和，不疾疫；無雲送迎，德薄歲惡。故其雲赤者旱，黑者水，白者爲兵，黄者有土功。

諺曰：「春雨甲子，赤地千里；夏雨甲子，乘船入市；秋雨甲子，禾頭生耳；冬雨甲子，牛羊凍死。」《朝野僉載》。案：本書無此語，疑誤。○甲子逢單日爲雄，雙日爲雌。雌甲子雖雨不害。又旦日雨謂之月額。又俗以五月二十日雨爲分龍雨，有大分龍雨、小分龍雨。

野諺曰：「三暗一晴，雨必在晴；三晴一暗，雨必在暗。」今驗之良然。

俗云：「夏至酉逢三伏熱，重陽戊遇一冬晴。」《感精符》。

俗云：「高雷無雨。」蘇軾《暴雨詩》：「遊人脚底一聲雷。」案：雷有雌雄。師曠云，古有雄雷雌雷之説。

又五月二十日爲分龍日。《農政全書》云：「五月二十日大分龍，無雨而有雷，謂之鎖雷門，霓見則旱。」

閩俗諺云：「液雨不流擇，高田不要作。」液雨亦曰藥雨。百蟲飲此雨則蟄。案：《四時纂要》：「閩人以立夏後逢庚日爲入梅，芒種後逢壬日爲出梅，得雨乃宜耕耨。」

諺曰：「東虹晴，西虹雨。」《詩》言「朝隮于西」，朱子引《周禮》「十煇」注，以隮爲虹，是也。謂「不終朝而雨止」，則未然。「其雨」者，雨也。顧寧人《日知録》云。

童謡曰：「天將大雨，商羊鼓舞。」《家語》。

西北人諺曰：「要宜麥，見三白。」《僉載》：「正月三白，田公笑赫赫。」案：俗云：「元日有雪，則百穀豐。」宋孝武帝，元日降雪，以爲嘉瑞。○《唐書》：長壽二年元日大雪，姚璹曰：「雪是五穀精，以其汁和種則穰。」

吴俗語云：「蝦荒蟹兵。」

諺曰：「射的白，斛米百；射的玄，斛米千。」《水經注》○射的，山名。遠望狀若射侯，土人以驗年之登否。○《續博物志》：「太歲在酉，乞漿得酒；太歲在巳，販妻鬻子。」

諺曰：「百里不販樵，千里不販糴。」《貨殖傳》。

古語云：「無鄉之社，易爲黍肉；無國之稷，易爲求福。」

《荆楚歲時記》：晋宗懔撰。社日，四鄰並結綜會社，牲醪，爲屋於樹下，先祭神，然後饗其胙。鄭氏云：百家共一社。今百家所社，綜即共立之社也。○《周禮》「封人」註云：「不言稷者，稷，社之細也。」疏引《孝經緯》云：「社，五土總神。稷，原隰之神，五土之一耳。」原隰宜五穀，五穀不可遍敬，稷爲五穀之長，故立稷以表名。

農語云：「河射角，堪夜作。犁星没，水生骨。」《四民月令》。○東漢崔寔撰。

里語云：「蜻蛉鳴，衣裘成。蟋蟀鳴，嬾婦驚。」《月令》註。

《食貨志》：「冬，民既入，婦人同巷，相從夜績，女工一月得四十五日。服虔曰：「一月之中，又得夜半爲十五日，凡四十五日也。」必相從者，所以省費燎火，同巧拙而合習俗也。」

古諺曰：「越阡度陌，互爲主客。」《文選》註。

諺曰：「耕而不勞，不如作暴。」暴音曝，耗也。勞，郎到反。古曰耰，今曰勞。《説文》曰：「耰，摩田器。」

《夏小正》：「正月：農緯厥耒。註：「緯，束也。」初歲祭耒，始用暢。註：「暢也者，終歲之用祭也。言是月始用之也。」(四) 農率均田，註：「率，循也。均田者，始除田也。」農及雪澤。註：「言雪澤之無高下也。又姜上均註『澤』作『釋』，言雪皆釋而農及時以耕也。」案：此本《周頌》。初服于公田。」案：惟助爲有公田，據此貢已有之。○《國語》：「古者太史順時覛土，陽癉憤盈，土氣震發，農祥晨正，日月底于天廟，土乃脈發。」覛音麥。○「王耕一墢，班三之，庶民終于千畝。」○《管子》：「十二小卯，出耕。」十二小卯，疑是節氣名目，如穀雨、驚蟄之類。○《宋史

·樂志》：「青陽開動，土膏脈起，日練吉亥，爲農祈社。」○鄭氏《月令》注引農書：「土上冒橛，陳根可拔，耕者急發。」又引《孝經説》：「地順受澤，謙虚開張。含泉任萌，滋物歸中。」○《禮·月令》註，上辛祈穀。○《歲時記》：「春分日，民並種戒火草於屋上。有鳥如烏，先雞而鳴，架架格格，民候此鳥，則入田，以爲候。」○《漢書·揚雄傳》注，買鵝，鷤搗别名。春中鳴則農事興，又名布穀。蓋聞其聲則思買鵝臿田以布穀也。案：鵝音詭。插器。鷤音啼。搗音貴。○《隋書·音樂志》：「瞻榆束耒，望杏開田。」○蜀孟昶《勸農詔》：「望杏勸耕，瞻蒲勸穡。」○《四民月令》：「杏花生，種百穀。」又，冬至五旬七日，菖葉生，於是始耕。○《氾勝之書》：「杏花如何，可耕白沙。」○《四民月令》：「三月杏花盛，可播白沙輕土之田。」又：「三月桃花盛，農人候時而種。」○《齊民要術》：「春耕，尋手勞；秋耕，待白背勞。」春既多風，若不尋勞，地必虚燥；秋田塌實，濕勞令地硬。桓寬《鹽鐵論》曰：「茂木之下無豐草，大塊之間無美苗。」○塌，直輒反。田實也。凡秋耕欲深，春夏欲淺，犁欲廉，勞欲再。犁廉耕細，牛復不疲。再勞，地熟，旱亦保澤也。秋耕，稀掩同。青者爲上。初耕欲深，轉地欲淺。耕不深，地不熟，轉不淺，動生土也。菅茅之地，宜縱牛羊踐之，踐則根浮。七月耕之則死。非七月復生矣。凡美田之法，菉豆爲上，小豆、胡麻次之。悉皆五六月中穙羹懿反。漫種也。種。七月八月，犁稀殺之。爲春穀田，則畝收十石；一石大約今二斗七升。十石，今二石七斗有餘也。其美與蠶矢熟糞同。○《氾勝之書》：「凡耕之本，在於趨時，和土，務糞澤，早鋤早穫。春凍解，地氣始通，土一和解。夏至，天氣始暑，陰氣始盛，土復解。夏至後九十日，晝夜分，天地氣和，以此時耕田，一而當五，名曰膏澤，皆得時功。春，地氣通，可耕堅硬强地，黑壚土輒平摩其塊以生草，草生，復耕之。天有小雨，復耕。和之，勿令有塊，以待時，所謂『强土而弱之』。春候地氣始通，土塊散，陳根可拔。此時二十日以後，和氣去，即土剛。以此時耕，一而當四。和氣去，耕四不當一。杏始華榮，輒耕輕土弱土。望杏花落復耕，耕輒勞之。草生，有雨澤，耕重勞之。土甚輕者，以牛羊踐之，如此則土强，此謂『弱土而强之』也。」案：李善注王融《永明九年策秀才文》引「氾勝之書」作「望杏華落，復耕之，輒藺之。」此謂一耕而五穫，與《齊民要術》所引小異。○《齊民要術》踏糞法：秋收治田後，場上所有穀穰等，並須收貯一處。每日布牛脚下，三寸厚；古一尺大約今一尺三寸有餘。每平旦收聚，堆積之。還依前布之，經宿即堆聚。至十二月正月之間，即載糞糞地。○《種蒔直説》：「古農法，犁一擺六。今人只知犁深爲功，不知擺細爲全功。擺功到土細又實，〔五〕立根在細實土中，又碾過，根土相著，自耐旱，無懸死、蟲咬、乾死等諸病。」○《韓氏直説》：「秋耕宜早，春耕宜遲。」秋耕宜早者，乘天氣未寒，將陽和之氣，掩在地中，其苗易榮。過秋，天氣寒冷，有霜時，必待日高，方可耕地，恐掩寒氣在内，令地薄，不收子粒。春耕宜遲者，亦待春氣和暖。

山歌云：「作天莫作四月天，蠶要温和麥要寒，秧要日頭麻要雨，採桑娘子要晴乾。」尤侗《艮齋續説》九。

諺曰：「人莫知其子之惡，莫知其苗之碩。」

耕田歌曰：「深耕穊種，立苗欲疏；非其種者，鉏而去之。」《史記》。〔六〕

《詩》「俶載南畝」鄭箋：「俶讀爲熾，載讀爲菑。」疏謂：「耜之熾而入地，以菑殺其草。故方言入地曰熾，反草曰菑也。」○《漢·食貨志》：「后稷始甽田，以二耜爲耦，廣尺深尺曰甽，長終畮。一畮三甽，一夫三百甽，而播種於甽中。苗生葉以上，稍耨隴草，因隤其土以附苗根。」師古曰：「隤謂下之也。音頽。」「比盛暑，隴盡而根深，能風與旱。」師古曰：「能讀曰耐。」○《淮南子》：「古者剡耜而耕，摩蜃而耨，木鉤而樵，抱甀而汲，民勞而利薄。後世爲之耒耜耰鉏，斧柯而樵，桔槔而汲，民逸而利多焉。」○《管子》：「春有以傳耕，夏有以決芸，此租税所以九月而具也。」○「爲國者使農，寒耕而熱芸。」○「先雨芸耨，以待時雨。」○《亢倉子》：耨必以旱，使地肥而土緩。畝欲深以端，畝欲沃以平，下得陰，上得陽，然後盛生。立苗有行，故速長。强弱不相害，故速大。正其行，通其中，疏爲冷風，則有收而多功。苗，其弱也欲孤；其長也欲相與居；其熟也欲相與扶。三以爲族，稼乃多穀。凡苗之患，不俱生而俱死，是以先生者美米，後生者爲粃。是故其耨也，長其兄而去其弟。案：《吕氏春秋》採此一段文義，詳略互有異同。此從《亢倉子》原文節録。◯《齊民要術》：凡春種欲深，夏種欲淺。凡種穀，雨後爲佳；遇小雨，宜接溼種；遇大雨，待薉音穢生。小雨，不接溼，無以生禾苗；大雨，不待白背，溼輣，則令苗瘦。〔七〕薉若盛者，先鋤一遍，然後納種乃佳。苗生如馬耳，則鏃鋤。稀豁之處，鋤而補之。凡五穀，唯小鋤之爲良。小鋤者，非直省功，穀亦倍勝。大鋤者，草根繁茂，用功多而收益少。苗出壟，則深鋤。鋤不厭數；周而復始，勿以無草而暫停。鋤者，非止除草，乃熟地而實多，糠薄，米息。鋤得十遍，便得「八米」也。春鋤，起地；夏爲除草。故春鋤不用觸溼，六月已後，雖溼亦無嫌。春苗既淺，陰未覆地，溼鋤則地堅。夏苗陰厚，地不見日，故雖溼亦無害矣。◯《種蒔直説》：芸苗之法，其凡有四：第一次曰「撮苗」，第二次曰「布」，第三次曰「擁」，第四次曰「復」。俗曰「添米」。〔八〕一功不至，則稂莠之害，秕糠之雜入之矣。今之器，以鋤；營州之東，以鏟。爰有一器，出自海壖，號曰「耬鋤」。耬様一如下種耬，但獨腳無耬斗耳。又曰，今燕、趙間名曰劐子。◯《耒耜經》：唐陸龜蒙撰。耕而後有爬，去聲。渠疏之義也，散墢去芟者焉。爬而後有礰礋音歷宅。焉，有磟碡音鹿毒。焉。自爬至礰礋皆有齒，磟碡觚稜而已，咸以木爲之，堅而重者良。案：磟碡，今以石爲之。◯《楊子》註云：「攝殳，今連架，所以打穀者。」◯《歲時記》：「四月，有鳥名穫穀，其名自呼。農人候此鳥，則犁杷上岸。」《爾雅》：「鳲鳩，鴶鵴。」郭璞云：今布穀也，江東呼穫穀。又云：穫穀，夏扈也。◯《晉·食貨志》：「昔在金天，勤於民事，命春扈以耕稼，詔夏扈以耕鋤，秋扈所以收斂，冬扈於焉蓋藏。」◯《爾雅》疏云：《左傳》昭十七年：「九扈爲九農正。」賈逵云：「春扈鳻鶞，相五土之宜，趣民耕種者也。夏扈竊玄，趣民耘苗者也。秋扈竊藍，趣民收斂者也。冬扈竊黄，趣民蓋藏者也。棘扈竊丹，爲果驅鳥者也。行扈唶唶，晝爲民驅鳥者也。宵扈嘖嘖，夜爲農驅獸者也。桑扈竊脂，爲蠶驅雀者也。老扈鷃鷃，趣民收麥，令不得晏起者也。」疏「竊」即古「淺」字。鳻音汾。鶞，勑倫切。唶音即。嘖音責。鷃音晏。◯《天禄識餘》：高士奇撰。《周禮》「澤草所生，種之芒種」，注者不知其解。《王氏農書》云，即江南之架田也。架田一名「葑田」。縛木爲架，浮水面，附以葑泥。葑，菰根也，根繁而善結。施土其上，刈蔓，耕種，其田隨水上下，故南方有盜田是也。及見郭璞《江賦》曰：「播匪藝之芒種，挺自然之嘉蔬。」賦江而曰芒種、嘉蔬，信爲葑田無疑，《周禮》之解，確然明白矣。而李善、五臣注《江賦》，曾不及葑田之事，故詳著之，廣多聞而補《周禮》、《文選》之注焉。葑田亦名「海篺」。

校記

〔一〕「穎」字，依《漢書》卷八十九《循吏傳》，中華書局校點本校改。

〔二〕同上《漢書·循吏傳》「米鹽靡密」，顔師古注：「米鹽，言碎而且細。」

〔三〕「璹」字，依中華書局點校本《新唐書》卷一百二校改。

〔四〕「月」，原作「用」。依清王聘珍《大戴禮記解詁·夏小正第四十七》校改。

〔五〕以上三「擺」字，農業出版社版《農桑輯要校注·耕地》均作「欛」，並注爲「耙」字。

〔六〕概，原作「溉」，依《史記》卷五十二《齊悼惠王世家》校正。

〔七〕「轆」字，《齊民要術·種穀》作「輾」。

〔八〕「添米」，農業出版社版《農桑輯要校注·種穀》：「殿本作『添米』，米字意義不明確，依《格致叢書》本及盧校本作『添功』。《農政全書·七》引文亦作『功』。」

寶訓卷二

禾稼

穰田者祝云：「甌窶音樓。滿篝，汙邪滿車，五穀蕃熟，穰穰滿家。」《史記》。○註云：篝，籠也。甌窶，謂高地狹小之區，得滿篝籠也。汙邪，下地田也。○《荀子》注引《説苑》：「蟹螺宜禾，汙臾滿車。」○蟹螺，背微高，原田似之。

舜祠田云：「荷此長耜，耕彼南畝，四海俱有。」《文心雕龍·祝盟》篇引。

《周禮》：「三農生九穀。」鄭司農云：稷、秫、黍、稻、麻、大小豆、大小麥。○《周書》：「凡禾麥居東方，黍居南方，稻居中央，粟居西方，菽居北方。」○《范子計然》曰：「五穀者，萬民之命，國之重寶。東方多麥稻，西方多麻，北方多菽，中央多禾。五土之宜，各有高下。高而陽者多豆，平而陰者多五穀。」○《淮南子》：「淮水濁，宜麻；濟水和，宜麥；河水調，宜菽；洛水輕，宜禾；渭水多力，宜黍；江水肥，宜稻。」○《孝經援神契》曰：

「五岳藏神，四瀆含靈，五土出利，以給天下：黄白宜種禾，黑墳宜種麥，蒼赤宜種菽，洿泉宜種稻。」○楊泉《物理論》曰：穀氣勝元氣，其人肥而不壽。養性之術，常使穀氣少，則病不生矣。粱者，黍稷之總名。稻者，溉種之總名。菽者，衆豆之總名。三穀各二十種，爲六十；疏、果之實助穀各二十，凡爲百穀。○《春秋説題辭》：嘉禾之滋，莖長五尺，故連莖三十五穗以成盛德，禾之極也。○《漢·食貨志》：「種穀必雜五種，以備災害。田中不得有樹，用妨五穀。力耕數耘，收穫如盜寇之至。」董仲舒曰：「《春秋》他穀不書，至於麥禾不成則書之，以此見聖人於五穀最重麥禾也。」○《唐史》：李泌請以二月朔爲中和節，民間以青囊盛百穀種相問遺，號爲獻生子。○《管子》：歲有四秋：農夫賦耜鐵，此謂春之秋；大夏至，絲纊之所作，此謂夏之秋；大秋成，五穀之所會，此謂秋之秋；大冬營室中，女子紡績緝縷之所作也，此謂冬之秋。○《淮南子》：「夫子見禾之三變也，滔滔然曰：『狐鄉邱而死，我其首禾乎。』」註：三變，始于粟，生于苗，成于穗。○「秋分而蔈定，蔈定而禾熟。」註：「蔈，禾穗，粟孚甲之芒。定者，成也。」○《亢倉子》：得時之禾，長秱而大穗，圜粟而薄糠，米飴而香，舂之易而食之强。失時之禾，深芒而小莖，穗鋭多秕而青蘦。音陵。得時之黍，穗不芒以長，摶米而寡糠。失時之黍，大本華莖，葉膏短穗。得時之稻，莖葆長秱，音同，禾稿節間也。穗如馬尾。失時之稻，纖莖而不滋，厚糠而菑死。得時之麻，疏節而色陽，堅臬而小本。失時之麻，蕃柯短莖，岸節而葉蟲。得時之菽，長莖而短足，其莢二七以爲族，多枝數節，競葉繁實，稱之重，食之息。失時之菽，必長而蔓，浮葉虛本，疎節而小莢。得時之麥，長稠而頸族，二七以爲行，薄翼而䵄色。䵄，音湍，黄黑色。食之使人肥且有力。失時之麥，胕腫多病，弱苗而翜穗。翜音殺。是故得時之稼豐，失時之稼約。○《孝經鈎命決》曰：「歲星守心年穀豐。」註：「歲星守心爲重華，故年豐也。」○《石氏經》曰：「歲星出左，有年；出右，無年。」○《春秋運斗樞》：「璇星明則嘉禾液。」○《春秋佐助期》：「咸池主五穀。」○《星經》曰：「八穀八星在五車北，主黍、稷、稻、粱、麻、菽、麥、烏麻，星明則俱熟。」○《焦氏易林》：「新田宜粟，上農得穀。」又：「雨師娶婦，黄岩季子。成禮既婚，相呼南山，膏潤下上，年歲大有。」○《氾勝之書》曰：種無期，因地爲時：三月榆莢時，雨，膏地强，可種禾，植禾。夏至後，八、九十日，常夜半候之：天有霜，若白露下，以平明時，令兩人持長索，相對各持一端，以概禾中，去霜露。日出乃止。如此，禾稼五穀不傷矣。○牽馬，令就穀堆食數口，以馬踐過，爲種，無蚜蝱等蟲也。又：種傷溼鬱熱，則生蟲也。又：薄田不能糞者，以原蠶矢雜禾種種之，則禾不蟲。又：剉馬骨，煑之，以汁溲種，則禾稼不蝗、蟲。此法未悉載。無馬骨，亦可用雪汁。雪汁者，五穀之精也，使稼耐旱。常以冬藏雪汁，器盛，埋於地中。治種如此，則收常倍。取麥種：候熟，可穫，擇穗大强者，斬，束立場中之高燥處，曝使極燥。無令有白魚，有，輒揚治之。取乾艾雜藏之：麥一石，艾一把；藏以瓦器、竹器。順時種之，則收常倍。取禾種，擇高大者，斬一節下，把懸高燥處，苗則不敗。欲知歲所宜，以布囊盛粟等諸物種，平量之，埋陰地。冬至日窖埋，冬至後五十日，發取。量之：息最多者，歲所宜也。崔寔曰：平量五穀各一升，小罌盛，埋牆陰下，餘法同上。○《師曠占術》曰：黄帝問師曠曰：「吾欲知歲苦樂善惡，可知否？」對曰：「歲欲豐，甘草先生，甘草，薺也；歲欲苦，苦草先生，苦草，葶藶也；歲欲惡，惡草先生，惡草，水藻也；歲欲旱，旱草先生，旱草，蒺藜也；歲欲疫，病草先生，病草，艾草也。」○五木者，五穀之先；欲知五穀，但視五木。擇其木盛者，來年多種之，萬不一失也。○《雜陰陽書》曰：禾，生於棗或楊；大麥，生於杏；小麥，生於桃；稻，生於柳或楊；黍，生於榆；大豆，生於槐；小豆，生於李；麻，生於楊或荆。又：凡種禾，宜寅、午、申，忌乙、丑、壬、癸。秫忌寅。晚禾忌丙。大麥，宜亥、卯、辰，忌子、丑、戌、己。小麥，忌與大麥同。稻，宜戊、己、四季日，忌寅、卯、辰、甲、乙。黍宜巳、酉、戌，忌寅、卯、丙、午。穄，忌未、寅。大豆宜申、子、壬，忌卯、午、丙、丁、甲、乙。小豆，忌與大豆同。麻，忌四季日、戊、己。凡五穀大判宜上旬，次中旬。案：

《齊民要術》與此小異。○《史記》：陰陽之家，拘而多忌。止可知其梗概，不可委曲從之。諺曰：「以時其澤，爲上策」也。

古農語云：「彭祖壽年八百，不可忘了稙蠶稙麥。」又云：「社後種麥爭回耬。」音樓。又云：「社後種麥爭回牛。」言奪時甚急也。○以下大小麥。

《氾勝之書》曰：種麥得時，無不善。早種，則蟲而有節；晚種，則穗小而少實。當種麥，若天旱無雨澤，則薄漬麥種以酢醋同。漿并蠶矢；夜半漬，向晨速投之，令與白露俱下。酢漿，令麥耐旱。蠶矢，令麥忍寒。麥生，黄色，傷於太稠。稠者，鋤而稀之。○《齊民要術》：大、小麥皆須五月、六月暵地。不暵地而種者，其收倍薄。崔寔曰：五月、六月菑麥田。凡種大、小麥：得白露節，可種薄田；秋分，種中田；後十日，種美田。惟麵古猛反，大麥類。麥，早晚無常。正月，可種春麥，盡二月止。青稞苦禾反，麥名。麥：治打時稍難，惟映日用碌碡碾。與大麥同時熟。麵堪作麨音炒，一曰糗。以炒成其香臭也。及餺飥甚美。磨盡無麩。鋤一遍，佳；不鋤亦得。○《春秋説題辭》：「麥之爲言，殖也。」○《夏小正》：「三月：祈麥實。」○《歲時記》「夏至日，取菊爲灰，以止小麥蠹。干寶《變化論》云：「朽稻爲蛬，朽麥爲蛺蝶。」此其驗乎？○《春秋佐助期》：「麥神名福習。」○《酉陽雜俎》：「江南麥花夜放，北地麥日中吐花。小麥忌戌，大麥忌子。」〔二〕○二十四氣，惟小滿、芒種，解者不一。歷家云：皆爲麥也。小滿，麥至此，氣小滿而未熟也。芒種，謂種之有芒者，熟矣又可爲種也。種之有芒者，麥也。古人所以告農候之早晚。

古語云：「收麥如救火。」《韓氏直説》：「農家忙併，無似蠶麥。」若少遲慢，一值陰雨，即爲災傷；遷延過時，秋苗亦誤鋤治。

《説文》：「麥，金也。金王而生，火王而死。」又曰：「稍，麥莖。」○《四時類要》：曬大小麥：今年收者，于六月埽庭除，候地毒熱，衆手出麥薄攤。取蒼耳碎剉，拌曬之。至未時，及熱收，可以二年不蛀。若有陳麥，亦須依此法更曬。須在立秋前，秋後則蟲生，恐無益矣。

俗云：「旱天脂麻澇天稻。」以下水稻、旱稻。

《爾雅》：「稌，稻。」疏：《字林》云：稬，黏稻也。秔，稻不黏者。《本草》秔米、稻米爲二物。○稬音愞，俗作糯、穤。○《方言》：「江南呼粳同秔。爲秈。」○《春秋説題辭》：「稻之爲言，藉也。」○《正字通》：「穲稏，摇動貌，通作『罷亞』。」杜甫詩：「罷亞百頃稻，西風吹半黄。」蘇軾詩：「翠浪舞翻紅罷亞。」○蔡邕《月令章句》：「十月穫稻九月熟者，謂之半夏稻。」○《博物志》：麋掘澤草而食，其埸成泥，名曰麋暖。種稻於此，其收百倍。○魏文帝書：「江表惟長沙名有好米，何得此新成粳稻耶？上風炊之，五里聞香。」○《周禮·稻人》註：

「鄭司農云：澤草之所生，其地可種芒種。芒種，稻麥也。」案：《漢書》注：「有芒之穀總稱也。」○《氾勝之書》曰：「種稻：春凍解，耕反其土。種稻區，不欲大，大則水深淺不適。冬至後一百一十日，可種稻。始種，稻欲溼，溼者，缺其塍，食陵反。畦畔也。令水道相直。夏至後，大熱，令水道錯。」○崔寔曰：「三月可種粳稻。稻：美田欲稀，薄田欲稠。」○《齊民要術》：「稻，無所緣；唯歲易爲良。選地，欲近上流。地無良薄，水清則稻美也。三月種者，爲上時；四月上旬爲中時；中旬爲下時。」○《淮南子》：「離先稻熟，而農夫耨之，不以小利傷大穫也。」註：「離與稻相似。」○《六書故》：稻性宜水；「亦有同類而陸種者，謂之陸稻。記曰：煎醢加於陸稻上。今謂之旱稜。」○《齊民要術》：「旱稻用下田；白土勝黑土。非言下田勝高原，但下停水者，〔二〕不得禾、豆、麥、稻，四種，〔三〕雖澇亦收。所謂彼此俱獲，不失地利故也。下田種者，用功多；高原種者，與禾同等也。其土黑堅强之地，種未生前遇旱者，欲得令牛羊及人踐履之。溼，則不用一迹入也。稻既生，猶欲令人踐壟背。」踐者茂而多實也。

諺曰：「椹黮黮，種黍時。」以下黍。

《夏小正》：「二月：往耰黍，禪。註：「禪，單也。」五月：初昏大火中。種黍菽糜。」註：大火者，心也。心中，種黍、菽、糜時也。○《氾勝之書》曰：「黍者，暑也；種者必待暑。黍心未生，雨灌其心，心傷，無實。黍心初生，畏天露。令兩人對持長索，概去其露，〔四〕日出乃止。凡種黍，覆土，鋤治皆如禾法。」○《齊民要術》：「凡黍穄稷同。田，新開荒爲上；大豆底爲次，穀底爲下。地必欲熟。再轉乃佳；若春夏耕者，下種後，再勞爲良。一畝，用子四升。三月上旬種者，爲上時；四月上旬爲中時；五月上旬爲下時。夏種黍穄，與植穀同時；非夏者，大率以椹赤爲候。燥溼候黄場。種訖，不曳撻。令時屯子也。常記十月、十一月、十二月「凍樹」日，種之，萬不失一。」凍樹者，凝霜封著木條也。十月凍樹，宜早黍；十一月凍樹，宜中黍；十二月凍樹，宜晚黍。若從十月至正月皆凍樹者，早晚黍悉宜也。

諺曰：「欲得穀，馬耳鏃。」《齊民要術》：苗生如馬耳，則鏃鋤。○鏃，初角反。

《爾雅》：「粢，稷。」註：「今江東人呼粟爲粢。」疏云：「粢也，稷也，粟也，一物也。」○案：《本草》，稷米在下品，別有粟米在中品。粟米，今俗所謂穀歟？粢者，黍稷之總名。據《本草》，稷、粟乃二物，非一物也。諸書多不別，聊附及之。○《春秋説題辭》：粟助陽扶性。粟之爲言，續也。粟五變。○粟積大一分，穗長三尺。○西者，金所立。米者，陽精，故西字合米而爲粟。

諺曰：「穄青喉，黍折頭。」解見《齊民要術》。○《談藪》：「王元景大醉曰：『黍熟頭低，麥熟頭昂。』」

○以下穄、稗、穇、粱、秫附。

《説文》：「稷，齋也。〔五〕五穀之長。」按：《月令章句》：「稷，秋種夏熟，歷四時，備陰陽，穀之貴者。」○《尚書帝命期》：「春，鳥星昏中以種稷。」○徐鍇曰：「案：《本草》，稷即穄，一名粢，楚人謂之稷，關中謂之糜，其米爲黄米。」糜音糜。○《齊民要術》：「刈穄欲早，刈黍欲晚。」穄，晚，多零落；黍，早，米不成。皆即溼踐。久漬則浥鬱，燥踐多兜牟。穄，踐訖即蒸而裛之。不蒸者難舂，米碎；至舂又土臭。蒸則易舂，米堅；香氣經久不歇也。黍，宜曬之令燥。溼聚則鬱。凡黍，黏者收薄；穄味美者，亦收薄，難舂。○《説文》：「稗，禾别也。」稊稗也。《正字通》有水稗、旱稗二種。謝靈運詩：「蒲稗相因依。」○《氾勝之書》：「稗：既堪水旱，種無不熟之時。又特滋茂，宜種之備凶年。稗中有米；熟時，擣取米炊食之，不減粱米。又可釀作酒。」酒甚美釅，尤踰黍秫。魏武使「典農」種之，頃收二千斛，斛得米三四斗。大儉，可磨食之；若值豐年，可飯牛、馬、豬、羊。○《正字通》：穇子，生水田下溼地。山東、河南五月種。稃最薄，俗呼鴨爪稗，一名龍爪粟。見周憲王《救荒本草》。○《爾雅》：「衆，秫。」註：「謂黏粟也。」疏：「莖稈似禾而粗大者也。」○衆音終。○《齊民要術》：「粱秫並欲薄地而稀。種與植穀同時。晚者全不收也。燥溼之宜，杷勞之法，一同穀苗。收刈欲晚。」性不零落，早刈損實。

俗諺云：「種李不成桃，種禾不生豆。」黄庭堅詩注。○以下大小豆、諸豆並雜禾附。

《夏小正》：「五月：菽糜。」註：「是食短閔而記之。」○短閔，一作「矩關」。或云：當作「豆鬻」。

○《廣雅》：「大豆，菽也。小豆，荅也。豍音匾。豆，豌豆，留豆也。胡豆，䜬降平聲。雙也。」豆角謂之筴，其葉謂之藿。○《春秋佐助期》：「豆神名靈殖，姓藥。」○《博物志》：「人啖豆三年，則身重，行止難。常食小豆，令人肥，肌粗燥。啖麥稼，令人力健行。」○《氾勝之書》曰：「大豆保歲易爲，宜古之所以備凶年也。謹計家口數，種大豆；率人五畝。此田之本也。三月榆莢時，有雨，高田可種大豆。土和、無塊，畝五升；土不和，則益之。種大豆，夏至後二十日尚可種。戴甲而生，不用深耕。大豆須均而稀。豆花，憎見日，見日則黄爛而根焦也。穫豆之法：莢黑而莖蒼，輒收無疑。其實將落，反失之。故曰：『豆熟于場』。青莢在上，黑莢在下。」○崔寔曰：「正月，可種豍豆；二月，可種大豆。又曰：三月，杏花盛，桑椹赤，可種大豆。四月，時雨降，可種大小豆。美田欲稀，薄田欲稠。」○《齊民要術》：「春大豆，次植穀之後；二月中旬爲上時；三月上旬爲中時；四月上旬爲下時。歲宜晚者，五六月亦得；然稍晚稍加種子。地不求熟。地過熟者，苗茂而實少。收刈欲晚。此不零落，刈早損實。鋤不過再。葉落盡，然後刈。葉不盡，則難治。刈訖則速耕。」大豆性温，秋不耕，則無澤也。○《氾勝之書》曰：「小豆不保歲，難得。椹黑時，注雨種。豆生布葉，鋤之；生五六葉，又鋤之。大豆、小豆不可盡治也。古所以不盡治者：豆生布葉，豆有膏；盡治之，則傷膏；傷則不成。而民盡治，故其收耗折也。蓁豆、白豆：種法與小豆同。」○《齊民要術》：「小豆，大率用麥底。然恐小晚；有地者，常須兼留去歲，穀下以擬之。」○《務本新書》：「豌豆，二、三月種。諸豆之中，豌豆最爲耐陳，又收多，熟早。如近城郭，摘豆角賣，可先變物。又熟時少有人馬傷踐。以此校之，甚宜多種。又：蔄黍，宜下地，春月早種。省工，收多，耐用，人食之餘，攋碎多拌麩糠，以飼五牸。」○《齊民要術》：「凡蕎麥，蕎麥一名烏麥，一名荍麥。五月耕。經二十五日，草爛，得轉并種。耕三遍。立秋前後，皆十日内種之。假如地耕三遍，即三重著子。下兩重子黑，上一重子白，皆有白汁，滿如濃，即須收刈之。但對梢相搭鋪之；其白者，日漸盡變爲黑。如此乃爲得所。若待上頭總黑，半已下黑子盡落矣。」○《本草》：「蕎麥莖弱而翹然，易長易收，磨麵如麥。」○白居易詩：「蕎麥鋪花白。」

南方諺云：「長老種脂麻，未見得意。」長老，無妻者。胡麻，夫婦同種方茂盛。《爾雅翼》：「胡麻，一名臣勝。」《正字通》言其大而勝。○《抱朴子》：「胡麻，一名方莖，服餌不老，耐風溼，其葉名青蘘。」案：《廣雅》：「宏藤，胡麻也。」《本草衍義》：胡麻止是脂麻也。張騫自西域得者。世有白胡麻、八稜胡麻。白者油多，又可以爲飯。○《雞肋編》：「芝麻性有八拗。」雨暘時薄收，大旱方大熟，開花向下，結子向上，炒焦、壓榨才生油，膏車則滑，鑽針乃澀。○《齊民要術》：「胡麻宜白地種。二、三月爲上時；四月上旬爲中時；五月上旬爲下時。

月半前種者，實多而成；月半後種者，少子而多秕也。種，欲截雨脚；若不緣溼，融而不生。一畝用子二升。漫種者，先以耬耩，音講。然後散子，空曳勞。勞上加人，則土厚不生。耬耩者，炒沙令燥，中半和之。不和沙，下不均。鋤不過三遍。刈束欲小，以五六束爲一叢，斜倚之。候口開，乘車詣田抖擻，倒竪，以小杖微打之。還藂之。三日一打；四五遍乃盡耳。」○《爾雅》：「莩，麻母。」〔六〕注：「苴麻盛子者。」○「黂，枲實。」〔七〕案：黂，扶刃切，麻子也。○《養生要集》：「麻子一名麻蕡，一名麻勃。」○《本草》：「雄者名枲麻、牡麻，雌者爲苴麻、苧麻。」○《西都賦》：「桑麻鋪棻。」「棻」通「紛」。○《史記》：「齊魯千畝桑麻。」○崔寔曰：「苴麻子，黑、又實而重，擣治作燭。不作麻。」○《氾勝之書》：「樹高一尺，以蠶矢糞之；無蠶矢，以溷中熟糞亦善，樹一升。天旱，以流水澆之。無流水，曝井水殺其寒氣以澆之。雨澤時適勿澆。澆不欲數。霜下實成，速斫之。其樹大者，以鋸鋸之。」○《齊民要術》：「止取實者，種斑黑麻子。斑黑者，饒實。耕須再遍。一畝，用子二升。三月種者爲上時，四月爲中時，五月初爲下時。大率二尺留一根。概則不成。鋤常令淨。荒則少實。既放勃，拔去雄。若未放勃去雄者，則不成子實。凡五穀地畔近道者，多爲六畜所犯；宜種胡麻、麻子以遮之。」胡麻，六畜不食；麻子齧頭則科大。收此二實，足供美燭之費也。○案：《務本新書》：「五穀地畔，亦可種蘇子。」《爾雅》「蘇，桂荏」注云，蘇，荏類，故名桂荏。疏云，以其味辛似桂也。慎勿於大豆地中雜種麻子！扇地。兩損，而收並薄。六月中，可于麻子地間，散蕪菁子而鋤之；擬收其根。

諺曰：「夏至後，不没狗。」或答曰：「但雨多，没橐駝。」又諺曰：「五月及澤，父子不相借。」麥黄，種麻；麻黄，種麥，亦良候也。夏至後者，匪唯淺短，皮亦輕薄。

崔寔曰：「正月糞疇。」疇，麻田也。○《氾勝之書》：「種枲太早，則剛堅，厚皮多節；晚，則皮不堅。寗失于早，不失于晚。夏至後二十日漚枲，枲和如絲。」○《齊民要術》：「凡種麻，用白麻子。白麻子爲雄麻。口含少時，顔色如舊者，佳。如變黑者，衰。麻欲得良田；不用故墟。故墟有䵋葉夭折之患，不任作布也。○䵋，丁破反，草葉壞也。地薄者糞之。糞宜熟。無熟者，用小豆底亦得。耕不厭熟，縱横七遍已上，則麻無葉也。田欲歲易。抛子種則高。良田一畝，用子三升，薄田二升。穊則細而不長，稀則麄而皮惡。夏至前十日爲上時，至日爲中時，至後十日爲下時。麻生數日中，常驅雀。葉青乃止。布葉而鋤。頻翻再遍，止。高而鋤者，便傷麻。勃如灰便刈。刈，拔，各隨鄉法。未勃收，皮不成。放勃不收，即驪。䔧欲小，古典反。稕普胡反。欲薄；一宿輒翻之。得霜露，則皮黄。穫欲淨。有葉者，易爛。漚欲清水，生熟合宜。」濁水，則麻黑；水少，則麻脃。生則難剥，太爛則不任挽。暖泉不冰凍，冬日漚者，最爲柔韌也。○陶隱居云：苧，即今績麻也。《説文》：「草也。可以爲繩。」○《農桑輯要》：陸璣《草木疏》云：苧，一科數十莖；宿根在地中，至春自生，不須栽種，荆、揚間，歲三刈。官令諸園種之，剝取其皮，以竹刮其表，厚處自脱；得裹如筋者，煮之，用緝。今江、浙、閩中，尚復如此。孕婦胎損方所須。又主「白丹」：濃煮水浴之，日三四，差。韋宙「療癰疽發背」：初覺，未成膿者，以苧根葉熟搗傅上，日夜數易之，腫消則差矣。又栽木棉法：案：《本草》：「木棉有草、木二種。」粗曰古貝，精曰白氎。擇兩和不下溼肥地，深耕三遍，穀雨前後下種。先用水淘過子粒，取小灰搓得伶俐；看稀稠撒於澆過畦内。苗出齊時澆溉。鋤治常要潔淨。每步只留兩苗：稠則不結實。苗二尺以上，打去「衝天心」；旁條亦打去心。待棉欲落時，旋熟旋摘，隨攤於箔上曝乾。案：子可打油，葉堪飼牛。

校記

〔一〕唐段成式《酉陽雜俎》卷十六《廣動植之一》，清光緒三年湖北崇文書局版：「小麥忌戌，大麥忌丁。」無「江南麥花夜放，北地麥日中吐花」兩句。

〔二〕「但下」之「下」，《齊民要術·旱稻》作「田」。

〔三〕「四」字，《齊民要術·旱稻》作「田」。

〔四〕概，《齊民要術·黍穄》作「搜」。

〔五〕 齋，原作齋，依《説文》卷七上校改。

〔六〕 芧，原作荸，依《十三經注疏·爾雅注疏·釋草》校改。

〔七〕 蘮，各本均誤作「蘮」，依同上《釋草》校改。

寶訓卷三

蠶　桑

《困學紀聞》二十卷云：「《館閣書目》：『《蠶書》一卷，南唐秦處度撰。以九州蠶事，獨兖州爲最。』按《蠶書》見秦少游《淮海後集》。少游子湛，字處度，以爲南唐人，誤矣。」

里諺曰：「黄栗留看我麥黄椹熟否。」陸璣《詩疏》：黄鳥常於椹熟時在桑間鳴。黄鳥或謂之黄栗留。○案：《説文》：「離黄，倉庚也。鳴則蠶生。」

農語曰：「三月昏，參星夕，杏花盛，桑葉白。」《四民月令》○案：《夏小正》：「三月：參則伏。」故云夕。

諺曰：「魯桑百，豐錦帛。」解見下。言其桑好，功省，用多。

《夏小正》：「三月：攝桑。註：「桑攝而記之，急桑也。」妾子始蠶。」註：先妾而後子，言事自卑者始。○執養宫事。註：「執，操也。養，長也。」○《典術》：桑，箕星之精。○《陰陽書》

云：「三月三日欲陰不雨，則蠶善。」○蜀中春月，村市聚爲歡樂，爲蠶市。○《爾雅》：「女桑，桋桑。」註：「今俗呼桑樹小而條長者爲女桑樹。」「桑辨有葚，梔。」註：「辨，半也。」疏云：「桑樹一半有葚，半無葚，爲梔。」「辨音片。」○《氾勝之書》：「種桑法：五月取椹著水中，即以手漬之，以水洗取子，陰乾。治肥田四十畝，荒田久不耕者，尤善。好耕治之。每畝，以黍椹子各三升，合種之。黍桑當俱生。鋤之，桑令稀疏調適。黍熟，穫之。桑生正與黍高平，因以利鎌摩地刈之曝令燥，後有風，放火燒之。桑至春生，一畝食三箔蠶。」○《齊民要術》：「桑椹熟時，收黑魯椹。黄魯桑不耐久。即日以水淘取曬燥，仍畦種。治畦下種，一如葵法。常薅令淨。」○《博聞録》：「白桑少子，壓枝種之。若有子，可便種；須用地陰處。其葉厚大，得繭重實，絲每倍常。」桑種甚多，不可遍舉；世所名者，「荆」與「魯」也。荆桑多椹，魯桑少椹。葉薄而尖，其邊有瓣者，荆桑也。凡枝、幹、條、葉堅勁者，皆荆之類也。葉圓厚而多津者，魯桑也。凡枝、幹、條、葉豐腴者，皆魯之類也。荆桑之條葉，不如魯桑之盛茂；當以魯條接之，則能久遠而盛茂也。荆桑之類，宜飼大蠶；魯桑之類，宜飼小蠶。○《務本新書》：「四月種椹。」二月種舊椹。○《士農必用》：「種子，宜新不宜陳。」新椹種之爲上；隔年春種，多不生。隆畦搭棚爲上；𥻆麻次之，黍苗又次之。○《韓氏直説》：「地桑，須於近井園内栽之。有草則鋤，無雨則澆，其葉自然早生。」案：《務本新書》：「地桑，本出魯桑。以魯桑萌條，如法栽培，揀肥旺者，約留四五條。鋤治添糞，其葉自大，即是地桑。」〇《齊民要術》：「桑椹畦種。明年正月，移而栽之。仲春、季春亦得。率：五尺一根。大都種椹長遲，不如壓枝之速。無栽者，乃種椹也。其下，常斸掘，種菉豆、小豆。二豆，良美潤澤，益桑。栽後二年，慎勿採沐！小採者，長倍遲。〇案：農家移栽爲轉盤。桑同果樹，一移一旺。舊根斫斷，新根即向下生，故長旺久遠。又桑間鐵腥愈旺。又壓條法，須取「栽」者，正月二月中，以鈎杙壓下枝，令著地；條葉生，高數寸，仍以燥土壅之；土溼則爛。明年正月中，截取而用之。」住宅上及園畔者，固宜即定；其田中種者，亦如種椹法，先概種，二三年然後更移。〇《士農必用》：「春氣初透時，將地桑邊傍一條，梢頭截了三五寸，屈倒於地空處。地上，先兜一渠，可深五指餘。卧條於内，用鈎橛子攀釘住，條短，則二個；長，則三個。懸空不令著土。其後芽條向上生，如細杷齒狀。横條上，約五寸留一芽；其餘剥去。可飼小蠶。至四五月内，晴天，巳、午時間，横條兩邊，取熱溏土，擁横條上成壟；横條即爲卧根。至晚，澆其根科。當夜卧根生須。至秋，其芽條皆爲條身。至十月，或次年春分前後。際卧根根頭，截斷取出。隨間空處斫斷，一如拐子樣。每一根爲一「栽」。此法，萌芽栽子無窮。又插條法，牆圍成園，掘坑如地桑法。大葉魯桑條上青眼動時，科條長一尺之上，截斷，兩頭烙過。每一坑内，微斜插三二條。栽培如地桑法。待芽出，封堆虚土三五寸，每一根科止留一條。至秋，可長數尺。次年割條葉飼蠶。如當處無可採之條，預於他處，擇下大葉魯桑，臘月割條，藏於土穴。如藏花果接頭，透風則乾了。候至桑樹條上青眼微動時，開穴；所藏條上，眼亦動。但黄色。截、烙、栽培，用度如前。」案：前論栽地桑法，掘坑，方深各二尺。坑内下熟糞三升，和土勻，下水一桶，調成稀泥。將魯桑連根掘出，自根上留身六七寸，其餘截去；截斷處，火鐵上烙過。每一坑栽一根。將根坐於泥中，按至坑底，提三五次。按桑身，頂與地平；擁周圍熟土，令坑滿，次日築實。上半坑擁熟土，輕築令平滿。用虚土封，堆可厚五七寸，周圍自成環池。◯《齊民要術》：布行桑法，「桑栽大如臂許，正月中移之。亦不須髡。率：十步一樹；陰相接，則妨禾豆。行欲小掎角，不用正相當。」相當則妨犂。案《士農必用》：闊八步一行，行内相去四步一樹，相對栽之。注云：桑行内種田：闊八步，牛耕一「繳」地也。行内相去四步一樹，破地四步，已久可成大樹。相對，則可以横耕。故田不廢墾，桑不致荒。又：修蒔法，「凡耕桑田，不用近樹。傷桑破犂，所謂兩失。其犂不著處，劚地令起，斫去浮根，以蠶矢糞之。去浮根，不妨耬犂，令樹肥茂也。又法，歲常繞樹一步，散蕪菁子；收穫之後，放猪啖之。其地柔軟，有勝耕者。種禾、豆，欲得逼樹。」不失地利，田又調熟。繞樹散蕪菁者，不勞逼也。《務本新書》：「桑隔内，修蒔宜淨，使透風日，則桑決榮茂。萬一有『步屈』等蟲，又易捕打；冬春之際，免野火延燒。」案：《農桑要旨》云：害桑蟲蠹不一。「蠦蛛」、「步屈」、「麻蟲」、「桑狗」爲害者，當生發時，必須於桑根周圍，封土作堆。或用蘇子油於桑根周圍塗埽，振打既下，令不復上，即蹉撲之。或張布幅，下承以篩之。又有「蜣蜋蟲」，用大棒振，下用布幅承聚，於上風燒之。桑間蟲聞其氣即自去。以上蟲，蓋食葉者。又有蠹根食皮而飛者，名曰「天水牛」，除之之法，當盛夏食樹皮時，沿樹身必有流出脂液溼處，離地都無三五寸。即以斧削去，打死其子，其害自絶。若已在樹心者，宜以鑿剔除之。凡諸害桑蟲蠹，皆因「桑隔」荒蕪而生。〇備春旱者：秋深，預於桑下約量擁糞。經冬，地氣藏溼，桑亦榮旺。春月，墢作土盆，雨則可聚，旱則可鋤。鋤治桑隔，自然耐旱；又辟蟲傷。〇備霜災者：三月間，儻值天氣陡寒，北風大作，先於園北，覷當日風勢，多積糞草。待夜深，發火燠熅，假借煙氣，順風以解霜凍。花果倣此。

農家云：「桑發黍，黍發桑。」

《農桑要旨》：「桑間可種田禾，與桑有宜與不宜。如種穀，必揭得地脈亢乾。至秋，桑葉先黄。到明年，桑葉澀薄，十減二三，又致天水牛，生蠹根吮皮等蟲。若種蜀黍，其梢葉與桑等。如此叢雜，桑亦不茂。如種菉豆、黑豆、芝麻、瓜、芋，其桑鬱茂，明年葉增二三分。種黍亦可。農家有云：『桑發黍，黍發桑。』此大概也。」案：《務本新書》一法，於區東、南、兩種䅶，匀稀成行。緣䅶陰高密，又透風露，或搭矮棚亦可。

農語云：「鋤頭自有三寸澤，斧頭自有一倍桑。」柘附。

《齊民要術》：科斫法，「劚桑：十二月爲上時，正月次之，二月爲下。白汁出，則損業。大率：

桑多者，宜苦斫；桑少者，宜省劚。秋斫，欲苦而避日中。觸熱樹焦枯，苦斫春條茂。冬春省劚，竟日得作。又，採葉法，春採者必須長梯高杌，數人一樹。還條復枝，務令淨盡。要欲旦暮，而避熱時。梯不長，高枝折；人不多，上下勞；條不還，枝仍曲；採不淨，「鳩脚」多。旦暮採，令潤澤；不避熱，條葉乾。秋採欲省，裁去妨者。」秋多採，則損條。○《農桑輯要》：接廢樹法，「廢樹，老樹也。謂枝幹豐大，條短葉薄，不能復滋長者。」接法，可傳者有四：一、插接；二、劈接；三、壓接，又名貼接，又名神仙接；四、批接，又名搭接。廢樹可插接，又可劈接。又云：大樹宜劈接、插接，小樹宜搭接、壓接。○案：諸法世多知者，故未録。○《齊民要術》桑雜類：「椹熟時，多收，曝乾之；凶年粟少，可以當食。」《魏略》曰：「楊沛爲新鄭長。興平末，人多飢窮。沛課民益畜乾椹，收豋豆，積聚千餘斛。後太祖下其法於河北，數州之民，仰以全活。」○豋音勞。○《務本新書》：「桑椹，平時以棗、椹拌餡，煿餅食之，甜而有益。○椹子煎。採熟椹，盆內微研，以布紐汁，磁器盛頓。晝夜露地放之，四十九日。以湯點服，明耳目，益水藏，和血氣。或加蜜少許，石器同煎，亦可。病，諸瘡疾，作膏藥貼，神效。○桑螵蛸、桑根白皮，皆入藥用。○桑皮抄紙。春初剶斫繁枝，剥芽皮爲上；餘月次之。○桑木爲弓弩胎則耐挽拽。○桑莪，素食中妙物。又「五木耳」，桑、槐、榆、柳、楮是也；桑、槐者爲良。野田中者，恐有毒，不可食。」○《本草》：「桑根白皮，出見地上，名馬領，勿取，毒、殺人。○桑根旁行出土上者，名伏蛇，治心痛。」○《齊民要術》：「種柘法，耕地令熟，耬耩作壟。柘子熟時，多收，以水淘汰令淨，曝乾。散訖，勞之。草生，拔卻，勿令荒没。三年，間斸去，堪爲渾心扶老杖；十年，中四破爲杖。任爲馬鞭、胡牀。十五年，任爲弓材。欲作鞍橋者，生枝長三尺許，以繩繫旁枝，木橛釘著地中，令曲如橋；十年之後，便是渾成柘橋。此樹條直，異於常材；十年之後，無所不任。○柘葉飼蠶，絲好：作琴瑟等絃，勝於凡絲。」○《博聞録》：「柘葉多藂生，幹疎而直，葉豐而厚，春蠶食之。其絲，以冷水繰之，謂之『冷水絲』。柘蠶先出，先起，而先繭。柘葉隔年不採者，春再生必毒蠶；如不採，夏月皆要打落，方無毒。」

案：崔豹《古今註》：「桑實曰葚，柘實曰佳。」〔一〕○《本草》：其本染黄赤色，謂之柘黄，天子服。

祈蠶祝云：「登高糜，挾鼠腦，欲來不來，待我三蠶老。」《歲時記》：《續齊諧記》云：「吴縣張成夜起，見婦人立於宅東南角曰：我即此地蠶神，明年正月半，宜作白粥，泛膏其上，以祭我，當令君蠶桑百倍。成如言。自此後大得蠶。世人正月半作粥禱之，加肉覆其上，登屋食之。咒曰：登高糜，挾鼠腦，欲來不來，待我三蠶老。則是爲蠶逐鼠矣。」○案世人作餻粥，謂之黏女財，蠶三眠，故云三蠶。○以下蠶。

迎紫姑神祝曰：「子胥不在，曹夫人已行，小姑可出。」

《歲時記》：「正月十五夜，迎紫姑以卜將來蠶桑。」註引劉敬叔《異苑》云：「紫姑本人家妾，爲大婦所妒，正月十五日感激而死，故世人作其形迎之。」

《爾雅》：「蝝，桑繭。」註：「即今蠶。」〇「蝝音象。」「雔由，樗繭、棘繭、欒繭。蚢，蕭繭。」疏：「因所食葉異其名。」〇「雔音讐。」「蚢音杭。」〇案：繭之類又有椒繭、柞繭。《漢書》：野蠶成繭，被於山阜。即柞繭也。《類篇》：「蠦，野蠶。」〇《通典》：「周制，享先蠶。先蠶，天駟也。蠶與馬同氣。漢制，祭蠶神曰苑窳婦人、寓氏公主。案《爾雅翼》：苑窳婦人、寓氏公主，凡二神。北齊先蠶祠黄帝軒轅氏如先農禮，後周祭先蠶西陵氏。」案：《圖經》，蜀人祠蠶神馬頭娘。其事不經，故削之。〇《説文》：「蠶，任絲也。」〇《春秋考異郵》曰：「蠶，陽物，大惡水。故蠶食而不飲。」《山海經》：「諸天之野，有女子跪樹歐絲。」注：蠶類也。〇《淮南子》：「蠶珥絲而商絃絶。」註：珥絲，謂弄絲于口。商音清，絃細而急，故先絶。〇《博物志》：「蠶三化，先孕而後交。不交者亦産子。子後爲蜸，皆無眉目，易傷，收採亦薄。」〇《埤雅》：「再蠶謂之原蠶，一名魏蠶。今以晚葉養之。」《淮南子》曰：「原蠶一歲再登，非不利也；然王者法禁之，爲其殘葉也。」〇又：紅蠶，蠶足於葉三俯三起，二十七日而蠶已老則紅，故謂之紅蠶。〇《玉歷通政經》：「舍北種榆九株，蠶大得。」〇《齊民要術》：「永嘉有八輩蠶。凡蠶再熟者，前輩皆謂之『珍』。養『珍』者，少養之。」〇《續博物志》：「蠶四月績者，名蚘。」音允。〇《玉篇》：「蚴，蠶初生也。」蚴音簟。〇《揮麈餘話》：王明清撰。「風戾川浴，地温氣舒，然後龍精報貺，瑞繭紛如。」○《務本新書》：「十體，寒、熱、飢、飽、稀、密、眠、起、緊、慢。」謂飼時緊慢也。○《蠶經》：「五廣，一、人；二、桑；三、屋；四、箔；五、簇。謂苦席、蒿梢等。又：三稀，下蛾，上箔，入簇。又：三光，白光，向食；青光，厚飼，皮皺爲飢；黄光，以漸住食。」○《士農必用》：「蠶性。蠶之性，子在連則宜極寒；成蛾，則宜極暖；停眠起，宜温；大眠後，宜涼；臨老，宜漸暖；入簇，則宜極暖。」○《韓氏直説》：「方眠時，宜暗；眠起以後，宜明；蠶小并向眠，宜暖、宜暗；蠶大并起時，宜明、宜涼。向食，宜有風，避迎風窗，開下風窗。宜加葉緊飼；新起時怕風，宜薄葉慢飼。」○《務本新書》：「雜忌，蠶生至老，大忌煙熏。忌酒、醋、五辛、羶、腥、麝香等物。忌敲擊門、窗、槌、箔及有聲之物。忌産婦、孝子入家。夜間，無令燈火光忽射蠶屋窗孔。蠶初生時，忌屋内掃塵。蠶母不得頻换顔色衣服；洗手長要潔淨。」○《士農必用》：「忌當日，迎風窗。忌西照日，忌正熱、著猛風驟寒。忌正寒、陡令過熱。忌不淨潔人入蠶室。蠶屋忌近臭穢。」○《齊民要術》：「收種法，收取繭種，必取居簇中者。」近上則絲薄，近地則子不生也。○《務本新書》：「養蠶之法，繭種爲先。今時摘繭，一概並堆箔上。或因繰絲不及，有蛾出者，便就出種：罨、壓、熏、蒸，因熱而生，決無完好。其母病，則子病；誠由此也。今後繭種，開簇時，須擇近上向陽，或在苫草上者，此乃强良好繭。候蛾生足，移蛾下連。蠶連，厚紙爲上，薄紙不禁浸浴。〇《野語》云：連用小灰紙更妙。屋内一角空處，豎立柴草，散蛾于上。至十八日後，西南淨地，掘坑貯蛾。上用柴草搭合，以土封之，庶免禽蟲傷食。」爲其有功于人。〇《農桑要旨》：「繭必雌雄相半，簇中，在上者，多雄；下者，多雌。」〇陳志宏云：雄繭，尖、細、緊、小；雌者，圓、慢、厚、大。〇《農桑輯要》：「出種法，取簇中腰東南，明淨厚實繭。蛾，第一日出者，名「苗蛾」，不可用。屋中置柴草，上放不用蛾。次日以後出者，可用。每一日所出，爲一等輩。各于連上寫記，下蛾時各爲一等輩，不則，將來成蠶，眠起不能齊。末後出者，名「末蛾」，亦不可用，鋪連于槌箔上，雄雌相配。當日可提掇三五次；去其尿也。至未時後，款摘去雄蛾；將母蛾于連上匀布。所生子如環成堆者，其蛾與子皆不用；其餘者，生子數足，更當就連上，令覆養三五日。不覆養，則氣不足。然後，將母蛾亦置在雄蛾、苗蛾、末蛾處，十八日後，埋之。」〇《歲時廣記》：「浴連法，凡浴蠶種了，小繩子搭挂。上元日浴畢，挂一七日；却收于清涼處，著一甕盛。貴得清涼，令生遲也。」臘日取蠶種，籠挂桑中，任霜、露、雨、雪飄凍；至立春收，謂之「天浴」。蓋蠶蛾生子，有實有妄者，經寒凍後，不復狂生；唯實者生蠶，則強健有成也。〇《務本新書》：「農家，自蛾在連，直至臘月内，三八日，浴連三次。比及此時，蛾溺毒氣，先熏汙八九月；甚違胎養之方。今後，自蛾在連，即于無烟通風涼房内，桑皮索上單挂，不得見日。若遇天氣炎熱，于午未間，將連鋪在涼房淨地上，申時却挂起。至十八日後，遇天色晴明，日未出時，汲深井甜水，浴連。約一頓飯間，浸去便溺青氣，依上單挂。孕婦並未滿月産婦，不得浴連，勿用厚衣綿絮包裹；勿近銅、鐵、鹽、灰。不得用麻繩繫挂。如或不忌，後多乾死不生。《本草》：陳藏器云：「苧麻近蠶種，則蠶不生。」當遠之。三伏内再浴。七、八月，不宜收起。早收，蠶子不旺。至十月，天晴，收卷，桑皮索繫懸之。冬至日、臘八日，依前浴挂。長流水爲上，井花水次之。立春後，無煙屋内置淨甕，卷連，竪立，以紗蓋甕，每十數日，將連取出略見風日。蛾連大忌煙熏。又：收乾桑葉法，秋深，桑葉未黄，多廣收拾；曝乾，擣碎，于無烟處收頓。春蠶大眠後用。」○《士農必用》：「至臘月内，擣磨成麵。」臘月内製者，能消蠶熱病。甕器内，可多收。飼蠶餘剩作牛料，牛甚美食。○《務本新書》：「製豆粉、米粉法，臘八日，新水浸菉豆，每箔約半升。薄攤曬乾，又淨淘白米，每箔約半升。控乾以上二物，背陰收頓。」○《野語》云：「臘月造油，蠶房内點燈，諸蟲不入。又：收牛糞法，冬月，多收牛糞堆聚。春月旋拾，恐臨時闕少。春暖，踏成墼子，墼音戟。曬乾；苫起。燒時，香氣宜蠶。又：收薦草法，臘月刈茅草作蠶薦，則宜蠶。」○收貯蒿梢，《士農必用》：「收黄蒿、豆稭、桑梢。其餘稍，乾勁、不臭氣者，亦可。○又：修治苫薦，穀草、黄野草皆可。」一頭截齊，一頭留梢者爲「苫」；兩頭齊截者爲「薦」。○《野語》云：「苫用茅草，上簇輕快，又不蒸熱。」○崔寔曰：「三月清明，令蠶妾具槌、椽、箔、籠，治蠶室，塗隙穴。」○《齊民要術》：「修屋欲四面開窗，紙糊；厚爲籬。」○《務本新書》：「蠶屋：北屋爲上，南屋西屋次之，大忌東屋。西南風大傷蠶，陝西、河南尤甚；趙地以北頗緩。」《要旨》云：蠶屋地基，須高一尺，不必以陰陽形勢爲法。○陳志宏云：屋基新土填乾，于上用泥重覆。○《齊民要術》：「火倉法，屋内四角著火。」火若在一處，則冷熱不均。○《務本新書》：「蠶小時，將牛糞墼子，燒令無煙。近兩眠則止。若寒熱不均，後必眠起不齊。又，今時蠶屋内，素無禦寒熟火，止是旋燒柴薪。烟氣熏蒸太甚；蠶蕴熱毒，多成黑薦」。○《士農必用》：「治火倉。屋當中掘一坑，闊狹、深淺，量屋大小，糞柴相間，築得極實。慎不可虚！虚則火燄起傷屋，又熟火不能久。牛糞熏屋，大宜蠶也。」蠶喜牛糞，牛喜蠶沙。○《齊民要術》：「安槌法，比至再眠，常須三箔：中箔上安蠶，上下空置。」下箔障土氣，上箔防塵埃。○《農桑要旨》：「底箔須鋪三領，蠶蛾生後，每日日高，捲出一領曬。至日斜，復布于生蠶箔底。翻覆襯藉，使受自然陽和之氣。停眠起食，然後撤去。」

農語曰：「蠶欲三齊。」子齊、蛾齊、蠶齊。

《務本新書》「變色，清明，將甕中所頓蠶連，遷于避風温室，酉中處懸挂。太高傷風，太下傷土。穀雨日，將連取出，通見風日。那表爲裏：左捲者却右捲，右捲者却左捲。每日交换捲那。捲罷依前收頓。比及蠶生，均得温和風日，生發匀齊。」〇《農桑要旨》：「清明後種，初變紅和肥滿，再變尖、圓、微低，如春柳色。再變蛾，周盤其中，如遠山色，此必收之種也。若頂平焦乾及蒼、黄、赤色，便不可養，此不收之種也。」〇《士農必用》：「蠶子變色，惟在遲速由己，不致損傷、自變。」視桑葉之生，以定變子之日。須治之三日，以色齊爲準。〇《桑蠶直説》：「欲疾生者，頻舒捲；捲之須虚慢。欲遲生者，少舒捲；捲之須緊實。」蛾生在巳、午時之前，過午時，便不生。〇《士農必用》：「生蛾。生蛾惟在涼暖知時，開揞得法，使之莫有先後也。其法：變灰色，已全；以兩連相合，鋪于一淨箔上。緊捲了兩頭，繩束，卓立于無煙淨涼房内。第三日晚，取出展箔，蛾不出爲上。若有先出者，雞翎埽去不用，名「行馬蛾」。留則蠶不齊。每三連虚捲爲一卷，放在新暖蠶房内。候東方白，將連于院内一箔上單鋪；如有露，于涼房中或棚下。待半頓飯時，移連入蠶房，就地一箔上單鋪。少間，黑蛾齊生，和蛾枰連，記寫分明。」〇《齊民要術》：「下蛾法，蠶初生，用荻埽，則傷蠶。」案：《爾雅翼》：「蠶之狀，喙呥呥類馬，色斑斑似虎，初拂謂之蚝。」〇《博聞録》：「用地桑葉，細切如絲髮，摻淨紙上。却以蠶種覆于上。其子聞香自下；切不可以鵝翎埽撥。」〇《務本新書》：「蛾生當勻鋪蓐草。蓐宜擣軟。下蛾三兩，勻布一箔。」一箔蓐上，下蛾三兩；蠶至老，可分三十箔。每蛾一錢，可老蠶一箔也。係長一丈，闊七尺之箔；如箔小，可減蛾。下蛾多，則蠶稠爲後患也。○《齊民要術》：「涼暖法，調火，令冷熱得所。」熱則焦燥，冷則長遲。

前人云：「學取抽飼斷眠法，年年歲計得絲蠶。」

《務本新書》：「飼養法。蠶必晝夜飼，若頓數多者，蠶必疾老，少者遲老。二十五日老，一箔可得絲二十五兩；二十八日老，得絲二十兩。若月餘或四十日老，一箔止得絲十餘兩。葉：忌溼，忌熱。蠶食溼葉，多生瀉病；食熱葉，則腹結、頭大、尾尖。」當蓋小屋或「趄棚」，頓放雨露溼葉，控去溼潤，然後飼蠶。○《韓氏直說》：「抽飼斷眠法。蠶向眠時，量黃白分數，抽減所飼之葉，漸次細切、薄摻、頻飼。候十分黃光，不問陰、晴、早、夜，急須擡過。擡過時，住食；起齊時，投食。此爲『抽飼斷眠』之法。」案：《務本新書》：眠起時，慢慢飼；葉：宜輕摻。若蠶「白光」多，是困餓，宜細細飼之；猛則多傷。若蠶「青光」，正是蠶得食力，勿令少葉，急須勤飼。又案：蛾生，色黑；三日後，漸變白。又變青，青復變白，白變黃，謂之「正眠」。眠起，自黃而白，自白而青，自青復白而黃，又一眠也。凡眠起，變色，例如此。○《務本新書》：「分擡法。擡蠶，須要衆手疾擡；若箕内堆聚多時，蠶身有汗，後必病損，漸漸隨擡減耗。縱有老者，簇内多作薄皮。蠶沙宜頻除；不除，則久而發熱，熱氣熏蒸，後多『白僵』。每擡之後，箔上蠶宜稀布；稠則强者得食，弱者不得食，必繞箔遊走。又風氣不通，忽遇倉卒開門，暗值『賊風』，後多『紅殭』。布蠶，須要手輕，不得從高摻下。如或高摻，其蠶身遞相擊撞，因而蠶多不旺，已後簇内『懶老翁』、『赤蛹』是也。」〇《農桑要旨》：「蠶有『白僵』，是小時陰氣蒸損。天晴，急用簸箕三四具，轉蠶中庭，使日氣煦照擡一箔，則復布一箔，得日氣，則盡解矣。」〇《野語》云：「蠶燠乾、鬆者，其蠶無病；蠶燠成片，溼潤、白積者，蠶爲有病，速宜擡解。」〇《蠶經》：「眠起不齊絲減半。」〇《務本新書》：「初飼蛾法。初飼蛾法宜旋切細葉，微篩，切刀宜快，快則粗細匀停。不住頻飼。一時辰約飼四頓，一晝夜通飼四十九頓，或三十六頓。新蛾止食桑脂脈。若頓數不多，譬如嬰兒小時失乳，後必羸弱病生。蛾初生，須隔夜採東南枝肥葉，甕中另頓，旋取細切。」〇《士農必用》：「擘黑法。擘黑法第三日巳、午時間，于別槌上安三箔。如前初安槌法。微帶燠、薄揭蛾，款手擘如小棋子大，布于中箔，可盈滿。可漸漸加葉飼。又：頭眠擡飼法。擡頭眠飽食。正食時擡，名「擡飽食」。分如小錢大，布滿三箔。辨色加減食。一復時可六頓。次日，漸漸加葉。又：停眠擡飼法。擡停眠。分如小錢微大；布滿六箔。起齊，頭食宜薄，一復時，可四頓。次日可漸加葉，辨色加減。」〇《務本新書》：「大眠擡飼法。大眠起，燠宜頻除，蠶宜頻飼。取臘月所所藏菉豆，水浸，微生芽，曬乾，磨作細麪。臘月所藏白米，蒸熟作粉，亦可。第四頓投食，拌葉匀飼，解蠶熱毒，絲多易繰，堅韌有色。」如葉少，去秋所收桑葉，再擣爲末，水灑新葉微溼，摻末拌勻，接闕飼蠶，比食豆麫，係本食之物。又，蒿苣亦可接闕。○《士農必用》：「擡大眠。分如『折二錢』大，布滿二十五箔。起齊投食，一復時可三頓。第一頓宜薄，但可覆白。第二頓比前又薄，不覆白。第三頓如第一頓。此三頓食如不短，則其蠶至老食慢。次日可漸加葉。辨色加減頓數。」○《韓氏直説》：「蠶自大眠後，十五六頓即老。得絲多少，全在此數日。葉足則絲多，不足則絲少。見有老者，依抽飼斷眠法飼之。後十蠶九老，方可就箔上，撥蠶入簇。如是則無簇汗、蒸熱之患，繭必早作，硬而多絲。」

語曰：「養蠶無巧，食足便老。」

《齊民要術》：「簇蠶法。蠶老時值雨者，則壞繭；宜于屋内簇之：薄布薪于箔上，散蠶訖，又薄以薪覆之。一槌得安十箔。」○《野語》云：「如天氣暄熱，不宜日午簇蠶。蠶老，不禁日氣曬暴故也。」○《士農必用》：「治簇之方，惟在乾暖，使内無寒溼。蠶欲老，可簇『地盤』，燒令極乾，除埽灰浮，于上置簇。」○《韓氏直説》：「安圓簇。于阜高處，打成『簇脚』。一簇可六箔，上覆蒿梢，或豆藍。摻蠶至三箔，復梢倒根在上。如此則簇圓又穩。自後蠶可近上。摻至六箔，覆蒿令簇圓；上用箔圍苫繳，簇頂如亭子様。防雨。日高時，捲去」，至晚，復繳。三日外，繭成不用。」「馬頭簇」，亦依上苫繳。蠶多，宜「馬頭簇」，簇脚宜南北。○《務本新書》：「擇繭法。繭宜併手忙擇，涼處薄攤。蛾自遲出，免使抽繅相逼。」○《士農必用》：「繅絲法。繅絲之訣，惟在細、圓、勻、緊，使無褊、慢、「節」、「核」，接頭爲「節」，疙疸爲核。粗惡不勻也。生繭繅爲上，如人手不及，殺過繭慢慢繅。殺繭法有三：一、日曬；二、鹽浥；三、蒸。蒸最好；人多不會日曬，損繭；鹽浥者穩。○熱釜。可繅粗絲「單繳」者。「雙繳」亦可。但不如冷盆所繅者潔淨光瑩也。釜要大，置于竈上。釜上大盆甑接口，添水至甑中八分滿。甑中，用一板攔斷，可容二人對繅也。水須熱，宜旋旋下繭。多下，則繅不及，煮損。○冷盆。可繅「全繳」細絲。中等繭可繅「雙繳」。雖曰「冷盆」，亦是大溫也。○「全繳絲」，上等也，中作紗、羅。「雙繳絲」，中等也，中，中等緞匹。「單繳絲」，又名「歇口絲」。褊慢有大疙疸，只中絹、帛，亦不堅壯。「歇口絲」多是熱釜中繅也。盆要大，必須先泥其外。口徑二尺五寸之上者，名爲「串盆」。用時，添水八九分滿。水宜溫暖常勻，無令乍寒乍暖。釜要小。口徑一尺以下者。突竈。半破塼坯，圓壘一遭。中空。直桶子樣。其高，比繅絲人身一半。當中壘一小臺。徑比盆底小。坐「串盆」于小臺上，其盆要比圓壘高一脣。靠圓壘安打絲頭小釜竈，比圓壘低一半，掙火透圓壘。竈子後，火煙過處，名「掙火」。與「掙火」相對，圓壘匝近上，開煙突口。做一「臥突」，長七八尺已上，先于安突一面壘一臺，比突口微低。又相去七八尺外，安一臺，高五尺。用一丈椽二條，斜磴在二臺上。二椽相去，闊一磚坯許。用磚坯泥成一卧突。須與竈口相背。既得盆水常温，又得煙火與繅盆相遠，其繅絲人，不爲煙火所逼。○軖音狂。紡車。車，牀高，與盆齊。軸長二尺，中徑四寸，兩頭三寸。四角或六角臂，通長一尺五寸。六角不如四角。軖角少，則絲易解。「臂」者，輻條也。雙輻者穩。須脚踏。又，繅車行筒子宜細，細似織絹穗筒子。鐵條子串筒，兩樁子，亦須鐵也。○打絲頭，用一人。小釜内，添水九分滿。竈下燃粗乾柴。候火大熱，下繭于熱水内。下繭宜少；多，則煮過，繅絲少。用筯輕剔，撥令繭滚轉盪匀，挑惹起「囊頭」。粗絲頭名「囊頭」。手撚住于水面上，輕提掇數度，復提起。其下即是「清絲」。摘去囊頭，輕手剔，撥起囊頭，長不過一尺也。一手撮撚清絲，一手用漏杓綽繭，款送入温水盆内，將清絲挂在盆外邊「絲老翁」上。盆邊釘插一橛子，名絲老翁。○繅絲，用一人。將『絲老翁』上清絲，約十五絲之上，黄絲粗，減繭數。總爲一處，穿過『錢眼』，錢下，繭攢聚，名「絲窩」，又名「絮盤」。繳過篙音福。頭蛾眉杖子，上兩繳；杖子下，兩繳，挂于軖上，又取『絲老翁』上清絲，如前挂于軖上。兩個絲窩，其頭齊行。右脚踏軖，右轉；長切照覷，撥掠兩絲窩于内。有繭絲先盡，蛹子沈了者；繭絲斷了，繭浮出絲窩者；其絲窩減小。即取清絲，約量添加，務要兩絲窩大小長均。」添絲，搭在絲窩上，便有「接頭」，將清絲用指面喂在絲窩内，自然帶上去。○《韓氏直説》：「蒸餾繭法。○如蠶成繭硬，紋理粗者，必繰快；此等繭，可蒸餾。繰冷盆絲，其繭薄，紋理細者，必繰不快，不宜蒸餾，此止宜繰熱盆絲。其蒸餾之法：用籠三扇，用軟草札一圈，加于釜口；以籠兩扇，坐于上。籠内匀鋪繭，厚三四指許。頻于繭上以手背試之：如手不禁熱，可取去底扇，却續添一扇在上。蒸得過了，則軟了絲頭；不及，則蛾必鑽了。如手背不禁熱，恰得合宜，于蠶房槌箔上，從頭合籠内繭在上，用手微撥動。如箔上繭滿，打起更攤一箔。候冷定，上用細柳梢微覆了，其繭只于當日都要蒸盡。如蒸不盡，來日必定蛾出。釜湯内，用鹽一兩、油半兩，所蒸繭，不致乾了絲頭。」如餾繭多，油鹽旋旋入。

校記

〔一〕佳，原作隹，依《康熙字典·木部》「柘」下引文校改。《四部備要》本及《叢書集成》本《古今注·草木》作：「棘實爲棗，杍實爲豫，桑實爲椹，楮實爲任。」

寶訓卷四

蔬　菜

《靈樞經》：「五菜：葵，甘；韭，酸；藿，鹹；薤，苦；葱，辛。」《禮·月令》：「仲秋，趣民務畜菜。」○《漢·食貨志》：「菜茹有畦，瓜瓠果蓏，殖於疆場。」杜甫詩：「畦蔬繞茅屋。」○《石崇傳》：「春畦靃靡。」音髓米。○左思《蜀都賦》：「其園有蒟音矩。蒻、茱萸、瓜疇、芋區。」○《漢官儀》：「大官果丞，官别在外，掌瓜菜茹。」

古云：「畜瓠之家不燒穰，種瓜之家不焚漆。」按：穰，黍穰也。

《夏小正》：「五月：乃瓜。」註：「乃者，急瓜之辭也。瓜也者，始食瓜也。」「八月：剥瓜。」註：「畜瓜之時也。」○《爾雅》：「瓞瓝，其紹瓞。」註：「俗呼瓝瓜爲瓞。紹者，瓜蔓緒亦著子，但小如瓝。」○瓝音雹。○《史·天官書》：「匏瓜，有青黑星守之，魚鹽貴。」註：「匏瓜，一名天雞，在河鼓東。匏瓜明，則歲大熟也。」○《玉篇》：「㼕，音當。㼕，瓠。瓜中實。案：《正字通》：瓜底曰㼕。」○《廣雅》：「龍蹄、獸掌、羊骹、兔頭、桂髓、蜜筩、小青、大班，皆瓜名也。」○嵇含《甘〔瓜〕賦序》曰：「世云三芝，瓜處一焉，謂之土芝。」○《龍魚河圖》：「瓜有兩鼻，殺人。」○《博聞録》：「種花藥最忌麝，瓜尤忌之。膡栽數株蒜、薤，遇麝不損。」○崔寔曰：「十二月臘時祀炙萐，所甲切。樹瓜田四角去蚶。○蚶，胡濫反，瓜中蟲，謂之「蚶」。按《爾雅》：「蠸輿父，守瓜。」註：「今瓜中黄甲小蟲。」○又曰：種瓜用戊辰日。」案《齊民要術》：二月辰日宜種瓜。○《説鈴》載《天禄識餘》云：「瓜以辰日種，則易生而實繁。」山谷詩：「夏栽醉竹餘千个，春糞辰瓜滿萬區。」○《齊民要術》：「收瓜子法。堂歲歲先取『本母子』瓜，截去兩頭，止取中央子。種早子，熟速而瓜小；種晚子，熟遲而瓜大。去兩頭者：近蒂子，瓜曲而細；近頭子，瓜短而喎。按：喎，快平聲。口戾不正。又，收瓜子法。食瓜時，擇美者收取，即以細糠拌之，日曝向燥。挼而簸之，淨而且速也。良田小豆底佳，黍底次之，刈訖即耕，頻翻轉之。二月上旬種者爲上時，三月上旬爲中時，四月上旬爲下時。五月六月，上旬可種藏瓜。凡種瓜法：先以水淨淘瓜子，以鹽和之。鹽和則不能死。先臥鋤，耬却燥土。雜燥土，瓜不生。然後掊蒲溝切。坑，大如斗口。納瓜子四枚，大豆三個，于堆旁向陽中。瓜生數葉，掐去豆。瓜性弱苗，不能獨生，故須大豆爲之起土。瓜生不去豆，則豆反扇瓜，不得滋茂。但豆斷汁出，更成良潤，勿拔之！拔之，則土虚燥。多鋤則饒子，不鋤則無實。五穀、蔬菜、果蓏之屬，皆如是也。〇旦起，露未解，以杖舉瓜蔓，散灰于根下。後一兩日，復以土堆其根，則永無蟲矣。又，摘瓜法：在步道上，引手而取；勿聽浪人蹈瓜蔓，及翻覆之，恐瓜早爛。若無茇而種瓜者，地雖美好，正得長苗直引，無多槩歧，故瓜子少。若無茇處，豎乾柴亦得。區種瓜法：六月雨後，種菉豆。八月中，犂掩殺之。十月又一轉：即十月終種瓜。率：兩步爲一區。坑：大如盆口，深五寸；以土壅其畔，如菜畦形。坑底必令平正；以足踏之，令其保澤。以瓜子大豆各十枚，遍布坑中。以糞五升覆之。亦令均平。又以土一斗，薄散糞上，復以足微躡之。冬月大雪時，速并力推雪於坑上爲大堆。至春，草生，瓜亦生。莖葉肥茂，異於常者。且常有潤澤，旱亦無害。五月瓜便熟。其掐豆鋤瓜之法與常同。若瓜子盡生，則大概，宜掐去之。一區四根，即足矣。〇又法：冬天以瓜子數枚，納熱牛糞中，凍則拾聚，置之陰地。量地多少，以足爲限。正月地釋，即耕，逐暘布之。率：方一步，下一斗糞，耕土覆之。肥茂早熟。雖不及區種，亦勝凡瓜遠矣。有蟻者，以牛羊骨帶髓者，置瓜科左右。待蟻附，將棄之。棄二三，則無蟻矣」。〇《廣韻》：「㼐。音蹁。黄瓜名。」案：《後魏書》：郭祚領太子少保，從世宗幸東宫。肅宗幼弱，祚懷一黄㼐奉焉。時人號爲黄㼐少保。〇《齊民要術》：「黄瓜，一名「胡瓜」。四月中種之。」《農桑輯要》：「西瓜：種同瓜法。科宜差稀。欲瓜大者，一步留一科，科止留一瓜，瓜大如三斗栲栳。」案：五代始有西瓜。郃陽令胡嶠得回紇瓜種，培以牛糞，結實如斗是也。〇《博雅》：「冬瓜，菰音及。也，水芝瓜也。其子謂之𤬏。」力占切。〇《齊民要術》：「種冬瓜法：傍牆陰地作區，圓二尺，深五寸，以熟糞及土相和。正月晦日種。二月、三月亦得。既生，以柴木倚牆，令其緣上。旱則澆之。八月斷其梢，減其實，一本但留五六枚。多留則不成也。十月霜足，收之。早收則爛。又：冬瓜、越瓜、瓠子，十月區種，如種瓜法。冬，則堆雪著區上爲堆，潤澤肥好，乃勝春種。」〇《爾雅》：「瓠，棲瓣。」註：「瓠中瓣也。」疏：「一名瓠棲，人之齒集者似之。」〔一〕〇《正字通》：「瓠，瓜類。分甘苦二種，甘者大，苦者小。」陶弘景曰：「瓠，或有苦者，味如膽，不可食，非別生一種也。」又陸佃《埤雅》：「長而瘦上曰匏。短頸大腹曰瓠。」瓠性甘，匏性苦。故《詩》曰：「匏有苦葉。」後人皆合匏瓠爲一。據《説文》「瓠，匏也」，陸璣《詩疏》：「匏，瓠也，」并非。案：今名葫蘆，古亦名壺。〇《東方朔傳》：「以瓠測海。」案：揚子《方言》：蠡，或謂之瓢。《古今注》：瓢亦瓠也。瓠其總，瓢其別也。又案：《方言》：𤬏，瓠瓢也。《楚辭·九嘆》：「瓟𤬏蠹于筐簏。」《丹鉛録》：「江淮間或用螺之大者爲瓢，是以蠡殼代瓜匏用也。」〇《集韻》：「𤬏，音利。瓠子。」〇《家政法》：「二月可種瓜瓠。」〇《齊民要術》：「《氾勝之書》區種瓠法：收種子，須大者。若先受一斗者，得收一石；受一石者，得收十石。先掘地作坑。方圓、深各三尺。用蠶沙與土相和，令中半；若無蠶沙，生牛糞亦得。著坑中，足躡令堅。以水沃之，候水盡，即下瓠子十顆，復以前糞覆之。既生，長二尺餘，更總聚十莖一處，以布纏之，五寸許，復用泥泥之。不過數日，纏處便合爲一莖。留强者，餘悉掐去。引蔓結子，子外之條，亦掐去之，勿令蔓延。○留子法：初生二、三子、不佳，去之；取第四、五、六。區留三子即足。旱時，須澆之：坑畔周匝小渠子，深四、五寸，以水停之，令其遥潤。不得坑中下水。」

汝南童謡曰：「壞陂誰？翟子威。飯我豆食羹芋魁。」《漢書》。○以下芋。

《續博物志》：「芋以十二子爲衛，應月之數也。」○《食貨志》〔《史記·貨殖列傳》〕：「汶山之下，沃野，有蹲鴟也。」○東方朔曰：「土宜薑芋，水多䵷魚，〔二〕貧者得以人給家足。」顔師古注：「䵷魚，蛙也。」○《本草》：土芝。○《孝經援神契》：「仲冬，昴星中，收莒芋。」○《齊民要術》：「《氾勝之書》種芋區，方深皆三尺。取豆萁内區中，足踐之，厚尺五寸。取區上濕土，與糞和之，内區中萁上，令厚尺二寸。以水澆之，足踐令保澤。取五芋子，置四角及中央。足踐之。旱，數澆之。萁爛，芋生，子皆長三尺。一區收三石。○又：種芋法：宜擇肥緩土，近水處。和柔，糞之。二月注雨，可種芋。率：二尺下一本。芋生，根欲深，斸其旁，以緩其土。旱則澆之。有草鋤之，不厭數多。治芋如此，其收常倍。」○《務本新書》：「芋羞三月。衆人來往，眼目多見，并聞刷鍋聲處，多不滋息。芋可以救饑饉，蟲蝗不能傷。霜後收之。冬月食，不發病。其餘月分，不可多食。霜後，芋子上芋白擘下，以滚漿水煠過，曬乾，冬月炒食，味勝蒲筍。」

諺曰：「觸露不掐葵，日中不剪韭。」

《爾雅翼》：「天有十日，葵與之終始，故葵从癸。」《廣雅》：「蘬，邱葵也。」《廣志》曰：「胡葵，其花紫赤。」○《本草》：「葵葉爲百菜主，其心傷人。俗呼爲西王母菜，食之益人。」○《博物志》：「陳葵子，微火炒令爆，咤散著熟地，遍蹋之，朝種暮生，遠不過經宿。」○《格物論》：「葵有數種，此菜葵也。味甘美，性滑利。夏末種至秋採者，謂秋葵；秋種至冬採者，謂冬葵。又葵有鴨脚之名。」○《齊民要術》：「臨種時，必燥曝葵子。葵子雖經歲不浥；然濕種者，疥而不肥也。地不厭良，故墟彌善，薄即糞之。不宜妄種。春必畦種水澆。春多風旱，非畦不得。且畦者，省地而菜多，一畦供一口。畦長兩步，廣一步。大則水難均，又不容人足入。深掘，以熟糞對半和土覆其上，令厚一寸；鐵齒杷耬之，令熟；足蹋使堅平；下水，令徹澤。水盡，下葵子；又以熟糞和土覆其上，令厚一寸餘。葵生三葉，然後澆之。澆用晨夕，日中便止。每一掐，輒杷耬地令起，下水加糞。三掐更種。一歲之中，凡得三輩。凡畦種之物，治畦皆如葵法，不復條列繁文。早種者必秋耕；十月末，地將凍，散子勞之。一畝三升。正月末散子亦得。人足踐之乃佳。踏者菜肥。地釋即生，鋤不厭數。五月初，更種之。六月一日，種白莖秋葵。白莖者，宜乾；紫莖者，乾即黑而澀。秋葵堪食時，附地剪却春葵，令根上枿音蘖生者，〔三〕柔軟至好，仍供常食，美于秋菜。凡掐葵，必待露解。」○崔寔曰：「六月六日可種葵，中伏後可種冬葵。九月作葵菹、乾葵。」○《本草》：「茄，一名落蘇。五代《貽子録》作酪酥，蓋以其味如酪酥也。」○《酉陽雜俎》：「茄子一名昆侖瓜。」○又：茄子，食之厚腸胃，動氣發疾，根能治竈瘃。欲其子繁，待花時取其葉布路上，以灰規之，人踐之，子必繁，謂之嫁茄子。○《拾遺記》：「淇漳之鯉，脯以青茄。」○王褒《僮約》：「別茄披葱。」○《齊民要術》：「種茄子法：九月熟時，摘取，擘破。水淘子，取沈者，速曝乾，裹至二月，畦種。治畦下水，一如葵法。性宜水，常須潤澤。著四五葉，雨時，合泥移栽之。若旱，澆水令徹澤，夜栽之：白日以席蓋。十月種者，如區種瓜法。推雪著區中，則不須栽。其春種，不作畦，直如種凡瓜法者亦得；惟須曉夜數澆耳。」○漢桓帝詔：種蔓菁以助民食。○《方言》：「蘴與蕘同。蕘，蕪菁也。陳、楚謂之蘴，齊、魯謂之蕘，關西謂之蕪菁，趙、魏之間謂之大芥。」案：《釋草》云：「須，葑蓯。」是須也，蕪菁也，蔓菁也，葑蓯也，蕘也，芥也；七者一物耳。○《齊民要術》：「種不求多，惟須良地；故墟新糞壞牆垣乃佳。若無故墟糞者，以灰爲糞，令厚一寸，灰多則燥不生也。耕地欲熟。七月初種之，一畝用子三升。從處暑至八月白露節，皆得。早者作葅，晚者作乾。漫散而勞；種不用濕。濕則地堅葉焦。既生不鋤。九月末收葉，晚收則黄落。仍留根取子。春夏畦種供食者，與畦葵法同。剪訖更種，從春至秋，得三輩，常供好葅。取根者，用大小麥底，六月中種；十月將凍，耕出之。一畝得數車，早出者根細。○又：多種蔓菁法，近市良田一頃，七月初種之。」六月種者，根雖粗大，葉復蟲食；七月末者，葉雖膏潤，根復細小，七月初種，根葉俱得。○《務本新書》：「四月收子打油，陝西惟食菜油。燃鐙甚明；能變蒜髮。比芝麻易種收多，油不發風。武侯多勸種此菜，故川蜀曰諸葛菜。案：此菜有六利，見《劉公嘉話》。油臨時熬用；少摻芝麻，煉熟，即與小油無異。」○《爾雅》：「葖，蘆萉。」註：「萉，宜爲菔。蘆菔，蕪菁屬，紫花大根，俗呼雹葖。」疏云：「今謂之蘿蔔是也。」○葖音突。蘆音蘿。菔音匐。○王旻言：「蘿蔔根莖，並生熟俱涼。」○《韻會》：「蘆菔一名來服，言來麰之所服也。」○《齊民要術》：「種菘蘆菔法，與蔓菁同。」菘菜似蔓菁而大。○取子者，草覆之；不則凍死。○《四時類要》：「種蘿蔔，宜沙軟地。五月犁五六遍；六月六日種。鋤不厭多。稠，即小，間拔，令稀。至十月，收窖之。」○《農桑輯要》：「新添：種蘿蔔法：水蘿蔔，正月、二月種；六十日，根葉皆可食。夏四月，亦可種。胡蘿蔔，伏內畦種，或壯地漫種。」案：《癸辛雜識》：蘿蔔性能消食，解麪毒。○《齊民要術》：「蜀芥、芸薹，取葉者，皆七月半種，地欲糞熟，種法與蕪菁同。既生，亦不鋤之。十月，收蕪菁訖時，收蜀芥。中爲鹹淡二菹，亦任爲乾菜。芸苔，足霜乃收。不足霜即澀。種芥子及蜀芥、芸薹取子者，皆二、三月，好雨澤時種。三物性不耐寒，經冬則死，故須春種。旱則畦種水澆。五月熟而收子。」○《説文》：「蘠，禦濕之菜。」案：蘠，俗作薑。《玉篇》云：「辛而不葷也。」○《酉陽雜俎》：「山上有薑，下有銅錫。」○《春秋運斗樞》：「璇星散爲薑。」○崔寔曰：「三月，清明節後十日，封生薑。至四月，立夏後，蠶大食，芽生，可種之。九月，藏茈薑，其歲若温，皆待十月。」生薑謂之「茈薑」。○茈音紫。○《齊民要術》：「薑，宜白沙地，少與糞和。熟耕如麻地，不厭熟，縱横七遍尤善。三月種之。先種耬耩，尋壟下薑，一尺一科，令上土厚三寸。數鋤之。六月，作葦屋覆之。不耐寒熱故。九月掘出，置屋中。中國多寒，宜作窖，以榖稈合埋之。○稈，奴勒反。穀穰。中國土不宜薑，僅可存活，勢不可滋息。種者，聊擬藥物小小耳。」○《爾雅》：「中馗，菌。」註：「地蕈也。似蓋。今江東名爲土菌，亦曰馗廚。可啖之。」○案：《爾雅》又云：「出隧，蘧蔬。」註云：「蘧蔬似土菌，生菰草中。」疏云：「菌類也。」「小者菌。」疏云：「大者名中馗，小者即名菌。」○蘇軾詩：「雁門天花不復憶，況乃桑鵝與楮雞。」案：楮雞亦作樹雞。桑鵝即桑莪。○《四時類要》：「三月種菌子，取爛構木一名楮。及葉，于地埋之。常以泔澆令濕。三兩日即生。○又法：畦中下爛糞。取構木，可長六七寸，截斷碓碎，如種菜法，于畦中匀布，土蓋水澆，長令潤。如初有小菌子，仰杷推之。明旦又出，亦推之。三度後，出者甚大，即收食之。本自構木，食之不損人。」

諺云：「左右通鋤，一萬餘株。」以下蒜。

《夏小正》：「十有二月：納卵蒜。」註：「卵蒜，本如卵者也。納，納之君也。」○案：《古今注》：「俗謂之小蒜。」○《爾雅翼》：「大蒜爲葫，小蒜爲蒜。」○五代，宮中呼蒜爲麝香草。○崔寔曰：「布穀鳴，收小蒜。六月、七月，可種小蒜。八月，可種大蒜。」○《齊民要術》：「蒜，宜良軟地。白軟地，蒜甜美而科大；黑軟次之；剛强之地，辛辣而瘦小也。三遍熟耕，九月初種。種法：黄𪇆時，以耬耩，逐壟手下之。五寸一株。案此謂左右通鋤。空曳勞，二月半，鋤之，令滿三遍。勿以無草而不鋤，不鋤則科小。條拳而軋之。不軋，則獨科。葉黄鋒出，則辮于屋下風凉之處桁之。早出者，皮赤科堅，可以遠行；晚則皮皴而易碎。○「皴」，他骨反，皮壞也。冬寒，取穀稈布地，一行蒜，一行稈。不爾，則凍死。收條中子種者，一年爲獨瓣；種二年者，則成大蒜，科皆如拳，又逾于凡蒜矣。」瓦子壟底，置獨瓣蒜于瓦上，以土覆之。蒜科横闊而大，形狀殊别，亦足以爲異。○種澤蒜法：預耕地。熟時，採取子，漫散勞之。澤蒜可以香食。吳人調鼎，率多用此。根葉作菹，更勝葱韭。此物蕃息，一種永生；蔓延滋曼。年年稍廣。間區斸取，隨手還合；但種數畝，用之無窮。種者，地熟，美于野生。○《四時類要》：「種蒜，作行下；糞、水澆之。」○《務本新書》：「蒜，畦栽。每窠先下麥糠少許，地宜虛。春暖則鋤。拔薹時，頻澆。劉麥時，人多食，解暑毒。」

諺曰：「葱三薤四」。以下薤。薤。

《爾雅》：「䪥，薤同。鴻薈。」疏云：「䪥，葉似韭之菜也。《本草》謂之菜芝。」○《儀禮·士相見禮》注：「葱薤之屬，食之止卧。」○崔寔曰：「正月可種薤韭，七月别種薤矣。」○《四時類要》：「正月上辛日，掃去薤畦中枯葉，下水，加糞。」○《齊民要術》：「薤宜白軟良地，三轉乃佳。二月、三月種。八月、九月種亦得。率：七八支爲一本。諺曰：『葱三薤四。』移葱者，三支爲一本；種薤者，四支爲一科。然支多者，科圓大，故以七八爲率。薤子三月葉青，便出之。未青而出者，肉未滿，令薤瘦。燥曝，挼去莩餘，切却僵根。留僵根而濕者，即瘦細，而不得肥。先重樓耩地，壟燥，掊而種之。壟燥則薤肥，耩重則白長。率：一尺一本。葉生即鋤，鋤不厭數。薤性多穢，荒則羸瘦。五月鋒，古農器。八月初耩。不耩則白短。葉不用剪。剪則損白。供常食者别種。○案：庾亮啖薤，因留白，云：可以種。九月、十月，出賣。經久不佳也。擬種子，至春地釋，即曝之。」

語曰：「寧食三斗葱，莫逢屈突通；寧炙三斗艾，莫逢屈突蓋。」《隋史》，屈突通莅官勤嚴，故云。

《本草》：「蔥，从悤。外直中空，有悤通之象也。」案：蔥，《五經文字》作葱。○《齊民要術》：「收葱子，必薄布陰乾，勿令浥鬱。葱性熱，浥鬱則不生。其擬種之地，必須春種菉豆，五月掩殺之。比至七月，耕數遍。一畝用子四五升。良田五升，薄地四升。炒穀拌和之。葱子性澀，不以穀和，下不均調；不炒穀，則草穢生。兩耬重耩，竅瓠下之；以批蒲結反。契蘇結反。繫腰曳之。七月納種，至四月始鋤；鋤遍仍剪。〔四〕剪與地平。高留則無葉，深剪則傷根。剪欲旦起，避熱時。良地三剪，薄地再剪；八月止。不剪則不茂，剪過則根跳。若八月不止，則葱無袍而損白。十二月盡，掃去枯葉枯袍，不去枯葉，春葉則不茂。二月三月出之。良地二月出，薄地三月出。收子者，別留之。葱中亦種胡荽，尋手供食，乃至孟冬爲菹，亦不妨。」○《四時類要》：「種葱，炒穀攪匀；塞耬一眼，於一眼中種之。他月葱出，取其塞耬一眼之地中土培之；疏密恰好，又不勞移。」

語曰：「男不離韭，女不離藕。」方書。

諺曰：「韭者，懶人菜。」《諸葛武侯集》：「棄婦不顧門，委韭不入園。」

《夏小正》：「正月：囿有見韭。」註：「囿也者，園之燕者也。」○《爾雅》：「藿，山韭。茖，山葱。葝，山䪥。蒚，山蒜。」藿音育。茖音革。葝，巨盈切。蒚音力。○註：今山中有此菜，皆如人家所種者。○《説文》：「一種而久者，故謂之韭，象形。在一之上。一，地也。」○《韻會》：「《通志》云：韭性温，謂之草鍾乳。」○《埤雅》：「韭之美在黃。」○《列子·天瑞》

篇：「老韭之爲莧也。」〇《後漢書》：「郭林宗見友來，夜冒雨剪韭作炊餅。」〇崔寔曰：
「正月上辛日，掃除韭畦中枯葉。七月，藏韭菁。」《説文》：「菁，韭華也。按張衡《南都賦》：
「秋韭冬菁。」註：「韭華謂之菁。」〇《博聞録》：「韭畦若用雞糞尤好。」〇《齊民要術》：「收
韭子如葱子法。若市中買韭子，宜試之；以銅鐺盛水，于火上微煮韭子。須臾芽生者好，芽不生者，是
浥鬱矣。治畦，下水、糞覆，悉與葵同；然畦欲極深。韭一剪一加糞，又根性上跳，故須深也。二
月、七月種。種法，以升盞合地爲處，布子于圍内。韭性内生，不向外長，圍種令科成。薅令常
净。韭性多穢，數薅爲良。高數寸，剪之。初種，歲止一剪。至正月，掃去畦中陳葉。凍解，以
鐵杷耬起；下水加熟糞。韭高三寸便剪之，剪如葱法。一歲之中，不過五剪。每剪，杷耬，下
水、加糞，悉如初。收子者，一剪即留之。若旱種者，但無畦與水耳，杷糞悉同。一種永生。」
〇《韻會》：胡荽，音綏，與荾同。香菜。張騫使西域，得胡荽。」〇潘岳《閒居賦》：「蓼荾
芬芳。」〇《博聞録》：胡荽，必用月晦日晚下種。〇《齊民要術》：「胡荽宜黑軟青沙良地，
三遍熟耕。樹陰下，得；禾豆處，亦得。春種者，用秋耕地。開春凍解地起，有潤澤時，急接
澤種之。秋種者，於六月中旱時，耬耩作壟。蹉子令破，先燥曬。欲種時，布子于堅地，一升子
與一掬濕土和之，以脚蹉，令破作兩段。〔五〕手散，還勞令平，一同春法。但既是旱種，不須耬
潤。此菜旱種，非連雨不生；所以不同春月，要求濕下。種後，未遇連雨，雖一月不生，亦

勿怪。麥底地亦得種，止須急耕調熟。大都不用觸地濕。生高數寸，鋤去穊者，供食及賣。其有作菹者，十月足霜乃收。一畝兩載；載直絹三匹。若留冬食者，以草覆之。得竟冬食。其有春種小小供食者，自可畦種。畦種者，一如葵法：掇子，沃水，生芽，種之。晝用箔蓋，夜則去之。晝不蓋，熱，不生；夜不去，蟲棲之。凡種菜，子難生者，皆水沃令芽生。」案：《湘山録》：園荽即胡荽。世傳布種時口誦褻則滋茂，故穢談爲撒園荽。○劉禹錫《嘉話録》：「菠薐一名赤根。種自西國。有僧將其子來，云是頗陵國之種。語訛爲菠薐耳。」《本草》註：李時珍曰：按《唐會要》云：太宗時，尼波維國獻菠薐菜，類紅藍，即此也。○《博聞録》：「菠菜，過月朔乃生；須二十七八間種之，月初即生。」○《農桑輯要》：「菠薐：作畦下種，如蘿蔔法。春正二月皆可種。秋社後，二十日種者，可於窨内收藏。冬季常食青菜。如欲出子，十月内種訖，至地凍時，水澆過。來年夏至後，收子，可爲秋種。」○《續博物志》：「萵菜出萵國，有毒，百蟲不敢近。」杜甫《種萵苣詩序》：堂下理小畦，隔種一兩席許萵苣，向二旬矣。○隋人從高麗使求得萵苣種，酬之甚厚，名千金菜。○《農桑輯要》：「萵苣：作畦下種如前法。春正月二月種之，可爲常食。秋社前一二日種者，霜降後，可爲醃菜。如欲出種，正月二月種之，九十日收。○又：同萵：作畦下種，亦如前法。春二月種。秋社前十日種。春菜食不盡者，可爲子。」○《爾雅》：「蕢，赤莧。」註：今莧菜之赤莖者。○《博雅》：「莧，莔也。」

案：《易·夬》卦註：馬、鄭、王皆云：莧陸一名商陸。〇《管子·地員》篇：「蔁下於莧，莧下於蒲。」蔁同鬱。〇《農桑輯要》：「作畦下種，亦如前法。但五月種之，園枯則食。八月收子。」〇又：莙薘：案：《類篇》：「馬舄也。」謝朓詩：「風振蕉薘裂。」薘音達。又案：袁文《甕牖閒評》云：波稜出西域泥婆羅國，軍達出大食國。今四字皆加草於上，字書之誤。作畦下種，如前法。春二月種之，夏四月移栽。園枯則食。留食不盡者，地凍時，出於暖處收藏。來年春透，可栽，收種。」〇《務本新書》：「藍菜：二月畦種，苗高，剥葉食之。頗有辛味。剥而復生；刀割則不長。五月園枯，此菜獨茂。故又曰主園菜。食至冬月，以草覆其根。四月終，結子，可收作末。比芥末。根又生葉，又食一年。陝西多食此菜。」〇《博物志》：「燒馬蹄、羊角成灰，春，散著濕地，羅勒乃生。」〇《齊民要術》：蘭香，羅勒也。中國爲石勒諱，故改；今人因以名焉。「三月中，候棗葉始生，乃種蘭香。早種者，天寒不生。治畦下種，一同葵法。及水散子訖；水盡，簁熟糞，僅得蓋子便止。厚則不生，弱苗故也。晝日箔蓋，夜即去之。生即去箔。常令足水。六月連雨，拔栽之。掐心栽泥中，亦活。作菹及乾者，九月收。晚即乾惡。取子十月收。」自餘雜香菜不列者，種法悉與此同。〇《博聞録》：「香菜：常以洗魚水澆之，則香而茂；溝泥水、米泔尤佳。」案：香菜皆然。〇《齊民要術》：「荏、蓼、紫蘇、薑芥、薰葉，與荏同時宜畦種。三月可種荏、蓼。荏，子白者良，黄者不美。荏性甚易生。蓼尤宜水畦種也。荏則隨宜，園畔漫擲，便歲歲自生矣。荏子，秋末成，可收蓬于醬中藏之。蓬，荏角也；實成則惡。其多種者，如種穀法。雀甚嗜之，必須近人家種矣。收子壓取油，可以煮餅。荏油色緑可愛，其氣香美，煮餅亞胡麻油，而勝麻子脂膏。然荏油不可爲澤，焦人髮。蓼作菹者，長二寸，則剪。絹袋盛，沈于醬甕中。又長，更剪；常得嫩者。若待秋子成而落，莖既堅硬，葉又枯燥。取子者，候實成速收之。性易凋零，晚則落盡。五月六月中，蓼可爲虀，以食莧。〇又：芹藘：案：《唐韻》：其吕切。苦藘，江東呼爲苦蕒。收根，畦種之。常令足水，尤忌潘普官切。淅米汁也。泔及鹹水，澆之則死。性易繁茂，而甜脆勝野生者。白藘尤宜糞，歲歲可收。」〇《務本新書》：「甘露子：白地内區種。暑月，以麥糠蓋之，承露滋息。」

校記

〔一〕集，《爾雅注疏·釋草》作美。

〔二〕䋲，原作蠅，依《漢書》卷六十五《東方朔傳》校改。下「䋲」字同。

〔三〕令，原作冷，依《齊民要術·種葵》校改。

〔四〕「仍」字，《齊民要術·種葱》作「乃」。

〔五〕脚，原作段。下「段」，原作「脚」。依《齊民要術·種胡荽》校改。

寶訓卷五

果　實

《晉書·天文志》：「織女星，主果蓏。」案：《漢書·食貨志》註：應劭曰：「木實曰果，草實曰蓏。」張宴曰：「有核曰果，無核曰蓏。」臣瓚曰：「木上曰果，地上曰蓏。」○《齊民要術》：「崔寔曰：正月，自朔暨晦，可移諸樹雜木。唯有果實者，及望而止。過十五日，則果少實。」《食經》云：「種名果法：三月上旬，斫取直好枝如大拇指，長五尺。《類要》云：一尺五寸。內著芋頭中種之。無芋，大蕪菁根亦可。《類要》云：「蘿蔔亦得。勝種核，核三四年乃如此大耳。可得行種。」○凡五果，正月一日雞鳴時，把火遍照其下，則無蟲災。○《博聞録》：「柳子厚《郭橐駝傳》：『凡植木之性，其本欲舒，其培欲平，其土欲故，其築欲密。既然已，勿動勿慮，去不復顧。其蒔也若子，其置也若棄。則其天者全，而其性得矣。』○凡木皆有雌雄，而雄者多不結實。可鑿木作方寸穴，取雌木填之乃實。以銀杏雄樹試之便驗。社日，以杵舂百果樹下，則結實牢。不實者，亦宜用此法。果木有蟲蠹者，用杉木作釘，塞其穴，蟲立死。樹木有蟲蠹，以芫花納孔中，或納百部葉。」〇《歲時廣記》：「《遯齋閑覽》：凡果木久不實者，以祭社餘酒灑之，則繁茂倍常。用人髮挂枝上，則飛鳥不敢近。結實時，最忌白衣人過其下；則其實盡落。」〇《四時類要》：「正月，取樹本，大如斧柯及臂者皆堪接，謂之『樹砧』。須以細齒鋸截，每砧對接兩枝；候俱活，即待葉生，去一枝弱者。所接樹，選其向陽細嫩枝，如筯粗者，長四寸許，陰枝即少實。」案：接法未悉載。

語云：「旱棗澇梨。」

《爾雅》：「梨，山樆。」疏云：「在山曰樆，人植曰梨。」〇案：《爾雅》又云：「杜，甘棠。」註：今之杜梨。又云：杜，赤棠。白者棠。〇詩云：「上巳有風梨有蠹，中秋無月蚌無珠。」〇陶弘景《別録》：「梨性冷利，多食損人，謂之快果。」〇《本草》：「紫花梨，消心熱。〇金創、乳婦，不可食梨。產婦蓐中，及疾病未愈，食梨多者，無不致病。欬逆氣上者，尤宜慎之。」〇《齊民要術》：「種者，梨熟時，全埋之經年。至春，地釋，分栽之；多著熟糞及水。至冬，葉落，附地刈殺之，以炭火燒頭。二年即結子。若穭生及種而不栽者，則著子遲。每梨有十許子，惟二子生梨，餘皆生杜。插者彌疾。插法：用棠杜。棠，梨大而細理；杜次之；桑梨大惡，棗石榴上插得者，爲上梨，雖治十，收得一二也。杜如臂已上皆任插。當先種杜，經年後，插之。（至冬）

主客俱下亦得。〔二〕然俱下者，杜死則不生也。杜樹大者，插五枝；小者，或三或二。梨葉微動爲上時，將欲開莩爲下時。先作麻紉，纏十許匝；以鋸截杜，令去地五六寸。不纏，恐插時皮披。留杜高者，梨枝繁茂，遇大風則披。宜作蒿簞盛杜，以土築之令没。風時，以籠盛梨，免披耳。斜攕所咸反。竹爲籤，刺皮木之際，令深一寸許。折取其美梨枝，陽中者！陰中枝則實少。長五六寸，亦斜攕之。令過心；大小長短與籤等。以刀微劃音印。梨枝斜攕之際，剥去黑皮。勿令傷青皮！青皮傷則死。拔去竹籤，即插梨令至劃處；木邊向木，皮還近皮。插訖，以綿莫冪同。杜頭，封熟泥于上。以土培覆，令梨枝僅得出頭。以土壅四畔。當梨上沃水，水盡，以土覆之，勿令堅固。百不失一。梨枝甚脆，培土時宜慎之。掌撥則折。其十字破杜者，十不收一。所以然者，木裂皮開，虛燥故也。梨既生，杜旁有葉出，輒去之。凡插梨：園中者，用旁枝；庭前者，中心。旁枝樹下易收，中心上聳不妨。用根蒂小枝，樹形可喜，五年方結子；鳩脚老枝，三年即結子而樹醜。凡遠道取梨枝者，下根即燒三四寸，亦可行數百里猶生。〇藏梨法：初霜後，即收。霜多，則不得經夏也。於屋下掘作深窨坑，底無令潤濕；收梨置中，不須覆蓋，便得經夏。摘時必令好接，勿令損傷。〇凡醋梨，易水熟煮，則甜美而不損人也。」

諺曰「桃李不言，下自成蹊」。

《夏小正》：「正月：梅、杏、杝桃則華。註：杝桃，山桃也。六月：煮桃。」註：桃者，杝桃；煮以爲豆實也。○《爾雅》：「旄，冬桃。」註：「子冬熟。」「榹桃，山桃。」註：「實如桃而小，不解核。」○「榹音斯。」○《典術》：「桃，五木之精，仙木也。」○《海録碎事》：「用柿子樹接桃枝，早熟者謂之『絡絲白』，晚熟者謂之『過雁紅』。」○《齊民要術》：「種法：熟時，合肉全埋糞地中。直置凡地，則不生；生亦不茂。桃性早實，三歲便結子，故不求「栽」也。至春既生，移栽實地。若仍處糞中，則實小而味苦。栽法：以鍬合土掘移之。桃性易種難栽；若離本土，率多死；故須然矣。○又：種法：桃熟時，于牆南陽中暖處，深寬爲坑。選取好桃數十枚，擘取核，即納牛糞中，頭向上。取好爛糞，和土，厚覆之，令厚尺餘。至春，桃始動時，徐徐撥去糞土，皆應生芽。合取核種之，萬不失一。其餘以熟糞糞之，則益桃味。○桃性皮急。四年以上，宜以刀豎劚其皮；不劚者，皮急則死。七八年便老，老則子細。十年則死。」是以宜歲歲常種之。又法：候其子細，便附土斫去；栟上生者，便爲少桃。如此，亦無窮也。○案：一法：栽時斫去命根，則耐久。命根者，中根也。○桃若生蟲，以煮猪首淡汁冷澆，自無。○《爾雅》：「楔，荆桃。」註：「今櫻桃。」○「楔音戛。」○《月令》高誘注：「含桃，櫻桃。爲鶯鳥所含，故曰含桃。」○《齊民要術》：「二月初，山中取栽；陽中者，還種陽地，陰中者，還種陰地。」若陰陽易地則難生，生亦不實。此果性生陰地，既入園囿，便是陽中，故多難得生。宜堅實之地，不可用虛糞也。○潘岳《閑居賦》：「石榴、蒲萄之珍，磊落蔓衍乎其側。」蔓衍，蒲萄也。○《酉陽雜俎》：「沙門曇霄蒲萄，時人號爲草龍珠帳。」○《博聞録》：「蒲萄：宜栽棗樹邊。春間，鑽棗樹作一竅，引蒲萄枝從竅中過。蒲萄枝長，塞滿竅子，斫去蒲萄根，托棗根以生。其肉實如棗。北地皆如此種。」○《羣芳譜》：「其根莖中空相通。暮溉其根，至朝而水浸其中。○以麝入其皮，則蒲萄盡作香氣。以甘草作針針其根，則立死。」○《齊民要術》：「蒲萄，蔓延，性緣，不能自舉。作架以承之。葉密陰厚，可以避熱。」十月中，去根一步許，掘作坑。收卷蒲萄，悉埋之。近枝莖，薄安黍穰彌佳。無穰，直安土亦得。不宜濕。二月中，還出，上架。性不耐寒。其歲久根莖粗大者，宜遠根作坑，勿令莖折，坑外亦掘土，并穰培之。

語曰：「李下無蹊徑。」

《春秋運斗樞》：「玉衡星散爲李。」○《爾雅》：「休，無實李。」註：「一名趙李。」疏云：「李之無實者名休。」「座，接慮李。」注：「今之麥李。」疏云：「與麥同熟，因名。」「駁，赤李。」註：「子赤。」○《素問》：「李，東方木也。」○《羣芳譜》：「擘李。」註云：「熟則自裂。」○《齊民要術》：「李性耐久，樹得三十年老；雖枝枯，子亦不細。○嫁李法：正月一日或十五日，以磚石著李樹岐中，令實繁。○又法：臘月中，以杖微打岐間。正月晦日，復打之。亦足子也。○李樹、桃樹，並欲鋤去草穢，而不用耕墾。耕則肥而無實，樹下犁撥亦死。桃、李大率方兩步一根。」大概連陰則子細，而味亦不佳。○案：俗傳種桃宜密，種李宜稀。

俗云：「桃三、杏四、李五年。」《夏小正》：「四月，囿有見杏。」註：「囿者，山之燕者也。」○《格物叢話》：「杏實味香於梅，而酸不及，核與肉自相離。」○《師曠占》曰：「杏多實不蟲者，來年秋善。」○《風俗通》：「五月有落梅風，江淮以爲信風。」○《風土記》：「夏至之雨，名爲黄梅雨，沾衣服皆敗黦。」音鬱。○《四時類要》：「熟杏，和肉埋糞土中，至春既生，三月移栽實地。既移，不得更於糞地；必致少實而味苦。移須含土，三步一樹，穊即味甘。服食之家，尤宜種之。」○《齊民要術》：「梅、杏栽種，與桃、李同。○作白梅：梅子酸。核初成時，摘取；夜以鹽汁漬之，晝則日曝。凡作十宿，十浸，十日便成矣。調鼎和齏，所在多入也。○作烏梅：亦以梅子核初成時摘取，籠盛，於突上熏之，令乾，即成矣。烏梅入藥，不任調食也。○作杏李麨法：杏李熟時，多收取，盆中研之；生布絞取濃汁，塗盤中，日晒乾，以手磨刮取之。可和水漿及和米麨，所在多入也。○王羲之帖：青李、來禽、櫻桃、日給、藤子，囊盛爲佳，函封多不生。」案：來禽即林檎，一號文林果，俗云頻婆果。○潘岳《閒居賦》：「二柰耀丹白之色。」〔二〕○《齊民要術》：「柰、林檎，不種，但栽之。種之雖生，而味不成。取栽，如壓桑法。此果根不浮薉，栽故難求，是以須壓也。○又法：栽如桃李法。○林檎樹，以正

月二月中，反斧斑駁椎之，則饒子。」案：此木非接不結，多以柰接之，與接梨同。若樹生毛蟲，埋
蠶蛾於樹下、或澆魚腥水可除。
里語曰：「東家有樹，王陽去婦；東家棗完，去婦復還。」《漢書》。
俗云：「移棗樹，三年不發，不算死。」
《夏小正》：「八月：剥棗。」註：「剥也者，取也。」〇《爾雅》：「棗，壺棗。」註：「江東呼棗
大而鋭上者爲壺。壺猶瓠也。」「邊，要棗。」註：「子細腰。今謂之鹿盧棗。」「櫅，白棗。」註：「即
今棗子白乃熟。」「樲，酸棗。」註：「樹小實酢。」「楊徹，齊棗。」註：「未詳」「遵，羊棗。」註：
「俗呼羊矢棗。」「洗，大棗。」註：「猗氏縣大棗，如雞卵。」「煮，填棗。」註：「未詳」「蹶洩，苦
棗。」註：「子味苦。」「晳，無實棗。」註：「不著子者。」「還味，棯棗。」註：「還味，短味。」
〇「洗，屑典切。填，音田。」「還音旋，棯音稔。」〇《齊民要術》：「常選好味者，留栽之。候棗
葉始生而移之。棗性硬，故生晚。栽早者，堅垎，生遲也。三步一樹，行欲相當。地不耕也。欲令
牛馬履踐、令淨。棗性堅强，不宜苗稼，是以耕荒穢則蟲生，所以須淨；地堅饒實，故宜踐也。正月
一日日出時，反斧斑駁椎之，名曰「嫁棗」。不椎則花而無實，斫則子萎而落也。候大蠶入簇，
以杖擊其枝間，振去狂花。不打，花繁實不成。全赤即收。〇收法，日日撼而落之爲上。半赤
而收者，肉未充滿；乾則色黄而皮皺。將赤，味亦不佳。全赤不收，久則皮破，復有烏鳥啄之。〇椟音

軟。棗，陰地種之。陽中則少實。足霜色殷，然後收之。早收者澀，不任食也。○作酸棗麨法：多收紅軟者，箔上日曝令乾，大釜煮之，水僅足淹。一沸即漉出，盆研之。生布絞取濃汁。塗盤上或盆中，盛暑日，曝使乾。漸以手摩挲，取爲末，以方寸匕，投于一椀水中，酸甜味足，即成好漿。遠行用和米麨，飢渴得當也。」○《夏小正》：「八月：栗零。」註：「零也者，降也。零而後取之，故不言剥也。」○《韓詩》曰：「東門之栗，有靖家室。」註：靖，善也。言東門栗樹之下有善人。○《西溪叢話》：「釋貫休詩云：栗不和皺落。又云：新蟬避栗皺。皺即栗蓬也。」○《齊民要術》：「栗：種而不栽。栽者雖生，尋死矣。栗初熟時，出，即于屋裹埋著溼土中。埋必須深，勿令凍徹。若路遠者，以韋囊盛之。停二日已上，見風日者，則不復生。至春二月，悉芽生，出而種之。既生，數年不用掌近。凡新栽之樹，皆不用掌近，栗性尤甚。三年內，每到十月，常須草裹，至二月乃解。」不裹則凍死。○《說文》：「亲。」註：今五經皆作榛。○左思《蜀都賦》：「榛栗罅發。」註：榛同榛。○《詩》曰：「山有蓁。」《詩義疏》云：「蓁，栗屬。或從木，有兩種。」○《齊民要術》：「栽種與栗同。○《說文》：「柹，赤果實。〔三〕《集韻》：「俗作柿，非。」○左思《吳都賦》：「平仲、君遷。」註：「君遷，柿之小者。」○案：司馬光《名苑》：「即今牛奶柿也。」○《爾雅翼》：「柿有七絕：一，壽；二，多陰；三，無鳥巢；四，無蟲蠹；五，霜葉可玩；六，佳實可啖；七，落葉肥大，可以臨書。」○《西陽雜俎》：「木中根固，柿爲最，謂之柿盤。」○《羣芳譜》：「柿霜，即柿餅所出之霜，能定嗽。○椑柿，一名漆柿。搗碎浸汁，謂之柿漆，可染繪扇諸物。」○《齊民要術》：「柿有小者，栽之；無者，取枝于梬棗根上插之，如插梨法。」

京師語曰：「白馬甜榴，價值一牛。」《洛陽伽藍記》：「白馬寺有大榴。」

《西陽雜俎》：「檳榔扶留，可以忘憂。白馬甜榴，一實值牛。草木暉暉，蒼黄亂飛。」○《本草》：「安石榴有酸淡兩種。道家謂之三尸酒，云三尸得此酒則醉。」○《埤蒼》曰：「河陰榴中止三十八子。」○左思《蜀都賦》：〔四〕「蒲萄亂潰，石榴競裂。」○《西陽雜俎》：「石榴甜者爲天漿，能已乳石毒。」○張協《安石榴賦》：「素粒紅液，金房緗隔。」○《齊民要術》：「栽石榴法：三月初，取枝大如手大指者，斬令長一尺半。八九枝共爲一科；燒下頭二寸。不燒則漏汁矣。掘圓坑，深一尺七寸，口徑尺。竪枝于坑畔，環圓布枝，令匀調也。置枯骨礓石于枝間，骨石是樹性所宜。下土築之。一重土，一重骨石，平坎止。其土，令没枝頭一寸許也。水澆，常令潤澤。既生，又以骨石布其根下，則科圓滋茂可愛。若孤根獨立者，雖注亦不佳。十月中，以蒲稿裹而纏之；不裹則凍死也。二月初乃解放。」○《爾雅》：「楙，木瓜。」註：「實如小瓜，酢可食。楙音茂。」○《羣芳譜》：「筋轉者，得木瓜即愈；或書其字，或呼其名，皆驗。」《齊民要術》：「木瓜，種子及栽皆得；壓枝亦生。栽種與桃李同。」○《務本新書》：「木瓜：秋社前後移栽；至次年，率多結子。遠勝春栽。」○左思《吳都賦》李善註：「平仲果，其實如銀，一名銀杏。」案：一名鴨脚，葉似也。又名公孫樹，言公種而孫始得食。○《博聞録》：「銀杏有雌雄。雄者，有三稜；雌者，有二稜。須合種之。臨池而種，照影亦能結實。」案：銀杏，花夜開即落，人罕見之。實熟時，以竹蔑箍樹本，但擊篾則果自落。不宜多食，食多動風。煮食，能截小水。如食多，誤中其毒，腹内痛脹，連飲冷白酒數杯，一吐即愈。○《春秋運斗樞》：「璇星散爲橘。」○《説文》：「果出江南。樹碧而冬生。」案：孔安國《書》傳：「小曰橘，大曰柚。」○《埤雅》：「橘柚彫於北徙，石榴鬱於東移。」○橙，柚屬。案：《説文》：「橙，橘屬。」《文選》：「在南稱柑，在北則橙。」○《王隱記》：「瀟湘有橘鄉，洞庭有橘里，彭澤有橘市。」○任昉《述異記》：「越多橘柚園，歲出橘税，名曰橘籍。」吳闓澤表曰：請除臣之橘籍。○《橘譜》：宋韓彦直撰。「橘品十有四種。」○陳氏《花鏡》：「案：《農桑輯要》自此以下，未具栽植之法，竊取此篇以補之。春初，取核撒地。待長三尺許，移栽，宜於斥鹵之所。忌用豬糞。夏時澆以糞水，則葉茂而實繁。性畏霜雪，至冬，以河泥、犬糞壅其根，稻草裹其幹，方不凍死。若在閩粵，則不然也。其木有二病，蘚與蠹是也。幹生苔蘚，速刮去之，見蛀屑飄出，必有蟲穴，以鈎索之，再用杉木釘窒其孔。藏橘菉豆内，至春盡不壞。案：《橘譜》：金橘藏菉豆中，可經時不變。橘性熱，豆性涼故也。橙、柑亦然。若見糯米即爛。○枳，木與花葉皆類橘。實不堪食，惟入藥用。樹多刺，最宜編籬。凡遇旱，以米泔水澆，則實不損落。根下埋死鼠，則結實倍常。」○《博物志》：「張騫使西域還，得胡桃。」《名物志》謂之羌桃。○《酉陽雜俎》：「胡桃，人曰蝦蟆瓜。瓠子曰犀。」○《格物論》：「味甘殼薄者佳。食不令人肥健。」案：多食恐發熱。○《羣芳譜》：「宋洪邁有痰疾，上諭令以胡桃肉、生薑，卧時嚼服。數次即愈。」○晉鈕滔母《答吳國書》：「胡桃本生西羌，外剛樸，内柔甘，質似古賢，欲以奉貢。」○陳氏《花鏡》：「下種須擇其佳者，殼光、紋淺、體重之核，平埋土中，即生芽；若尖縫向上，則水浸其仁，壞多不生〔五〕。春斫皮，中出汁，婦人承取沐頭，則髮黑。又燒核火中，半紅，埋作火種，經三四日，不動，亦不燼。」

校記

〔一〕「主客」原家刻本係依殿本《農桑輯要》引文，今據《齊民要術·插梨》校補。「主」指樵木，「客」指接條。

〔二〕耀，《四部叢刊》本《六臣註文選》卷十六晉潘岳《閒居賦》作「曜」。

〔三〕大徐本《説文》果作實，實作果。

〔四〕蜀，原作吳，依《四部叢刊》本《六臣註文選》卷四晉左思《蜀都賦》校正。

〔五〕「壈」，力感切，音攬。坎壈，一作「坎廩」，失意、困頓貌。「壈」字爲雙音聯綿詞「坎壈」的一個詞素，單字無義。據上下文義，此處之「壈」字應作「壞」。當係清初手民以形似致誤。待詳。

寶訓卷六

木　材

古語云：「移樹無時，莫教樹知。多留宿土，記取南枝。」

崔寔曰：「二月，盡三月，可掩樹枝。」埋樹枝土中，令生。二歲已上，可移種矣。○《齊民要術》：「凡栽一切樹木，欲記其陰陽，不令轉易。陰陽易位則難生。從小栽者，不煩記也。大樹髡之；不髡，風搖則死。小則不髡。先爲深坑。內樹訖，以水沃之，著土令如薄泥；東西南北，搖之良久，搖，則泥入根間，無不活者；不搖，根虛多死。其小樹，則不煩耳。然後下土堅築。近上三寸不築，取其柔潤也。時時溉灌，常令潤澤。每澆，水盡即以燥土覆之。覆則保澤，不然即乾。埋之欲深，勿令撓動。凡栽樹訖，皆不用手捉及六畜觝突。」《戰國策》曰：「夫柳，縱橫顛倒，樹之皆生。使十人樹之，一人搖之，則無生柳矣。」

諺曰：「木若稼，達官怕。」《舊唐書》。○案：木稼，木冰也。亦名木介。

諺曰：「正月可栽大樹。」

《齊民要術》：「凡栽樹，正月爲上時，二月爲中時，三月爲下時。然棗，雞口；槐，兔目；桑，蝦蟆眼；榆，負瘤；自餘雜木，鼠耳，虻翅，各以其時。此等名目，皆是葉生形容之所象似；以此時栽種者，葉皆即生。早栽者，葉晚出。雖然，大率甯早爲佳，不可晚也。樹，大率種數既多，不可一一備舉。凡不見者，栽蒔之法，皆求之此條。」

古語曰：「上求材，臣殘木；上求魚，臣乾谷。」

周諺曰：「山有木，工則度之；賓有禮，主則擇之。」《左傳》。

崔寔曰：「自正月以終季夏，不可伐木；必生蠹蟲。十一月，伐竹木。」○《四時類要》：「十二月斬伐竹木，不蛀。」○《齊民要術》：「凡伐木，四月七月，則不蟲而堅韌。凡木有子實者，候其子實將熟，皆其時也。非其時者，蟲而且脆也。○凡非時之木，水漚一月，或火煏皮逼反。取乾，蟲皆不生。水浸之木，更益柔韌。○凡作園籬法：于牆基之所，方整深耕。凡耕作三壠，中間相去各二尺。秋酸棗熟時，收，于壠中概種之。至明年秋，生高三尺許，間斸去惡者，相去一尺留一根。必須稀概均調，行伍條直相當。至明年春，剝敕傳反。去橫枝；剝必留距。若不留距，侵皮痕大，逢寒即死。剝訖，即編爲巴籬：隨宜夾縛，務使舒緩。急則不復得長故也。又至明年春，更剝其末；又復編之，高七尺便足。欲高作者，亦任人意。其種柳作之者，一尺一樹；初即斜插，插時即編。其種榆筴者，一同酸棗。」

諺云：「東家種竹，西家治地。」爲滋蔓而來生也。竹性愛向西南引，故于園東北角種之。數歲之後，自當滿園。

諺云：「栽竹無時，下雨便移；多留宿土，記取南枝。」

《爾雅》：「筍，竹萌。」注：「初生者。」「簜竹。」註：「竹別名。」「莽，數節。」註：「竹類也。節間促。」○「數音朔。」「桃枝，四寸有節。」註：「今桃枝節間相去多四寸。」「粼，堅中。」註：「竹類也。其中實。」○「粼音吝。」「簢，筡中。」註：「言其中空。竹類。」○簢筡音閔徒。「仲，無笐。」註：「未詳。」○「笐音杭。」「篙，箭萌。」註：「萌，筍屬也。《周禮》：篙菹，雁醢。」○「篙音待。」「篠，箭。」註：「別二名。」○《說文》：「冬生青艸。象形。下垂，箁箬也。」箁，蒲侯切。○《淮南子·說林訓》：〔二〕「竹以水生。」○《釋名》：「竹曰个。」○《本草》：「竹葉，一名升斤。竹花，一名草華。」○《莊子·秋水》篇註：「練實，竹實也。」○戴凱之《竹譜》：「竹曰青士，類有六十一焉。」○凡竹最初種者曰竹祖。唐詩：「竹祖護龍孫。」○贊寧《竹譜》：「竹根曰鞭。八月鞭行，故竹以八月爲春，二三月爲秋。百物皆以始生爲春，成熟爲秋也。」又《筍志》：「竹根有鼠，大如貓，其色類竹，名竹豚，亦名稚子。杜詩所謂『筍根稚子』也。」○《岳陽風土記》：「五月十三日謂之龍生日，可種竹。」○《齊民要術》

所謂「竹醉日」也。案：又謂竹迷日。〇黄山谷詩：「夏栽醉竹餘千个，春糞辰瓜滿萬區。」又曰：「竹須辰日種。」案：竹未聞辰日種，殆瓜誤爲竹歟。〇《齊民要術》：「宜高平之地；近山阜尤是所宜。下田得水，即死。〇案：此説與《淮南子》異。黄白軟土爲良。正月二月中，斸取西南引根并莖，芟去葉，于園内東北角種之。令坑深二尺許，覆土厚五寸。其居東北角者，老竹；種不生，生亦不能滋茂。故須取其西南引少根也。案：餘註移于篇首「西家治地」下。稻麥糠糞之：二糠各自堪糞，不令和雜。不用水澆。澆則淹死。勿令六畜入園。三月食淡竹筍，四月五月，食苦竹筍。其欲作器者，經年乃堪殺。」未經年者，軟未成也。〇《四時類要》：「種竹：去梢葉。作稀泥於坑中，下竹栽，以土覆之；杵築定，勿令脚踏。土厚五寸。竹忌手把，及洗手面脂水澆，著即枯死。」〇《博聞録》：「月菴種竹法，深闊掘溝；以乾馬糞和細泥，填高一尺。無馬糞，礱糠亦得。夏月稀，冬月稠。然後種竹。須三四莖作一叢；亦須土鬆。淺種，不可增土於株上，泥若用钁打實，則不生筍。」〇《夢溪》云：「種竹，但林外取向陽者，向北而栽。蓋根無不向南，必用雨下；遇「火日」及有西風，則不可。花木亦然。」〇《志林》：「竹有雌雄；雌者多筍，故種竹常擇雌者。凡欲識雌雄，當自根上第一枝觀之：有雙枝者，乃爲雌竹；獨枝者，爲雄竹。案：《述異記》有子母竹，謂之孝竹慈竹。〇竹有花，輒槁死，花結實如稗，謂之『竹米』。一竿如此，久之則舉林皆然。其治之法，于初米時，擇一竿梢大者，截去近根三尺許，通其節，以糞實之，則止。」案：竹六十年一易根。〇《瑣碎録》：「引筍法：隔籬埋貍或貓于牆下，明年筍自迸出。」〇竹，以三伏内及臘月中斫者不蛀。一云用「血忌日」。

語云：「培塿無松柏。」《左傳》。

《字説》：「松，百木之長，猶公，故字从公。」〇《説文》：「柏，椈也。」〇《六書精藴》：「柏，陰木也。木皆屬陽，而柏向陰、指西，蓋木之有貞德者，故字从白。白，西方正色也。」案：《春秋緯》：「諸侯墓樹柏。」又《東方朔傳》：「柏者，鬼之廷也。」〇《爾雅》：「柀，煔。」註：煔似松，生江南，可以爲船。疏云：「煔，俗作杉。」〇「柀音彼。」〇「樅，松葉柏身。檜，柏葉松身。」〇《齊民要術》：「崔寔曰：正月，自朔暨晦，可移松、柏、桐、梓、竹、漆諸樹。」〇《博聞録》：「栽松，春社前帶土栽培，百株百活。舍此時，決無生理也。〇斫松木，須五更初，便削去皮，則無白蟻。「血忌日」尤好。〇插杉：用驚蟄前後五日，斬新枝，劚坑入枝，下泥杵緊。相視天陰即插；遇雨十分生。無雨，即有分數。」〇《農桑輯要》：「種松柏：八九月中，擇成熟松子，柏子同。去臺收頓。至來春春分時，甜水浸子十日。治畦、下水、上糞，漫散于畦内，如種菜法，或單排點種。上覆厚土二指許。畦上，搭矮棚蔽日。旱則頻澆，常須溼潤。至秋後，去棚；長高四、五寸。十月中，夾蘺稭籬，以禦北風。畦内亂撒麥糠覆樹，令梢上厚二、三寸止。南方宜撒蓋。至穀雨前後，手爬去麥糠，澆之。次冬，封蓋亦如此。二年之後，三月中，帶土移栽。○檜，種如松法。插枝者，二、三月檜芽蘖動時。」

諺曰：「不剥不沐，十年成轂。」

陸璣《草木疏》：「榆有十種，葉皆相似，皮及木理異。」《爾雅》釋榆者三，一曰「藲荎」。「藲，音歐。荎，大結反。」郭註：「今之刺榆。」疏：「《詩·唐風》『山有樞』是也」。一曰「無姑，其實夷」。郭註：「無姑，姑榆也。生山中，葉圓而厚，所謂蕪荑是也。」案《詩疏廣要》有「姑榆」、「郎榆」。郎榆無莢。一曰「榆，白枌」。案：註：枌榆先生葉，却著莢，皮白色。疏：「《詩·陳風》『東門之枌』是也。」○嵇康《養生論》：「榆令人瞑」。○《博物志》：「啖榆則眠不欲覺」。○崔寔曰：「二月，榆莢成；及青收，乾以爲旨蓄。收青莢，小蒸，曝之；至冬，以釀酒，滑、香，宜養老。色變白將落，可作『醔醶』。醔，音牟；醶，音頭；榆醬。隨節早晏，勿失其適。」《務本新書》：「榆葉曝乾，擣羅爲末，鹽水調勻，日中炙曝。天寒，于火上熬過，拌菜食之，味頗辛美。」案：荒歲，榆皮磨粉可食。又榆麵如膠，用黏瓦石，極有力。○《齊民要術》：「榆性扇地；其陰下，五穀不植。」隨其高下廣狹，東、西、北三方，所扇各與樹等。種者，宜于園地北畔。秋耕令熟，至春，榆莢落時收拾，漫散，犁細畤，勞之。明年正月初，附地芟殺，以草覆上，放火燒之。一根上必十數條俱生，止留一根强者，餘悉掐去之。一歲之中，長八九尺矣。不燒，則長遲也。後年正月、二月，移栽之。初生即移者，喜曲，故須叢林長之，三年乃移種。初生三年，不用採葉，尤忌捋心。捋心則科茹不長，更須依法燒之，則依前茂矣。不用剥沐。剥者長而細，又多瘢痕。不剥，雖短粗，而無病。必欲剥者，宜留二寸。于壍坑中種者，以陳屋草布壍中，散榆莢于草上，以土覆之。燒亦如法。」陳草速朽，肥良勝糞，無陳草者，用糞糞之亦佳。不糞，雖生而瘦。既栽移者，燒亦如法。

語曰：「世有兩俊：白楊何妥，青楊蕭賫。」史何妥住白楊巷，蕭賫住青楊巷。

《夏小正》：「三月，委楊。」註：「楊則華而後記之。」○委一作委。○《爾雅》：「楊，蒲柳。」註：「可以爲箭。」○崔豹《古今注》：「白楊，葉圓。青楊，葉長。移楊，圓葉弱蔕，微風大搖。」案：此種今俗謂之響楊。○《酉陽雜俎》：「青楊出峽中，爲牀，卧之無蚤。」○《博雅》：「白楊，刀也。」○馬融《廣成頌》：「珍林嘉樹，建木叢生，椿、梧、栝、柏，柜、柳、楓、楊。」○《齊民要術》：「白楊，一名「高飛」，一名「獨摇」。性甚勁直，堪爲屋材；折則折矣，終不曲撓。凡屋材，松、柏爲上，白楊次之，榆爲下也。○種白楊法：秋耕令熟。至正月二月中，以犁順逆各一到。㽦中寬狹，正似葱壟。作訖，又以鍬掘底一坑作小壍。斫取白楊枝，大如指，長三尺者，屈著壟中。以土壓上，令兩頭出土，向上直竪；二尺一株。明年，正月剥去惡枝。一畝三壟，一壟七百二十株，一根兩株；一畝四千三百二十株。」〇《爾雅》：「杜，甘棠。」註：「今之杜梨。」〇「杜，赤棠。白者棠。」註：「棠色異，異其名。」〇《齊民要術》：「棠熟時，收種之。否則春月移栽。八月初，天晴時，摘葉；薄布，曬令乾，可以染絳。」必候天晴時，少摘葉，乾之，復更摘。慎勿頓收，若遇陰雨則浥，浥，不堪染絳也。〇《說文》：「楮，穀也。」〇陸璣《詩疏》：「幽州人謂之穀桑，或曰楮桑；荆、揚、交、廣謂之穀；中州人謂之楮；江南人績其皮以爲布，又搗以爲紙。」〇《酉陽雜俎》：「葉有瓣曰楮，無曰構。」〇《齊民要術》：「楮，宜澗谷間種之；地欲極良。秋上，候楮子熟時，多收；浄淘，曝令燥。耕地令熟。二月，耬耩之，和麻子漫散之，即勞。秋、冬，仍留麻勿刈，爲楮作暖。若不和麻子種，率多凍死。明年正月初，附地芟殺，放火燒之。一歲即没人，不燒者瘦，而長亦遲。三年便中斫。未滿三年者，皮薄不任用。斫法：十二月爲上，四月次之，非此兩月而斫者，楮多枯死也。每歲正月，常放火燒之。不燒，則不滋茂也。二月中，間斸去惡根。移栽者，二月蒔之；亦三年一斫。」

長安百姓歌曰：「長安大街，夾路楊槐；下走朱輪，上有鸞棲。」《晉書》：「苻堅自長安至于諸州，夾路皆種槐柳，百姓歌之。」

諺曰：「槐花黄，舉子忙。」

《爾雅》：「櫰，槐大葉而黑。」註：「槐樹葉大色黑者，名爲櫰。○櫰，苦回切。」「守宫槐，葉晝聶宵炕。」註：「槐葉晝日聶合而夜炕布者。」○「聶，音輒。炕，吁朗切。」○《春秋説題辭》：「槐木，虚星之精。」○《藝文類聚》：「槐，季春五日而兔目，十日而鼠耳，更旬而始規，二旬而葉成。」○《梁書》：「庾肩吾常服槐實，年九十餘，目看細書，鬚髮皆黑。」○《齊民要術》：「槐子熟時，多收，擘取數曝，勿令蟲生。五月，夏至前十餘日，以水浸之，如浸麻子法。六七日，當芽生。好雨種麻時，和麻子撒之。當年之中，即與麻齊。麻熟，刈去，獨留槐。槐既細長，不能自立，根别竪木，以繩攔之。明年，斸地令熟，還于槐下種麻。脅槐令長。三年正月，移而植之。亭亭條直，千百若一。若隨宜取栽，匪直長遲，樹亦曲惡。」宜於園中割地種之。

蜀人語云：「有三千官柳，四十琵琶。」陸游詩自註。○案：柳亦名官柳。

《夏小正》：「正月：柳稊。」註：「稊也者，發孚也。」○《爾雅》：「檉，河柳。」註：「今河旁赤莖小楊。」○陸璣疏云：「一名雨師，枝葉如松。」○案：一名觀音柳、西河柳，又名三春柳。「旄，澤柳。」註：「生澤中者。」○《説文》：「柳，小楊也。本作桺。从木丣聲。」○《堯典》：「宅西，曰昧谷。」徐廣云：「柳谷。」案：宋祁《筆記》：古文卯本柳字，後借爲「辰卯」之「卯」。「北本「別」字，後借爲「西北」之「北」。虞翻笑鄭玄不識古文，以「卯」爲「昧」，訓「北」曰：「北」猶「別」也。○《陶朱公術》曰：「種柳千樹，則足柴。十年以後，髡一樹得一載；歲髡二百樹，五年一周。」《博聞録》：「楊柳根下，先種大蒜一枚，不生蟲。」案：一法，劈開其下皮，夾甘草一片，入土，則不生蟲。○《齊民要術》：「種柳：正月二月中，取弱柳枝，大如臂，長一尺半，燒下頭二三寸，埋之令没。常足水以澆之。必數條俱生；留一根茂者。別豎一柱以爲依主。以繩攔之。一年中，即高一丈餘。其旁生枝葉，即掐去，令直聳上。高下任人取足，便掐去正心，即四散下垂，婀娜可愛。六七月中，取春生少枝種，則長倍疾。」少枝葉青氣壯，故長疾也。○案：種柳法，亦一畝三壟。治壟寬狹，與種白楊法同。○柳性耐水，楊性宜旱。○《爾雅》：「槐小葉曰榎。」註：「槐當爲楸。楸細葉者爲榎。」○榎，同櫃。「大而皵楸。」註：「老乃皮粗皵者爲楸。」○皵音鵲。「小而皵榎。」註：「小而皮粗皵者爲榎。」○《説文》：「楸，梓也。」○《埤雅》：「楸、梧早脱，故楸謂之秋。」楸一作萩。○《述異記》：「中山有楸户，著名楸籍者也。」案：《史記》：「淮北，常山，巴南，河、濟之間千樹萩。」○《齊民要術》：「亦宜割地一方種之。梓、楸各別，無令和雜。楸既無子，可於大樹四面，掘作坑取栽移之。方兩步一根。兩畝一行；一行百二十樹，五行合六百樹。十年後，所在任用。」○《爾雅》：「椅，梓。」註：「即楸。」○陸璣《草木疏》：「楸之疏理白色而生子者，梓。」案：《説文》：

「梓，楸也。」或作櫱梓。○《埤雅》：「梓爲百木長，故呼梓爲木王。」羅願云：「屋室有此木，則餘材皆不震。」案：林中有梓樹，諸木皆内拱。○《齊民要術》：「種梓法：秋，耕地令熟。秋末冬初，梓角熟時，摘取，曝乾，打取子。耕地作壟，漫田即再勞之。明年春生，有草拔令去，勿使荒没。後年五月間，斸移之，方兩步一樹。」此樹須大，不得概栽。

吴童謡云：「梧宫秋，吴王愁。」《述異記》：「吴王有别館，在句容，楸梧成林，故名梧宫。」或云，即館娃宫。宫有梧桐園。

長安童謡云：「鳳皇鳳皇！止阿房。」《秦記》曰：「初，長安謡云：『鳳皇鳳皇！止阿房。』苻堅遂於阿房城植桐數萬株以待之。其後慕容沖入阿房城而止焉。沖，小字鳳。」

《夏小正》：「三月：拂桐芭。」註：「拂也者，拂也。桐芭之時也。或曰：言桐芭始生，貌拂拂然也。」○《爾雅》：「櫬，梧。」註：「今梧桐。」「榮，桐木。」疏云：「桐木一名榮。」○《周書》：「清明之日，桐始華；桐不華，歲有大寒。」○陳翥《桐譜》列六種：「紫桐、白桐、膏桐、刺桐、頳桐、梧桐。」○《淮南子·説山訓》：「梧桐斷角。」註：「柔勝剛也。」○《齊民要術》：「梧桐：桐葉花而不實者，曰「白桐」；實而皮青者，曰「梧桐」。人以其皮青，號曰「青桐」也。青桐，九月收子；二三月中，作一步圓畦種之。方大則難裹，所以須圓小。治畦下水，一如葵法。五寸下一子，少與熟糞和土覆之。生後，數澆令潤澤。此木宜溼故也。當歲即高一丈。至冬，以草圍之。明年三月中，移植于廳齋之前，華浄妍雅，極爲可愛。後年冬，不復須裹。成樹之後，樹剥下子一石。子於包上，〔二〕多者五六，少者二三也。炒食甚美。味似菱芡，多食亦無妨。白桐無子，冬結似子者，乃是明年之花房。亦繞大樹掘坑，取栽，移之。成樹之後，任爲樂器。」青桐則不中用。

語曰：「膠漆自謂堅，不如雷與陳。」雷義、陳重事見《後漢書》本傳。〔三〕○以下漆、雜木附。

《説文》：「桼，木汁，可以髤物。从木，氺象形，桼如水滴而下也。」案：《廣韻》：桼，通作漆。○《農桑輯要》：「春分前後移栽。後樹高，六七月以剛斧斫其皮開，以竹管承之，汁滴則成漆。」○《爾雅》：「栩，杼。」註：「柞樹。」○「櫟，其實梂。」註：「有梂彙自裹。」○或曰：柞櫟也。○「梂音求。」○《詩緝》：〔四〕「柞，堅韌之木。新葉將生，故葉乃落，附著甚固。」○《齊民要術》：「柞，俗呼爲「橡子」，橡殼爲「杼斗」，橡子，儉歲可食以爲飯；豐年放猪食之，可以致肥也。宜於山阜之曲，三遍熟耕，漫散橡子，即再勞之。生則薅治，常令浄潔。一定不移。斫去尋生，料理還復。」○《周禮》：「其植物宜莢物。」〔五〕註：「莢物，薺莢、王棘之屬。」疏云：「即今人謂之皁莢」是也。○《博聞録》：「樹不結，鑿一大孔，入生鐵三五斤，以泥封之，便開花結子。既實，以篾束其本數匝，木楔之，一夕自落。」○《農桑輯要》：「種者，一二三月種。不結角者，南北二面，去地一尺鑽孔，用木釘釘之，泥封竅，即結。」

○《爾雅翼》：「楝木高丈餘，葉密如槐而尖，三四月開花，紅紫色」，「實如小鈴」，名「金鈴子，可以楝，〔六〕故名。」案：《淮南子》注云：「楝實，鳳凰所食。」○《東皐雜録》：「花信風，梅花風最先，楝花風最後，凡二十四番以爲寒絶。」○《農桑輯要》：「子熟時，雨後種；如種桃李法。成樹移栽。」○《類篇》：「椿同杶。《禹貢》作杶，《左傳》作櫄，《説文》作櫄。皆一物也。」○《農桑輯要》：「木實而葉香，有鳳眼草者，謂之『椿』；木疏而氣臭，無鳳眼草者，謂之『樗』。皆可于春分前後栽之。又云：有花而莢者謂『樗』；無花不實謂『椿』。」

晉童謡云：「官家養蘆化成荻。」《徵祥記》○謂盧脩爲敵也。○以下葦、荻、蒲附。

《夏小正》：「七月：秀雚葦。」註：「未秀則不爲雚葦，秀然後爲雚葦，故先言秀。」「灌荼。」註：「灌，叢也。荼，雚葦之秀，爲蔣褚之也。雚未秀爲菼，葦未秀爲蘆。」案：「四月，取荼」註：「荼者，以爲君薦蔣也。」其即此荼與！○《爾雅》：「葦醜，芀。」註：其類皆有芀秀。○芀音調。「葭，華。」註：「即今蘆也。」「蒹，薕。」註：「似萑而細，高數尺。」「葭，蘆。」註：「葦也。」「菼，薍。」註：「似葦而小，實中。」「其萌虇。」註：「今江東呼蘆筍爲虇，然則萑葦之類，其初生者皆名虇。」虇音綣。○《農桑輯要》：「葦：四月苗高尺許，選好葦，連根栽成土墩，如碗口大。于下溼地内，掘區栽之。縱横相去一二尺。欲疾得力，則密栽。至冬，放火燒過。次年春芽出，便成好葦。十月後，刈之。」〇荻，栽與葦同。〇《農桑輯要》：「四月，揀綿蒲肥旺者，廣帶根泥，移出，于水地内栽之。次年即堪用。」其水深者，白長；水淺者，白短。〇《爾雅》：「莞，苻蘺，其上萵。」音翮。〇註：「今西方人呼蒲爲莞蒲萵，謂其頭臺首也。」「用之爲席。」又鄭康成《詩·箋》云：「莞，小蒲也。」〇《淮南萬畢術》：「酒薄復厚，漬以莞蒲。」註：斷蒲漬酒中，即厚。

校記

〔一〕説林，原作「俶真」，依《諸子集成》本《淮南子注》卷十七《説林》校改。
〔二〕包，《齊民要術·槐柳楸梓梧柞》作「葉」。
〔三〕後，據《後漢書》《獨行列傳·雷義》校補。
〔四〕緝，原作「輯」，依《四庫全書總目·經部·詩類一》校改。
〔五〕物，依《十三經注疏·周禮注疏》卷十校補。
〔六〕楝，明正德本《爾雅翼》卷九《釋木一·楝》作「練」。

寶訓卷七

藥草

諺云：「臘鼓鳴，春草生。」《歲時記》：「十二月八日爲臘日，村人并擊細腰鼓以逐疫。」

《説文》：「藥，治病草。」案：藥有「略」音。韓愈詩：「五鼎調勺藥。」又藥蘭「藥」字音「籞」。

《漢書》：「池藥未幸。」〇《廣雅》：「紫芀，紫草也。」〇《山海經》：「勞山，多茈草。」一名紫英。〇《齊民要術·種紫草》：「宜黄、白軟良之地，青沙地亦善；開荒、黍穄下，大佳。性不耐水，必須高田。三月種之。耬耩地，逐壟手下子。良田一畝，用子二升半；薄田，用子三升。下訖，勞之。鋤如穀法，潔淨爲佳。其壟底草，則拔之。九月中，子熟，刈之。候稃燥，載聚，打取子。溼載，子則浥鬱。即深細耕。不細不深，則失草矣。尋壟以杷耬取、整理。收草，宜併手力速竟爲良。遭雨，則損草也。一扼，隨以茅結之；擘葛彌善。四扼爲一『頭』。當日則斬齊，顛倒十重許爲長行，置堅平之地，以板石鎮之令扁。溼鎮，直而長；燥鎮，則碎折；

不鎮，賣難售也。兩三宿，竪頭著日中，曝之令浥浥然。不曬則鬱黑；太燥則碎折。五十『頭』作一『洪』。「洪」十字大頭向外。著敞屋下、陰涼處，棚棧上。其棚下，勿使驢馬糞及人溺，又忌烟；皆令失草色。其利勝藍。若欲久停者，入五月，内著屋中；閉户塞向，密泥，勿使風入漏氣。過立秋，然後開出，草色不異。」〇《本草》：「紅藍花，即紅花也。花作梂彙，多刺。」案：宋文帝詩：「紅藍與芙蓉，我色與歡敵。」〇《古今注》：「燕支，中國人謂之紅藍。」案：張騫得自西域者。〇《齊民要術》：「花地欲得良熟。二月末三月初種也。種法：欲雨後速下，或漫散種，或耬下，一如種麻法。亦有鋤掊而掩種者。〔一〕子科大而易料理。花出，日日乘涼摘取；不摘則乾。摘必須盡。留餘即合。五月子熟，拔，曝令乾，打取之。子亦不至浥鬱。五月種「晚花」。春初即留子。七月中摘，深色鮮明，耐久不黦，勝春種者。黦，紆物反。色壞也。收子，與麻子同價：既任車脂，亦堪爲燭。一頃花，日須百人摘。〇曬紅花法：摘取即碓擣使熟，以水淘，布袋絞去黄汁。更擣，以粟飯漿清而酸者淘之。又以布袋絞去汁。即收取染紅，勿棄也！絞訖，著甕器中，以布蓋上。雞鳴，更擣令均，于席上攤而曝乾，勝作餅。花作餅者，不得乾，令花浥鬱也。」

語曰：「青出於藍，藍謝青；師何常，在明經。」《北史》李謐初師小學孔璠，後璠還就謐請業。〇案：首句一作「青成藍」。

《通志》：「藍三種：蓼藍染緑；大藍如芥，染碧；槐藍如槐，染青。三藍皆可作澱，色成勝母。」○《夏小正》：「五月：啟灌藍蓼。」註：「啟者，别也，陶而疏之也。灌也者，叢生者也，記時也。」○崔寔曰：「榆莢落時，可種藍。五月，可刈藍。六月，可種冬藍。」冬藍，木藍也。○《齊民要術》：「藍地欲良，〔二〕三遍細耕。三月中，浸子令芽生，乃畦種之；治畦下水，一同葵法。藍三葉，澆之；晨夜再澆。薅治令淨。五月中，新雨後，即接濕耬耩拔栽之。三莖作一科，相去八寸。栽時，宜併功急手，〔三〕無令地燥也。白背即急鋤，栽時既溼，白背不急鋤，則堅確也。五遍爲良。七月中，作『藍澱』。」案：《花鏡》：「夏至前後，看葉上有破紋，方可收割。凡五十斤用石灰一石，缸內浸至次日，已變黄色。去梗，用木爬打，轉粉青色，變至紫花色，然後去水成靛矣。」○《説文》：「梔，木。實可染。」○《博雅》：「梔子，楕桃也。」案《正字通》名「越桃」，無「楕桃」名。○《史記》：「千畝巵茜。」註：「其花染繒赤黄也。」○案：巵同梔。○《述異記》：「洛陽有支茜園。」○《農桑輯要》：「十月，選成熟梔子，取子淘淨，灑乾。至來春三月，選沙白地，斸畦。區深一尺，全去舊土，却收地上溼潤浮土，篩細，填滿區，下種。稠密，如種茄法。上搭箔棚遮日，高可一尺。四十餘日，芽方出土。次年三月移開。第四年開花結實。十月收摘，甑內微蒸曬乾用。」

六安土人曰：「茶不可移，移必不活。」許雎菴曰：「今世聘婦，以茶爲禮，豈取其一定不移乎！」

《爾雅》：「檟，苦茶。」註：「樹小如梔子，冬生，葉可煑作羹飲。今呼早采者爲茶，晚取者爲茗。一名荈，蜀人名之苦茶。」○案：此即今之茶也。荈，尺兖切。○陸羽《茶經》：「一曰茶，二曰檟，三曰蔎，四曰茗，五曰荈。」蔎音設。案《正字通》引《魏了翁集》謂茶之始，其字爲「荼」，惟陸羽、盧仝始易「荼」爲「茶」。然《漢書·年表》「荼陵」，顔師古註音塗。至《地理志》「茶陵」从人从木，則註弋奢反，又音丈加反，是漢時已有「荼」「茶」二字，非始於唐矣。○《博物志》：「飲真茶，令人少眠。」○《續博物志》：「南人好飲茶。孫皓以茶與韋昭代酒；謝安詣陸納，設茶果而已。北人初不識，開元中，泰山靈巖寺有降魔師教禪者，以不寐，人多作茶飲，因以成俗。」○「楚人陸鴻漸爲『茶論』并『煎炙之法』，造茶具二十四事，以都統籠貯之。常伯熊者，因廣鴻漸之法。伯熊飲茶過度，遂患風氣。或云：北人未有茶，多黄病，後飲，病多腰疾偏死。」案：《茶録》載：晉以降吴人採葉煑之，號茗粥。則茶之始以食爲貴，後乃專以供飲耳。○《四時類要》：「茶熟時，收取子，和溼沙土拌，筐籠盛之，穰草蓋。不爾，即凍，不生。至二月中，出，種之。于樹下或北陰之地開坎：圓三尺，深一尺；熟斸，著糞和土。每坑中，種六七十顆子；蓋土厚一寸强。任生草，不得耘。相去二尺種一方。旱時，以米泔澆。此物畏日，桑下、竹陰地種之，皆可。二年外，方可耘治。以小便、稀糞、蠶沙澆擁之；又不可太多，恐根嫩故也。大概宜山中帶坡坂；若于平地，即于兩畔深開溝壟泄水。水浸根，必死。

三年後，收茶。」○《爾雅》：「椒，大椒。」又：「椒、椴，醜茮。」註：「茮，萸子聚生成房貌。」椴「似茱萸而小，赤色。」○椴音殺。○《説文》：「茮，茮也。」徐鍇曰：「茮即今之椒。」案：《説文》無椒字。茮同椒，或作朹，俗作椕。○陸璣《詩疏》：「椒葉，蜀人作茶，吳人作茗。」○《齊民要術》：「熟時，收取黑子。俗名「椒目」。不用人手數近；捉之，則不生也。四月初，畦種之。治畦下水，如種葵法。生高數寸，夏連雨時，可移之。移法：以刀子圓劉椒栽，合土移于坑中，萬不失一。若拔而栽者，率多死。若移大栽者，二月、三月中移之。此物性不耐寒；陽中之樹，冬須草裹；不裹則死。其生小陰中者，少稟寒氣，則不用裹。候實口開，便速收之。天晴時摘下，薄布，曝之，令一日即乾；色赤椒好。若陰時收者，色黑，失味。其葉，及青摘取，可以爲菹；乾而末之，亦足充食也。」○《禮·内則》：「三牲用藙。」註：「藙，煎茱萸也。」○《水經注》：「邵陵水，逕流三峽，名茱萸江。」○《唐書·王維傳》：「輞川別墅有茱萸沜。」○《齊民要術》：「食茱萸」也。「山茱萸」則不任食〔四〕。二月、三月栽之。宜故城、堤、冢、高燥處。候實開，便收之；挂着屋裏壁上，廕乾。勿使煙熏。煙熏則苦而不香也。用時，去中黑子。」肉、醬、魚、鮓，偏宜用。○《本草》：「馬蘄，一名野茴香。蒔蘿，一名小茴香。」案：小茴香又名慈謀勑。○嵇康《茴香賦》：「仰眺崇岡，俯察幽坂，乃見茴香生蒙楚之間。」○《務本新書》：「春暖，向陽掘區；糞土相和，區先下水。子，用新香不浥者。量地下子，糝土微蓋，區南，約量種𦳣，以遮夏日。長高三四指，旱則澆之。或霖雨時，就新子種之。亦可十月斫去條梢，糞土覆根；三月去之。」案：蒔蘿，生佛誓國。

語曰：「不戴金蓮花，不得到仙家。」《拾遺記》：「滄洲金蓮花，形如蝶，婦人競採爲首飾。」

《爾雅》：「荷，芙蕖。註：『別名芙蓉。』其莖茄，其葉蕸，其本蔤。註：『莖下白蒻在泥中者。』其華菡萏，其實蓮。註：『蓮謂房也。』其根藕，其中的。註：『蓮中子也。』的中意。註：『中心苦。』」○《韻會》：「凡芙蕖行根，如竹行鞭，節生一葉一華，華葉常偶，故謂之藕。」○《續博物志》：「藕生應月，閏月益一節。」案：藕，《說文》作「蕅」，《類篇》作「萬」。○《齊民要術》：「種蓮子法：八月、九月中，取蓮子堅黑者，于瓦上磨蓮子頭，令皮薄。取墐土作熟泥，封之，如三指大，長二寸，使蒂頭平重，磨處尖銳。泥乾時，擲于泥中；重頭沈下，自然周正。皮薄易生，少時即出。其不磨者，皮既堅厚，倉卒不能生也。○種藕法：春初，掘藕根節頭，著魚池泥中種之。當年即有蓮花。」

諺云：「韭爲草鍾乳，芡是水硫黃。」

《廣雅》：「雞頭謂之莅。伊揷切。芡一名雁啄實。《管子》名芡爲卵蔆。《酉陽雜俎》：蔆開花背日，芡開花向日，故蔆寒芡暖。」○《埤雅》：「荷花日舒夜斂，芡花晝斂宵炕，陰陽之異也。」○韓愈詩：「平池散芡盤。」○《齊民要術》：「種芡法：八月中收取，擘破，取子，散著池中，自生也。」○《爾雅》：「蔆，蕨攈。」註：「蔆，今水中芰。」○「攈音眉。」○《武陵記》：「四角、三角曰芰，兩角曰蔆。」案：蔆又作菱，秦人謂之薢茩。○梁簡文帝《採菱詩》：「菱花落復含，桑女罷新蠶，桂棹浮星艇，徘徊蓮葉南。」○《齊民要術》：「種芰法：秋上，子黑熟時，收取；散著池中，自生矣。」○《本草》：「甘藷，音諸。○案山藥本名薯蕷。音諸預。一名山芋。秦楚名玉延，鄭越名土藷，一名修脃，一名兒草。」○《南方草木狀》：「秋熟，收蒸之，以充糧糗，海人食皆壽百餘歲。」○《異苑》：「若欲掘取，默然則獲，唱名便不可得。人有植之者，隨所植之物而象之。」○《四時類要》：「《山居要術》云：擇取白色根，如白米粒成者，先收子。作三五所坑，長一丈，闊三尺，深五尺，下密布磚。坑四面一尺許，亦側布磚，防別入傍土中，根即細也。作坑子訖，填糞土三行，下子種之，填坑滿。待苗著架。經年已後，根甚粗，一坑可支一年食。根種者，截長一尺已下種。○又法：《地利經》云：大者，折二寸爲根種，當年便得子。收子後，一冬埋之。二月初，取出便種。忌人糞。如旱，放水澆；又不宜太溼。須是牛糞和土種，即易成。」○《務本新書》：「種山藥，宜寒食前後；沙白地。霜降後，比及地凍，出之，外。將「蘆頭」另窨，來春種之，勿令凍損。」按種時須揀肥長山藥、上有芒刺者。○《爾雅》：「苄，地黃。」注：「一名地髓。」陶注《本草》云：「生渭城者，乃有子實，實如小麥。」○《爾雅翼》：「地黄，生者，以水試之：浮者，名天黄；半沈半浮者，人黄；沈者，地黄。苄字从下，亦趨下之義。」○《齊民要術》：「種地黄法：須黑良田，五遍細耕。三月種一畝下種五石。至四月末、五月初，生苗訖。至八月盡、九月初，根成中染。若須留爲種者，即在地中，勿掘之。待來年三月，取之爲種。計：一畝可收根三十石。今秋收訖，至來年更不須種，自旅生也。惟須鋤之。」按：上文云：「鋤時，別作小刃鋤，勿使細土覆心。」又按：製地黄忌銅鐵器。

鄉人歌曰：「我有圃，生之杞乎！」〔五〕《左傳》

《爾雅》：「杞，枸檵。」註：「今枸杞也。」陸璣疏云：「一名苦杞。春生作羹茹，微苦。葉及子，服之輕身益氣。一名地骨。」○檵音計。○《本草》：「去家千里，勿食蘿摩枸杞，言强盛陰道也。」○《博聞録》：「種枸杞法：秋冬間，收子；淨洗、日乾。春耕熟地作町，闊五寸。紐草稕肶去聲。束稈曰稕。如臂大，置畦中；以泥塗草稕上，然後種子；以細土及牛糞，蓋令遍。苗出，頻水澆之。又可插種。」案：一法：截條長四五指，掩于溼地中，亦生。○《夏小正》：「九月：榮鞠樹麥。」註：「鞠，草也。鞠榮而樹麥，時之急也。」○《爾雅》：「蘜：治蘠。」〔六〕註：「今之秋華菊。」○《本草》：「菊華，一名節華。」陶注云：「菊有兩種。一種，紫莖，氣香而味甘美，葉可作羹，爲真菊。一種，青莖而大，作蒿艾氣味，苦不堪食，名薏，非真菊也。」案：《抱朴子》：「菊花與薏花相似，直以甘苦別之耳。」○《圖經》：「今服餌家多用白者。」

○魏文帝《與鍾繇書》：「九月九日，草木遍枯，而菊芬然獨秀。今奉一束，以助彭祖之術。」案：劉蒙泉《菊譜》，一百六十三品，范至能等廣至三百餘種。○《博聞録》：「菊：蜀人多種之。苗可入茶，花、子入藥。然野菊大能瀉人，惟真菊延年，乃黄中之色，氣味和正，花、葉、根、實，皆長生藥。其性介烈，不與百花同盛衰。是以通仙靈也。」○《務本新書》：「宜白地栽，甜水澆。苗作菜食，花入藥用。三四月，帶根土掘出。作區、下糞，水調成泥，擘根分栽。每區一二科，後極滋茂。」案：《花鏡》：「小滿時，每日須看捉剪頭蟲。紅頭黑身，在辰巳二時，專剪菊頭。若被菊虎咬過，其頭見日即垂，視咬傷處去寸許，即掐去，無害；遲則生蟲。又有細蟻，侵蛀菊本，須用魚腥水洒其葉、或澆土則除。若蚯蚓、地蠶傷根，權以石灰水灌之，則死；速將河水連澆，以解灰毒。若象幹蟲，似蠶，青質，與葉一色，食葉，須早起，以針尋其穴，刺殺之。」○《四時類要》種蒼术法：「二月，取根子劈破，畦中種。上糞、下水，一年即稠。苗亦可爲菜。若作煎，宜多種之。」○《博物志》：「黄精草即太陽草也，食之令人長生。若太陰草，食之則死；其草節所謂鉤吻也，與黄精相反。」杜甫詩：「埽除白髮黄精在。」○《四時類要》：「二月，擇取葉相對生者，是真黄精。擘長二寸許，稀種之。一年後，甚稠。種子亦得。其葉甚美，入菜用。其根堪爲煎。术與黄精，仙家所重。」○《吴氏本草》：「百合，一名重邁，一名中庭，一名重匡。」○《羣芳譜》：「都波國無稼穡，以此爲糧。」○《四時類要》：「二月，種百合，此物尤宜雞糞。每坑深五寸，如種蒜法。」又云：取根曝乾，擣爲麪，細篩，甚益人。○《本草》：「牛蒡音榜。子，一名惡實，似蒲萄核，外殼如栗莍。一名鼠黏，一名大力子，一名蝙蝠刺。氣味苦寒，無毒。」○《務本新書》：「葉作菜食，明目，補中，去風。久食，輕身耐老。」○《四時類要》：「熟耕肥地，令深、平。二月末下子。苗出後，耘。旱即澆灌，八月已後，即取根食。若取子，即留隔年，方有子。凡是閒地，即須種之，不但畦種也。」○《爾雅》：「薢茩，芵茪。」注：「芵，明也。」疏云：「葉如茳芒子，形如馬蹄，呼爲馬蹄芵，明。」《廣雅》謂之羊躑躅。○「薢音皆，茩音狗，芵音決，茪音光。」○案：芵，通決。杜甫詩：「雨中百草秋爛死，階下決明顔色鮮。」○或云：取子一匙，挼令淨，空心吞之，百日後，夜可見光。○《博聞録》：「園圃四旁，宜多種，蛇不敢入。」案：一種似苜蓿，葉晝開夜合，結角如細豇豆子，狀如馬蹄，可作酒藥，并眼目藥。一種茳芒決明，似槐，葉夜不合，子如黄葵而扁，忌入茶。○《四時類要》：「二月，取子畦種，同葵法。葉生便食，直至秋間有子。若嫌老，糞種亦得。若入藥，不如種馬蹄者。」○《説文》：「藷蔗也。」張衡《南都賦》：「藷蔗、薑、䔢。」註：「藷蔗，甘蔗也。䔢音煩，百合。○案：蔗又與柘通。《楚辭》：「胹鼈炮羔，有柘漿些。」○《廣志》：「甘蔗，其飴爲石蜜。」○《農桑輯要》：「栽種法：用肥壯糞地。每歲春間，耕轉四遍。每栽子一箇，截長五寸許有節者，中須帶三兩節。發芽于節上。畦寬一尺，相離五寸，卧栽一根。覆土畢，用水繞澆，止令溼潤根脈，苗高尺餘，頻用水廣澆之。并不開花結子。直至九月霜後，品嘗稭稈：酸甜者，成熟；味苦者，未成熟。將成熟者，附根刈倒。外將所留栽子稭稈，斬去虚梢。深撅窟坑，收藏至來春。出窖，截栽如前法。大抵栽種者，多用上半截；其下截肥好者，留熬沙糖。若用肥好者作種，尤佳。○煎熬法：將初刈倒稭稈，去梢葉，截長二寸，碓搗碎。用密筐或布袋盛頓，壓擠取汁。即用銅鍋，内斟酌多寡，以文武火煎熬。其鍋，隔牆安置，無令煙火近鍋。專一令人看視：熬至稠黏似黑棗，合色。用瓦盆一隻，底上鑽箸頭大竅眼一箇，盆下用甕承接。將熬成汁，用瓢盛，傾于盆内。極好者瀓于盆；流于甕内者，止可調水飲用。」○《本草》：「薏苡仁，開紅白花，結實青白色，形似珠而稍長，一名回回米，又呼西番蜀秫，俗名草珠鬼。」○《農桑輯要》：「九月霜後收子。至來年三月中，隨耕地；于壟内點種，勞蓋令平。有草則鋤。」○《廣雅》：「藟，藤也。」〔七〕○《爾雅》：「諸慮，山櫐。」註：「今江東呼櫐爲藤。似葛而粗大。」○「櫐音壘。」○《農桑輯要》：「春分前後移栽。長時，宜靠樹架起。其花茂盛。採時天晴便曬乾，不致浥損；收藏，可爲素餡食之。」○《本草》：「忍冬藤，一名金銀花。其花長瓣垂鬚，黄白相間，而藤左纏。」案：收花蒸曬，可煑茶用。○又：「薄荷，莖葉似荏而長。」○《農桑輯要》：「諸處多可移栽。經冬，根不死。採葉可食。本入藥用。」○《羣芳譜》：「罌粟，一名米囊花，一名御米花，一名米穀花。」○《四時類要》：「罌粟：尤宜山坡，亦可畦種。」○《博聞録》：「重九日種。又中秋夜種，則罌大子滿。種訖，以竹箒掃之。」○《西京雜記》：「苜蓿，案：《本草》一名「牧蓿」。《漢書》作「目宿」。一名懷風，時人謂之光風。茂陵人謂之連枝草。」○崔寔曰：「七月八月，可種苜蓿。」○《齊民要術》：「地宜良熟。七月種之。畦種水澆，一如韭法。亦一剪一上糞，鐵杷耬土令起，然後下水。一年三刈；留子者，一刈則止。春初既中生噉，爲羹甚香；長宜飼馬，馬尤嗜之。此物長生，種者一勞永逸。都邑負郭，所宜種之。」○《四時類要》：「苜蓿，若不作畦種，即和麥種之不妨。」○燒苜蓿：之地，十二月燒之訖。二年一度耕壠外根，即不衰。凡苜蓿，春食作乾菜，至益人。

昔人種菖蒲訣云：「春遲出，夏不惜，秋水深，冬藏密。」春分方出；夏四月十四日菖蒲生日，用竹剪修淨自生，不愛惜；秋，深水養之；冬須藏密室。

又，忌訣云：「添水不換水，見天不見日，宜剪不宜分，浸根不浸葉。」不換，存元氣。見日，恐焦枯。分多，則葉粗。浸葉，則易爛。○案：以上皆爲盆種而言。若入藥用，不必如此調護也。又案：泥菖，生池澤。水菖，生溪澗。石菖，生水石間。惟石菖蒲入藥，葉中有脊，其狀如劍，又名水劍；一種葉無脊，根粗大如指者，名昌陽。

《春秋運斗樞》：「玉衡星，散爲菖蒲。」○《孝經援神契》：「椒、薑禦溼，菖蒲益聰，巨勝延年，感喜辟兵。」案：感喜，琥珀屬。○《風俗通》：「菖蒲放花，人得食之長年。」○蘇軾《石菖蒲序》：「乃遺九江道士，使善視之。余復過此，將問其安否。」○《格物論》：「菖蒲，一名昌歜。」案：一名堯韭。「種池沼間。其根盤屈有節，狀如馬鞭。一種，根苗纖細，人家以瓦器種之。」案：《花鏡》：「性喜陰溼。用沙石植者葉細。用泥土者葉粗。如患葉黄，壅以鼠糞或蝙蝠矢，用水洒之。若欲苗直，以綿裹筋頭，每朝捋之。」

校記

〔一〕掊，依《齊民要術·種紅藍花梔子》校補。

〔二〕欲良，《齊民要術·種藍》作「欲得良」。

〔三〕功，原家刻本依殿本《農桑輯要》引文作「力」，今依格致本校改作「功」，與《齊民要術》合。

〔四〕則，原家刻本依殿本《農桑輯要·茱萸》引文作「味」，今依《齊民要術·種茱萸》改正。

〔五〕圃，原家刻本引作「囿」。《十三經注疏·春秋左傳正義·昭公十二年》作「圃」，今據改。

〔六〕鞠，原家刻本引作「鞠」。《爾雅注疏·釋草》作「鞠」，今據正。

〔七〕此句原作《説文》：「藤，蘠也。」按《説文》無「藤」字，今据《廣雅》改正。

寶訓卷八

孳畜

《爾雅》：「馬八尺爲駥。」音戎。「牛七尺爲犉。羊六尺爲羬。」五咸切。「彘五尺爲豟。」音厄。「狗四尺爲獒，雞三尺爲鵾。」音昆。○註云：「陽溝巨鵾，古之名雞。」○「牛曰齝。」丑之切。○註：「食之已久，復出嚼之。」「羊曰齥。」音泄。「鳥曰嗉。」註：「咽中裹食處。」○「獸曰釁。」註：「自奮迅動作。」「魚曰須。」註：「鼓䪼須息。」「鳥曰狊。」〔一〕註：「張兩翅，皆氣體所須。」

語曰：「疲馬不能度澠。」《風俗通》：「俗云馬羸不能度繩索。或云：不能度種菜畦塍也。」案：齊有澠水，裁廣三四步。言馬之疲，乃不能度此水耳。

俗説云：「相馬及君子。」《史記·貨殖傳》註引《風俗通》：「馬稱匹者，俗説云：『相馬及君子。』與人相匹，故云匹。或説馬夜行目照前四丈，故云一匹。或説度馬縱横適得一匹。」又孔子望見匹練事，見《韓詩外傳》。《風俗通》：「蝦蟆一跳八尺，再丈六。從春至夏，裸袒相逐，無他所作，掉尾肅肅。」案：蝦蟆無尾，當言夏馬。夏馬患蠅蚋，掉尾擊之，故肅肅也。

語曰：「相馬失之瘦，相士失之貧。」

古諺云：「少所見，多所怪；見橐駝言馬腫背。」東漢牟融引。

古語曰：「雖鞭之長，不及馬腹。」晉伯宗引。

古語云：「躓馬破車，惡婦破家。」《易緯》引。

諺曰：「旦起騎穀，日中騎水。」言旦飲須節水也。詳見《齊民要術》。

《夏小正》：「四月，執陟攻駒。註：執駒者，離之去母，陟，升之君也。攻駒，教之服車數舍之也。五月，頒馬。註：「分夫婦之駒也。」夫婦一作大夫卿。」○《爾雅》：「牡曰騭。」註：「今江東呼駁馬爲騭。」「牝曰騇。」「音舍。」○註：「草馬名。」○《春秋説題辭》：「地精爲馬，十二月而生，應陰紀陽以合功，月度疾，故馬善走。」○段成式《諾皋記》云：「馬鬼名賜。」○蠶爲末塗馬齒，即不食桑葉；拭去即食。蠶，馬類也，物莫兩盛如此。○《正韻》：「乘畜生於午，稟火氣。火不能生木，故馬有肝無膽。膽，木之精也。木臟不足，故食其肝者死。」○《説文》：「馬，怒也，武也。」案：《玉篇》：「馬，武獸也。」「象馬頭、髦、尾、四足之形。」《前漢·石慶傳》「馬字與尾當五」顔師古注：「馬字下曲者尾，并四點爲足，凡五。」○《五代史》：「郭崇韜謂繼岌曰：『當盡去宦官，至於扇馬，亦不可騎。』」案：扇本作騸。臞仙《肘後經》：「騸馬，宦牛，羯羊，閹豬，鐓雞，善狗，淨貓。」案：鐓亦作騬。音敦。去畜勢。○《齊民要術》：「飲食之節，食有三芻，飲有三時。何謂也？一曰惡芻，二曰中芻，三曰善芻。謂飢時與惡芻，飽時與善芻，引之令食；食常飽，則無不肥。剉草粗，雖足豆穀，亦不肥充。細剉無節，簁去土而食之者，令馬肥，不啌，〔如此喂飼〕自然好（也）〔矣〕。○啌，苦江反。何謂三時？一曰朝飲，少之；二曰晝飲，則胸饜水；三曰暮，極飲之。一曰：夏汗冬寒，皆當節飲。每飲食，勿行驟，則消水。小驟數百步亦佳。十日一放，令其陸梁舒展，令馬硬實也。驢、騾大概類馬，不復別起條端。○凡驢、馬駒，初生，忌灰氣；遇新出爐者，輒死。經雨即不死。○凡以猪槽餵馬；以石灰泥馬槽；汗，繫著門：皆令馬落駒。術曰：『常繫獮猴于馬房，令馬不畏，辟惡，消百病也。』馬久步，即生筋勞；筋勞則生蹄痛。久立，則發骨勞；骨勞則發癰腫。久汗不乾，則生皮勞；皮勞者，騴而不振。騴，陟扇切。馬土浴也。汗未燥而飲飼之，則生氣勞。氣勞者，騴而不噴。〔二〕驅馳無節，則生血勞、血勞則强行。〔三〕何以察五勞？終日驅馳，舍而視之：不騴者，筋勞也；騴而不時起者，骨勞也。起而不振者，皮勞也。振而不噴者，氣勞也。噴而不溺者，血勞也。筋勞者，兩絆，却行三十步而已。骨勞者，令人牽之起，從後笞之，起，而已。皮勞者，夾脊摩之，熱，而已。氣勞者，緩繫之櫪下，遠餧草，噴，而已。血勞者，高繫，無飲食之，大溺，而已。○治牛馬疫氣方：取獺屎煮灌之。獺肉及肝彌良。不能得肉肝，乃用屎耳。」○《四時類要》：〔四〕「治馬喉腫方：以物纏刀子，露刃鋒一寸許，刺咽喉，潰，則愈。案：一法用藥，見下《博聞録》。○治馬黑汗方：取乾馬糞置瓶子中，頭髮覆之。火燒馬糞及髮；煙出，著馬鼻，熏令烟入鼻中。須臾即差。又方：猪脊引脂、雄黄、亂髮，燒煙熏鼻同上法。○療馬結熱、起卧、戰、不食水草方：黄連二兩，杵末。白鮮皮一兩，杵碎。油五合，豬脂四兩。細切。右：以温水一升半，和藥調停，灌下；牽行拋糞，即愈。○馬疥方：梟音臭。黄、原本作雄黄。頭髮、臘月豬脂，煎令髮消。及熱塗，立效。○馬傷水。用葱、鹽、油相和，搓成團子，納鼻中。以手掩馬鼻，令不通氣。良久，待眼淚出，即止。○馬傷料。用生蘿蔔三五箇，切作片子，啖之，立效。○馬猝熱、腹脹、起卧欲死方：藍汁二升，和冷水二升，灌之，立效。○治新生小駒子瀉肚方：藁本末三錢，用大麻研汁，調灌。下咽喉，便效。次，以黄連末大麻汁解之。○驢、馬磨打破瘡。馬齒菜、石灰，一處擣爲團。曬乾後，再擣羅爲末。先口含鹽漿水，洗淨，用藥末貼之。驗。○點馬眼藥。青鹽、黄連、馬牙硝、蕤仁。右件：四味，各等分，同研爲末；用蜜煎，入瓷瓶子盛。或點時，旋取少許；以井水浸化，點。○治馬急起卧。取壁上多年石灰，細杵，羅；用酒調二兩，用水灌之。立效。○治馬『食槽』内草結方。好白礬末一兩，分爲二服。每貼，和飲水後啖之。不過三兩度，即内消却。此法神驗。」○《博聞録》：「馬傷脾方：川厚朴，去粗皮爲末，同薑、棗煎灌。應脾胃有傷，不食水草，褰唇似笑，鼻中氣短，宜速與此藥。馬心熱方。甘草、芒硝、黄檗、大黄、山梔子、瓜蔞爲末；水調灌。應心肺壅熱：口鼻流血，跳躑煩燥，宜急與此藥。○馬肺毒方：天門冬、知母、貝母、紫蘇、芒硝、黄芩、甘草、薄荷葉，同爲末；飯湯，入少許醋，調灌。療肺毒；熱極，鼻中噴水。○馬肝壅方：朴硝、黄連，爲末；男子頭髮，燒灰存性，漿水調灌。應邪氣衝肝：眼昏似睡，忽然眩倒，此方主之。○馬腎搐方：烏藥、芍藥、當歸、玄參、山茵蔯、白芷、山藥、杏仁、秦艽；每服一兩，酒一大升，同煎。温灌。隔日再灌○馬氣喘方：玄參、葶藶、升麻、牛黄、〔五〕兜苓、黄耆、知母、貝母，同爲末。每服二兩；漿水調，草後灌之。應喘嗽皆治。○馬尿血方：黄耆、烏藥、芍藥、山茵蔯、地黄、兜苓、枇杷葉，爲末；漿水煎沸，候冷，調灌。應六月熱尿血〔六〕。皆主療之。○馬喉腫方：螺青、川芎、知母、川鬱金、牛蒡、炒。薄荷、貝母，同爲末；每服二兩，蜜二兩，漿水煎沸；候温。調灌。○馬結尿方：滑石、朴硝、木通、車前子，同爲末，每服一兩，温水調灌；隔時再服。結甚，則加山梔子、赤芍藥同末。○馬結糞方：皁角，燒灰、存性；同大黄、枳殻、麻子仁、黄連、厚朴爲末；清米泔調灌。若傷突，〔七〕加蔓荆子末同調。○馬舌硬方：款冬花、瞿麥、山梔子、地仙草、青黛、硼砂、朴硝、油煙墨，等分爲細末。每用半兩許，塗舌上。立差。○馬膈痛方：羌活、白藥、甜瓜子、當歸、没藥、芍藥，爲末；春夏漿水加蜜，秋冬小便調。療膈痛，低頭難，不食草。○馬流沫方：當歸、菖蒲、白朮、澤瀉、赤石脂、枳殼、厚朴、甘草，爲末；每一兩半，酒一升，葱白三握，同水煎。温灌。○馬傷蹄方：大黄、五靈脂、木鼈子去油、海桐皮、甘草、土黄、〔八〕芸薹子、白芥子，爲末；黄米粥調藥，攤帛上裹之。」

諺曰：「羸牛劣馬寒食下。」《齊民要術》：「言其乏食瘦瘠，春中必死。」

俗諺云：「三和一繳，須管要飽。不要噍了，使去最好。」詳見《韓氏直説》。○噍，音嚼，齧也。《説文》：「牛，大牲也。牛，件也。件，事理也。象角頭三、封尾之形。」註：「封，高起也。」○「犻，二歲牛。」犻同犕，音貝。○「犙，三歲牛。」音毵。○「牭，音四。四歲牛。」○「㹌，音擾，同犪。牛柔謹也。」○《爾雅》：「絶有力，欣犌。」音加。○《淮南子》：「牛岐蹄而戴角」。○「戴角者無上齒，無角者膏而兑前，有角者脂而兑後〔九〕。」註：豕馬之屬前小。○《孔叢子》：「猗頓，魯窮士，聞陶朱公富，問術焉。告之曰：『欲速富，養五牸。』牸，音字，牝牛。乃畜牛羊子息萬計，貲擬王公。」○《韓氏直説》：「餵養牛法：農隙時，入暖屋；用場上諸糠穰，鋪牛脚下，謂之『牛鋪』；牛糞其上。次日，又覆糠穰。每日一覆，十日除一次。牛一具三隻，每日前後餇，約飼草三束，豆料八升。或用蠶沙、乾桑葉、水三桶浸之。牛下餇嚌透，刷鉋、音砲。飲畢。辰、巳時間，上槽一頓。可分三『和』，皆水拌：第一和，草多料少；第二，比前草減半，少加料；第三，草比第二又減半，所有料全繳拌。食盡即往使耕；嚌了，牛無力。夜餵牛，各帶一鈴；草盡，牛不食，則鈴無聲，即拌之。飽，使耕。○水牛：飲飼，與黄牛同。夏須得水池，冬須得暖廠、牛衣。」○《四時類要》：「治牛疫方：真安息香，于牛欄中燒，如燒香法。如初覺有一頭至兩頭是疫，即牽出，以鼻吸之。立愈。又方：十二月兔頭，燒作灰，和水五升，灌口中。良。○牛腹脹欲死方：以醋灌耳中，立差。○牛疥方：煑黑豆汁熱洗，五度。差。一本作「烏頭汁」。○牛肚脹及嗽方：研麻子汁五升，温令熱，灌口中，愈。此治食生豆，腹脹垂死者，甚良。○牛鼻脹方：以醋取榆白皮，水煑令熟，甚滑，以三五升灌之。即差。○牛虱方：以胡麻油塗之，即愈。猪脂亦得。六畜虱，塗之，亦愈。」○《博聞録》：「牛瘴疫方：用真茶二兩，和水五升灌之。又，治牛猝疫而動頭打脇：急用巴豆七箇，去殼，細研出油，和灌之。即愈。又：燒蒼术，令牛鼻吸其香。止。○牛尿血方：川當歸、紅花，爲細末，以酒二升半，煎取二升。冷灌之。又法：豉汁調食鹽灌。○牛患白膜遮眼：用炒鹽，并竹節，燒存性，細研。一錢貼膜，效。○牛氣噎方：牛有『茅根噎』，以皁角末吹鼻中，更以鞋底拍尾停骨下。效。○牛腹脹方：牛喫著雜蟲，即腹脹。用燕屎一合，漿水二升，調灌之。效。○牛觸人方：牛顛走，逢人即觸，是膽大也。黄連、大黄末、雞子，酒調灌之。○牛尾焦不食水草：以大黄、黄連、白芷末、雞子，酒調灌之。○牛氣脹方：淨水洗汗襪，取汁一升，好醋半升許，灌之。愈。○牛肩爛方：舊綿絮三兩，燒存性，麻油調抹。忌水五日。愈。○牛漏蹄方：紫礦爲末，猪脂和，納蹄中，燒鐵篦烙之。愈。○牛沙疥方：蕎麥隨多寡，燒灰淋汁，入緑礬一合，和塗。愈。」

古語云：「蠹喙仆柱梁，蚊芒走牛羊。」劉向《新序》。

童謡云：「一束藁，兩頭然，河邊羖䍽飛上天。」《北史·齊本紀》後魏末文宣未受禪時童謡。○藁然兩頭，于文爲「高」；河邊羖䍽，水邊羊，帝名也。

《夏小正》：「二月初俊羔，助厥母粥。」註：「俊，大也。粥，養也。言大羔能食草木，不食於母也。羊蓋非其子而後養之，善養而記之也。」「三月：羶羊。」註：羊有相還之時，其類羶羶然。或曰：羶，羝也。」○《爾雅》：「羊，牡羒。『音汾。』牝牂。夏羊。註：『黑羖䍽。』牡羭。註：『黑羝也。』牝羖。註：『今人便以牂羖爲白黑羊名。』未成羊，羜。註：『俗呼五月羔爲羜。』絶有力，奮。」○《説文》：「羊，祥也。从𦍌，象頭、角、尾之形。孔子曰：牛羊之字，以形舉也。」案：《説文》：「芈，羊本字。」○「芈，羊鳴。」案：：芈音弭，或作哶。○又楚姓也。○「羍，小羊也。」「讀若達。」音闥。省作羍。〇「羝，羊未卒歲也。」羝音肇。〇譙周《法訓》：「羊有跪乳之禮，雞有識時之候，雁有庠序之儀，人取法焉。」〇《龍魚河圖》：「羊有一角，食之傷人。」〇《家政法》：「養羊法：當以瓦器，盛一升鹽，懸羊欄中。羊喜鹽，自數還啖之；不勞人牧。〇羊有病，輒相汙。欲令別病。法：當欄前掘瀆，深二尺，廣四尺。往還皆跳過者，無病，不能過者，入瀆中行，過便別之。」〇《齊民要術》：「當留臘月、正月生羔爲種者上；十一月、二月生者，次之。非此月數生者，毛必焦卷，骨骼細小。所以然者，逢寒遇熱故也。其十一月、十二月生者，母既多乳，膚軀充滿，草雖枯，亦不羸瘦。母乳適盡，即得春草，是以極佳。大率十口一羝，羝少則不孕。羝多則亂羣。羝無角者更佳。有角者，喜觸，傷胎所由也。擬供廚者，宜剩之。剩法：生十餘日，布裹齒碎之。牧羊，必須老人，心性宛順者。起居以時，調其宜適。卜式云：牧民何異于是者？惟遠水爲良，傷水，則蹄甲膿出。二日一飲。頻飲，則傷水而鼻膿。緩驅行，勿停息。息則不食而羊瘦，志行則坌塵而蚛顙也。〇蚛音仲，又音沖。春夏早放，秋冬晚出。春夏氣和，所以宜早，秋冬霜露，所以宜晚，《養生經》云：「春夏早起，與雞俱興，秋冬晏起，必待日光。」此其義也。夏日盛暑，須得陰涼。圈不厭近，必須與人居相連，開窗向圈。羊性怯弱，不能禦物，狼一入圈，或能絶羣。架北牆爲廠。爲屋，即傷熱，熱則生疥癬，且屋處慣暖，冬入田，尤不耐寒。圈中：作臺、開竇，無令停水。二日一除，毋使糞穢。穢則污毛，停水則「夾蹄」，眠溼則腹脹也。圈內，須并牆豎柴柵，令周匝。羊不揩土，毛常自淨。不豎柴者，羊揩牆壁，土鹹相得，毛皆成氈。又豎柵頭出牆者，虎狼不敢踰。羊一千口者，三四月中種大豆一頃，雜穀並草留之；不須鋤治。八九月中，刈作青茭。若不種豆穀者，初草實成時，收刈雜草，薄鋪使乾，勿令鬱浥。凡乘秋刈草，非直爲羊而然；大凡悉皆倍勝。崔寔曰：『七月七日，刈芻茭』也。既至冬寒，多饒風霜；或春初雨落，青草未生時，則須飼，不宜出放。○羊有疥者，間別之；不別，相染污，〔一〇〕或能合羣致死。羊疥先著口者，難治，多死。凡羊經疥得差後，夏初肥時，宜賣易之。不爾，後春疥發，必死矣。」○《四時類要》：「羊疥方：〔一一〕梨蘆根，敲打令皮破；以泔浸之。瓶盛，塞口；放竈邊，令常暖。數日味酸，便中用。以磚瓦刮疥處令赤；若堅硬者，湯洗之。去痂，拭令乾。以藥汁塗之。再上，愈。疥若多，逐日漸漸塗之，勿頓塗。恐不勝痛也。又方：猪脂和臭黃，塗之。愈。○羊中水方：羊膿鼻、眼不淨者，皆以水洗治之。其方：以湯和鹽，杓中研令極鹹。候冷，取清者。以小角子受一雞子者，灌兩鼻，各一角。五日後，以眼鼻淨爲候。不差，更灌。○羊膿鼻及口頰生瘡如乾癬者，相染多致絶羣。治法：豎長竿圈中，竿頭置板，令獮猴居上。辟狐狸而益羊差病也。○羊夾蹄方：取羝羊脂，和鹽煎令熟。燒鐵令微熱，勻脂烙之。勿令入泥水。不日自差。○剪羊毛：三月，候毛牀動則剪。剪訖，以河水洗，即生毛潔白。八月，候胡菜子未成時剪之。不爾則損毛。中旬後剪，則勿洗，恐寒氣損羊。」

宋野人歌曰：「既定爾婁豬，盍歸吾艾豭。」《左傳》。

語曰：「苑中三公，門下二卿；五門嘍嘍，但聞豬聲。」《三輔決録》：「馬氏兄弟五人，共養豬賣。」

○案：嘍，疑誤。

《大戴禮》：「四主時，時主豕，故豕四月而生。」○《春秋説題辭》：「斗星散精爲彘。」○《爾雅》：「豕子，豬。註：江東呼豨，皆通名。豧，豶。音偉墳。○註：『俗呼小豶豬爲豧子。』」○幺，幼。註：『最後生者，俗呼爲幺豚。』奏者豱。音温。奏音腠。○註：『今豱豬短頭，皮理腠蹙。』豕生三豵，二師，一特。註：『豬生子常多，故别其少者之名。』所寢，橧。音繒。註：『橧，其所卧蓐。』四豴皆白，豥。音垓。豴音滴。其跡，刻。絶有力，豟。牝豝。」○《説文》：「豕，彘也。竭其尾，故謂之豕。象毛足而後有尾。」註：竭，舉也。○《詩·傳》：「犬喜雪，馬喜風，豕喜雨。」○《周禮》：「豕宜稷。」疏云：「豭豬味酸，牝豬味苦，稷米味甘。是甘苦相成。」○《養生要集》：「豕白蹢青爪，不可食也。」○《齊民要術》：「母豬，取短喙無柔毛者。喙長則牙多。一廂三牙已上，則不煩畜，爲難肥故。有柔毛者，焰治難淨也。牝者，子母不同圈。同圈，喜相聚不食，則死傷。牡者同圈則無嫌。牡性游蕩，易走失。圈不厭小，圈小則肥疾。處不厭穢。泥污則避暑。亦須小廠，以避雨雪。春夏草生，隨時放牧。糟糠之屬，當日別與。糟糠經夏輒敗，不中停放。八、九、十月，放而不飼。所有糟糠，則畜待窮冬春初。猪性甚便水生之草，食之，肥。初産者，宜煮穀飼之。其子三日便掐尾；六十日後，犍。三日掐尾，則不畏「風」。凡犍猪死者，皆「風」所致耳。犍不截尾，則前大後小。犍，骨細肉多；不犍，則骨粗肉少。如犍牛法者，無「風」死之患。十一月、十二月生者，豚一宿蒸之。蒸法：索籠盛豚，著甑中微火蒸之，汗出便罷。不蒸，則腦凍不合，不出旬便死。豚性腦少，寒盛則不能自暖，故須暖氣助之。供食豚，乳下者佳；簡取別飼之。宜埋車輪爲食場，散粟豆于內，小豚食足，出入自由，則肥速。案：《本草經》「梓」居下品。《別録》云：「葉，擣傅猪瘡；飼猪，肥大三倍。」陶注云：「桐葉、梓葉肥猪之法未見，應在商丘子《養猪經》中。蘇恭注云：「二樹花葉飼猪，並能肥大，且易養。見李當之《本草》及《博物志》，然不云傅猪瘡也。」〇《四時類要》：「閹猪子，待瘡口乾平復後，取巴豆兩粒，去殼，爛擣，和麻籸音莘。糟糠之類飼之。半日後，當大瀉。其後，日見肥大。」

魏人歌曰：「我有枳棘，岑君伐之。我有蟊賊，岑君遏之。吠狗不驚，足下生氂。」《後漢書》：岑熙爲魏守，人歌之。氂，長毛也。犬無追吠，故生氂。

《爾雅》：「犬生三猣，二師，一玂。『音祈。』『猣音宗。』未成毫，狗。註：『狗子未生乹毛者。』長喙，獫。短喙，猲獢。『虛嬌切。猲音歇。獫，力驗切。』」並見《詩》。「絶有力，狣。『音兆。』尨，狗也。」〇《說文》：「犬，狗之有縣蹏者也。象形。孔子曰：『視犬之字，如畫狗也。』」又：「孔子曰：『狗，叩也。叩气吠以守。』从犬，句聲。」〇《春秋考異郵》：「七九六十三，陽氣通，故斗運，狗三月而生。」注：狗，斗精所生。案：《風俗通》：「犬金畜。」〇《埤雅》：「《韓子》曰：『蠅營狗苟。』狗苟，故从苟也。」案：猗狗同。〇又：「《傳》曰：『犬有三種：一者田犬，二者吠犬，三者食犬。』食犬，若今菜牛也。」《禮記·月令》：「仲秋，按芻豢。」註：「養牛馬曰芻，犬豕曰豢。」疏云：「食草曰芻，食穀曰豢。」案：《說文》：「豢，以穀圈養豕也。」

鄙語云：「寧爲雞口，無爲牛後。」《戰國策》〇一云雞尸牛從。尸，主也；從，牛子也。

《夏小正》：「正月，雞桴粥。」註：「粥也者，相粥粥呼也。或曰：桴，嫗伏也；粥，養也。」〇桴與孚通，粥與祝、㢸通。〇《爾雅》：「雞，大者蜀。蜀子，雓。未成雞，僆。絶有力，奮。」「雓，音餘。僆，音練。」〇《春秋運斗樞》：「玉衡星散爲雞。」〇《春秋説題辭》：「雞爲積陽，南方之象。」「故陽出雞鳴，以類感也。雞之爲言佳也。佳而起，爲人期莫寶也。」善爲人制，晏早之期。〇《說文》：「雞，知時畜也。」註：雞者，稽也，能稽時也。〇《風俗通》：「雞本朱氏翁所化，故呼朱朱。祝雞翁善養雞，故呼祝祝。」〇《本草》：「烏鷄，主補中。」〇《龍魚河圖》：「黑雞白頭，食之病人。有六指者，殺人。四距者亦殺人，有五色亦殺人。」〇《白澤圖》：「雞有四距重翼者，龍也；殺之震死。」〇張衡《南都賦》：「春卵夏筍，秋韭冬菁。」案：卵，雞卵也。《歲時記》云：「補益滋味。」《玉燭寶典》：「寒食節，城市尤多鬪雞卵之戲也。」○《養生論》：「雞肉不可令小兒食，食之生蚘蟲，又令體消瘦。」○《齊民要術》：「雞種：取桑落時生者良。形小淺毛，脚細短者，是也。守窠少聲，善育雛子。春夏生者，則不佳。形大，毛羽悦澤，脚粗長者，是。游蕩饒聲，産乳易厭；既不守窠，則無緣蕃息。雞，春夏雛，二十日内無令出窠；飼以燥飯。出窠早，不免烏鴟；與溼飯，則令臍膿也。雞棲：宜據地爲籠；籠内著棧。雖鳴聲不朗，而安穩易肥，又免狐狸之患。若任之樹木，一遇風寒，大者損瘦，小者或死。燃柳柴殺雞雛；小者死，大者盲。」此亦燒黍穰殺瓠之流，其理難悉。○《家政法》：「穀産雞子，供常食法：別築牆匡，開小門，作小廠，令雞避雨日。雌雄皆斬去六翮〔一二〕，無令飛出。小槽貯水，荆藩爲棲，去地一尺。數埽去糞。鑿牆爲窠，亦去地一尺。惟冬天著草，別取雌雞，無令與雄雞相雜。惟多與穀，令竟冬肥盛，自然穀産矣。一雞生百餘卵，不雛，並食之無咎。」○《爾雅》：「舒鴈，鵝。注：『今江東呼鴚。』○『鴚音加。』舒鳧，鶩。注：『鴨也。』疏云：『野曰鳧，家曰鶩。』。『音木』」○《禽經》：「脚近臎者能步，鵝、鶩是也。鵝見異類差翅鳴，一名鶬鵱。」音六樓。又：「鵝鳴則蜮沈，養之園林則蛇遠去。」又：「鴨鳴呷呷，其鳴自呼。鳧能高飛，而鴨舒緩不能飛，故曰舒鳧。」案：《廣雅》：一名鴱匹。亦作鴄。鴨亦作鴨，別作鳾。又：「覆卵，則鸛入水，鵝𦟛月」注云：「伏卵則向月取氣助卵。」𦟛音未詳。○《酉陽雜俎》：

「俗言鵝驚鬼，鵁鶄厭火，孔雀辟惡。」〇《齊民要術》：「鵝、鴨，并一歲再伏者爲種。一伏得子者少。三伏者，冬寒，雛多死也。大率：鵝，三雌一雄；鴨，五雌一雄。鵝，初輩生子十餘；鴨生數十；後輩皆漸少矣。常足五穀飼之，生子多；不足者，生子少。欲于廠屋之下作窠，以防猪、犬、狐狸。多著細草于窠中令暖。先刻白木爲卵形，窠别著一枚以誑之。不爾，不肯入窠。生時，尋即收取，别著一暖處；以柔細草覆藉之。停置窠中，凍即雛死。伏時：大鵝一十子，大鴨二十子；小者減之。多則不周。數起者，不任爲種。數起，則凍冷也。其貪伏不起者，須五六日一與食，起之，令洗浴。久不起者，飢、羸、身冷，雖伏無熱。鵝、鴨皆一月雛出。量雛欲出之時，四五日内，不用聞打鼓、紡車、大叫、猪、犬及舂聲；又不用器淋灰，不用見新産婦。觸忌者，雛多厭殺，不能自出。假令出，亦尋死也。雛既出，作籠籠之。先以粳米爲粥糜，〔一三〕一頓飽食之。名曰『填嗉』。然後以粟飯。切苦菜、蕪菁英爲食。以清水與之，濁則易。不易，泥塞鼻則死。入水中，不用停久；尋宜驅出。此既水禽，不得水即死。臍未合，久在水中，冷徹亦死。于籠中高處敷細草，令寢處其上。雛小，臍未合，不欲冷也。十五日後，乃出籠。早放者，匪直乏力致困，又有寒冷、兼烏、鴟災也。鵝，惟食五穀、稗子及草菜，不食生蟲。葛洪曰：鵝食射工。〇案：鵝聲辟鬼。鴨，靡不食矣。水稗實成時，尤是所便；啖此足得肥充。供厨者，子鵝百日以外，子鴨六七十日，佳；過此肉硬。大率：鵝、鴨六年以上，老不復生伏矣，宜去之。少者初生，伏又未能工。惟數年之中佳耳。純取雌鴨，無令雜雄；足其粟豆，常令肥飽，一鴨便生百卵。」俗所謂殺生者，此卵宜以供膳，幸無麛卵之咎也。

童謠云：「寧飲建業水，不食武昌魚。」《通鑑》，晉武徙都武昌，童謠云。

諺曰：「買魚得鱮，不如啖茹。」案：陸璣疏：「鱮，魚之不美者，性慵弱，即鱅也。」鱅音庸。

鄉語曰：「居就糧、梁水魴。」陸璣疏：「魴，魚之美者。梁水魴尤美。」

里語曰：「洛鯉伊魴，貴於牛羊。」洛深宜鯉，伊淺宜魴。

諺曰：「買魚得鱮，不如食茹。寧去累世宅，不去鱟魚額。洛鯉伊魴，貴於牛羊。得合瀾蠣，雖不足豪，亦足以高。」見《酉陽雜俎》。

《爾雅》：「鯤，小魚。」註：「今江東呼魚子未成者爲鯤。音繩。」「魚有力者，𩻓音暉。○註：『强大多力。』」「魚枕謂之丁。註：『枕在魚頭骨中。』魚腸謂之乙，魚尾謂之丙。註：『此皆似篆書字，因名焉。』」○《說文》，「魚，本作𤋳。」「水蟲也。象形。與燕尾相似。」○《儀禮》：「有司徹。魚七。〔二四〕」註：「魚無足翼。」案：《列子·黃帝》篇：「姬魚語女。」註云：「姬讀居，魚讀吾，非魚名也。」○《神農書》：「鯉爲魚王，無大小，脊旁鱗皆三十有六。」案：《爾雅·釋魚》，首鯉次鱣，無異名。《說文》遂以鯉爲鱣，誤也。○《齊民要術》引《陶朱公養魚經》曰：「夫治生之法有五，水畜第一。水畜，所謂『魚池』也。以六畝地爲池；池中作九洲。求懷子鯉魚，長三尺者，二十頭；牡鯉魚，長三尺者，四頭。以二月上庚日，納池中；令水無聲，魚必生。至四月，内一『神守』；六月，内二『神守』；八月，内三『神守』。『神守』者，鼈也。所以内鼈者，魚滿三百六十，則蛟龍爲之長，而將魚飛去。内鼈則魚不復去；在池中周繞九洲無窮，自謂江湖也。至來年二月，得鯉魚；長一尺者，一萬五千枚；三尺者，四萬五千枚；二尺者，萬枚。至明年，得長一尺者，十萬枚；長二尺者，五萬枚；長三尺者，五萬枚；長四尺者，四萬枚。留長二尺者千枚作種；所餘皆貨。候至明年，不可勝計也。池中有九洲、八谷；谷上立水二尺，又谷中立水六尺。所以養鯉者，鯉不相食，易長，又貴也。〇又，作魚池法：三尺大鯉，非近江湖，倉卒難求。若養小魚，積年不大。欲令生大魚法：須載取藪、澤、陂、湖，饒大魚之處，近水際土十數載，以布池底。二年之内，即生大魚。蓋由土中先有大魚子，得水即生也。」案：李善注張協《七命》，引此經文，有詳略。

校記

〔一〕臭，原家刻本誤作「臭」，依《爾雅注疏·釋獸》，《十三經注疏》中華書局一九八二年版校正。

〔二〕驪而不噴，《齊民要術》作「即驪而不起」。

〔三〕則强行，原家刻本依《農桑輯要》引文「則」下有「發」字，今依《齊民要術·養牛、馬、驢、騾》校删。

〔四〕四時類要，依《農桑輯要》《格致叢書》本校補。

〔五〕黄，據《格致叢書》本及《便民圖纂·十四》應作「蒡」。

〔六〕六月，《格致叢書》《農桑輯要》作「卒」。

〔七〕傷，《農桑輯要》石聲漢校注：「《便民圖纂·十四》引此方，『傷』字作『腸』，較勝。」

〔八〕土黄，同上《校注》：「《便民圖纂·十四》引此方作『地黄』，較勝。」

〔九〕世界書局《諸子集成》本《淮南子·地形》兩「兑」字均作「無」。

〔一〇〕污，原作「汗」，依《齊民要術·養羊》校改。

〔一一〕方，原作「皮」，依《農桑輯要·羊》校改。

〔一二〕鬷，原作融，依《農桑輯要·養雞》校改。

〔一三〕糜，原作糜，依《齊民要術·養鵝鴨》校改。

〔一四〕七，原誤作匕，依《儀禮注疏》卷四十九《有司》校正。

寶訓弁言 〔清〕牟廷相

此《寶訓》一編，蓋郝子恂九之所次。余既搜帳中得之，閲三伏乃克爲之序曰：農夫賤而粟米貴，山氓愚而識候神，胼胝忙而意氣暇，襏襫樸而謳歌文，此蓋田家之四美，非《寶訓》不能明也。陶淵明聞水田聲，嘆曰：「秫稻已秀，翠色染人，時剖胸襟，一洗荊棘，過吾師丈人矣。」李紳未遇，賦詩憫農，有「粒粒辛苦」之思，識者卜爲賢相。由是言之，或躬親其勞，而以爲天下之樂，無以易此之樂。或身安其養，而以爲天下之苦，無或及此之苦。得其樂，故可以處邱園。悉其苦，故可以立朝廷。今學者曳裾拱手，不知菽麥，猥言曰：「農，非吾事也。」而不知其有何事也。曰：「農，不足知也。」而不知其何所知也。以無所知無所事之人，而且有厚養焉，則必希易得之利，由之而成貪；而且有大名焉，則必違自惬之誠，由之而作僞。夫貪僞之人，樂莫樂於朝廷，而朝廷不可以處之矣。苦莫苦於邱園，而邱園且不足以容之矣。嗚呼！非《寶訓》亦不能正也。

庚戌初秋，默人牟廷相。

增修登州府志藝文·子部　寶訓八卷

《寶訓》八卷，棲霞郝懿行著。義同《齊民要術》，分穀、菜、果、木、畜屬爲部。每章以諺語爲開端，蓋取義於農家者流之言，從其類也。但所引古語，多不注出何書；雜以今語，亦不言傳自何人，殊非著述之體。且於「桃李」門引《史記·李將軍傳贊》，已爲長語；下又引入「李下無蹊徑」五字，尤爲不當。此本今已刊行，故存其目。

（清光緒七年《增修登州府志》卷六十三）

郝蘭皋先生著述考·寶訓八卷 許維遹

乾隆五十五年庚戌，先生三十四歲。春，赴都門應試，不售，作《庚戌四月下第》詩。《詩鈔》卷下。夏，歸自都門，感道旁枯柳，作《枯柳賦》。《外集》卷上。端陽後，撰《寶訓》，秋，牟默人爲之作《寶訓弁言》。據本書。

維遹案：《詩鈔》卷下《答趙桐陽寄農語》有云：「庚戌長安下第年，《農桑寶訓》輯新編。」「附記：寄來農語，穆乎可思，真如錫我拱璧，但乞兒索食，苦不足耳。君家秋谷云：『門臨杭稻關晴雨』，更望輟讀之餘，廣益搜羅，有光鄙著，則是收墨莊之租，可無荒年；飽書田之粟，皆是真味矣。」藉知《寶訓》之作，桐陽有所助焉。

（《郝懿行夫婦年譜》附《郝蘭皋先生著述考》，《清華學報》第十卷第一期，一九三五年一月版）

點校後記

《寶訓》、《海錯》、《燕子春秋》和《蜂衙小記》四種農書，爲郝氏留心民事、講求實用的著作。乾隆五十五年庚戌（公元一七九〇年）撰《寶訓》成，時年三十四歲。郝氏《答趙桐陽寄農語》詩有句云：「農桑寶訓輯新編」，是「寶訓」即「農桑寶訓」，也就是「農業寶貴格言」的意思。

《寶訓》共八卷，分别論述耕稼、蠶桑、蔬菜、花卉、果實、木材、藥草、家畜、獸醫、禽魚，涉及農、林、牧、副、漁各個方面。編排方法，言從其類，即每章以搜集到的歷代農諺和有關農業的熟語開端，再援引羣書，闡發考訂。農諺、農語，是廣大農民從長期勞動實踐中總結出來的甘苦閱歷之言，並能反映自然變化的一些規律，對進行農業生産有一定的作用。像古語曰「收麥如救火」，語曰「養蠶無巧，食足便老」，諺曰「東虹晴，西虹雨」等等便是。所引古書，如《管子·地員》篇、《氾勝之書》、《齊民要術》、《農桑輯要》等，能概括地反映出我國古代農業科學技術等方面的光輝成就。《寶訓》是一部以「農語爲經，諸書爲傳」的古代農業生産經驗類編，引用古農書可考者近四十種，共輯録農諺、農語、童謠、山歌、閩吳以及西北等地俗語、諺語一百又六則，徵引經、史、子集，多至二百二十餘部，擴大了農學資料的範圍，爲古農書、農學的整理和研究工作，提供了不少綫索。

《寶訓》等農書四種屬於中國農學和農業史的著述，雖在清代後期收入《郝氏遺書》家刻本中，《寶訓》八卷並在《清史稿·藝文志》中著録，祇以該《遺書》未經整理，流布不廣。此次以《遺書》光緒五年己卯（公元一八七九年）家刻本爲底本，查核引用資料，對《寶訓》等四種農書進行點校整理，供研究探討。

受舊時科技水平的限制，古農書常雜有神仙迷信和虛妄的成分，郝氏對此已注意到了。如在《寶訓》卷三《蠶桑》篇中，他引《通典》後加注和案語道：「《圖經》：『蜀人祠蠶神馬頭娘』其事不經，故削之。」不經，即不近情理，所以刪去了。惟在《寶訓》中也沿襲引用了《魚龍河圖》、《雜陰陽書》、《師曠占術》等漢代讖緯書中顯係迷信虛妄的文句，及尚待經科學驗證以定真僞的一些説法。以其爲數不多，又易辨認，遂未加評述。

附記

本書付梓時，管謹訒先生已去世，未及見到清樣，其點校的《寶訓》、《海錯》、《燕子春秋》、《蜂衙小記》以及《荀子補注》、《顔氏家訓斠記》等書，由趙樹國進行了最後的校對。

海錯

管謹訒　點校

目録

自序

海錯者，《禹貢圖》中物也。故書雅記，厥類實繁。古人言矣，而不必見；今人見矣，而不能言。余家近海，習於海久，所見海族，亦孔之多。遊子思鄉，興言記之。所見不具録，録其資考證者，庶補《禹貢·疏》之闕略焉。

時嘉慶丁卯戊辰，棲霞郝懿行書。

嘉鯕魚

登、萊海中有魚，厥體豐碩，鱗鬐赬紫，尾盡赤色，《詩》言「魴魚赬尾」，此近似之。啖之肥美。其頭骨及目多肪腴，有佳味。率以三四月間至，經宿味輒敗。京師人將冰船，貨致都下，因其形象，謂之「大頭魚」，亦曰「海鯽魚」，土人謂之「嘉鯕魚」。案許氏《説文》：「鮢，鯕魚，出東萊。」《廣韻》云：「鮢鯕」，「鯿魚」也。謂之「鯿魚」，亦因其形似耳。其鱗色赤黑者，謂之「海鮢」，味不及「嘉鯕」。許云「出東萊」者，今茲魚獨登、萊有之。舊唯出登州，故海人言「嘉鯕不過三山」，今亦過萊而西矣。是「鮢鯕」即「嘉鯕」。讀如基。蓋一物二種，或古今異名也。又《水經·江水注》云：「江之左岸，有巴鄉村人，善釀酒。村側谿中有魚，其頭似羊，豐肉少骨，美於餘魚。」余謂今「嘉鯕」頭骨，童兒掇拾插點爲羊，其首蠹乃偪肖，又豐肉少骨，美於餘魚。酈注所稱，疑爲一物，唯生於江海爲異耳。亦猶魚枕象丁、魚尾象丙之類矣。因感《爾雅》之文，辨證於此。此一條，丙寅年秋八月讀《水經注》，因記之。

魱鮥魚

《爾雅·釋魚》云：「鮥，當魱。」郭璞注云：「海魚也。似鯿而大鱗，肥美多鯁。今江東呼其最大長三尺者爲『當魱』。」余案此即今之「魱鮥魚」。海人或謂之「鯗魚」，非也。「鯗」音「想」，俗字也。按《香祖筆記》二云：「《山海經》：『何羅魚出譙明山譙水中，聲如吠犬，食之已瘧。』今登、萊海上，三月，『何羅魚』始至，味甚美，即寧波之『鯗』也。」漁洋此説蓋誤。魱，郭璞音胡。一音互，鮥，吕忱音格。今登、萊人讀「魱」音如「河」，「鮥」音如「洛」。蓋「胡」「河」聲轉，「格」「洛」皆古音也。郭云「海魚」，正指此。而近人説《爾雅》者，以爲今之「鰣魚」，誤矣。「魱鮥」、「鰣魚」，雖同類之物，出於江海則異。今驗「魱鮥」，鱗有異采，入夜光明。「鰣魚」質微小，而鱗采尤殊，婦人用飾花鈿也。形俱似「鯿」，大鱗而多骨，啖者畏之。又《釋魚》「鮥、當魱」與「鮥、鮇鮪」連文。陸德明《音義》於「鮥」云：「《字林》作『鮥，巨救反』。」於「鮥」云：「《字林》作『鮥，音格』，云『當魱也。』」然則吕忱所見《爾雅》本作「鮥，當魱」，與今本異。證以登、萊人「魱」「鮥」之讀，當由自古相傳以爲然。吕所見必是漢魏以來古本也。

鯔魚

《吴志·吴範劉惇趙達傳》裴松之注引葛洪《神仙傳》曰，仙人介象、吴主共論鱠魚何者最美，象曰：「鯔魚爲上。」吴主曰：「此出海中，安可得邪？」象曰：「可得耳。」乃令人於殿庭中作方坎，汲水滿之，垂綸於坎中。須臾，果得鯔魚。吴主驚喜。唐慎微《大觀本草》云：「鯔魚似鯉，身圓，頭扁，骨軟，生江海淺水中。」余案：「鯔」之言「緇」也，其色青黑，而目亦青。又有「棃魚」，其形與「鯔魚」同，唯目作黄色爲異，當是一類二種耳。其肉作鱠并美，故吴主云爾，而以爲出海中。今登、萊海上，冬春間多有之。《廣韻》云「鯔，側持切，魚名」，即此「棃魚」。出文登海中者佳，以冰泮時來，彼人珍之，呼「開凌棃」。

老般魚

「老般魚」者，「老槃魚」也。《太平御覽》九百三十九引魏武《四時食制》曰：「『蕃踰魚』一曰『蕃羽魚』。如鼈，大如箕。甲上邊有鬚。無頭，口在腹下。尾長數尺，有節，有毒，螫人。」

《文選·江賦》注引《臨海水土異物志》曰：「鱝魚，如圓盤。口在腹下，尾端有毒。」余案此物即今之「土魚」，形與「老般」無異，唯微厚，腹色黄，俗呼爲「黄裹」，大者爲「黄金牛」，頭與身連，非無頭也。尾如彘尾而無毛，有刺如鍼，螫人立斃。陳藏器《本草拾遺》謂之「海鷂魚」，一名「蕃遏魚」，「遏」疑當作「羽」。一名「鱝魚」，一名「荷魚」，一名「少陽魚」，「少」亦作「邵」。凡有數名。覈其形狀，與「老般魚」皆即一類。而「老般」實無毒，其狀如長柄荷葉，故亦名「荷魚」。又形頗近隸書「命」字，俗人因呼「命魚」也。《食制》云「如鼈」，非也。形乃正圜如槃。「般」，古音同「槃」，故知「老般」即「老槃」也。體有涎鮭，輭甲，甲邊鬐皆輭骨，骨如竹節，正白。然其肉蒸食之，美也。其骨柔脆，亦可啖之。

鮁魚

登、萊海中有魚，灰黑色，無鱗，有甲，形似「鮐魚」，而背無黑文，體復長大。其子壓乾，可以餉遠。俗人謂之「鮁魚」。然「鮁」非魚名也。余案《廣韻·四十禡》吠紐下有「鮁」字，白駕切，云「海魚」也。是「鮁」當作「鮁」矣。

海豚

海豚，登、萊間人呼爲「挺拔」，蓋俗音訛轉失真也。古呼爲「鯸鮐」。《玉篇》作「鯸鮔」，今人多不識其形狀，唯《文選》中説之極詳。劉逵《吳都賦》注云：「鯸鮐魚，狀如科斗，大者尺餘。腹下白。背上青黑，有黄文。性有毒，雖小獺及大魚不敢啖之。蒸煮啖之，肥美。豫章人珍之。」是其形狀也。今驗其魚，腹上有刺，如鱸物錯。小兒取其皮蒙鼓。自頭至尾，全如科斗形，目解開闔，異於餘魚。其性善怒，物觸著之，即氣滿於腹。沈括《筆談》所謂「吹肚魚」者也。古云其肝殺人，今海人摘去其肝，滌其血盡，肉白而肥。不殊玉鱠，剉蘆根同煮，蓋蘆根汁能解河豚毒也。故蘇軾詩云：「蔞蒿滿地蘆芽短，正是河豚欲上時。」又橄欖極解魚毒。陳藏器《本草拾遺》云：「其木主䱱魚毒。此木作檝，撥著䱱魚，皆浮出。」今案「䱱」當作「規」。《補筆談》云：「浙東人呼『河豚』爲『規魚』，又有生海中者，名『海規』是也。」而《大觀本草》載「鯸鮧」當作「鮐」。又出「䱱魚」一條，蓋不知即一物也。又其魚子有大毒，不可啖之。今海人取其子薶海岸沙中，經三伏出之，即無毒可啖；壓極乾，可以餉遠也。

蟹

海錯之中，蟹族甚多，不可殫述。大者盈車，細者如豆，狀類難名。其尤異者，甲上有文，作老人面，鬚眉畢具，謂之「鬼蟹」。蓋《説文》所謂蛫過委切。蟹也。文登海中有蟹，大小如錢，厚踰寸半。宜熬炙，連骨啖之，味極脆美。彼人所謂「獨鹿」者也。海人讀「鹿」爲「栗」。別有一種，似蟹而小，其色微黄，聱俗作螯。跪俱短，不可食。蔡謨啖之，幾死。《本草》陶注所謂蟚蜞者也。又海壖間，泥孔漏穿，平望彌目。穴邊有一小蟹，跂脚昂頭，側身遥睇，見人欻入，所謂「望潮」，此種是也。亦不可食。余聞海邊人有啖蟹遇毒者，或言蟹食鯸鮐子殺人，非也。歲歲春時，海豚大上，即如是殺人多矣，殊不爾也。舊説蟹食水莨《集韻》音「建」。草，毒人。如遇其毒，須蘆根橄欖子解之。《本草》云。

鰒魚

《漢書·王莽傳》云：「莽憂懣不能食，亶飲酒，啗鰒魚。」顏師古注曰：「鰒，海魚也，音雹。」《後漢書·伏隆傳》云：「張步遣使隨隆詣闕上書，獻鰒魚。」章懷注引郭璞注《三蒼》云：「鰒，似蛤。偏著石。」又引《廣志》曰：「鰒，無鱗，有殼。一面附石，細孔雜雜，或七或九。」《本草》云：「石決明，一名鰒魚。音步角反。」余案：陶隱居《本草》注云：「石決明是鰒魚甲，附石生，大者如手，明耀五色，内亦含珠。」今驗鰒甲隻而無對，内含光明，善治目盲，故名「九孔螺」，一名「千里光」。其肉如馬蹄，用炭灰腌之，經久不敗。可以餉遠。登、萊尤多，海人謂之「鮑魚」，誤也。「鮑魚」乃乾魚，《本草》謂之「蕭折」。蓋「鮑」「鰒」聲轉，字隨音訛，俗人不知，遂書作「鮑魚」耳。又「鰒」是蠃蛤之屬，非魚族也。自《説文》訓鰒爲海魚，諸書皆仍之，今從古。

蛇

《文選·江賦》云：「水母、目蝦。」李善注引《南越志》曰：「海岸間頗有『水母』，東海謂之『蛇』。正白，濛濛如沫，生物，有智識，無耳目，故不知避人。常有蝦依隨之，蝦見人則驚，此物亦隨之而没。蛇音蜡。」余案：蛇，今海人名爲「蜇」。蜇是俗作字，又因聲近訛轉也蜇讀如「哲」。按《香祖筆記》十，以鴟夷爲河豚，樗蒲爲海蜇。《廣韻·四十禡》：蛇，音「除駕切」，云「水母也。一名蟦。形如羊胃。無目，以蝦爲目」。今驗蛇之形狀，惟《南越志》説之極詳。其物大者有如一間屋，體如水沫結成。海人採得之，漬以礬，下盡其水，形如猪肪，或蹙縮如羊胃。人有貨致都中者，用密器收之，經年味不變，柔以以醯，啖之，極脆，可以案酒。

八帶魚

《文選·江賦》云：「『蜛蝫』森衰以垂翹。」李善注引《南越志》曰：「『蜛蝫』，一頭，尾有數條，長二三尺，左右有脚，狀如蠶，可食。」今驗此物，海人名「蛸」，音「梢」。春來者名「桃花蛸」。頭如肉彈丸，都無口目處，其口目乃在腹下。多足，如革帶散垂，故名之「八帶魚」。脚下皆列圜釘，有類蠶脚，其力大者，釘著船不能解脱也。

昆布 青苔　龍鬚　紫菜　鹿角菜　鳳頭菜　海青菜

《爾雅·釋草》云：「綸似綸，組似組，東海有之。」《太平御覽》引吳普《本草》云：「綸布一名『昆布』。」陶隱居注云：「今惟出高麗，繩把索之，如卷麻，作黄黑色，柔韌可食。」又云：「今『青苔』、『紫菜』皆似綸，昆布亦似組，恐即是也。」余案：登州、高麗，壤境毗連，中間惟限以海。今「昆布」出登州者，糾結如繩索之狀，一如陶説也。「昆」「綸」聲相近，是昆布即綸矣；而海帶則組也。「海帶」者，青色而長，登州人取乾之，柔韌可以束物，人亦啖之。昆布，舊以充貢；海帶，今以供饌。二物皆消結核，能下水。

「青苔」者，陟釐也。形如亂髮，可爲紙。

又一種狀如龍鬚，相糾結如亂繩，亦可啖，《爾雅》之「組」，疑或指此也。

「紫菜」者，劉逵《吴都賦》注云：「生海水中，正青，附石生。取乾之，則紫色，臨海常獻之。」而李善《江賦》注乃云：「紫菜，色紫，狀如鹿角菜而細。」其説非也。紫菜，乾之乃紫，輕薄若紙，沃以沸湯，細如斷繩。陶云「似綸」，蓋以此耳。

「鹿角菜」，附石而生，形似鹿角，與紫菜全别，又不似綸組也。

又一種「鳳頭菜」，出海陽南門外，地名老龍頭，亦附石生，拳屈而纖，形似蕨苗，瀹以肉湯，鮮美可啖，彼人珍之，謂之「鳳頭」，勝於「龍鬚」也。

又有「海青菜」，碧青色，薄如紙，煮爛凝之如凉粉，縹色可觀，切而啖之，實以醯。

郎君子

李珣《海藥本草》云：「郎君子，生南海，有雌雄，狀似杏仁，青碧色。欲驗真假，口内含熱，放醋中，雌雄相逐，逡巡便合，即下卵如粟狀者，真也。亦難得之物。」李時珍《本草》引顧玠《海槎録》云：「相思子，狀如螺，中實如石，大如豆。藏篋笥，積歲不壞，若置醋中，既盤旋不已。此即郎君子也。主治婦人難産，手把之便生，極驗。」余案：此物今名「相思石」，登州海瀕多有之。小兒拾取供玩弄，非難得也。李珣所説，得其情狀。其云「下卵如粟」，今亦未見也。云「主婦人難産」，其理未詳。

蜌依《説文》當爲陛。又海蜌即淡菜。一名東海夫人，非此。

《爾雅·釋魚》云：「蜌，螷。」郭注云：「今江東呼蚌長而狹者爲螷。」《説文》云：「螷，陛也。修爲螷，圜爲蠇。」《既夕禮》云：「東方之饌有螷醢。」鄭注云：「螷，蜯也。」《本草經》有「馬刀」。《名醫别録》云：「一名『馬蛤』。」陶隱居注引李當之云：「生江漢中，長六七寸。漢間人名爲『單母』。」母，蘇頌《圖經》作「姥」。亦食其肉。肉似蚌，今人多不識之，大都似今蟶蟶而非。」余案：蟶蟶，疊韻之字，即今蟶也。蟶是俗作字。海人呼「蜌管蟶」。形圜長，如竹管，兩頭開。閩、粤人以水田種之，謂之蟶田也。「馬刀」即蜆也，海人呼「蜆子」，音顯。形如剉草刀。《釋魚》之「螷」，疑兼此二種。

土肉

李善《文選·江賦》注引《臨海水土異物志》曰：「土肉，正黑。如小兒臂大，長五寸，中有腹，無口目，有三十足，炙食。」余案：今登、萊海中有物，長尺許，淺黄色，純肉無骨，混沌無口目，有腸胃。海人没水底取之，置烈日中，濡柔如欲消盡；瀹以鹽則定，然味仍不鹹。用炭灰腌之，即堅韌而黑，收乾之，猶可長五六寸。貨致遠方，啖者珍之，謂之海蔘，蓋以其補益人與人蔘同也。《臨海志》所説，當即指此。而云「有三十足」，今驗海蔘乃無足，而背上肉刺如釘，自然成行列，有二三十枚者。《臨海志》欲指此爲足，則非矣。

石首魚

石首者，腦中有白石子二枚，瑩潔如玉。《廣雅》云：「石首，鯼也。」韋昭《晉語》注云：「石首成鯢。」鯢音鴨。《初學記》三十引《吴地志》曰：「石首魚，至秋化爲冠鳧，冠鳧頭中猶有石也。」然則魚鳥同氣，雉爲蜃，雀爲蛤，亦其類也。魚大者二尺許，小者尺許。京師人名大者曰「同羅魚」，小者曰「黄花魚」，皆巨口、弱骨、細鱗，鱗作黄金色。海上人名爲「黄姑魚」，又名「白姑」、「紅姑」、「黑姑」，皆因色爲名耳。

烏賊魚

烏賊或作「鰞鰂」。鰂見《説文》。鰞，俗字也，以其體黑，故有此名。或云：「烏鳥所化」；又云：「浮水上，卷取烏食之」，恐未然也。《廣韻·二十五德》引崔豹《古今注》云：「一名河伯度事小史。」今萊陽海中多有之，其狀如算袋。《大觀本草》引《海人》云：「昔秦王東遊，棄算袋於海，化爲此魚，兩帶極長，墨猶在腹，是其形狀也。」今驗其魚，軟甲有肉，口在腹下。多足，聚於口旁。其體唯有一骨，正白如雪，觸之則散，細碎如鹽，其味亦鹹，可入藥用，所謂海螵蛸也。其肉，炙食之美。一名「墨魚」，以吐墨得名。其墨有毒，故大魚不敢啖之。或曰：見大魚來，即噴墨相向，瀰漫如雲霧，大魚皆遠避矣。

鯧魚

《玉篇》云：「鯧，魚名。」不言其形。今海人云：「小者爲鏡，大者爲鯧。」其形似魴而圓，如鏡而厚。豐肉少骨，骨又柔軟。炙啖及蒸食甚美。此魚古無傳者，始見《唐本草拾遺》，今萊陽、即墨海中多有之。

沙魚

沙魚，色黄如沙，無鱗，有甲，長或數尺，豐上殺下，肉瘠而味薄，殊不美也。其腴乃在於鰭，背上腹下皆有之，名爲「魚翅」，貨者珍之。瀹以温湯，摘去其骨，條條解散，如「燕菜」而大，「燕菜」俗名「燕窩」。色若黄金，光明條脱，酒筵間以爲上肴。

偏口魚 呀偏　比目魚

《文選·吴都賦》云：「雙則比目，片則王餘。」劉逵注云：「王餘魚，其身半也。俗云，越王鱠魚未盡，因以殘半棄水中，爲魚，遂無其一面，故曰『王餘』」。今案：「王餘」即「偏口」也。鱗細而白，體薄如魴，唯一面有鱗爲異。其口偏在有鱗一邊，極似「比目魚」。但「比目」一目，須兩片相合。此魚兩目連生，唯口偏一處耳。

又有一種，黑鱗而大，名曰「呀偏」，長三四尺，蒸啖之，美。

「比目魚」，紫黑色，狀如牛脾，又如鞵底，俗名鞵底魚。《爾雅·釋地》注以「比目」、「王餘」爲一魚，誤矣。今「王餘魚」出登、萊海中，「比目魚」，日照海中有之。比目魚一名「東鰈」，見《紺珠集》引鄭康成《尚書中候》注。

刀魚　箴魚

刀魚，體長而狹薄，銀色鮮明，宛成霜刃，腹下攢刺，銛若鏈鋌。案：《爾雅》云：「鮤，鱴刀。」郭以爲「鮆魚」。《説文》：「刀魚，九江有之。」今登、萊人呼爲林刀魚，林鮤一聲之轉。是刀魚，江海皆有，海中者無鱗爲異耳。

箴魚，俗名箴粱魚。箴音針。其形細長，骨體碧色，全似公蠣蛇。唯喙餘數寸，穎出欲穿。箴、刀二魚，皆鋭頭長頸，箴魚獨以喙得名。《東山經》云：「箴魚，其喙如箴。」郭注：「出東海」。

海狗

即膃肭獸也。其形前頭似狗，後尾類魚，亦似羊尾，有脚而短，淺毛而黑，以腎爲珍，詳見《本草》。出登州海上。唐時採以充貢，與牛黄並重，謂此也。海水冬温，雖嚴寒不凍。常以立春後十八日始冰。海狗乳冰上，獵人伺其乳，以火器擊取之。然溟渤層冰，渾茫無際，或時斷裂；峭壁懸崖，初日晶瑩，不可逼視。獵人以鐵釘施鞵底，履冰騰躍，馳逐如飛。至於流澌凍解，亦時遭陷没焉。

蝦

海中有蝦，長尺許，大如小兒臂。漁者網得之，俾兩兩而合，日乾或腌漬，貨之，謂爲「對蝦」。其細小者，乾貨之，曰「蝦米」也。案：《爾雅》云：「鰝，大蝦。」郭注：「蝦大者，出海中，長二三丈，鬚長數尺。今青州呼蝦魚爲鰝。」《北户録》云：「海中大紅蝦，長二丈餘，頭可作杯，鬚可作簪，其肉可爲膾，甚美。」〔一〕又云：「蝦鬚有一丈者，堪拄杖。」《北户録》之説與《爾雅》合。余聞榜人言，船行海中，或見列桅如林，横碧若山。舟子漁人，動色攢眉，相戒勿前。碧乃蝦背，桅即蝦鬚矣。

校記

〔一〕《北户録》《叢書集成》本，「二丈」作「二尺」。

薄贏

《淮南·俶真訓》高誘注云：「贏蠡，薄贏也。」以今所見，海贏有數種，總名海薄贏。《吴語》云：「其民必移就蒲贏於東海之濱。」蒲贏即「薄贏」也。「蒲」「薄」二字，古多通用。韋昭不知蒲贏乃一物，反以蒲爲深蒲、贏爲蚌蛤之屬，誤矣。《西山經》郭璞注云：「贏母，即蝶螺也。」《夏小正》傳云：「蜃者，蒲盧也。」蒲盧即「蒲贏」，蝶螺即「薄贏」，俱一聲之轉。《爾雅·釋魚》云：「贏小者蜬。」郭注：「螺大者如斗，出日南漲海中，可以爲酒杯。」然則《爾雅》舉小，郭璞舉大，廣異語也。今登、萊海上，未見如斗之贏，而幺蜬無數，名類實繁。婉童倩女，爭攜筠籃，每伺潮退，淺瀨深隈，摭拾殆遍，傍晚潮生，虛往實歸矣。或大如拳，殼厚而嶙峋，如蒺藜鐃刺，俗名「招招子」。一種殼長，名「來憐子」。來憐亦「贏蠡」之聲轉，或俱名「薄贏子」。

寄居

薄蠃之異種也。《藝文類聚》九十七引《南州異物志》云：「寄居之蟲，如螺而有脚，形如蜘珠，本無殼，入空螺殼中戴以行，觸之縮足，如螺閉户也。火炙之乃出走，始知其寄居也。」又引《異苑》云：「鸚鵡螺「常脱殼而遊，朝出，則有蟲類如蜘蛛入其殼中，螺夕還，則此蟲出。庾闡所謂鸚鵡内遊，寄居負殼者也。」今驗寄居形狀，一如二書所説。有自洋船攜來者，京師人謂之「四不相」，兒童喜弄之。其殼形色詭異，大小差殊，或圓白如錢，瑩瀞可玩，取置器中，投以飯顆，其蟲亦出啖之。四不相者，以其似蟹乃有首，似蝦乃有聱，似蠃乃有足，似蜘蛛乃有殼也。登州海中一種小而鋭者，俗名「錐子把」，殼碧緑色，層纍如浮圖，其中蟲宛如山蜘蛛，與洋船者同也。

牡蠣 桑蠣 滚蠣

《古本草經》：「牡蠣，居上品。名牡之義，蓋不可知。」陶隱居注以「左顧是雄」，失之誣矣。此物無首目口鼻，何云左顧也。今海人但名蠣，不復言牡耳。其殼附石而生，與鰒魚又異，殼作兩片，其附石一片，粘著不動，凹凸陂陀，隨石曲折，磈磥相連，倚疊如山，聚族而居，仍自隔別。蘇頌《圖經》所謂蠣房者也。每候潮來，諸房皆啟，潮還仍閉。人欲取者，鑿破其房，以器承取其漿。肉雖可食，其漿調湯尤美也。南人呼其肉爲「蠣黄」，以其殼燒灰泥牆，所謂「古賁灰」也。登州人食其肉，棄其殼，不解燒灰矣。《周禮》所謂蜃灰，乃燒蛤殼爲之。若士所食蛤蜊，亦蛤之肉耳，非此也。海上嚴冬，鑿蠣沖沖，貨者珍其漿，以海水雜之，真味減矣。其漿與肉皆青白色，文登海中桑島出者，清味絶異，遠近珍之，謂之「桑蠣」。其殼不附石，隨水漂泊，名曰「滚蠣」。説者謂地當河海之交，蠣得河水之淡，故其味獨清。縈成者，古成山地也。其海中滚蠣大者如碗口，然不及桑島者美。

西施舌

《爾雅》云：「蜃小者珧。」郭注：「珧，玉珧。」《釋文》引字書云：「玉珧，肉不可食，唯柱可食。」然則珧即「江瑶柱」也。「西施舌」與之同類，而無柱爲異。又味美在肉，謂之舌者，有肉突出，宛如人舌，啖之柔脆，以是爲珍。其殼圓厚，淡紫色，可飾治器，即墨海中有之。

案：《香祖筆記》十云：西施舌，海燕所化，久復化爲燕。通州劉桐村錫信昔宰茲邑，上官多屬意，劉以導諛且妨民，婉辭拒之。歷城令以五十金屬其人貨致，劉亦弗許也。甯海所出，狀類「西施舌」而大，其名曰「鴟」，肉微黄色，又無舌，清味不逮遠矣。以上十二條，壬申冬所記。此一條，癸酉春補。

蛤

蚌之屬。《説文》所謂蠣也。殼圓而厚，有文回旋，如指頭文。大者如酒杯，作青白色。其類亦有纖如指頂，黄白雜文，殼薄而光，乃文蛤之屬，非此也。蛤一名蛤蜊，肉甚清美，熱酒衝啖，風味尤佳。宋廬陵王義真車螯下酒，《宋書·劉湛傳》：「臑酒炙車螯。」珍可知矣。《大觀本草》言，「車螯」是大蛤，一名「蜄」，即此是也。腹有小蟹，膂足悉具，狀如榆莢，是蛤之精。蛤在殼中，不能取食，當其飢虚，蟹輒出走，爲蛤覓食，蟹飽則蛤飽。晨出暮還，有肉如絲，爲之牽係。或猝遭風浪，絲斷蟹僵，蛤即頓仆。郭璞《江賦》所謂「璅蛣腹蟹」，當即指此。而璅蛣非蛤，恐同類異名耳。《北齊書·徐之才傳》，有人患脚跟腫痛，諸醫莫能識之。才曰：蛤精疾也，由乘船入海，垂脚水中。疾者曰：「實曾如此。」之才爲剖得蛤子二，大如榆莢，即是物也。謂之精者，知覺攸存。至于文蛤之倫，腹中無蟹。

海浮石

石，縹青色，微帶土黄，輕虚浮脆，應手糜碎。一拳之多，不盈半兩。性味鹹淡，堪入藥用。書籍觚棱，紙色煙塵，大可揩摩，新生滑澾。此石採取海波深處，云是水沫凝結所成也。劉逵《吴都賦》注：「浮石，體虚輕，浮在海中，南海有之。」

燕兒魚

體長五六寸，色黑如燕，鬐長解飛，不能赴遠，浮游水面，不過數武，翩然而下，如燕子投波也。鬐與尾齊，味酸不中啖，海人去鬐啖之，亦不美。

鰵魚

鰵音慜。《玉篇》："魚名。"魚，巨口細鱗，大者長四尺許，鱗肉純白。漁人或呼"白米子"，"米""鰵"聲轉耳。作膾下湯及蒸臡，皆可啖之。此魚之美，乃在於鰾，《玉篇》："毗眇切。魚鰾可爲膠。"梓人制器，粘綴合縫，勝於用膠，謂之魚鰾，實此魚腹中之胅也。

鰻鱺魚

似鱓而腹大，如鮹而體長，其色青黄，善鑽泥淖，能攻隄岸，溝渠中亦喜生之。俗人呼之"泥裏鑽"，蓋"鰻鱺"之聲轉爲"泥裏"也。海邊人呼"海鱓"，非也。陶隱居言："能緣樹食藤花。"《玉篇》云："其氣辟蠹魚。"而古語云："君子不食鱺魚。"《韓詩外傳》七。今驗此魚形狀可惡，而能補虚勞。《稽神録》載："有人多得勞疾，相因染死者數人，取病者於棺中，釘之，棄於水，永絶傳染之病，流之於江。金山有人異之，引岸開視之，見一女子猶活，因取置温舍，多得鰻鱺魚食之，病愈，遂爲漁人之妻。」

青魚

青魚，大者長尺許，腹背鱗色俱青，以是得名。冰解春融，海魚大上，挂網之繁，無慮千萬，貨者賤之。鹽藏蒸啖，味亦非美，或少腌曝乾，炙啖頗佳，次於「柳葉」也。

柳葉魚油魚

魚體似魴而狹，長不盈五寸，闊幾二寸，厚半分許。海人爲其輕薄，形如柳葉，因被此名矣。腌藏而膊乾之，可以餉遠，炙啖甚佳。萊州街市編爲四五草束而貨之，有野素之風。

又有油魚，小而短，僅半前魚，而厚欲過之。出萊陽海中，以饒肪得名，炙啖尤美也，并可案酒。

冰魚

體狹而長，可四寸許，鱗細而白，肌膚洞澈，骨體瑩明，望之若鏤冰矣。京師貨者，來自衛河，武定、利津海邊諸水，亦復饒之。澤沍冰堅，魚肥而美，瀹湯下酒，風味清新，霜橙雪薺，未知孰爲尤勝耳。茲魚近海方有，故入海疏。

銀魚

體白而狹，長可六七寸許，曝乾毚啖及瀹湯，味清而腴，不逮冰魚遠矣。海人爲其纖而修長，如切湯餅之狀，謂之「麪條魚」。余謂銀魚之名，唯林刀魚庶幾無媿，此即非倫。今欲以意更之，呼之「玉筯」焉。

催生魚

碧青色，纖長如筯，體堅類骨，鼻梁横出，殆長寸許，目在鼻端。漁者網得之，云可催生，未審作何法用。按《南越志》：「鐇魚，鼻有横骨如鐇，海船逢之必斷。」《吴都賦》注：「鐇有横骨，在鼻前，如斤斧形。東人謂斧斤之斤爲鐇，故謂之鐇。然則鐇魚似鐇，因有此名。」兹魚雖鼻有横骨，但大小迥異，明非一魚也。

離水爛

無名小魚也。漁者爲細網，海邊撩取之。長數寸許，圓體鐃肪，逡巡失水，便致糜爛。海人爲難於收藏，腌以爲醬，鮮美可啖。經典所稱魚醢，當指此而言。凡蟹、蝦、八帶魚皆可作醬，又有魚子醬，海豚、鮐、鱴、偏口、魟鮥，其子俱可作之。烏賊魚卵，片片解散，以酒柔之，亦可下湯，并方土之貢珍，盤肴之佳味也。但野人率素不解調和，鮏鹹未除，烹庖無術。若腌以糟醪，調以薑桂，登之食筵，薦諸賓饌，雖古鯤醬卵醢，方之蔑如矣。

鯽魚

形似「紅姑」，青黑色，長三尺許。有印方長，在魚顛頂，文理縱橫，略如繆篆。頭顱堅鞕，俗作「硬」。大魚被觸，靡不殭斃；船艇著處，亦爲罅漏。《吳都賦》注謂「印在身中」，又引扶南俗云：「諸大魚欲死，鯽魚先封之」，恐是虛誣耳。此魚福山海中有之，亦不多見，余聞之婦弟王鎮翰殿邦云。

馬鱴魚牛舌頭魚

福山海中饒之。形狀寬狹，全似障泥，作紫紺色，一面有鱗。蓋「王餘」之類，而厚大倍之。肉極腴美，不減「鏡鯧」，貨者珍之。

一種「牛舌頭魚」，略似「馬鱴」，而上博下殺，首尾渾圓，不似馬鱴首帶方形也。亦一面有鱗。唯目殊小，魚重二斤者，其目才如緑豆；腹下四邊俱淡紅色，中央微白爲異。

橛子魚

圓體細鱗，爲色純黄，長或尺許。自上而下，漸以鋭小，甚似椓杙之形，海人謂爲「龍王橛子」。肉亦可啖。

黄鰿魚

形體渾圓，有長八九尺者，肥亦中啖。頭略似鰿，俗作「鯽」。餘不類也。而海人以鰿呼之，余不謂然，或「鰿」當作「脊」，然是魚鱗鰭俱黄，不獨脊上爲然。

絲黄魚

形狀略似椮魚，而頭不扁，目亦黄色，又有紫色者，實一種魚也。福山海中，四時恒有釣艇，所得佳饒此味。

海鱓魚

體圓青色，略似河鱓。銳頭大口，利齒如鋸，兩邊絶無，乃在中央，一道鋒鋩，直入咽喉，巨魚遭之，迎刃立斷。肉雖腴美，骨束纖長，須防作鯁。海人食餺飥，碎切爲餡，雜入蘿蔔數片，旋即簡去，骨束盡出矣。魚大者長四五尺，闊可尺許，爲性悍猛，釣者憚之，呼之「狼牙魚」，或曰「海狼」。

海盤纏

大者如扇，中央圓平，旁作五齒歧出，每齒腹下皆作深溝，齒旁有鬚。水蟲幺麿誤入其溝，便乃五齒反張，合并甚鬚，夾取吞之。然都不見口目處，釣竿所得，餌懸腹下，蓋骨作四片，開即取食，闔仍無縫也。既乏腸胃，純骨無肉，背深藍色，雜以赬點，腹下純紅。其小者腹背皆紅。狀既詭異，莫知所用。乃至命名，亦復匪夷所思。將古海貝之屬，其類非一，及其用之，皆爲貨賄，故雅擅斯名歟？

蝦蟆魚

魚形全似蝦蟆，唯尾長尺許，皮色青黄，不作痱瘟。細鱗如釘子之形，然亦濡輭，手捫之，如蝦蟆皴也。福山海中，嘗有舉網得之者，初不敢啖，投之沙磧，人或收而煑啖之，風味甚佳，清美如蟹。乃知水陸所生，形多肖似，海驢、海牛，人有見者，即作牛、驢之形。洪鈞陶冶，亦有依循；釋典輪迴，乃成虛妄。衆生代謝，譬彼樹花。若謂來世之因，必資見身之果，然則芒芒造化，甯當作印版文章邪？

海腸 海蛆

形如蚯蚓而大，長可尺許，土色，微紅。一頭肉束，有類鬚然，蓋其首也。穴於深海之底，沙中作孔，如蛣蜣所居。約入沙二尺許，頭在穴口，幺蟲經過，吸取吞之。其遺矢處，亦作細孔，人不見也。腸細如綫，可長丈許，夜間出穴覓食，腸蒂卻繫穴口，比曉仍還，或遭風浪，漂斷游腸，棲泊岸邊，爲人所得矣。破視其腹，血色殷然，海人亦喜啖之。或去其血，陰乾其皮，臨食以温水漬之，細切下湯，味亦中啖。

海蛆者，巨如鯧卵，尾如鼠尾，腹盡淄泥。釣竿爲餌，以致「嘉鯕」，饒有所得。其物難煮，不中啖也。

海帶

海中諸草，可啖者多，唯此不爾。土人因其形似，目爲帶云。葉如麥冬而長，産於海底，高可隱人。其根如茅，而節間稍短，咀之甜脆。爲草蕃庶，海人没水撩取，堆積如山。本青緑色，曝乾即黑，經霜又白，捆載而歸。寒鄉苦屋，勝於覆茅，既免火災，又能經久，雖屢更秋霖，終無腐敗，亦奇物也。海邊村落，彌望皎然，就近窺尋，乃有人家，居然白屋矣。

海糞

江河水下，浮苴漂木，東流到海，潮汐浪淘，碎爲糞壤。北土寒冬，家有火炕，輂糞熏烘，可代薪燎。其火無焰，微釀清煙，而不觸鼻，卻可熏蚊，兼無火患也。

海錯序〔清〕王善寶

農部郝君恂九，自幼窮經，老而益篤。日屈身於打頭小屋，孜孜不輟。有餘閒，記《海錯》一册，舉鄉里之稱名，證以古書而得其貫通，刻畫其形亦逼肖也。吾將持此册以語東海波臣，意必有揚鬐鼓鬣喜其徵實不誣者乎！第恐枯魚過河而泣曰：「甯與若相忘於江湖也。」

甲戌臘日王善寶題於湖南官署。

點校後記

《海錯》，一名《記海錯》，一卷。郝氏所撰農書四種之一。錯，交錯。《書·禹貢》云：「海物維錯。」謂海産物的品類繁多，錯雜非一種，故通稱爲海錯。如「山珍海味」又稱「山珍海錯」，指豐盛的菜肴。此書記述海産物魚、蝦、蟹、蛤等六十二種，皆經目驗考證。郝氏在嘉慶十二年丁卯（公元一八〇七年）五十一歲時寫的《自序》中説：「海錯者，《禹貢·圖》中物也。故書雅記，厥類實繁。古人言矣，而不必見；今人見矣，而不能言。余家近海，習於海久，所見海族，亦孔之多。遊子思鄉，興言記之。所見不具録，録其資考證者，庶補《禹貢·疏》之闕略焉。」

《海錯》第一篇寫的就是山東半島最名貴的海魚《嘉鯕魚》。鯕音「基」。嘉鯕魚産登、萊海中。郝氏引《詩經》、《説文》、《水經注》、《廣韻》等書證明古之「鮇鯕」即今之「嘉鯕」。蓋「一物二種，或古今異名也」。「厥體豐碩，鱗鬐赬紫，尾盡赤色，啖之肥美。其頭骨及目多脂肪，有佳味。」當時「京師人將冰船貨致都下，因其形象，謂之『大頭魚』，亦曰『海鯽魚』」。第十七篇描述「鯧魚」曰：「《玉篇》云：『鯧，魚名。』不言其形。今海人云：『小者爲「鏡」，大者爲「鯧」。』其形似魴而圓，如鏡而厚。豐肉少骨，骨又柔輭，炙啖及蒸食甚美。此魚古無傳者，始見《唐本草拾遺》，今萊陽、即墨海中多有之。」第十八篇接着談了「沙魚，色黄如沙，無鱗，有甲，長或數尺，豐上殺下，肉瘠而味薄，殊不美也。其腴乃在於鰭，背上腹下皆有之，名爲『魚翅』，貨者珍之。瀹以温湯，摘去其骨，條條解散如『燕菜』而大，燕菜俗名「燕窩」。色若黄金光明條脱，酒筵間以爲上肴」。瀹，音「岳」，煮。條脱，即手鐲。他篇風格多類此。這正像清王善寶在《海錯·序》中所概括的：「舉鄉里之稱名，證以古書而得其貫通，刻畫其形亦逼肖也。」今天看來，它既是海洋生物學又是詞彙學的一份歷史資料。

燕子春秋

管謹訒　點校

目録

燕子春秋

正　月

鷙啟。

燕，鷙鳥也。《詩》云：「出自幽谷，遷于喬木。」鷲亦鷙也。

艾萌。

性惡艾。燕未出，艾先生。記候也。

冰泮肆徂。

辟寒也。

二　月

來降。

自海外來，莫知處所，猶天降然。

孔祠高禖。

請子之候鳥也。乙至而得子，嘉美之。

下丹書。

少昊之時，赤燕集户，遺丹書。書燕同色，不見燕，謂之丹書也。

乃睇于室。

睇，眄也。入人室堂，往來睇視，乃後定居。故曰，其畏人也，而襲諸人堂上，社稷之神存焉爾。

爲窠，舊者葺，胡者突。

爲，創也。葺，舊也。胡，燕窠喜長，如人家甑上突。

户案户。

案，直也。燕户與人户直，户南亦南，户北亦北。或曰：千歲之燕户北向。任昉《述異記》云：「鸗之千年生胡髯。」

啄泥知戊己。

於其日辟之爲土也，故作窠不傾。

腐草綢户。

操泥塗户，不潰于成。腐草綴之，乃固不傾。巢成下望，如廩如城。牟寅同曰：「一種燕，紫頷，尾本亦紫，其尾末有細點，作窠不入室堂，多在馬厩門廡中，其窠乃泥草所成耳。餘燕不也。」

水出於窠。

朽人爲堲，以帚飲水，而揮之盡無留。燕塗窠，亦實水其中，翼盝而出之，水盡窠乾，滑滑然。

粥乎。粥同鬻。乎一作孵。

乎，卵也，信也。鳥之寷音覆卵，皆如其期，不失信。或曰：「燕一伏二卵，多者六七也。」

三　月

鷇生，

鷇，音寇。卵也。胎如芝形。

始噍，噍，同啾。

始噍，未貳喃也。貳同呢。

籥口黄，肇齕吞。

燕，籥音聶。口也。鳥子，口皆黄，燕尤易見者。凡卵生之屬，齕吞八竅，無胃藏。

鷇生𦐜。既月，布翅枝尾，未涎。

鳥子謂之鷇。𦐜，羽本也。燕，布翅，枝尾；未踰月者，其毛𣨨，其尾獨涎。涎，尾貌也。

母之飛，搶地弋蟲，粥厥子，子胆縣於窠。

地有芳草，蟲棲之。菜花開，蜂聚焉，燕掠而食之，子舉項縣窠上待餇也。

濯水，

踊而過，駛如箭馳。古有燕濯之戲，亦以盤盛水，蓋輕捷也。

躤柳，

躤，音藉。踐也。軼柳而過，類踐然。

落華縈户。

燕喜銜華縈户，襲其香。

四月

還飛如磑雨。還一作翾。

還，繞飛也。俗云：「燕打場，天將雨。蟣蠓飛，如磑則風，春則雨。」

初昏噍。

子燕辟人，日入乃出羣噪，聲啁噍也。

牟寅同曰：「雛燕當出窠，大燕則引其羣類來，環集窠外聚噪，或往來飛繞，若誘導然。雛燕訖不動，其母又口銜食呼之而不與，待其引頸舒翼數數然，乃輕舉而飛去。其習飛之狀如是。」

雛棲樹，竢厥母鴅粥。

始出窠也。雛性專壹，棲處不移。雛燕棲樹，竢哺亦如之。或曰：「母哺子均平，類鳲鳩

然。」

子鳪。

鳪，音鏘。求食聲。

五月

意而習翔，風羽翺翍。「意而」一作「鷾鴯」。

始成燕也。燕曰「意而」。翺翍，飛不至也。飛也者，必習也。遠而無力也。翅形攲側，如

不勝風。

飛入雲中。

穆天子館意而子於靈卑之宮，訪至道，以爲司徒。意而子不樂，身化玄鳥，飛入雲中。人謂

意而子僊也，乃入雲。

雌鳴若謚隘。

謚隘，聲也。雌鳴謚隘，然則雄鳴乙乙歟？

詡𦐇遺音。「詡𦐇」同「頡頏」。

飛而上下，遺之音也。

翪飛不踰雉。

竦翅上下，高廣不過一雉，或踰牆而已。燕非翪飛者，蓋有爾。

六　月

閉窴。

不嫗伏也。人生六十閉房，鳥亦類然。自啟蟄至此，適得六月也。

羽委雪。

燕，白者尤貴。見則凡燕，翼隨數千，集人家，以爲瑞。是月毛希，革散毳，如雪翩而下。

雨歸，

將雛。

燕子亦有鷚生者，雨中則將雛歸也。

静晝語于堂，

向宿愛其類。

鳥向飛背宿，燕向宿背飛，故曰玄鳥愛其類。

牟默人曰：「語於堂，與主人語也。主人不語，禮忘也。愛其類，自相愛也。主人與知之，意洽也。佳客得賢主人相與居，無猜焉爾。」

不葺窠。

是月也，其位土，其日戊己。窠有闕，因壘而居，不改爲。

七　月

漢收聲。

漢燕饒聲，至是希聞，記變爾。溽溼爲窠，聲多稍小者，漢燕也。紫頷、聲輕小者，越燕胡燕、越燕見陶注《本草》「燕屎」下。

也。胸斑黑、聲大者，胡燕也。胡燕山之，漢、越燕家之。

日中乃飛還。

時漸寒也，蚤暮不復出矣，亦記變爾。

髀雋。

燕之美在髀。雋，肥肉也。秋蟲豐美，食之而肥。

毳衣如薾。

毨生細毳，色鮮明也。

乃伏。

人不見之，類伏爾。

麋至謀于野。

將歸也。麋羣也。人見於野，故曰至。不聞其語，故曰謀。此後不二十日歸矣。

八　月

社日辭窠。

春亦社日來窠也。

留爪。

或言燕今年窠此，明歲復來。於其將逝，剪爪識之，其後果然。吴宫人有戲爲之者。或以綫繫其足，亦然。

先者遭，霜降從雁遭。

遭，往也。雁遭有先後，霜降前者大雁，雁之父母。後者小雁，雁之子也。燕後遭者，亦從其父母，與子雁同時。適與之遇，若從爾，實非從雁也。

居河麋陽遼者寓。

不歸其國，猶寓公也。辟陰就陽，暖則休焉。水草交曰麋。唐京東河斥崩，蟄燕無數。晉時魯國嶧山之野掘得蟄燕也。

遠晨風。

晨風，鷂也。是月鷙鳥將擊，先時辟之，毋甯遠去爾。

嘶螿。

螿，寒蟬也。嘶者，聲澀而屢斷，將伏之徵也。人覘此爲燕藏之候。

九月

火出則陟。

三月内火，九月出火。陟，升也。莫知所去，如初降然。

乃歸就國。

烏衣也。地在東海中。入其國者，漢有梅城，唐有王樹，一作王謝。後無問津者。

集衡六。

《九章算術》，五雀六燕，飛集於衡，衡適平。〔一〕是月，雀入水，故曰六而已，不更云五也。

意而養其智。

人不見之，意其養然。

嗡淳和，禁耆欲，于飛不食。

燕飛而食肉。至是恬澹節欲，不復出，順閉藏之令。

銜草則蟄。

有蟄草焉，不與衆卉俱萎。鳥欲蟄，則銜之，得百日不飢。燕亦宜然也。

十　月

零陵石寢。

零陵，湘中地，有石燕，風雨則飛。

入于海爲蚧。

二者記異也。蚧，蛤也，類有三，皆生於海。蛤蠣者，千歲鳥所化。海蛤，百歲燕所化也。

魁蛤一名服老，服翼化。

瑶光不見。

瑶光星散爲燕。燕，隱也。

蟄，墐户。

禦寒也。

十一月

冰壯，蟄，穴益堅。

穴也者，言蟄也。蟄也者，必有穴也。不堅不可以禦寒。

慎火。

昔人爇火燭窠，窠焚，火其屋。因廈成而戒之。

鷙鳥爲天女。

天女，鷙鳥。鷙鳥，燕。人不見，是思之。是月一陽生，冀由天降也。

十二月

蟄始振。

振則將啟矣。

雁北鄉。乃導，後鵲窠。

小寒，雁北鄉。後五日，鵲始窠。時燕將出，雁若誘導然。鵲知風，作窠辟太歲，亦智禽，與燕作窠先後異。類記爾。

應幾躍。幾一作譏。

譏，音祈。近也。應，龍也，燕肉能致之。應以春分躍，燕未出，應幾騰，亦記候也。

蟄之終，十旬。月既望，乃興。

自九月迨正月啟蟄，凡百有二十日。月既朢，正月朢也。節氣有先後，舉成數。

校記

〔一〕《九章算術》卷八，《叢書集成》一二六三册：「今有五雀六燕集，稱之衡，雀俱重燕俱輕；一雀一燕交而處，衡適平。」

燕子春秋跋

〔清〕牟廷相

自從發愿要作此書，已是清妙絶俗。及脱稿，果然通身冰雪，不敢目爲近今作者。讀未畢，欲爇香下拜者數四矣。牟廷相跋。

點校後記

《燕子春秋》，一卷。郝氏所撰農書四種之一。春秋，一年四季的代稱。郝氏靜觀物態，對燕子從農曆正月到臘月的全年生活作了描述。它是一篇仿效《大戴禮記·夏小正》篇和《禮記》等書中的《月令》篇記載每月物候一類的作品。

《禮記·禮運》篇曰：「孔子曰：『我欲觀夏道，是故之杞，而不足徵也。吾得夏時焉。』」鄭玄注云：「得夏四時之書也。其書存者有《小正》。」《史記》云：「孔子正夏時，學者多傳《夏小正》。」清王聘珍云：「太史公所云『傳《夏小正》』，即是就《小正》元書而爲之傳者也。」以上「小正」之「正」均讀「征」。兩「傳」字均「知戀」切。《夏小正》記述每月的物候，主要記載某些動物和植物的習性與動態。物候知識是人類對自然界的生物與環境條件的周期變化之間所存在的關係的認識，是在對大自然的不斷接觸和觀察的實踐過程中產生的。由於農業的需要，物候知識便很快地積累起來。早期進行農業生產，人們主要根據物候的變化來掌握農時。據近人研究，《書·堯典》堯命羲氏、和氏四子掌四時星歷教民耕作事，開《夏小正》與《月令》的先聲。《左傳·昭公十七年》郯子説他高祖少皞摯即位的時候，鳳凰恰好來到，所以就從鳥開始記事，設置各部門的長官都以鳥命名：鳳鳥氏，就是歷正；玄鳥氏，是掌管春分、秋分的；伯趙氏，是掌管夏至、冬至的；青鳥氏，是掌管立春、立夏的；丹鳥氏，是掌管立秋、立冬的。祝鳩氏，就是司徒；鴡鳩氏，就是司馬；鳲鳩氏，就是司空；爽鳩氏，就是司寇；鶻鳩氏，就是司氏。這五鳩，是鳩聚百姓的。五稚是五種管理手工業的官，是改善器物用具、統一尺度容量、讓百姓得到平均的。這一用鳥名爲官的歷史背景，與殷代先民從事遠始農業以鳥爲候、判知時令、安排農業生產，從而發展社會生產力的歷史是密切關聯的。

《燕子春秋》是仿古之作。如《四月》章云：「還飛如磑雨。還一作『翾』。還，繞飛也。俗云：『燕打場，天將雨。蟣蠓飛，如磑則風春則雨。』」蟣蠓，音「蔑蒙」，即蠓。磑，一作「磈」，音「味」，石磨。《七月》章云：「日中乃飛還，時漸寒也，蚤暮不復出矣，亦記變爾。」蚤，通「早」。可見本書皆用「燕子」以記候，並與安排農事有關，因名書曰《燕子春秋》。郝氏的幼年摯友牟廷相默人在本書《跋》中贊曰：「自從發愿要作此書，已是清妙絶俗；及脱稿，果然通身冰雪，不敢目爲近今作者。」以其語言風格，亦與《夏小正》、《月令》相類似焉。

蜂衙小記

管謹訒　點校

目録

蜂衙小記

昔人遇鳥啼花落，欣然有會於心。余蕭齋岑寂，閒涉物情，偶然會意，率爾操觚。不堪持贈，聊以自娛，作《蜂衙小記》十五則。

識君臣

蜂、蟻皆識君臣，其長俱謂之王。但蟻王比衆蟻魁大，蜂王獨幺小，入羣不見，而羣中畏之。王居中，羣衛其外，王元之曰：「王所居一臺，大如粟，俗曰王臺。」人欲薄而觀之，不可得。其王蒼黑色，形與常蜂差異，無毒，不螫，如麟角然，不觸爲德也。

坐衙

蜂所居曰衙，色如凝脂，密過蓮房，千門萬户，纍纍如貫，亦號蜂房。蜂居常甚肅，及王坐衙，則羣響應如官府鹵簿呵殿聲，經時寂然矣。有朝暮兩衙，視官府獨較勤。嘗見昧旦羣蜂皆起，飛翔户外。昔人詞云：「暮衙蜂鬧。」大抵暮衙在日入時也。

分族

凡蜂盛極必分，分必以産。其房下之鋭處，先别垂一房，形如蠶繭而小，淺黄色，中有小蜂王，若親子弟然。迨其生不過十日，必分族而去矣。王元之曰：「蜂居王臺，生子其中，或三或五歲分其族而去。山甿患其分也，以棘刺關於王臺，其子盡死。」然數分則勢弱，故畜蜂之家，察其有若蠶繭形者摘去之，則勢强而蜜多。

課蜜

蜂所釀曰蜜，亦名百花餻。昔崔處士立護花幡，而陶家姊妹各攜花朵以報，謂服之延年。余謂此特花之糟粕耳，若蜜乃其精液也。凡釀蜜之法，必須鹹水和之。嘗見海邊有蜂往來，及人家陽溝中多有之。然蜂之采花者不釀蜜，釀蜜者别一蜂，視常蜂差肥大而黑，俗曰蜜婦。《列子》曰：「純雌，其名稚蜂。按此蜂無毒也。」《陰陽變化録》曰：「此蜂名將蜂，又名相蜂。」語「婦」者，或以能釀得名耳，如婦以酒食事人之義。詩曰：「稚蜂趨衙供蜜課。」

試花

蜂之戀花，尤甚於蝶。凡花初開，其中有一點甘露芳馥之氣，蜂雖遠，無不聞，聞則麇至。蘂未吐，乃穴而入，藉露濡體，還裹其花，復穴而出，則體盡黄，著人衣，雖拂拭之，不去也，風過竟體皆香。其尤勤者，貪裹不出，至體累垂，不能舉足，股皆滿然，采花而於花無損，故人亦不憎之。每春和景霽，簾影斜垂，爐煙徐裊，聽蜂聲滿院，與禽聲互答，洵足樂也。詩曰：

「枝頭蜂抱花鬚墜。」又曰：「花蘂上蜂鬚。」閒中逸趣，頗嘗親領。

割　蜜

蜂善偷花，人善盜蜜。偷花以晝，蜂無廉節也。盜蜜以夜，人有禮義也。盜之之法，先用艾火熏之，蜂則皆辟聚一處守其蜜，而不知人已盜之矣。割蜜須擇善割者，蜜盡而蜂不傷。然割之之法，亦無令其盡者，必留數停，使足禦冬，名曰蜂糧，待來年二月再割之，謂之歲察。割蜜時多在初冬，晚者乃至仲冬。割後必剉稾秸實其中，否則凍死矣。詩曰：「天寒割蜜房。」不言盜，諱之耶？

相陰陽

蟻冬居山陽，夏居山陰。蜂即不然，無冬夏皆向陽迎暖。或易其户，使北向，多不育。雁以隨陽，名陽鳥，然則蜂宜名陽蟲。

知天時

燕辟戊己，不以銜泥，人皆知之。乃畜蜂之家，謂分蜂之日必是吉日，余驗之良然。又謂蜂忌老人，如有老人之家，蜂乃不蕃，此説余未之審。按王漁洋《池北偶談》二十三載謝皋羽《晞髮集》有《粤山蜂分日記》云：「甌粤之南某山，其民老死不知歲歷，惟户養蜂，四時旦暮悉候之。蜂之分也，其日必吉」云云。

擇地利

蜂所居必吉地，每分蜂時，或其自擇，或人家收養。既定居，蜂王必出户周巡，羣蜂隨之，得樂土然。後居停畜蜂之家有吉祥善事者，其蜂大蕃息。大約性潔浄，喜燠暖。凡蜂所居，每十餘日必爲埽除，不則生蝨蠱。夏月須防守宫食之。其性大較如此。然亦隨緣隨分，有時頗不揀擇，如寒鄉僻壤，屋宇湫隘，嘗見畜蜂者於竈陘旁及鑿壁爲穴居之，類雞塒然。

惡螫人

《爾雅》：「蜂醜螸。」《孝經援神契》曰：「蜂蠆垂芒。」蓋蜂之屬，嘗垂其腹以自休息，非欲螫也。猛虎在深山，不履其尾，則不咥人，惟蜂亦然，自求辛螫，其將焉咎？蜂既螫，即自拔出其毒，其蜂亦死，若虎失去牙爪，不能存活也。

祝子

蜂，祝而生者也。每祝子時，或破其房視之，中有子，僅如米粒，數日即成蜂矣。然其子非胎非卵，亦非螺蠃螟蛉之比。竊疑蜂是化生，化乃以聲，其祝之之辭，亦當云「似我！似我！」但其兄弟初不相見。莊生云：「細腰者化，母有弟而兄啼。」解之者曰：「母孕弟，則兄病也。」然則蜂有君臣無兄弟。

逐婦

畜蜂之家爲余言，蜜婦於春夏釀蜜，秋冬即死。否則諸蜂亦必齧殺之，或逐出之。嗟乎，「以我禦窮」，蜂乃不免。故余嘗謂蜂備數德，獨此節頗無足取。

野蜂

蜂有野處者，或居古木及石壁中，亦作蜜與常蜂等。而性野喜螫，不及居人家者馴良也。余謂此種無官衙，止是山寨大王耳。

草蜂

又有一種蜂，形細長，黃赤色，作房異常蜂。而蜜色純白，尤甘美，山中人有得而啖之者，然亦不多也。

雜蜂

鄭康成註《中庸》「蒲盧也」，用《爾雅》文，謂蒲盧爲蜂，即《詩》之「蜾蠃」也。形纖長，色赤，銜泥作房，上開一孔出入。余嘗見其齧青蟲，閉置房中，蓋螟蛉也。因歎詩人體物之工。

又一種，俗名土蜂，穴木以居，作房類蜾蠃。

壺蜂者，《楚辭》：玄蜂若壺。形肥短，桼黑色，獨背上一點黄，俗名葫蘆蜂。

又有所謂陽溝蜂者，小於常蜂而黑，極調馴。

白臉蜂者，類艸蜂而面白。此二蜂，皆無毒，不螫。

又一種長腳蜂，其踦獨長，其餘亦類白臉，而喜螫，則德不及也。

䗪蜂者，蜂之最大者也，其房，中藥材，大如車蓋。此蜂最毒，俗云有能斃牛者。

蜂衙小記跋〔清〕牟廷相

昔人云：「《爾雅》注蟲魚，定非磊落人。」余謂磊落人定不能注蟲魚耳。浩浩落落，不辨馬牛，那有此靜中妙悟耶？故願與天下學靜，不願學磊落，如有解者，示以《蜂衙小記》十五則。牟廷相跋。

點校後記

《蜂衙小記》，一卷。郝氏所撰農書四種之一。蜂衙，即蜂房；又謂羣蜂飛集，如同舊時官吏到上司衙門排衙參見陳報公事一般。全書共十五章，曰識君臣、曰坐衙、曰分族、曰課蜜、曰試花、曰割蜜、曰相陰陽、曰知天時、曰擇地利、曰惡螫人、曰祝子、曰逐婦、曰野蜂、曰草蜂、曰雜蜂。

本書講述了當年釀蜜、割蜜的方法，説明蜜蜂、野蜂、草蜂、雜蜂、土蜂、壺蜂、陽溝蜂、長脚蜂、䗪蜂等的異同，文章亦爾雅可誦，是清代的科學小品，更是養殖技術中的一份難得史料。

古人很早就注意到蜂和螞蟻的羣居性，有「蜂出」、「蜂擁」、「蜂起」、「蜂屯」、「蜂聚」、「蜂羣」、「蜂衙」、「蜂舞」、「蜂喧」、「蜂陣」、「蜂簇」、「蜂窠蟻穴」和「蟻結」、「蟻聚」、「蟻合」、「蟻戰」、「蟻衆」、「蟻慕」、「蟻術」、「蟻附」、「蟻陣」、「蟻潰」、「蟻雜」、「蟻擁蜂攢」的一些説法。本書首章《識君臣》即蜂、蟻並提，謂「蜂、蟻皆識君臣，其長俱謂之王。」《相陰陽》章又以蜂、蟻對比，謂「蟻冬居山陽，夏居山陰。蜂即不然，無冬夏皆向陽迎暖。或易其户，使北向，多不育」。現經科學家研究説明：蜜蜂在動物界屬節肢動物門昆蟲綱。整個動物界，除脊索動物門外，其餘各門多屬蟲類。蟲類繁多，昆蟲綱的蟲類尤爲突出，與整個動物種數相比，約近五分之四（已定名的動物一百五十萬種，其中昆蟲爲一百萬種）。昆蟲綱共分三十四個目，其中絶大多數都是分散生活的，即使聚集在一起，也是臨時性的。惟有蜂的一部分種類和等翅目的白蟻及膜翅目的螞蟻，不僅營集體生活，而且在這個集體裏産生多型性個體，各有分工，相互依存，相互制約，有如一個社會，故將這類昆蟲稱爲「社會性昆蟲」。蜜蜂既是昆蟲之一，又有蜂王（亦稱「母蜂」或「蜂后」）、雄蜂和工蜂三型，分工合作，共同過着集體生活，其個體既不能脱離羣體而長期生存，更不能單獨繁衍後代，所以蜜蜂是「社會性昆蟲」。

郝氏對蜜蜂的分工，觀察細致。《課蜜》章指出：「然蜂之采花者不釀蜜，釀蜜者别一蜂，視常蜂差肥大而黑，俗曰蜜婦。」這裏前者指的是壯年工蜂，後者指的是少年工蜂。少年工蜂可隨「日齡」的增長而成爲壯年工蜂。「俗曰蜜婦」是與科學巧合的。蜜蜂羣中的蜂王和工蜂都是雌性蜂，前者爲發育完全的雌性蜂，後者爲發育不完全的雌性蜂。

養蜂是一種很好的副業生産，投資少而收益大，需用勞動力不多，又不與農業植物爭肥，既能增加集體和個人收入，還可增加社會財富。現代科技日新月異，科學養蜂技術發展甚速，資料也多。惟舊時養蜂之書不多見，《四庫全書總目》中就未著録。作爲乾、嘉、道光年間的一位經學家，郝氏能欣然親往田頭和海濱，經常接近農夫漁民，孜孜訪尋農副業技術資料，目驗鳥獸蟲魚，引證羣籍，撰成農書四種與數十卷文字訓詁專著，值得稱道。這也是我國自古以農立國，數千年來積累了豐富的農業生産技術理論和經驗，以及知識分子一直對農業生産跟國計民生與科學技術息息相關有較爲深刻認識的明證。